f.° 2713
1

LA PRATIQUE
UNIVERSELLE,
POUR LA RENOVATION
DES TERRIERS
ET DES
DROITS SEIGNEURIAUX.

CONTENANT LES QUESTIONS les plus importantes fur cette Matiere, & leurs Décifions, tant pour les Pays Coutumiers, que ceux régis par le Droit-Ecrit.

OUVRAGE UTILE A TOUS LES SEIGNEURS; tant Laïcs, qu'Eccléfiaftiques, à leurs Intendans, Gens d'Affaires, Receveurs & Régiffeurs; de même qu'aux Notaires & Commiffaires à Terriers, & autres Officiers.

DANS LEQUEL ON TROUVERA TOUT CE QUI EST néceffaire pour bien faire la Rénovation des Cenfives & Terriers, & la Régie d'une Terre & Seigneurie; le tout accompagné des modéles & ftiles de tous les Actes concernant cette matiére.

Par EDME DE LA POIX DE FREMINVILLE, *Bailly des Ville & Marquifat de la Paliffe, Commiffaire aux Droits Seigneuriaux.*

Ce Livre fe vend neuf livres relié.

A PARIS,

Chez { MOREL l'aîné, Grand'-Salle du Palais, à l'Image S. Jean.
       { GISSEY, rue de la vieille Bouclerie, à l'Arbre de Jeffé.

M. DCC. XLVI.
AVEC APPROBATION ET PRIVILEGE DU ROY.

A MONSEIGNEUR
LE PRINCE CONSTANTIN
DE ROHAN,
CHANOINE · COMTE
DE STRASBOURG,
ABBE' DE L'ABBAYE ROYALE DE LIRE.

MONSEIGNEUR,

Le Livre que je prends la liberté de présenter à
*V*OTRE A*LTESSE, est un foible hommage de ma*

respectueuse reconnoiSSance. Occupé par état depuis long-
tems à étudier les Principes des Fiefs, toûjours difficiles
& épineux dans la simple theorie ; j'ai eû occasion de
les mettre en pratique par la confiance dont VOTRE
ALTESSE m'a honnorée en me chargeant du renouvellement des Terriers de son Illustre Maison ; si le
zéle & l'attachement avec lesquels j'ai travaillé à ces
Ouvrages m'ont rendu les plus importantes maximes
familieres, j'ose dire, MONSEIGNEUR, que la
grace que VOTRE ALTESSE m'a faite de s'entretenir souvent avec moi, sur les matieres que je
traite, m'a donné des lumieres & des connoiSSances que
je n'euSSe jamais puisé dans mon propre fonds ; c'est
ainsi que les Génies vastes & transcendans fertilisent
ceux ausquels ils se communiquent, je dois cet aveu
au Public, moins pour captiver ses suffrages, à l'ombre
d'un nom qui impose, que pour laiSSer, si je puis, un
monument durable du très-profond respect avec lequel
je suis,

MONSEIGNEUR,

DE VOTRE ALTESSE,

Le très-humble & très-obéiSSant
Serviteur DE FREMINVILLE.

AVIS AU LECTEUR,

QUI CONTIENT

L'ANALYSE DE CET OUVRAGE.

L'Etude particuliere que j'ai fait des Droits Seigneuriaux dès ma jeuneffe, m'ayant fait mériter la confiance de nombre de Seigneurs, qui m'ont chargé de faire la rénovation de leurs Titres & Terriers, dans des Seigneuries fituées en différentes Provinces : j'y ai trouvé tant de difficultés, que j'ai été obligé de m'inftruire dans les Auteurs, qui ont traité des Fiefs, dans les Arrêtiftes, & de confulter fouvent de célébres Avocats, ce qui m'a conduit infenfiblement à recueillir & mettre en précis, les réfolutions des queftions, qui furviennent ordinairement dans ces fortes de rénovations, pour m'en fervir moi-même, & pour parvenir avec fuccès à ces Opérations dont j'étois chargé.

Quelques amis auxquels j'ai communiqué ce travail, m'ont excité à le donner au Public, en m'affurant qu'il feroit très-utile.

Qu'un Seigneur Eccléfiaftique ou Laïc pourroit aifément, avec ce fecours, voir par lui-même, si la maniere dont se servira le Commissaire qui travaille pour lui, est bonne & avec cela connoître ses Droits, leur étenduë: à quoi ils se restraignent : ce que c'est que des Titres : s'il en a de suffisants ; qu'il lui sera aisé de faire faire la régie de ses Terres, sans qu'on puisse le tromper ; la faire lui-même aisément, sans le secours de gens d'affaires, & qu'il trouveroit dans cet Ouvrage que les questions les plus épineuses y sont décidées par Arrêts.

Qu'un Intendant de Grand-Seigneur, Homme d'Affaires, les Régisseurs & Fermiers y trouveroient tout ce qui leur est absolument nécessaire de sçavoir, pour faire faire un Terrier, des Cueilloirs, Liéves & Recettes en forme; pour gouverner, régir, administrer & faire la recette d'une Terre, sans qu'aucune chose puisse leur échapper des revenus soit casuels ou annuels, & de quelque espece & nature qu'ils soient.

Que les Notaires Commissaires à Terriers y reconnoîtroient tout ce qu'ils sont indispensablement obligés de sçavoir, pour faire avec justesse, équité & précision la rénovation des Censives, Terriers & Droits Seigneuriaux, dans l'étenduë du Royaume, soit par la connoissance qu'ils prendront des Titres & de leur valeur ; ce qu'ils doivent faire pour les Carter, pour lever enfuite les plans & y faire des applications juftes, à l'effet d'affûrer aux Seigneurs ce qui leur appartient ; pour écarter & réfoudre les difficultés qui peuvent furvenir ; & enfin pour fe renfermer dans ce qui eft légitimement dû.

Que les Procureurs y apprendroient les procédures qu'il convient de faire fur les demandes en Cenfives, pour les rapports d'Experts, collations, dépôts & vérifications des Titres, defcentes fur les lieux, & autres procédures, tant en demandant, que défendant.

Que les Vaffaux, Cenfitaires, Emphitéotes & Jufticiables y trouveroient en général & en particulier leurs obligations, & jufqu'où elles s'étendent envers leurs Seigneurs dominans, fuzerains, hauts Jufticiers & directs, avec leurs franchifes, libertez & prérogatives, & que fi leurs Seigneurs ou Fermiers les veulent vexer, & furcharger de droits & de fervitudes, ils y apprendront la maniere de fe défendre & trouveront dans ces queftions, leurs difficultés décidées, fur toutes fortes de Droits : au moyen de quoi ils pourront s'affranchir des Droits exhorbitans qu'on voudroit exiger d'eux, & même éviter de grands frais auf-

quels ils feroient expofés, par des procedures
téméraires.

Enfin, que cette Inftruction feroit d'autant
plus neceffaire & plus utile au Public, que
nul Auteur jufqu'ici n'a traité cet objet, &
qu'elle fe trouve accompagnée de Modeles
& Stiles de toutes fortes d'Actes de Notaire,
fur les Droits Seigneuriaux, ainfi que d'Exploits, Sommations, Affignations, Demandes & Saifies en matieres féodales, toujours
fingulieres.

*Tous les Exemplaires feront paraphez par l'Auteur,
à la premiere page de cet Ouvrage.*

LA

LA PRATIQUE

UNIVERSELLE

DES DROITS SEIGNEURIAUX.

❖❖❖❖❖❖❖❖❖❖❖❖❖❖❖❖❖❖❖❖❖❖❖❖❖❖❖❖❖❖❖❖

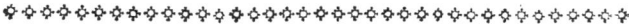

LIVRE PREMIER.

CHAPITRE PREMIER.

DE LA CONDITION DES HERITAGES,
& de combien de fortes il y en a.

NOUS reconnoiſſons en France, que tous les Héritages, qui compoſent ce Royaume, ſoit Maiſons, Châteaux Terres, Prés, Bois, Etangs, Vignes & toutes autres poſſeſſions, de quelque nature qu'elles ſoient, ne ſont que de trois ſortes de conditions, ſçavoir, en Franc-Alleu, en

Il n'y a que trois conditions d'Héritages.

A

Fief, & en Cenſives & Servitudes roturiéres; il faut
définir ces trois ſortes de conditions, & fixer leurs
différences.

SECTION PREMIERE.
DU FRANC-ALLEU.
QUESTION PREMIERE.

Qu'eſt-ce qu'un Héritage tenu en Franc-Alleu ?

Du Franc-Alleu.   C'eſt un Héritage libre, franc, exempt de
toutes charges, & qui n'eſt ſujet à aucuns Devoirs & Droits Seigneuriaux: tant honorifiques, tels
que foy & hommage; qu'utiles & pécuniaires,
comme Cens, Tailles, Rentes, Quint, Requint,
Rachat, Lods, Saiſines, Amendes, Servitudes, &
autres Droits; & qui ne reconnoît par conſéquent
aucun Seigneur.

QUESTION DEUXIE'ME.

Y a t'il pluſieurs ſortes de Franc-Alleu ?

Franc-Alleu No-   Oui. Il y en a de deux eſpéces, l'un Noble &
ble.   l'autre Roturier : le Franc-Alleu Noble, eſt celui qui a Juſtice annexée, ou qui, ſans avoir de Juſtice, a des Fiefs mouvans & relevans de lui : ou
même ſimplement des héritages tenus en cenſive,
ſur leſquels il a la directe Seigneurie.

Franc-Alleu Ro-   Le Franc-Alleu Roturier, comprend les héritages
turier.   libres & francs de tous les Droits ci-deſſus, mais

qui n'ont ni Juſtice ni Fiefs, ni Cenſives, leſquels ſe partagent roturiérement, c'eſt-à-dire
également entre coheritiers.

SECTION DEUXIE'ME.

DES FIEFS.

QUESTION UNIQUE.

Qu'eſt-ce que les Héritages tenus en Fiefs ?

Des Fiefs.

Ce ſont les Châteaux, manoirs, terres, Seigneuries, auxquels ſont attachés la haute moyenne
& baſſe Juſtice, des arriéres-Fiefs, cenſives,
Droits Seigneuriaux & héritages qui ſont tenus &
qui relévent du Roi, ou de Seigneurs particuliers, & ſont chargés envers eux de la foy & hommage, & de différens Droits ſelon les Coûtumes
des Lieux.

SECTION TROISIE'ME.

DES ROTURES.

QUESTION PREMIERE.

Qu'eſt-ce que les Héritages tenus en Roture ?

Des Rotures.

Ce ſont ceux qui, faiſant partie des Fiefs, par
conſéquent Nobles dans leur origine, & de même
condition que les Fiefs ci-deſſus, ont été donnés par les Seigneurs de Fiefs, à la charge de leur
payer des Droits & redevances annuelles, telles
que les Cens, Tailles, Champart, Perciére,

Main-Morte & autres fervitudes , qui compofent la directe Seigneurie de leurs Fiefs.

OBSERVATION.

Geraud dans fon traité des Droits Seigneuriaux
(*a*) chap. 1er. de la différence des biens, ajoute au
nombre 7. une 4e. forte de biens , *qui font*, dit-il,
les Vacans qui n'ont point de Maître , par deshérence, ou par délaiffement , & les Terres de tout
temps vaines & vagues ; ce qui comprend deux
fortes d'héritages qui doivent par une néceffité
indifpenfable, trouver place dans les trois conditions de biens cy-deffus différenciées; & ne peuvent jamais en faire une autre. En effet, les biens
abandonnés par desherence ou délaiffement ,
doivent faire partie des héritages tenus en Franc-
Alleu, en Fief, ou en roture ; au moyen de quoi,
ils ne changent point de condition, finon dans
le cas, où ils releveroient en Cens du Seigneur
haut jufticier , qui en deviendroit propriétaire
par les Droits de fa haute Juftice : lefquels , par
cette raifon étant réunis à fon Fief , en feroient
partie & feroient de même nature, que ceux de la
feconde condition.

Quant aux terres de tout temps vaines & vagues , il faut encore diftinguer les grandes places
communes aux habitans d'une Paroiffe, d'avec de
petites places où abordent ordinairement plufieurs
chemins; à l'égard des premieres places, il y a nombre de Seigneurs qui ont un Droit de blairie & de
redevance en grains , ou autrement, qu'ils lévent

(*a*) Imprimé à
Touloufe en 1684
in-12

Il ne peut y avoir
que de trois fortes
de Conditions
d'Héritages.

fur les habitans de leur Seigneurie, pour la permiſſion de faire paccager leurs beſtiaux toute l'année dans ces places ; ce qui aſſervit ces ſortes
d'héritages. Et à l'égard des petites places qui
ſont dans l'étenduë d'un Fief, ſi le Seigneur n'a
pas droit de blairie, ces places ſont partie du
Fief qui les entoure, où leur ſituation dans l'étenduë de la haute juſtice les fait dépendre du Seigneur haut juſticier : & alors ces places ſont partie de ſon Fief ; en un mot ces biens ne ſont point
d'une condition différente de celle du Franc-Alleu, des Fiefs, ou des rotures : & c'eſt une erreur
de penſer le contraire.

QUESTION DEUXIE'ME.

Les Héritages tenus en Fief, & ceux tenus en Rotu-
re derivent-ils d'une même ſource ?

Cela n'eſt point douteux, & ces derniers ont
toujours fait partie des premiers ; & pour en donner une idée juſte & ſolide, nous croyons
que de tous les Docteurs Feudiſtes qui ont expliqué l'origine des Fiefs, aucun ne l'a mieux
définie, que M. Dunod, en ſon traité des
Preſcriptions, Partie 3. chap. 9. Cet Auteur **Définition des**
dit » Que l'opinion la plus probable, eſt celle qui **Fiefs.**
» tient que les Fiefs ont été introduits par les peu-
» ples de la Germanie, les Francs, les Bourgui-
» gnons, les Goths & autres qui ſe jettérent dans
» l'Empire Romain.
   » Que les chefs de ces Nations Errantes, qui

» étoient originaires de la Scythie, & qui ne fe
» fixérent qu'après avoir faifi les plus beaux & les
» meilleurs établiffemens, leur avoient fait ef-
» pérer des terres pour leur fubfiftance, afin de
» les engager à les fuivre : qu'ils les leur diftri-
» buérent en effet après leurs conquêtes, à la char-
» ge du fervice Militaire, dont ils avoient befoin
» pour s'y maintenir. Que ces poffeffions qu'ils
» donnérent, font ce que nous appellons Fiefs; &
» que c'eft ainfi qu'en ufent les Turcs encore au-
» jourd'hui, parce qu'ils ont la même origine.
» Que leurs Ziamets & leurs Timars font fembla-
» bles à nos moindres Fiefs, & que leurs Sangia-
» cats qui donnent droit de porter banniere,
» conviennent avec nos grands Fiefs, dont les
» Seigneurs appellés Bannerets, avoient le même
» Droit. Que les Timars, les Ziamets, & les San-
» giacats, font des Terres qui ont coûtume d'ê-
» tre concédées depuis la fondation de l'Empire
» Ottoman, à la charge par les Conceffionnaires du
» fervice Militaire, & de mener avec eux des Sol-
» dats, à proportion du revenu que les terres produi-
» fent. Que telles étoient parmi nous les charges
» des vaffaux, qui fubfiftent encore dans le Ban &
» arriére-Ban : que les Turcs feuls ont confervé la
» Police primitive des Fiefs : car ils ne font qu'à
» vie chez-eux, (*a*) comme ils l'étoient parmi
» nous, quand ils ont commencé à avoir lieu : de
» là M^e. Dunod conclud, que le Droit des Fiefs
» tire fon origine des mœurs des peuples de la
» Scythie, d'où font fortis ceux qui ont con-
» quis, & partagé l'Empire Romain.

(*a*) Etat de l'Empire Otto-man Lettr. B. La Roque traité de la Nobleffe. Ch. 9.

De ces possessions distribuées aux Capitaines, &
aux autres Officiers pour leurs récompenses, il arri-
va, que ne pouvant garder eux mêmes, dans leur
entier, ce qui leur avoit été donné, ils en réparti-
rent des portions, qu'ils donnérent sous différentes
charges & servitudes : telles que la Main-morte,
la Taille réelle & personnelle, les Cens, Champarts, Perciéres, Redevances & autres charges
annuelles, dont ils formérent des revenus, & éta-
blirent une Seigneurie directe ; c'est ce que
nous appellons les Cens & Rentes Nobles, contenus en un Terrier.

QUESTION TROISIEME.

Comment, & par quel Titre s'établit un Cens ?

Nous venons de dire que c'est par la distribu-
tion qu'ont fait les Seigneurs de Fiefs, de quelques héritages qui formoient partie de leurs Fiefs,
à la charge de leur payer une rédevance annuelle que l'on appelle Cens ; ce qui se fait par un
titre, dans lequel le Seigneur de Fief, donne, ce-
de, quitte, transporte & délaisse un héritage
confiné, détaillé, & désigné : à perpetuité pour
le cessionnaire, ses héritiers, & ayans cause : à la
charge de lui payer un Cens en argent, bled,
grains, & autres rédevances; & à chaque vente ou
mutation, des Droits, que nous appellons Lods &
ventes : auxquels Droits le Preneur de cet héritage s'oblige par le même acte, pour lui & ses
successeurs propriétaires dudit héritage.

QUESTION QUATRIE'ME.

Qu'est-ce qu'un Bail à Cens ?

C'est un acte passé devant Notaires, par lequel le Seigneur transporte à un particulier, un héritage, sous un Cens convenu; & dans lequel acte les charges annuelles sont expliquées & specifiées, ainsi que les casuelles qui pourront arriver.

QUESTION CINQUIE'ME.

Quelle différence y a t'il entre un Bail à Cens, & une Déclaration ou Reconnoissance à Terrier.

Cette différence est des plus notables, le bail à Cens est le titre primitif & constitutif qui établit les Droits du Seigneur, & ceux du Censitaire : en un mot, qui fait la Loi des parties, & contient leurs obligations : la déclaration ou reconnoissance à terrier, n'est que le renouvellement du bail à Cens, qui ne peut contenir d'autres clauses, obligations ni servitudes, que celles portées par le premier Titre.

QUESTION SIXIE'ME.

Le Bail à Cens est-il susceptible de toutes sortes de clauses ?

Oüi, par la raison, que comme il est libre à celui qui donne, de donner, ou de ne donner pas, il lui est permis d'imposer à sa donation, telles charges & conditions que bon lui semble : c'est au Preneur à les accepter, ou à les refuser en ne

prenant

prenant pas l'héritage ; & ainſi le Bailleur &
le Preneur ont la même faculté, l'un de faire la
Loy, & l'autre de la refuſer : & l'acceptation par
l'un de la Loy faite par l'autre, aſſure la perfection du Bail à Cens.

QUESTION SEPTIE'ME.

*Si le Bail à Cens eſt ſuſceptible de toutes ſortes de
clauſes, peut-on y en inſerer, qui ſoient contraires
à la Coûtume du lieu qui régit les héritages
donnés à Cens, en renonçant à cette Coûtume ?*

Oui : & nous voyons journellement dans des
Coûtumes, où les Fiefs ne doivent que la bouche & les mains, qu'il a été néanmoins ſtipulé
lors la conceſſion, qu'à chaque mutation ils
payeroient les Droits de Quint & Requint,
comme dans les Coûtumes de Paris, Nivernois
& autres ; même des Droits de Main-Morte,
de Taille Réelle & Perſonnelle, dans des
Coûtumes où ces ſortes de ſervitudes ſont in-
connuës, & ne ſont nullement en uſage : &
contre leſquels Droits on ne peut cependant reclamer, parce qu'il eſt libre au Bailleur de fonds
d'impoſer telle Loy qu'il juge à propos au Preneur, qui a la liberté en tous les tems de s'en
affranchir, en quittant & déguerpiſſant ès mains
du Seigneur, l'héritage ſur lequel eſt une ſervi-
tude, qu'il trouve onéreuſe.

B

QUESTION HUITIE'ME.

Peut-on, dans une Coûtume, telle que celles de Bourbonnois & d'Auvergne, où le Cens est prescriptible par 30. & 40. ans, stipuler, en faisant un Bail à Cens, que le Cens sera imprescriptible, ainsi qu'en Pays de Droit Ecrit, en renonçant à l'Art. 22. de la Coûtume, & à tous ceux qui peuvent y être contraires?

On peut renoncer à la Coûtume des Lieux.

Quoique les Coûtumes soient réelles, il y a des cas, où il est toûjours permis d'y renoncer, & il n'est pas douteux que les Baux à Cens ne soient de ce nombre ; la condition de celui qui donne étant toujours favorable, en ce qu'il faut présumer, que s'il n'avoit stipulé cette imprescriptibilité, il auroit augmenté le Cens & le prix du Bail : par conséquent cette clause fait partie du Contrat, & elle est d'autant plus licite, qu'elle ne fait aucun préjudice au Preneur ni à ses successeurs, qui sont tenus & obligés d'acquitter les Cens, en ce que, s'ils trouvent cette condition dure & onéreuse, il leur est libre de s'en affranchir, en déguerpissant l'héritage au profit du Seigneur, ce qu'ils peuvent faire dans tous les tems.

QUESTION NEUVIEME.

N'est-il point superflus d'expliquer dans les Baux à Cens, les Droits Seigneuriaux, c'est-à-dire la Quotité des Lods & Ventes, & tous les Attributs de la Directe : étant d'ailleurs expliqués par la Coutûme qui fait la Loy des parties ?

Bien loin qu'il soit inutile de faire cette explication , elle se trouve extrêmement nécessaire ; on ne devroit passer aucuns Baux à Cens , que tous les Droits de directe Seigneurie n'y fussent stipulés & détaillés , les Coûtumes ne les réglant jamais généralement & entierement, au moins y en ayant très-peu : ce qui les rend souvent obscures, & donne lieu à des contestations, qui se trouvent levées par les Baux à Cens qui les expliquent , & qui servent de régle aux parties.

MODELE d'un Bail à Cens , dans lequel tous les Droits de directe Seigneurie sont expliqués , même l'imprescriptibilité , en renonçant à la Coûtume de Bourbonnois.

PARDEVANT le Notaire Royal de la Ville de . . . . . . Soussigné , & en présence des témoins ci-après nommés , est comparu Messire . . . . lequel a , par ces présentes , volontairement baillé , cedé , quitté , transporté & délaissé , dès maintenant & à toujours , avec promesse de garantir & faire jouir , à Titre de Bail à Cens ,

Intrage, Profits de Lods & Ventes, Marciages & autres Droits Seigneuriaux, à .... ci-préfent & acceptant, preneur & retenant, audit titre, pour lui, fes hoirs & ayans caufe.

Délaiffement d'héritage & tradition.

1. C'eft à fçavoir une Terre labourée & cultivée, fituée en la Paroiffe de .... au terroir de ..... en la Juftice haute, moyenne & baffe dudit Seigneur Bailleur, contenant .... joignant ..... fauf tous autres meilleurs confins, fi aucuns font; pour par ledit fieur Preneur, fes héritiers & ayans caufe, jouir, faire & difpofer dudit héritage, ainfi que de chofe à lui appartenante au moyen des préfentes, tranfportant ledit Seigneur bailleur pour & au profit dudit N .... fes hoirs & ayans caufe, tous & tels droits de propriété, fonds, entrées, iffuës, noms, raifons & actions, faifines & poffeffions que ledit Seigneur de .... a, peut avoir, prétendre & demander en, & fur ledit héritage fans aucunes referves, voulant, confentant & accordant que ledit ..... N ...... en foit & demeure vêtu, faifi, mis & reçû en bonne poffeffion, & faifine, en vertu des préfentes, & fans qu'il foit befoin d'autre tradition, Acte ni formalité.

Charges de la Dixme.

2. Le préfent Bail à Cens, fait à la charge par ledit ..... N .... fes héritiers & ayans caufe, de payer la dixme des fruits croiffans audit héritage, à raifon de la onziéme partie, & de porter, conduire & mener ladite Dixme dans la grange du Château dudit Seigneur à ...... fuivant l'ufage ordinaire.

3. Et outre ce, payer audit Seigneur, ſes héri-*Charge du Cens;*
tiers ou ayans cauſe Seigneurs dudit lieu de ......
la quantité de ...... de Cens annuel & perpetuel, portable, rendue & meſurée dans les greniers
dudit Seigneur en ſondit Château de ...... à
chaque jour de Saint Julien, dont le premier
payement ſe fera audit jour de l'année prochaine.

4. Et continuer le payement dudit Cens d'année à autres, tant que ledit .... N ..... ſes hoirs
& ayans cauſe ſeront Détempteurs, Propriétaires
& Poſſeſſeurs du tout, ou de partie & portion dudit
héritage, & ſans que la diviſion ou partage d'ice-*Solidité & indi-*
viſibilité du Cens.
lui, puiſſe operer aucune diviſion dudit Cens,
qui reſtera ſolidaire entre toutes les parties, nonobſtant toutes preſtations de payement de pluſieurs
parcelles dudit Cens, pendant tout eſpace de
tems capable de former preſcription; & nonobſtant toutes Loix, Coutûmes & Uſages des Lieux,
& de cette Province à ce contraires, auxquels
ledit Preneur, pour lui, ſes héritiers & ayans cauſe, a expreſſement renoncé, & renonce par ces
préſentes.

5. Ledit Cens de........ portant Lods & Ven-*Lods & leur quo-*
tité.
tes, à raiſon de trois fols quatre deniers pour livre,
double Lods faute de payement des ſimples dans
les 40. jours de l'ouverture d'iceux; & à cet effet
d'exhiber, repréſenter & communiquer le Contrat d'acquiſition dudit héritage audit Seigneur,
ſes hoirs & ayans cauſe, dans leſdits 40. jours,
à peine de l'amende de 3. livres.

6. Remuage, qui eſt que ſi ledit héritage s'é-*Remuage en é-*
change.

change contre d'autres, qui ne foient de la Cenfive & Directe dudit Seigneur, il lui fera payé
feulement un demi Lod.

Droit de Rete-nuë.

7. Retenuë & preftation en cas de vente
volontaire, & mutation forcée même au profit
du Fermier de ladite Seigneurie de .... fuivant & conformement à l'Art. 474. de la Coûtume de cette Province de Bourbonnois, qui confifte en la faculté qu'aura ledit Seigneur de reprendre ledit héritage, à toutes mutations au
prix qu'il fera vendu au lieu defdits Lods.

Droit de Marcia-ge s'il eft deu.

8. Marciage à chaque mutation par mort du
Seigneur de ladite Seigneurie de .... & de
celle du Proprietaire utile, fuivant la Coûtume de
la Châtellenie de Billy, qui confifte dans la perception du double dudit Cens.

Idem fuivant la Coûtume de Ver-neuil.

9. Ou fuivant la Coûtume de Verneuil, qui
confifte dans la perception des fruits dudit héritage, d'une des trois années, du jour du déceds
au choix du Seigneur.

Reconnoiffance à chaque muta-tion.

10. Reconnoiffance & déclaration nouvelle à
chaque mutation, aux frais du nouveau Poffeffeur,
& fujet, à caufe de la Haute Juftice dudit Seigneur à confifcation, bâtardife, deshérences,
forfaitures & généralement tous autres Droits
Seigneuriaux, réels, perfonnels & mixtes, fuivant la Coûtume de cette Province, celle de
Billy, (ou de Verneuil) & celle de ladite Seigneurie de ...... & à cet effet, promet ledit Preneur d'en paffer inceffamment déclaration au
Terrier dudit Seigneur, & de lui en fournir expedition à fes frais.

11. Lequel Cens de . . . . . . ne fera fujet à aucu-ne prefcription, par quelque laps de tems qu'en puiffe ceffer le payement , tout ainfi , & de mê-me que fi ledit héritage étoit affis en pays de Droit Ecrit , où le Cens & la Seigneurie directe font imprefcriptibles.

Claufe d'im-prefcriptibilité.

12. Ainfi que ceux des héritages que ledit Preneur tient & porte en la Cenfive & Directe dudit Seigneur, même ceux qu'il pourra lui de-voir à l'avenir , foit par acquifition , donation , fucceffion, & à quelque Titre quece puiffe être.

13. Renonçant, à cet effet, expreffément ledit Preneur pour lui , fes hoirs & ayans caufe, à tou-tes Loix , Coutûmes & Ufages à ce contraires , notamment à l'Art. 22. de la Coutûme du Bour-bonnois, & à tous autres qui font ou peuvent être oppofés , répugnans & contraires à la préfente claufe.

Renonciation à la Coûtume.

14. Sans, toutes fois que, l'on puiffe demander audit Preneur, fes héritiers, ou ayans caufe, plus de dix années d'arrérages dudit Cens, confor-mément à ladite Coûtume de Bourbonnois.

Claufe pour les arrérages, où ils ne peuvent être demandés de 29. années.

15. Et fans que le Preneur, fes Hoirs ou ayans caufe , puiffent vendre , donner , ceder, tranf-porter ou échanger ledit héritage à aucunes maifons & communautés Eccléfiaftiques , Curés, & autres gens de Main-Morte, à peine de com-mife, qui demeurera encouruë par la feule tra-dition du Contrat de vente , donation ou échange qui en fera paffé, & fans aucune figure de procès.

Claufe pour que les héritages ne paffent en Main-Morte.

Autre pour que
l'on ne puisse y
impofer de Sur-
cens.

16. Lequel Preneur, fes héritiers ou ayans caufe, ne pourront affeoir, mettre, impofer, ni reconnoître aucun autre Cens, Surcens, Rentes-Foncieres, ni Servitudes, fur ledit Héritage, au profit d'aucun autre Seigneur; & au cas qu'ils le faffent. icelui Preneur pour lui, fes hoirs & ayans caufe, veut, confent & accorde, que lefdits Cens, Surcens, Rentes-Foncieres & Servitudes foient & appartiennent audit Seigneur de .... & à fes fucceffeurs Seigneurs dudit Lieu, ainfi que le Cens ci-deffus, conftitué en vertu du préfent bail à Cens, & fans qu'il foit befoin d'autre acte, formalité ni procédure.

Pour le déguer-
piffement.

17. S'obligeant ledit Preneur, pour lui, fes hoirs & ayans caufe, de ne pouvoir déguerpir, abandonner & remettre ledit héritage ès mains dudit Seigneur, qu'il ne foit en bon & deu état de culture, & fans au préalable avoir payé audit Seigneur, les arrérages defdits Cens, Droits, & Devoirs annuels & cafuels, qui pourront être dûs fur ledit héritage de tout le paffé, & jufqu'au prochain terme à échoir, conformément à ladite Coûtume de Bourbonnois.

Pour les Bois.

18. *Si c'eft un Bois donné à Cens on pourra ftipuler.*

Comme encore s'oblige pour lui ledit .... N ...... Preneur, fes héritiers & ayans caufe, de ne pouvoir abandonner, déguerpir, & remettre ès mains dudit Seigneur ledit Bois, qu'après vingt ans de coupe, fans que la préfente claufe puiffe

être

être réputée comminatoire, faisant partie du préfent bail.

19. Et fans qu'au cas de divifion dudit héritage & partage d'icelui, preftations de payemens non faites, pendant longues années, par aucuns des détempteurs de partie dudit Cens, on puiffe abandonner audit Seigneur de . . . . . . la partie poffedée par celui qui auroit fervi & payé dans fon entier icelui Cens, fans lui abandonner le total dudit héritage, tel & ainfi qu'il eft baillé par ces préfentes.

Pour l'indivifibilité des Héritages concédés, en cas d'abandon.

20. Comme encore fera tenu ledit Preneur, fes hoirs & ayans caufe, pour être quittes & affranchis defdits cens, droits & devoirs, lors de l'éxponfe, vente ou tranfport defdits héritages, d'en faire dénonciation audit Seigneur, afin qu'il ait à agréer le nouvel acquereur, lui faire paffer nouvelle déclaration & reconnoiffance, fi bon lui femble, fans qu'il puiffe le vendre à un acquereur infolvable en fraude dudit Seigneur, à peine de commife & dés dommages & interêts dudit Seigneur; fans laquelle dénonciation, il fera loifible audit Seigneur & fes fucceffeurs Seigneurs dudit lieu, pour le payement de fesdits Droits, de s'en prendre audit Preneur, comme principal obligé.

Le Preneur tenu de denoncer au Seigneur la Vente, pour s'affranchir des Cens.

21. Et à cet effet, fera tenu, promet & s'oblige ledit Preneur, fes hoirs, & ayans caufe, d'inferer & faire déclaration dans les contrats de vente qui feront faits dudit héritage, qu'il eft mouvant dudit Seigneur, & eft chargé envers lui du Cens ci-deffus, & conformément aux Ordonnances d'Août 1539. Decembre 1540. May 1579. Jan-

En cas de Vente fera déclarée la cenfive à peine de nullité.

C

vier 1629. Edits & Arrêts du Conseil des mois de Decembre 1701. 1. Janvier 1702. 22. Decembre 1705. 26. Avril 1712. & 29. Août 1721. & sous les peines y portées, qui sont la peine de nullité desdits Contrats de Vente, & de 300. liv. d'amende.

Faute de payement des arrerages, pourra le Seigneur se mettre en possession des héritages.

22. Convenu qu'après liquidation de plusieurs années d'arrerages desdits Cens, Droits & Devoirs dûs audit Seigneur, il lui sera permis, & à ses successeurs Seigneurs dudit lieu, faute de payement d'iceux, de se mettre en possession dudit héritage, & d'en jouir par droit de Bailleur de fonds, jusqu'à ce qu'il soit entierement payé de son dû, tant en principal, interêts, que frais & dépens, ou de les faire vendre sur un simple placart, devant le Juge de ladite Seigneurie, à la maniere ordinaire.

Si c'est une vigne donnée à percière ou au cinquain, on insérera :

Clause pour les champarts, carpot & autres portions de Fruits.

Sous le Cens de la cinquiéme partie des fruits croissans en ladite vigne, avec la dixme à raison de la onziéme partie, le tout portable au pressoir de ladite Seigneurie de ...... au tems des vendanges, après avoir averti toutes les fois ledit Seigneur ou ses préposés, pour voir faire le compte des fruits & partage d'iceux, & à la charge par ledit Preneur, ses successeurs & ayans cause, propriétaires de ladite vigne, de l'entretenir en nature de vigne, & de la bien & dûëment cultiver, & façonner de toutes les façons

convenables , néceffaires , & ordinaires par
chacun an , à faute de quoi, & en cas de non culture pendant trois ans , pourra & fera loifible audit Seigneur , fes hoirs & ayans caufe , Seigneurs
de . . . . . . de s'en mettre en poffeffion fans forme
ni figure de procès , & de fe faire payer fes dóm-
mages & interêts, par le Preneur ou fes héritiers.

Si c'eft une Terre donnée à perciére.

Sous le Cens de la quatriéme ou cinquiéme *Idem.*
partie des fruits , croiffans en ladite Terre , avec
la dixme à raifon de la onziéme partie , le tout
portable dans la grange de ladite Seigneurie
de . . . . . . après avoir averti toutes fois ledit Seigneur ou fes prépofés, pour voir faire le compte
& partage des fruits ; & à la charge par le Preneur , & ayans caufe propriétaires de ladite Terre, de l'entretenir en bonne culture , & femer de
deux en deux ans , à faute de quoi, en cas de non
culture pendant trois ans , pourra & fera loifible audit Seigneur , fes hoirs & ayans caufe Seigneurs de . . . . de s'en mettre en poffeffion,
fans forme ni figure de procès ; & de faire payer
les dix derniéres années de ladite perciére , c'eft
à dire cinq années utiles , fi tant elle eft reftée
inculte.

CHAPITRE DEUXIE'ME.

SECTION PREMIERE.
DE LA RENOVATION DES DROITS
Seigneuriaux.

QUESTION PREMIERE.

Que doit faire un Seigneur pour faire folidement re-
nouveller les Droits de fa Terre par un Terrier
nouveau ?

C'eft de choifir un habile Commiffaire à
Terrier.

QUESTION DEUXIE'ME.

Quelle eft la fonction d'un Commiffaire à Terrier ?

Devoir du Com-
miffaire à Terrier. C'eft de rechercher les droits du Seigneur qui lui
confie fes interêts, les affurer par les titres, les
diftribuer avec connoiffance de caufe, fur tous
les héritages & perfonnes qui y font affujettis,
après un examen & les attentions qui conviennent, pour ne point faire d'erreurs ni d'injuftice;
& faire paffer des déclarations & reconnoiffance nouvelles ; ce qui forme un Terrier.

QUESTION TROISIE'ME.

Tous les Commiffaires qui fe mêlent de la rénovation,
font-ils également bons, & propres pour cet Ou-
vrage ?

Tous les Com-
miffaires ne font
pas capables de
faire bien une ré-
novation. Non, il s'en faut beaucoup, il y en a nombre
qui s'en mêlent, qui n'ont aucune des qualités

requifes, & qui ne font capables que d'erreurs, fans pouvoir les réfoudre, ni même faire aucuns placemens folides des Terriers ; ne fachant ni lever des plans, ni carter les Terriers, ce qui eft la baze & le fondement de la fcience d'un Commiffaire.

QUESTION QUATRIE'ME.

Quelles font donc les qualités néceffaires à un Commif-faire à Terrier ?

C'eft d'être homme de bien & d'équité, plus ami de fon devoir que de l'interêt, ayant autant à cœur les droits du Seigneur qui les lui confie, que d'adverfion pour l'injuftice, fçavant & ex-périmenté dans la pratique des droits Seigneu-riaux, fçachant lever des Plans, carter les Terriers, & en faire les applications juftes, qu'il foit bon lecteur des anciens titres, agiffant, laborieux, & très-fidéle. Voila toutes les qualités d'un bon Commiffaire à Terrier, fans lefquelles il n'eft pas poffible de faire une bonne rénovation.

Qualités néceffai-res à un Commif-faire à Terrier.

QUESTION CINQUIE'ME.

Eft-il abfolument néceffaire de faire un inventaire gé-néral des Titres d'une Terre, pour en renouveller le Terrier ?

Il faut diftinguer : fi les Archives de la Terre étoient en bon état, par un bon inventaire, bien fait & bien détaillé, cela fuffiroit, il n'y auroit qu'à examiner les Titres pofterieurs à cet inventaire : mais il y a très-peu de Terres dont les Titres & Archives soient en régle, c'est-à-dire dans un arrangement capable de trouver & ramasser dans un moment, tous les Titres qui traitent d'un même droit, pour en connoître l'origine, l'établissement, les differentes rénovations, changemens, altérations, ou confirmations ; au contraire la plus grande partie des Archives des Seigneurs sont en confusion, & il n'est pas possible d'y trouver aisément les Titres, dont les Propriétaires ont besoin, même pour les Droits qui leur sont les plus familiers & les mieux servis ; or il faut sçavoir que la rénovation d'un Terrier, est celle de tous les droits d'une Seigneurie, en quoi qu'ils consistent, & que comme tous ces droits ne sont pas tous contenus dans un Terrier, il faut recourir aux Titres qui les contiennent & les établissent.

Raisons qui prouvent la nécessité de faire un inventaire des Titres d'une Seigneurie.

Il arrive même souvent, qu'un Seigneur est nouvel acquereur d'une Terre qu'il a achetée par Décret, dont la Saisie réelle a duré longues années, & où se sont passées differentes minorités, pendant lesquelles, les droits se sont négligés, les voisins & censitaires ont usurpé les possessions, partie des justices, dixmes & autres droits, & on ne peut les rétablir, que par le secours des Titres de la Seigneurie : pour cet effet, il faut que le Seigneur fasse faire un inventaire exact & général de tous les Titres de sa Seigneurie ; après quoi il connoîtra tous ses droits, & sera en état de les faire renouveller.

QUESTION SIXIEME.

Que doit-on faire pour parvenir à faire un bon inven-
taire des Titres d'une Seigneurie ?

Il faut 1°. que celui qui fera cet inventaire,
comme nous l'avons dit, soit bon lecteur & habile à la connoiſſance des anciens titres. 2°.
qu'il ſache les époques des commencemens des
années anciennes, & des différens changemens
qui ſont arrivés dans les calandriers, afin de ne pas
mettre les Titres antérieurs, après les poſtérieurs,
comme les mois de Janvier & de Fevrier, qui é-
toient anciennement les derniers mois de l'année,
avant le mois de Décembre qui les précédoit; ces
époques étant ſouvent très-eſſentielles dans les
conceſſions, établiſſemens & autres droits.

3°. Il doit, pour faire ſon Inventaire, prendre
tous les Titres l'un après l'autre, mettre leur datte à la tête de chaque Titre, voilà la premiere
operation.

4°. Ces dattes miſes, il faut ranger ces Titres
par ſiécles, enſuite par années, par mois, & enfin
par datte de jours, dont on fera des liaſſes pour les
inventorier, en commençant par le plus ancien.

L'Archiviſte, qui travaillera à cet arrangement,
doit ſçavoir, à l'égard des ſceaux anciens, qui ſe
trouvent dans les vieux Titres, que les armes de
France étoient des fleurs de Lys ſans nombre,
comme nous appellons aujourd'hui la banniére
de France ſemée de fleurs de Lys, leſquelles
furent réduites à trois, par Charles VI. en 1380.

Ce qui eſt né-
ceſſaire pour faire
un bon Inventaire.

Réduction des
fleurs de Lys pour
les Armes de Fran-
ce.

Que depuis le Concile de Nicée, tenu en 325. l'année civile & ordinaire commençoit en France au jour de Pâques, ce qui a duré jusqu'à l'année 1564. inclusivement, depuis lequel tems, c'est-à-dire du premier Janvier suivant, l'année 1565. a commencé au mois de Janvier; ce qui a été suivi jusqu'à présent, ce changement fut fait par Charles IX. par l'Ordonnance de Roussillon de 1563. article 39. A l'égard du commencement de l'année à Rome, le P. Mabillon dans sa Diplomat. L. 2. Ch. 23. P. 171. N. 2. dit que la coûtume de commencer l'année en Janvier, ou au moins à Noël, a été conservée par l'Eglise Romaine. *Hanc morem auspicandi anni à Januario aut certè à Nativitate Domini servabit Ecclesia Romana* : & parlant ensuite de l'usage de France, où l'on commençoit l'année à Pâques, il ajoute page 176. mais parce qu'à Noël l'année commençoit à Rome, on gravoit sur les cierges la nouvelle année, & cela par un usage qui a bien mille ans d'ancienneté, *sed quia apud Romanos annus novus à Natali Domini incipiebat, ideò hac die novi anni designatio, cereis imprimebatur, jam inde ab annis mille.*

Ce Commissaire observera sur les Lettres de Chancellerie de Rome, qu'une expédition dattée *Kalendas Januarii* ou *Februarii*, est du premier Janvier ou premier Fevrier.

Que si elle est dattée *pridie Kalendas Januarii* ou *Februarii*, elle est du dernier du mois précedent, si c'est *pridie Kalendas Januarii*, c'est du dernier Decembre, *Februarii*, du dernier Janvier, parce que

Depuis quel tems le mois de Janvier est le premier de l'Année.

Dattes des Lettres de la Chancellerie de Rome.

que *pridie Kalendas* veut dire *ante Kalendas* , ce qui
fait que les Kalendes d'un mois fe comptent toujours fur le mois précédent.

Il doit fçavoir que depuis le Concile de Nicée , l'année Julienne , étoit fuivie & furpaf-
foit l'année Aftronomique de 11. minutes ; cet
excédant depuis ce Concile avoit été caufe que l'é-
quinoxe du Printems , au lieu de tomber au 21.
Mars tomba au 10. du tems du Pape Gregoire 13.
ce qui détermina le Pape à faire affembler des Af-
tronomes , qui trouverent qu'il y avoit dix jours
d'erreur , & d'augmentation, ce qui occafionna
que par la Bulle de ce Pape du 6. des Kalendes du
mois de Mars 1581. il prefcrivit le retranche-
ment de ces dix jours ; laquelle Bulle ayant été
envoyée en France, le Roy Henri III. par fa déclaration du 3. Novembre 1582. ordonna l'éxécution de cette Bulle dans fon Royaume , & que
le 9. Decembre fuivant expiré le lendemain, l'on
compteroit le 20. dudit mois, le lendemain 21.
feroit celébré la Saint Thomas , le jour d'après
22. le lendemain 23. le jour fuivant le 24. de
forte que le jour d'après , qui felon le premier
Calendrier eût été le 15. feroit compté le 25.
& en icelui celébré la Fête de Noël, & que ladite
année 1582 finiroit 6. jours après ladite Fête ;
au moyen de quoi l'Archivifte aura attention aux
Titres qui fe trouveront dans ces Epoques , pour
les mettre précifement à leurs dattes , ou pour en
connoître les erreurs.

L'Archivifte remarquera outre cela que l'on écri-

*Calendrier Gre-
gorien en quel
tems.*

Actes Judiciai-

D

res en quel tems s'écrivoient en Latin.

voit anciennement tous les Titres, Actes Judiciaires & Arrêts en Latin, au moins cela étoit-il usité en une grande partie des Provinces du Royaume, ce qui fut deffendu par déclaration du Roy François I. de 1535. & , il fut ordonné qu'à l'avenir tous les Actes , Sentences & Arrêts seroient écrits en François.

Depuis quel Roy les Sécretaire d'Etat signent les Brevets & dépeches de sa Majesté.

Il observera encore qu'avant Charles IX. qui succeda à François II. en 1560. les Sécretaires d'Etat ne signoient pas pour le Roy , comme ils ont fait & font depuis ce tems là.

Maniere d'extraire les Actes dans un Inventaire Général.

4°. L'arrangement des Titres fait dans l'ordre, & avec les attentions contenues aux observations ci-dessus, il faut extraire le premier Titre en mettant en marge de l'Inventaire, la datte du Titre : cet extrait contiendra les noms & qualités des Parties , ensuite les Conventions , Concessions , Donations , Confins & détail des Héritages , Cens & Servitudes , tels & ainsi qu'ils sont écrits auxdits Titres , sans y rien omettre , quelque grande & longue qu'en soit la narration , & sans y rien retrancher que les seules clauses de la formalité des Actes. L'Archiviste continuera ainsi jusqu'au dernier Titre.

QUESTION SEPTIE'ME.

L'Inventaire achevé , quel Ouvrage faut-il faire pour s'en servir utilement pour la Rénovation des Droits.

Il faut faire trois chofes, la premiere, écrire en marge les Droits dont il eft parlé dans les Titres, les Maifons, Terres, Héritages, leurs Terroirs & Paroiffes, depuis le premier jufqu'au dernier Titre. *Premiere maniere de faire un bon Inventaire.*

La feconde, articuler tous les Noms, Droits & Terroirs que l'on a mis en Marge par Nos. 1. 2. 3. jufqu'au dernier Article.

La troifiéme, eft de recuellir, fur un ou plufieurs Cahiers, ou Tables par ordre Alphabetique, les differens Droits, Terroirs & autres, afin que dans le moment que l'on voudra chercher, par exemple les Droits de Bannalité, l'on puiffe trouver à la lettre B. & au même article tous les Titres qui établiffent ce Droit, & ainfi des autres, ce qui facilitera grandement la rénovation, parce que l'on y trouvera les changemens qui font arrivés dans les anciens & nouveaux Terriers, foit par des affranchiffemens de Droits, Baux à Cens, nouveaux échanges, traités & tranfactions & autres changemens pofterieurs aux Terriers, qu'il eft infiniment effentiel de fçavoir, pour faire une bonne rénovation.

Il y a une autre maniere de faire un Inventaire général, & qui eft plus fatisfaifante en apparence, c'eft de féparer tous les Titres qui concernent un feul Droit, tels que ceux qui *Seconde maniere de faire l'Inventaire.*

établiſſent la Juſtice , les Dixmes , les Corvées , Bannalité , Moulins , Chaſſes , Pêches , Cens , Main - Mortes , & autres Droits généraux & particuliers , dont on fait des Liaſſes ſéparées par ordre de datte , & on en dreſſe des Chapitres particuliers & ſéparés ; de ſorte que l'on y trouve tout ce que l'on peut déſirer , ramaſſé & joint enſemble.

Mais voici l'inconvenient de cette ſorte d'Ordonnance d'Inventaire , c'eſt qu'il ſe trouve ordinairement des Titres qui concernent & établiſſent pluſieurs Droits , tels que des Tranſactions paſſées avec les Seigneurs voiſins & les Habitans & juſtitiables au ſujet des Limites de Juſtices , dixmeries , Bannalités , & autres Droits généraux , en ſorte qu'un Titre de cette eſpece concernant cinq à ſix Droits généraux ou particuliers , ne peut être mis que dans une ſeule Liaſſe. Il arrive que lorſque l'on en a beſoin , on le tirera de la Liaſſe de la Juſtice , & par mégarde , on le mettra dans des Dixmes , ce qui cauſera un dérangement capable de faire préſumer dans les ſuites qu'il eſt égaré , il eſt cependant aiſé de rémedier à cet inconvenient ; ce qui ſe peut faire en inventoriant le Titre à chaque Liaſſe qui indiquera celle où cet Original eſt dépoſé.

Le Commiſſaire qui aura fait cet Inventaire & l'arrangement des Titres , doit avoir attention aux Chartres , Bulles , Lettres Patentes , qui établiſſent les Droits de la Seigneurie , tels que les Conceſſions , Erections de la Terre en Digni-

Inconvenient de cette derniere façon.

té, Etabliffement de la Juftice, des Foires, Mar-
chez, Leydes, Peages, Travers, Franchifes,
Exemptions, Pafcages, Panages, Paiffons, Glan-
dées, Chauffages, Franc fallé, Privileges, Droits
de Manufacture. Anobliffement, Confirmations,
& maintenues de Nobleffe, Alienation du
Domaine du Roy, Echanges, Engagemens &
autres, qui fervent d'Etabliffement & de Titres
primitifs à ces Droits généraux & particuliers de
la Seigneurie; pour avertir le Seigneur, qu'il eft
néceffaire pour lui & fa pofterité, de fatisfaire
de fa part, à la déclaration du Roy du 26. Avril
1738. & à cet effet de faire répréfenter à la
Chambre des Comptes de Paris, ces Titres, pour
y être inferés dans les Régiftres de cette Chambre
conformément à l'article premier de cette déclaration, & y être tranfcrits, afin qu'en cas de perte defdits Titres, on puiffe les recouvrer dans ces
Régiftres.

Cette déclaration a été donnée au fujet de l'incendie arrivé en cette Chambre le 27. Octobre
1737. qui a brulé & endommagé plufieurs Régiftres, dans lefquels étoient les Titres de la
Couronne & des Seigneurs particuliers, & c'eft
pour le rétabliffement de cette perte, & prévenir
toutes autres, qui peuvent arriver chez les Seigneurs même, que fa Majefté a préfcrit par cette
déclaration à tous les Seigneurs, de répréfenter
leurs Titres pour fuppléer à la perte arrivée, & en
même tems affurer les Droits des Seigneurs, d'une
maniere folemnelle; le délay de cette répré-

[marginal note:] Incendie de la Chambre des Comptes

fentation & de cet Enrégiftrement a été fixé depuis le 26. Avril 1738. jufqu'au dernier Decembre 1739. pour être fait aux frais du Roy, & fans
aucun frais à la charge des particuliers; ce délay
à été prorogé par autres déclarations des 21 Decembre 1739. & 14. Mars 1741. jufqu'au dernier
Decembre 1741. mais cette derniere déclaration a reglé la maniere dont fe feroient à la
venir lefdites répréfentations, & ce qui eft prefcrit pour obtenir les Certificats, & autres formalités néceffaires.

Depuis ce tems l'attention de M. le Procureur Général de cette Chambre, à prévenir les
difficultés, & empêcher qu'il n'en coute aux particuliers de Gros Droits, y a fait rendre deux Arrêts
les 31. Janvier 1742. & 21 Janvier 1743. lefquels prefcrivent la maniere, en laquelle doit être
faite la répréfentation defdites Chartres Lettres
Patentes, & autres Titres; enfemble le Tarif des
Droits qui feront payés à ce fujet par les particuliers & Communautés. Et comme il eft intereffant
que chaque Seigneur foit informé des difpofitions de ces Réglemens, nous les rapporterons
ici en leur entier.

ARREST

DE LA CHAMBRE DES COMPTES.

Qui ordonne l'éxécution des Déclarations du Roy des 26. Avril 1738. 21. Décembre 1739. & 14. Mars 1741. concernant la repréſentation des Titres en la Chambre des Comptes.

Avec le Tarif des Droits qui feront payez à l'avenir, pour les frais de repréſentation deſdits Titres, pour être rétablis dans les Régiſtres & Dépôts de la Chambre, altereʒ par l'incendie.

Du 31. Janvier 1742.

Extrait des Régiſtres de la Chambre des Comptes.

SUR la Requête préſentée à la Chambre par le Procureur Général du Roy, contenant que le Roy, par ſes déclarations des 26. Avril 1738. 21. Decembre 1739. & 14. Mars 1741. ayant ordonné à tous les Corps & Communautez de ſon Royaume, & à tous ſes Sujets, de repréſenter en la Chambre, les chartres, lettres patentes, contrats d'échange & d'aliénation à titre d'engagement, & autres titres accordés à eux ou à leurs Auteurs & Devanciers, par nos Rois, pour être de nouveau inſérés dans les Régiſtres & Dépôts de la Chambre, alterés ou détruits par l'incendie du 27.

Octobre 1737. Sa Majeſté auroit eu attention que
cette repréſentation ne leur fût point onéreuſe,
en ordonnant que ceux qui y ſatisferoient dans
les délais preſcrits par les déclarations, & en dernier lieu, dans le dernier Décembre 1741. ne ſeroient aſſujettis à aucuns frais ; mais en même-
tems Sa Majeſté auroit ordonné qu'après ledit
dernier délay , ceux qui auroient négligé de faire
ladite repréſentation , ſeroient tenus de ſe pourvoir par requête, & de payer les frais de tranſcrit,
expédition & collation des titres , ſuivant qu'ils
ſeroient fixés modérément par la Chambre : Que
les Particuliers, Corps & Communautés, & autres
employés dans les Etats & Comptes, en vertu des
titres mentionnés en la déclaration du 26. Avril
1738. ſeroient tenus de juſtifier au jugement des
Comptes de 1742. qu'ils en avoient fait la repréſentation ; ſinon à faute de ce, qu'au jugement
des Comptes de 1743. les parties de ceux qui
n'auroient pas juſtifié de la repréſentation de leurs
titres , ſeroient tenues en ſouffrance ſur eux , pour
ſatisfaire aux déclarations du Roy : comme auſſi ,
que les Villes & Communautés qui jouiſſoient de
deniers communs & d'octrois , de dons , conceſſions, privileges & exemptions, ſeroient tenues,
au jugement des Comptes des deniers communs
& d'octrois de 1742. de juſtifier de la repréſentation de leurs titres , ſinon , à faute de ce ,
qu'il leur ſeroit fait injonction d'y ſatisfaire ; & au
jugement des Comptes de 1743. les recettes deſdits deniers communs & d'octrois , ſeroient tenues

nues indécises fur lefdites Villes & Communautés , pour y fatisfaire : enfin qu'il feroit délivré au Greffe de la Chambre , des certificats juftificatifs de la répréfentation des Titres, pour l'expédition defquels il feroit payé aux Greffiers cinq fols, à l'exception néanmoins de ceux qui auroient fait ladite repréfentation avant le premier Janvier 1742. auxquels lefdits certificats feroient délivrés gratuitement ; fi mieux n'aimoient les parties juftifier de ladite repréfentation par des extraits en bonne forme , defdits Titres, au bas defquels feroient tranfcrites les mentions defdites repréfentations : Que conformément à ces déclarations, par les attentions que la Chambre avoit eûes , & par les foins de fes Commiffaires , il avoit déja été rétabli un grand nombre de Titres & Piéces de fes Régiftres & Dépôts , mais qu'il y en avoit encore plufieurs à rétablir par la négligence de quelques particuliers, Corps & Communautés , qui jufqu'à préfent n'en avoient point fait la repréfentation , & qui , aux termes des déclarations du Roy , doivent être aftreints à en payer les frais de tranfcrit & collation fuivant qu'ils feroient modérément fixés par la Chambre : Qu'il ne doutoit point que les Officiers de la Chambre, qui jufqu'à préfent s'étoient employés avec beaucoup de zéle & de défintéreffement, au rétabliffement des Régiftres & Titres des Dépôts de la Chambre, alterés par l'incendie , ne vouluffent bien encore facrifier leurs propres interêts pour le foulagement du public ,

E

& concourir à la perfection d'une opération si importante au bien du service du Roi & de ses Sujets ; qu'au surplus, il croyoit à propos de faire notifier de nouveau par les comptables, aux parties prenantes employées ès états & comptes des charges desdits comptables, les dispositions desdites déclarations, pour leur faciliter les moyens de se soustraire aux injonctions, souffrances & indécisions qui feroient contr'eux prononcées au jugement des comptes de 1742. & 1743. faute par eux de faire la représentation desdits Titres. Réqueroit le Procureur Général du Roy, qu'il plût à la Chambre ordonner que les Lettres patentes en forme de déclarations du Roy, des 26. Avril 1738. 21. Decembre 1739. & 14. Mars 1741. feroient exécutées selon leur forme & teneur ; ce faisant, que les particuliers, Corps & Communauté qui n'avoient point satisfait auxdites Lettres patentes en forme de déclarations, feroient tenus, pour parvenir à la représentation de leurs Titres, de se pourvoir en la Chambre, & d'y présenter Requête aux fins d'être admis à faire la représentation desdits Titres, lesquels feroient transcrits & collationnés en la forme qu'il plairoit à la Chambre de prescrire, & en payant par les particuliers les frais desdites Requêtes, représentation, transcrit & collation desdits Titres, fuivant qu'ils feroient modérément fixés par ladite Chambre ; ordonner en outre qu'à la diligence de luy Procuruur Général du Roy, copies imprimées desdits Lettres patentes en forme de décla-

rations du Roy , des 26. Avril 1738. 21.
Decembre 1739. & 14. Mars 1741. & de
l'Arrêt qui interviendroit fur la préfente Requête feroient envoyées aux Tréforiers, Receveurs Généraux & particuliers, Payeurs & autres
comptables du reffort de la Chambre , auxquels
feroit enjoint de notifier les difpofitions defdites
déclarations , aux parties prenantes employées ès
état & comptes des charges dont ils faifoient le
payement en vertu des Titres mentionnés en ladite déclaration du 26. Avril 1738. à ce que les
parties prenantes ayent à s'y conformer , fous les
peines y portées, & à énoncer dans les quittances
qui feroient par eux fournies pour l'année 1742.
les Titres primordiaux & confirmatifs, des Droits
& fommes employées fous leur nom dans lefdits
états & comptes de l'année 1742. en vertu defdits Titres , les dates des enrégiftremens defdits
Titres en la Chambre : Enjoindre pareillement
auxdits comptables , de fe conformer de leur
part auxdites Lettres patentes en forme de déclarations, & à l'Arrêt qui interviendroit fur la préfente Réquête , & d'en certifier la Chambre au
jugement de leurs comptes des années 1742. &
1743. Vû ladite Requête , lefdites Lettres patentes en forme de déclarations du Roy , des 26.
Avril 1738. 21. Decembre 1739. & 14. Mars
1741. régiftrée en la Chambre les 23. May 1738.
27. Janvier 1740. & 23. Mars 1741. l'Arrêt de
la Chambre du 23. May 1738. en forme de ré-
glément fur la forme qui doit être obfervée pour

E ij

les repréſentation, tranſcrit & collation des Titres
en exécution deſdites Lettres en forme de déclaration du 26. Avril 1738. Autre Arrêt de ladite
Chambre du 23. Mars 1741. qui nomme des
Commiſſaires , pour , en conformité dudit Arrêt
en forme de réglement , prendre ſoin de la repréſentation , tranſcrit & collation des Titres qui
ſeroient repréſentés en exécution deſdites Lettres
patentes en forme de déclaration du 14. Mars
1741. Le tarif des Droits qui ſeront payés à l'a-
venir pour les frais des Réquêtes, repréſentation,
vérification , tranſcrit , collation , actes ou certificats de repréſentation des titres qui ſeront repréſentés en la Chambre en exécution des ſuſdites déclarations , pour être rétablis dans les
Régiſtres & Dépôts de la Chambre : Ledit tarif
arrêté le 30. Janvier préſent mois & an , par les
Commiſſaires de la Chambre nommés par ſon
Arrêt du 12. Novembre 1737. pour prendre ſoin
& examiner les moyens pour remédier aux différens accidens occaſionnés par l'incendie : L'avis
deſdits Commiſſaires ſur l'arrêté par eux fait dudit tarif. Après avoir ſur ce entendu les Greffiers
de la Chambre & les Syndics des Procureurs :
Oüy le rapport de Mᵉ. Pierre Porlier Conſeiller
Maître , l'un deſdits Commiſſaires nommés par
leſdits Arrêts de la Chambre deſdits jours 12.
Novembre 1737. 23. May 1738. & 23. Mars
1741. & tout conſideré , LA CHAMBRE a ordonné & ordonne leſdites Lettres patentes en
forme de la déclaration du Roy , des 26. Avril

1738. 21. Decembre 1739. & 14. Mars 1741.
être exécutées felon leur forme & teneur ; ce faifant, que les Particuliers, Corps & Communautés
qui n'ont point fatisfait auxdites Lettres patentes
en forme déclaration, feront tenus, pour parvenir
à la repréfentation de leurs Titres, de fe pourvoir
en la Chambre, & d'y préfenter Requête aux fins
d'être admis à faire la repréfentation defdits Titres, lefquels feront cotés par premier & dernier,
du Procureur qui aura figné la Requête, laquelle
contiendra une énonciation fommaire de la nature des Titres & leur nombre; pour, fur le rapport qui fera fait à la Chambre, de ladite Requête,
par l'un des Confeillers, Maîtres, être par elle
ordonné le tranfcrit & collation defdits Titres
qui feront de nature à être rétablis dans les Regiftres & Dépôts de la Chambre, fi fait n'a été,
& à cette fin, lefdits Titres être remis au Greffe,
& acte en être délivré à la partie, lefquels tranfcrits & collations feront faits par les Commis du
Greffe, en la forme prefcrite par le réglement du
23. May 1738. & figné de l'un des Greffiers en
chef de ladite Chambre, vérification préalablement faite par lefdits Commis du Greffe fi lefdits
Titres n'ont pas été précédemment tranfcrits & rétablis auquel cas, les tranfcrits en feront feulement
par eux de nouveau collationnés fur les originaux;
les frais defquels Requêtes, repréfentation, vérification, tranfcrit, collation, & actes ou Certificats de répréfentation, feront payés fuivant qu'ils
font fixés par modération, au tarif qui en a été ar-

rêté par lefdits Commiffaires de la Chambre, le
30. des préfent mois & an, lequel demeurera annexé au préfent Arrêt, fans qu'il puiffe être exigé
d'autres & plus grands Droits fous quelque prétexte que ce foit. Sera permis aux Particuliers ,
Corps & Communautés, de joindre à leurs Titres Originaux, des copies d'iceux, écrites d'une
écriture lifible, fur grand papier de compte ordinaire non timbré, & entre deux marges, auquel
cas, ils ne feront affujettis qu'à payer moitié des
Droits de tranfcrit & collation defdits Titres ,
fuivant qu'il eft porté par ledit tarif. Ordonne ladite Chambre qu'à la diligence du Procureur Général du Roy, copies imprimées defdites Lettres
patentes en forme de déclarations du Roy , des
26. Avril 1738. 21. Decembre 1739. & 14. Mars
1741. & du préfent Arrêt, feront envoyées aux
Tréforiers, Receveurs Généraux & particuliers,
payeurs & autres comptables du reffort de la
Chambre, auxquels eft enjoint de notifier les difpofitions defdites déclarations, aux parties prenantes employées ès états & comptes des charges
dont ils font le payement en vertu des Titres
mentionnés en ladite déclaration du 26. Avril
1738. à ce que lefdites parties prenantes ayent à
s'y conformer, fous les peines y portées, & à
énoncer dans les quittances qui feront par eux
fournies pour l'année 1742. les Titres primordiaux & confirmatifs des Droits & fommes employés fous leur nom dans lefdits états & comptes de l'année 1742. en vertu defdits Titres, &

les dates des enrégiſtremens deſdits Titres en la
Chambre. Enjoint pareillement auxdits comptables, de ſe conformer de leur part auxdites Lettres
patentes en forme de déclarations, & au préſent
Arrêt, & d'en certifier la Chambre au jugement
de leurs comptes des années 1742. & 1743.
FAIT le trente-un Janvier mil ſept cens quarante-
deux. Collationné.

Signé DUCORNET.

*TARIF des Droits qui ſeront payés à l'avenir pour
les frais des Requêtes, repréſentation, vérification,
tranſcrit, collation, actes ou certificats de repréſentation des Titres qui ſeront repréſentés en la Chambre, en exécution des déclarations du Roy des 26.
Avril 1738. 21. Decembre 1739. & 14. Mars
1741. pour être rétablis dans les Regiſtres & Dépôts de la Chambre, altérés par l'incendie.*

Au Procureur, pour chacune Requête aux fins
de repréſentation deſdits Titres, au nombre de
trois & au-deſſous, tant pour ladite Requête, que
pour coter par premier & dernier leſdits Titres, &
pour vacations dudit Procureur, ſera payé une
livre dix ſols, cy . . . . 1. liv. 10. ſ.
Lorſque les Titres énoncés dans les Requêtes,
excéderont le nombre de trois, ſera en outre payé
dix ſols pour chacun deſdits Titres excédant le
nombre de trois.
Lorſque les parties repréſenteront plus de
douze Titres ou Piéces par une même Requête,

il ne pourra être exigé par les Procureurs , plus
de la fomme de fix livres , tant pour ladite Requête , que pour vacations.

Est fait défenfes aux Procureurs de préfenter
pour les mêmes Particuliers, Corps & Communautés qui repréfenteront leurs Titres , plufieurs
Requêtes , encore bien que lefdits Titres concer-
naffent differens Droits & Priviléges , à peine de
reftitution des Droits qu'ils auroient perçûs pour
raifon de ce.

Aux Commis du Greffe , pour les frais d'inf-
cription fur leurs Régiftres , de la repréfentation
defdits Titres, vérification , tranfcrit & collation
d'iceux, & mention de ladite repréfentation fur
lefdits Titres , fera payé pour chacun Rôle de
tranfcrit de deux pages , chacune page de trente
lignes d'écritures dix fols, cy . . . . . . 1 o. fols

Lorfque les Procureurs joindront aux Titres
Originaux , des copies d'iceux en bonne forme ,
ou que par la vérification qui fera faite , lefdits
Titres fe trouveront déja avoir été tranfcrits & rétablis par d'autres voyes que par la repréfentation
qui en a dû être faite par les Particuliers, il ne fera
payé auxdits Commis du Greffe , pour frais d'inf-
cription , vérification , collation , & mention de
repréfentation , que cinq fols par chacun Rôle de
tranfcrit , faifant moitié defdits Droits cy-deffus.

Pour chacun certificat qui fera délivré à ceux
qui auront fait la repréfentation de leurs Titres ,
depuis le dernier Decembre 1741. fera payé au
Greffe fix fols , cy . . . . 6. fols

FAIT

FAIT par nous Commiſſaires nommés par Ar-
rêt·de la Chambre du 12. Novembre 1737. le
trente Janvier mil ſept cens quarante deux. *Signé*
NICOLAY, SALABERY, LE GENDRE,
BARON, ANDRE', DARBON, DU PORT,
PORLIER, DE LA BAUNE *&* LE LONG.
Collationné. *Signé* DUCORNET.

ARREST

DE LA CHAMBRE DES COMPTES;

*Portant réglement pour la repréſentation des Titres en
la Chambre, en exécution de la déclaration
du Roi du 14. Mars 1741.*

Du 21. Janvier 1743.

Extrait des Régiſtres de la Chambre des Comptes.

VU par la Chambre le réquiſitoire du Procureur Général du Roy ; Contenant qu'il
croyoit devoir recourir à l'autorité de la Chambre, pour la prier d'expliquer ſes intentions ſur
quelques difficultés qui paroiſſoient ſe rencontrer dans l'exécution des déclarations du Roy des
26. Avril 1738. 21 Decembre 1739. & 14.
Mars 1741. par leſquelles il eſt ordonné à tous
les Particuliers, Corps & Communautés, de repréſenter en la Chambre les Chartres, Lettres pa-

F

tentes, Contrats d'échange & d'aliénation à titre
d'engagement, & autres Titres accordés à eux ou
à leurs auteurs ou devanciers, par nos Rois, pour
être de nouveau inférés dans les Régiſtres & Dépôts de la Chambre : Que les ſages diſpoſitions
de ſes déclarations embraſſant le rétabliſſement
dans les Dépôts de la Chambre, non ſeulement
des Titres du Domaine du Roy & de la Couronne, mais encore des Chartres, Lettres patentes, & autres Titres concernant l'état des Particuliers, Corps & Çommunautés, les Dignités,
Prérogatives, Droits, Priviléges, Exemptions &
autres graces que nos Rois avoient bien voulu accorder à leurs perſonnes ou à leurs terres: Que
par rapport aux Titres de cette derniere nature,
rien n'avoit paru au Procureur Général du Roy,
pouvoir ſuſpendre l'éxécution des déclarations du
Roy, qui ordonnoient la repréſentation des Chartres, Lettres patentes & autres Titres primordiaux
en bonne forme & dûement Régiſtrés, en vertu deſquels les Particuliers, Corps & Communautés, prétendoient avoir droit de jouir de ces
graces & conceſſions; qu'ainſi l'unique objet des repréſentations du Procureur Général du Roy, con-
cernoit les Titres des renſeignemens des domaines
du Roy, & principalement des charges qui étoient
aſſignées ſur ces mêmes domaines, ſur les Recettes Générales des finances, ſur les fermes & autres
revenus du Roy, dont aucunes parties ne pouvoient
être employées & paſſées dans les états & comptes
que la validité & authenticité de ces Titres n'en
euſſent été établis, qu'ils n'euſſent été vérifiés en la

Chambre, ou admis & reçus dans ces Dépôts : Que c'étoit sur ces motifs que le Roy, par sa déclaration du 14. Mars 1741. avoit ordonné à tous les Particuliers, Corps & Communautés, & autres, employés dans les états & comptes, en vertu des Titres mentionnés en la déclaration du 26. Avril 1738. de justifier au jugement des comptes de l'année 1742. de la représentation de leurs Titres en la Chambre, sinon qu'à faute de ce, au jugement des comptes de l'année 1743. les parties de ceux qui n'auroient pas justifié de cette représentation, seroient tenus sur eux en souffrance, pour y satisfaire : Que cette déclaration, ensemble l'Arrêt de réglement de la Chambre du 31. Janvier 1742. étoient journellement notifiés par les comptables, aux parties prénantes : L'interêt qu'ils avoient d'y satisfaire, ne pouvoit laisser douter de leur empressement à s'y conformer, & devoit en même tems exiger de la Chambre d'expliquer ses intentions sur quelques circonstances qui pouvoient embarrasser les parties prenantes, dans les représentations qu'ils étoient obligés de faire de leurs titres : qu'il étoit nécessaire de distinguer les parties qui, suivant les Ordonnances & Réglemens, devoient au jugement des comptes, justifier de la validité de leurs Titres & de leurs Droits, par des Edits, Déclarations & Lettres patentes bien & dûement Régistrés, d'avec celles qui, tirant leur droit de Princes ou Seigneurs particuliers possesseurs des domaines avant leur réunion à la Couronne, n'a-

voient point eu de Titres primordiaux émanés
de nos Rois : Qu'à l'égard de ceux qui étoient
dans le premier cas, le Procureur Général du
Roy obſervoit à la Chambre, qu'avant l'année
1500. ſouvent il n'étoit pas fait mention ſur les
lettres de l'enregiſtrement en la Chambre, qu'il
étoit d'uſage en ce tems, d'expédier des Arrêts
particuliers énonciatifs de cet enregiſtrement :
Que l'on avoit reconnu par les repréſentations de
Titres qui avoient été faits juſqu'à préſent, que
pluſieurs Particuliers n'avoient plus par-devers
eux ces Arrêts qui, par differens inconveniens
avoient pû être adhirés ; en ce cas la Chambre
ne viendroit-elle pas à leur ſecours, lorſqu'ils
lui juſtifieroient qu'ils étoient anciennement &
actuellement employés dans les états : Que par
rapport au fiefs & aumônes, fondation, dota-
tions, donations, conceſſions, rentes & redevances, & autres charges aſſignées ſur les domaines poſſédés par des Princes & des Seigneurs particuliers avant leur réunion à la Couronne, la
Chambre ſçavoit que la plûpart n'avoient aucuns
Titres émanés de nos Rois, qui ſeulement avoient
lors des différentes réunions de domaines à la
Couronne, par ſucceſſions, donations, acquiſitions, échanges, ou réverſion d'apanages à défaut
d'hoirs mâles, fait remettre en la Chambre des
Comptes, les Titres de ces domaines qui ſe trouvoient dans les Chambres des Comptes & char-
triers des Princes & Seigneurs particuliers poſſeſſeurs de ces domaines : Que c'étoit ſur la connoiſ-

fance & l'examen de ces piéces, que la Chambre avoit paffé les parties au jugement des premiers comptes, & qu'elles avoient toujours depuis fervi de preuves de la validité de l'emploi qui en étoit fait dans les états & comptes : Que depuis l'avenement du Roy à la couronne, Sa Majefté avoit fait remettre en la Chambre les Titres des domaines de Vendôme, Chateauroux & Turenne ; & la Chambre, lorfqu'il avoit été queftion de juger de la validité de l'emploi des parties affignées fur ces domaines, avoit fuivi la même jurifprudence, & avoit eu recours aux Titres qui lui avoient été dépofés, pour admettre ou rejetter les parties de cette nature : Que ces Titres tenant lieu aux parties prenantes de Titres primordiaux, de la même maniere que les Lettres patentes par rapport aux conceffions émanées du Roy, ils devoient être également rétablis dans les dépôts de la Chambre, pour remplacer ceux qui y avoient été remis par ordre du Roy, lors de la réunion des domaines à la couronne : Que fi la Chambre adoptoit ce que le Procureur général du Roy venoit d'avoir l'honneur de lui propofer, il feroit en même tems à propos de prendre toutes les précautions poffibles, pour empêcher qu'il ne s'introduifit dans les dépôts de la Chambre, des Titres fufpects infuffifans ou profcrits, & dont on pourroit fe fervir pour faire revivre dans la fuite des droits éteints : Que pour prévenir cet inconvénient, & être affuré de n'admettre après la repréfentation, que des Titres des parties bien & légitimement dûes, & dont la poffeffion étoit certaine, le Procureur général du Roy croyoit que la Chambre pourroit ordonner que les Particuliers, Corps & Communautés qui préfenteroient requête aux fins de faire admettre dans fes dépôts, des Titres en vertu defquels ils prétendroient jouir de quelques parties affignéespar les états du Roy, fur les deniers de fes recettes, feroient tenus d'articuler les états & comptes dans lefquels leurs parties étoient employées, dont vérification feroit faite fur les comptes par le Confeiller-Maître rapporteur de la requête : Que cette précaution ferviroit encore à faire connoître fi ces Titres étoient conformes aux emplois faits dans les états ; & lorfqu'il s'y trouveroit quelque différence, ou qu'il auroit été fait quelque rétranchement ou réduction fur ces parties, on en examineroit la caufe, & la Chambre pourroit ordonner mention être faite fur les Titres de ces réductions & retranchemens, même des fommes pour lefquelles ces parties étoient employées dans les états & comptes : Que la prudence & les lumieres de la Chambre lui fuggéreroient peut-être d'autres moyens pour prévenir tout ce qui pourroit retarder l'exécution des déclarations du Roy, qu'elle les employeroit pour procurer la fûreté & l'authenticité de fes dépôts, & empêcher qu'il ne s'y introduife des titres préjudiciables aux interêts du Roy ; & en même tems elle auroit attention, comme elle avoit fait jufqu'à préfent, au foulagement des parties prenantes, & à la confervation de leurs droits : Que par ces confidérations, le Procureur général du Roy

auroit cru devoir prendre à ce fujet fes conclufions par écrit, qu'il auroit laiffées fur le Bureau.
Vû les déclarations du Roy des 26. Avril 1738.
21. Decembre 1739. & 14. Mars 1741. & l'arrêt de la Chambre du 31. Janvier 1742. Conclufions du Procureur général du Roy, Ouï le
rapport de Me. Pierre Porlier Confeiller-Maître,
& tout confidéré : LA CHAMBRE faifant droit
fur le requifitoire du Procureur Général du Roy,
a ordonné & ordonne ce qui fuit.

ARTICLE PREMIER.

Que les déclarations du Roy des 26. Avril 1738.
21. Decembre 1739. & 14. Mars 1741. enfemble l'Arrêt de la Chambre du 31. Janvier 1742.
feront exécutés felon leur forme & teneur ; en
conféquence, que les Particuliers, Corps & Communautés qui ont des Titres émanés du Roy, feront tenus de repréfenter en la Chambre, fi fait
n'a été, les Chartres, Lettres patentes, Contrats &
autres Titres juftificatifs de leurs droits, bien &
dûement regiftrés en la Chambre, en vertu defquels ils jouiffent des parties pour lefquelles ils
font employés dans les états & comptes des recettes générales des finances, des domaines, des
charges affignées fur les fermes & autres revenus
du Roy, fous les peines portées par ladite déclaration du Roy de 14. Mars 1741. & en la maniere prefcrite par l'arrêt de la Chambre du 31.
Janvier 1742   II.

Ceux dont les Chartres; Lettres patentes & au-

tresTitres primordiaux, n'ayant point été regiftrés
en la Chambre, rapporteront lettres du Roy
énonciatives defdits Titres primordiaux, ou con-
firmatives de leurs Droits, feront admis à en faire
la repréfentation, en juftifiant néantmoins que les
dernieres Lettres de confirmation par eux obtenues, ont été regiftrées en la Chambre.

III.

Les Particuliers, Corps & Communautés, lefquels en faifant la repréfentation de leurs Titres ci-
deffus énoncés, de dates antérieures à l'année 1 5 00.
ne feront point en état de juftifier de l'enregiftrement defdites Lettres en la Chambre, feront tenus
de juftifier par des extraits, des états & comptes
& autres Titres de leur poffeffion & jouiffance de
leurs droits pendant dix années.

IV.

Ceux qui n'auront point en leur poffeffion les
originaux des Chartres, Lettres patentes, Contrats & autres Titres, mais qui en repréfenteront
des copies collationnées en bonne forme, avec
les expéditions des Arrêts d'enregiftrement en
la Chambre, ou qui rapportant les originaux defdits Titres, ne repréfenteront que des copies collationnées des Arrêts d'enregiftrement, y feront
pareillement admis, en juftifiant de leur poffeffion
& jouiffance pendant dix années, en la forme ci-
deffus.

V.

Lefdits Particuliers, Corps & Communautés,
dont les Titres primordiaux font émanés des
Princes & Seigneurs particuliers, poffeffeurs des
domaines du Roy avant leur réunion à la couronne,
feront

feront admis à faire la repréfentation defdits Titres, en vertu defquels ils jouiffent des fiefs & aumônes, rentes, redevances & autres charges affignées fur lefdits domaines, & fur les recettes
générales des finances, en juftifiant pareillement
de leur poffeffion & jouiffance pendant dix années, en la forme ci-deffus.

V. I.

Ceux qui n'auront point en leur poffeffion les
Titres primordiaux de leurs droits & conceffions,
émanés du Roy ou des Princes & Seigneurs particuliers, de dates antérieures à l'année 1500. &
qui fur des extraits des états & comptes délivrés
par la Chambre, juftificatifs qu'ils étoient précédemment employés, ont obtenu des jugemens
confirmatifs de leurs droits, feront admis à faire
la repréfentation defdits extraits, en juftifiant pareillement de leur poffeffion & jouiffance pendant dix années, en la forme ci-deffus.

V I I.

Enjoint ladite Chambre aux Procureurs, d'é-
noncer dans les requêtes aux fins de repréfentation de Titres, les états & comptes dans lefquels
font employées les parties, à l'effet de vérifier
fi lefdits Titres font conformes aux emplois faits
dans lefdits états & comptes, & s'il n'a point été
fait ci-devant quelques réductions ou retranchemens, & des fommes pour lefquelles les parties
font employées dans les états & comptes.

V I I I.

Pour avoir une connoiffance plus prompte

G

& plus compléte, des Titres des differentes parties affignées fur les recettes générales des finances & des domaines, & fur les autres revenus
du Roy, il fera tenu au Greffe de la Chambre
un regiftre particulier des Arrêts qui intervien-
dront fur les requêtes tendantes à la repréfentation des Titres; comme auffi feront les tranfcrits
defdits Titres ci-deffus énoncés, établis dans les
regiftres où ils étoient précédemment enregiftrés,
finon mis dans les dépôts en des liaffes particulieres, diftribuées par ordre de Genéralités, Bail-
lages & Sénéchauffées. F A I T. les Sémeftres af-
femblez le vingt-un Janvier mil fept cens qua-
rante-trois. Collationné. *Signé* DUCORNET.

Les fages & prudentes précautions prifes &
ordonnées par ces Arrêts, affureront infailible-
ment aux Corps & Communautés Eccléfiaftiques
& Laïques, & à tous les Seigneurs du Royaume,
les droits qui leur ont été donnés, concedés,
aliénés, engagés & confirmés. par nos Rois
d'une maniere folide, authentique & incontefta-
ble dans la fuite des tems; & les regiftres dans
lefquels feront tranfcrits ces Chartres & Titres,
feront à l'avenir une reffource perpetuelle pour
les Seigneurs, où ils retrouveront leurs propres
Titres de propriété.

Dans cette Chambre ou dépôt qui renferme
non feulement les Titres les plus précieux du Domaine de la Couronne, mais encore, ceux
de l'Etat, & de prefque tous les Seigneurs
du Royaume, la difpofition de l'arrangement

a été fait avec ordre , & les originaux font
réliés dans des grands volumes tous cottés fepa-
rement ; mais on ofe dire que cette arrangement
n'a pas été fait avec affez de connoiffance pour
qu'il puiffe être d'une utilité parfaite aux Seigneurs intereffés : En ce que ces regiftres, renferment fouvent un mêlange de Titres de trois
ou quatre Provinces differentes, qui font une
confufion entr'eux ; & comme un regiftre de cette efpece contient plus de Titres d'une Province
que des autres , on l'attribue à cette Province :
enforte que les particuliers qui recherchent des Titres des trois autres Provinces, font privés de voir
ce regiftre, par ce qu'il n'eft pas attribué à celles
qui les concernent, ce qui fait que leurs recherches font fouvent très-infructueufes, & ne l'auroient peut être point été, fi on leur avoit mon-
tré ce regiftre.

J'en ai vû un, attribué pour les Titres , à la
Province du Bourbonnois, par ce que la plus
grande partie des Titres qu'il contient, font de cette Province ; mais il en contient encore pour des
Seigneuries particulieres du Maconnois, de Bourgogne & Brionnois , d'Auvergne , de Lyonnois
& de Forêt ; l'on pourroit, pour remédier à l'inconvenient de cette confufion, qui eft caufe que
nombre de Seigneurs perdent leurs Droits , leurs
dixmeries, juftices & autres propriétés qui leur
font conteftés, faute d'avoir connoiffance de ces
Titres, faire imprimer les Tables qui font à la tête de ces volumes, & qui contiennent le détail de

ces Titres ; ce qui dans un livre que chacun pouroit acheter, apprendroit aux Seigneurs qui ont besoin de quelques Titres, où ils les trouveroient & dans quel volume, d'où il résulteroit une utilité infinie pour le Public.

Observation importante pour les Seigneurs.

Le Seigneur qui voudra faire faire la renovation de son Terrier, connoîtra infailliblement si les Commissaires avec lesquels il voudra traiter sont habiles ou ignorans, en ce que les premiers se chargeront toujours de la renovation, tant des nouveaux Terriers que des anciens, parce qu'ils appuient toutes leurs operations sur ces premiers Ouvrages, qui sont toujours mieux faits que les derniers depuis cent ans, embrassant plus de terrein, ayant des tennemens plus considérables & des jonctions plus solides, des Rapels mieux faits que ceux de ces derniers Ouvrages, qui sont la plûpart infectés de quantité de faux placemens, jonctions & derivations erronées, sur tout ceux de la fin du dernier siécle & qui ont suivi, au moins dans les Provinces de Bourgogne, Maconnois, Lionnois, Bourbonnois & Voisinage.

Au contraire, la plûpart des Notaires, qui s'érigent en Commissaires à Terriers, ne veulent point se charger de la rénovation des anciens Terriers, & choisissent toujours les plus modernes: ils écartent avec soin tous les anciens Titres, parce qu'ils ne sçauroient les lire, & qu'ils sentent leur incapacité , d'en faire la rénovation par defcendance de familles , & par gradation , comme ils font fur les nouveaux & derniers faits , en faifant entendre aux Seigneurs, que ces Titres font prefcrits & inutiles par leur obfcurité , parce qu'ils le font réellement pour ces nouveaux Commiffaires.

Mais un habile Commiffaire , non feulement recherchera avec foin, comme nous l'avons dit , tous les anciens Terriers , & exigera pour faire une bonne rénovation , que le Seigneur faffe faire un inventaire général & exact de tous fes Titres , afin de fe fervir de ceux qui établiffent les droits généraux , & particuliers de la Seigneurie , & de puifer dans ceux qui les ont renouvellés, tous les Droits du Seigneur.

Il eft vrai qu'un Commiffaire habile, qui connoîtra l'importance & la grandeur des opérations qu'il a à faire pour une bonne rénovation , par les differens Terriers anciens qui fe trouvent dans une Seigneurie , & la quantité des Titres particuliers qui en ont augmenté ou diminué les droits & fervitudes dont il doit faire le placement fur fes cartes , demandera un prix confidérable , mais l'on ne peut trop payer un Terrier bien fait , & un Ouvrage auffi durable. Un Seigneur qui fentira l'immenfité des peines, foins, attentions , & travaux que devra prendre un Commiffaire zelé , pour faire avec jufteffe & équité fa rénovation , décidera aifément qu'un Officier qui ne lui demandera que peu de chofe ,

& promettra de le faire en bien peu de tems, est un homme qui s'érige en Commissaire à Terrier, & qui n'en sçait pas les fonctions; ces travaux ne pouvant se faire qu'avec de grandes peines & avec des menagemens, & precautions pour les redevables, qui entrainent toujours un tems considerable. Il est à propos de donner ici le modéle du traité qu'il convient faire pour cette rénovation, il donnera une juste idée de la grandeur de cet Ouvrage.

MODELE d'un traité pour la rénovation d'un Terrier, dans lequel sont compris l'Inventaire des Titres, & les Cartes & Plans des Lieux & du Terrier.

NOUS soussigné.... Seigneur de ..... & Notaire Royal Commissaire aux Droits Seigneuriaux, sommes convenus de ce qui suit, sçavoir que moi susdit Commissaire promets & m'oblige envers mondit Seigneur de ...... de faire l'Inventaire général de tous les Titres de sa terre & Seigneurie de .... & dépendances, transcrire dans ledit Inventaire, par ordre de dattes, toute l'essence, & ce que contient chaque Titre, soit en preambule, soit en contexte, obligations, engagemens & solutions, confins & limites des héritages y rapportés, & généralement le contenu en iceux; à l'exception seulement des formalités des actes, non nécessaires aux Droits qu'ils établissent, le tout en Langage François, quoi que partie

defdits Titres foient en Latin ; en marge
duquel Inventaire, feront mentionnés les différens Droits de ladite Seigneurie, les noms des
héritages, maifons, prez, terres, vignes & autres biens fonds articulés, depuis le premier
jufqu'au dernier, avec une table, qui contiendra par ordre alphabetique, tous les differens
Droits Seigneuriaux d'icelle, généraux & particuliers ; les articles de toutes les acquifitions,
& de chaque Métairie ou domaine, ceux concernant les cens, tailles, dixmes, marciages,
main-Mortes, percieres, agriers, carpot, tafche &
autres Droits de directe Seigneurie ; enforte que
dans la néceffité de chercher tous les Titres qui
établiffent, renouvellent, confirment, affurent & prouvent la proprieté & poffeffion d'un
Droit, tel que celui de la dixme inféodée, ou autre, on puiffe les trouver & raffembler dans le
moment, & juger à l'inftant de fon établiffement,
des changemens, altérations ou augmentations
qui ont pu y furvenir depuis fon origine ; duquel Inventaire je promets rendre une groffe
bien écrite, faite & complette avec les Tables,
dans le courant du mois de .... &
enfuite dudit Ouvrage, je m'oblige & m'engage pareillement de faire la rénovation du Terrier de ladite Seigneurie de ...... en recevoir
& paffer de nouvelles reconnoiffances & déclarations fur les Terriers, & Titres généraux &
particuliers d'icelles, qui à cet effet me feront
remis, lefquelles declarations & reconnoiffances,

contiendront la confiſtance , ſituation , Paroiſſe,
territoires , limites & confins nouveaux, referés
aux anciens de chaque héritage , & pour une
plus grande perfection , & retablir les obmiſſions
& erreurs , qui peuvent ſe trouver dans le dernier & plus nouveau Terrier ſigné . . . . je
m'engage de remonter aux anciens Terriers qui
l'ont précédé & autres Titres , & baux Particuliers, ſoit anterieurs ou poſterieurs audit Terrier
ſigné . . . . . fait & paſſé juſqu'à ce jour , dans leſquelles déclarations ou reconnoiſſances nouvelles,
ſera exactement énoncée la nature des héritages qui y ſeront confinés tant ancienne , ſuivant
le rapport des anciens Terriers , qu'actuelle , a-
fin de fixer irrevocablement & avec certitude
les terres novales , ou qui pourront dans la ſuite le devenir par un changement de ſurface ,
avec les cens, ſervis, taille & droits réels dont
ils ſeront chargés ſeparement ou ſolidairement ,
& ſera énoncée à chaque article, ſa dérivation, en
ſpécifiant préciſément la ſource d'où il procéde
dans le plus ancien Terrier , ou Bail à Cens ,
le Folio, & nom de celui qui l'a reconnu, la reconnoiſſance qui l'a ſuivie dans le Terrier ou Titre poſterieur , & juſqu'audit dernier Terrier ſigné
. . . . . en obſervant de marquer les dattes de chaque reconnoiſſance ancienne, & folio du Terrier;
en ſorte que la gradation depuis le Bail à Cens,
juſqu'à ce jour, ſoit parfaite. Et outre ce, d'y ſpe-
cifier de même à chaque article, s'il eſt aſſis en la
Juſtice de ladite Seigneurie, ou autre, & ſi la
dixme

dixme en eſt dûë & payée audit Seigneur, ou au Curé de la Paroiſſe comme novale ou groſ-ſe dixme, ou à un autre Seigneur, la quotité de cette dixme, ſi elle eſt querable ſur le Champ, ou portable dans les granges & preſ-ſoirs de la Seigneurie. Enfin la maniere en laquelle elle eſt perçue.

Comme encore de recevoir, & paſſer les Actes de foy & hommages, aveus & dénombremens que doivent les vaſſaux de ladite Seigneurie, dans leſquels aveus & dénombremens, ſera obſervée à chaque héritage qui y ſera denombré & confiné, la même gradation de Titres, & il ſera ſpecifié s'il eſt en la Juſtice & dixmerie dudit Seigneur, comme aux héritages portés en cenſives.

Ferai pareillement fournir des déclarations aux propriétaires des héritages tenus en Franc-Alleu, franche aumône, ou qui feront portés en Fief, ou en cenſives d'autres Seigneurs, aſſis en ladite Seigneurie, & qui n'y doivent aucuns Droits, pour y reconnoître la Juſtice dudit Seigneur, & ſa dixmerie s'ils y ſont ſitués, avec la même préciſion pour les contenues & limites, qu'au précédens articles.

De toutes leſquelles déclarations, reconnoiſſances & actes ſera compoſé le nouveau Terrier de ladite Seigneurie, dont je promets fournir audit Seigneur une groſſe, en forme, exactement extraite ſur les minutes deſdits actes; dans laquelle groſſe originale ſeront tranſ-

H

crites, la Juftice de ladite Seigneurie avec des
limites & confins nouveaux, les differentes dixmeries qui lui appartiennent auffi avec leurs limites & confins, les Fiefs & Droits Seigneuriaux généraux & particuliers, honorifiques,
utiles, réels, perfonnels & mixtes, enfemble les
châteaux, manoirs, bois & domaines de ladite
Seigneurie en quoi qu'ils confiftent, confinés en
la forme & maniere ci-deffus, avec des tables des
noms des redevables, & defdits Droits; comme
auffi je m'engage de dreffer l'aveu & dénombrement que ledit Seigneur doit donner au Roy
pour ladite Seigneurie de ..... en fournir trois
expeditions en forme, fuivant l'ufage de cette
Province, dans lequel feront denombrés & é-
crits les château, manoir, bâtimens, domaines & metairies, prés, bois, étangs, cens,
vignes, rivieres & tous autres héritages, & poffeffions qui compofent l'univerfalité du domaine de ladite Seigneurie, les differens Droits
Seigneuriaux dus à icelle, tant particuliers,
généraux, réels, perfonnels, mixtes, qu'utiles &
honorifiques, les Juftices & dixmeries avec leurs
limites & confins nouveaux, les Fiefs qui relevent, & font mouvans de ladite Seigneurie,
relativement, aux aveus & denombremens anciens
& nouveaux, donnés aux Seigneurs de ladite
Seigneurie, les noms des propriétaires actuels
utiles defdits héritages, en obfervant d'énoncer
à chaque article les Titres de leurs établiffemens & renovations, & leurs dattes. Et en cas

que les Cenfitaires & Emphiteotes foient refu-
fansde reconnoître volontairement, je ne ferai
tenu que de dreffer la demande néceffaire : &
les pourfuites feront faites à la diligence, & aux
frais dudit Seigneur.

Enfin, en cas qu'il fe trouve des articles non
fervis ni payés, fans confins perpetuels & tellement inveterés, qu'il ne me feroit pas poffible
d'en découvrir le placement, j'en donnerai un
état au Seigneur pour les faire verifier dans les
fix mois fuivans, enfuite dequoi j'en demeure-
rai déchargé.

Pour tous lefquels Ouvrages & leur exécution, & la levée des plans, il me fera fourni
par ledit Seigneur, des indicateurs néceffaires, à
mefure que j'en aurai befoin.

Si le Seigneur veut faire lever fa terre Geometriquement, il ajoûtera cette claufe, tant pour
les plans que pour les cartes du Terrier & des
Titres.

M'oblige pareillement de lever & faire lever
Geometriquement les limites de la Juftice de
ladite Seigneurie de..... & tous les héritages
renfermés en icelle, ainfi que celles des dixmeries de ladite Seigneurie, & d'en faire des
plans reguliers, dans lefquels les chemins, ruiffeaux, bâtimens & autres confins immuables,
perpetuels, feront marqués diftinctement; & faire du tout différens plans & cartes particulieres
de chaque canton, de la totalité de la directe enclos dans l'étendue de la Juftice & de la dix-

merie, renfermé dans quatre chemins, ruiſſeaux ou confins immuables & perpetuels, lavez & enluminez, & où les novales des dixmes feront exactement marquées & differenciées les unes des autres, par des lignes de différentes couleurs, enſorte que ces différentes cartes comprennent la totalité du terrein defdites Juſtices, & dixmeries, diſtingué par cantons & Paroiſſes.

Fournirai une carte générale de la Juſtice de ladite Seigneurie de ..... une de chaque dixmerie feparée, & une carte générale defdites Juſtices & dixmeries.

Fournirai de même des cartes terriſtes relatives à celles des plans nouveaux, renfermés en quatre confins immuables & perpetuels; des anciens & nouveaux Terriers, & dans chaque caze, feront rapportés es numeros de chacun des articles.

Tous leſquels Ouvrages je promets rendre & delivrer audit Seigneur dans ..... années à commencer de ce jour.

Et moi ledit Seigneur de ...... m'oblige de payer audit Sieur, pour tous leſdits Ouvrages, la fomme de ..... fçavoir ..... & celle de ..... à la livraiſon d'iceux.

Comme les Seigneurs font peu au fait des clauſes de ces fortes de traités, & que fouvent leurs gens d'affaires y entendent encore moins, on a cru leur faire plaifir d'inferer ce modele qui les inſtruira de ces fortes d'Ouvrages & de leurs confequences.

CHAPITRE TROISIE'ME.

SECTION PREMIERE.

DES TERRIERS.

QUESTION PREMIERE.

Qu'est-ce qu'un Terrier ?

C'Est un Livre, Regiftre ou Cartulaire qui renferme les Loix de la Seigneurie, & con-tient les ufages, droits, prérogatives, priviléges, conditions des perfonnes & héritages domici-liés, fitués & affis en icelle, dans lequel font tranfcrites toutes les déclarations des Cenfitaires, baux à cens, procès verbaux de limites, de juftice, dixmeries, dénombremens des Droits de la Seigneurie tant utiles qu'honorifiques, def-cription, & confins des domaines, des hérita-ges d'icelle, & généralement tout ce qui appar-tient à la Seigneurie, tant en propriété, que Droits honorifiques, utiles, réels, perfonnels & mixtes, le tout figné d'un ou de deux Notaires.

Un Terrier eft le recueil des Loix, & Droits de la Seigneurie.

QUESTION DEUXIEME.

Dans quelle efpace de tems un Seigneur peut-il faire renouveller fon Terrier.

Les fentimens des Auteurs font partagés fur cet intervalle, les uns prétendant que l'on

ne peut le faire qu'après trente à quarante ans, &
les autres au bout de cinquante ans, mais l'ar
rêt des grands jours tenus à Clermont, du 9.
Janvier 1666. qui fert de reglement pour l'Auvergne, le Bourbonnois, le Lionnois, le Forêt,
le Baujolois & le Maconnois, doit fixer la conduite à cet égard : il dit que les Seigneurs pourront tous les vingt ans faire paffer de nouvelles reconnoiffances à leurs Terriers, aux frais
des Cenfitaires. L'ufage du Parlement de Paris,
quoique dans une Coûtume imprefcriptible, eft
qu'il eft loifible à tous les Seigneurs de Fief, de
faire renouveller leur Terrier tous les trente ans,
cela eft attefté dans les actes de notoriété du
Châtelet de Paris, de M. le Camus, par celui du
cinquiéme Août 1689,

QUESTION TROISIEME.

Eft-il abfolument néceffaire d'obtenir des lettres du
Prince pour la renovation d'un Terrier ?

Il femble d'abord que non, parceque prefque tous les Droits Seigneuriaux ne font dûs
que par des contrats particuliers, paffés entre le Seigneur & les Cenfitaires, tels que les
Baux à cens, albergeages, abenevis, intrages, emphiteofes & autres actes, par lefquels un Seigneur a donné quelques héritages,
moyennant un cens annuel, taille, bordelage
ou autre rédevance emportant lods & ventes,
retenuë & autres cafualités ; pour la renovation

defquels Droits, il ne paroit pas qu'il foit abfolument néceffaire d'obtenir des lettres de Terrier,
en ce qu'il eft de Droit commun, qu'un Seigneur peut fe faire reconnoître les Droits qui lui
font dûs par ces fortes d'actes ; & qu'il n'a nullement befoin de lettres du Prince pour ce fujet. En effet nous voyons que les premieres &
les plus anciennes lettres de Terrier qui ne
font que du fiécle de 1400. n'ont été accordées
par fa Majefté, que par la néceffité indifpenfable
où fe font trouvés les Seigneurs, de recourir à
l'autorité du Roy, pour obliger les vaffaux, Cenfitaires, Emphiteotes & Jufticiables à réprefenter
à leurs Seigneurs leurs Titres, & Contracts, tant
pour juftifier au Notaire commis, leurs propriétés, que pour y reconnoître les Droits portés
& établis par iceux envers le Seigneur, attendu
que ces Seigneurs avoient été pillés, & que leurs
chateaux avoient été brulés, par les guerres qui
affligerent fi long-tems la France dans ce fiécle
de 1400. que par conféquent ces Seigneurs a-
voient perdu leurs Titres, ce qui les mettoit
dans l'indifpenfable néceffité de recourir à cette autorité, fans laquelle ces Seigneurs n'auroient pû fe faire reconnoître leurs Droits : &
c'eft depuis ce tems que l'ufage s'eft introduit
d'obtenir des lettres en Chancellerie, pour la
renovation des Terriers, dans lefquelles on a toujours eu l'attention d'inferer les motifs de la perte
des Titres, & autres caufes néceffaires pour le
renouvellement des Droits Seigneuriaux.

Mais d'un autre côté, comme tous les Droits d'u-
ne Seigneurie ne font pas établis par des contracts paſſés entre le Seigneur & un particulier , pour
des charges affectées ſimplement ſur des héritages,
qu'il y en a nombre d'autres qui font généraux, qui
aſſujettiſſent tous les juſticiables d'une Seigneurie;
tels que ceux de Bannalité de fours, de moulins ,
de preſſoirs, de main-mortes, de plaid, de marciages, feur mariage, corvées , fouages , leydes ,
peages , &c. Il ſemble qu'il en doit être autrement que pour des Baux à cens, en ce que ces
différens Droits changent ſouvent la condition
des perſonnes , & leur ôtent une liberté dont
jouiſſent ceux qui n'y font pas aſſujettis; que pour
ces cauſes, il devient interreſſant à l'état que ces
Droits ne ſe renouvellent qu'en connoiſſance de
cauſe , & avec des formalités , telles que la permiſſion de ſa Majeſté , & l'autorité de ſa juſtice.

Cependant nous voyons que Ragueau dans
ſon indice , & Loiſeau dans ſon traité
des Seigneuries font de ſentiment , qu'il n'eſt
nullement néceſſaire au Seigneur haut juſticier
d'obtenir du Roy des lettres pour rénouveller
ſon Terrier , contre l'avis de Neron , dans ſon
recueil d'ordonnances ſur l'article cinquante
quatre de l'édit de Blois , je ne ſuis point de
l'avis des premiers , & je penſe qu'il eſt abſolument néceſſaire d'en obtenir, & qu'un Terrier
d'une grande & haute Seigneurie qui renferme
nombre de Droits généraux extraordinaires, tels
que nous venons de les détailler , renouvellé ſans
cette

cette autorité , ne doit être d'aucune considération: la raison s'en tire de ce que le droit de faire des loix , n'appartient qu'à celui en qui réside l'autorité souveraine, & qui est le plus éminent de la souveraineté , puisque c'est lui qui la caractérise ; or le terrier d'une Seigneurie renferme les loix & les Coûtumes qui sont entre le Seigneur , & ses vassaux, censitaires & justiciables , lesquelles étant singulieres, différentes, & même souvent contraires aux Droits Généraux établis par la Coûtume de la Province, doivent être approuvées , confirmées & revetûës de l'autorité du Prince ; autrement , les Seigneurs seroient eux-mêmes les Legislateurs,& usurperoient la souveraine puissance. C'est dans cet esprit que Charles V I I. par son Ordonnance du mois d'Avril 1453. article 125. ordonna que les Coûtumes , usages & stiles de tous les Pays du Royaume seroient rédigés par écrit & mis en livres , & quoiqu'il semble que cette Ordonnance ne regarde que les Coûtumes générales des Provinces , neantmoins elle influë sur les Coûtumes particulieres des Seigneuries, qui sont les Terriers qui composent leur loix , usages , droits , prérogatives, libertés , charges , les conditions de leurs personnes, & celles de leurs héritages; ce qui ne peut être valablement fait sans l'autorité du Prince:nous voyons par plusieurs Arrêts, que des Coûtumes Locales de certaines Villes & lieux particuliers, ont été rejettées pour avoir été redigées, & renouvellées sans Lettres patentes de sa Ma-

I

Necessité des Lettres de Chancellerie, pour la rénovation d'un Terrier.

Ordonnance qui le prescrit.

Coûtumes qui ont été rejettées faute de Lettres patentes par Arrêts du Parlement.

jeſté ; telle eſt la Coûtume de la Ville de ſaint Pol rejettée par Arrêt du 12. Janvier 1700. celle de Neuville par Arrêt du 27. May de la même année, celle d'Aveſne le Comte par Arrêt du 22. Decembre 1732. celle de Bauvin en Artois, pàr Arrêt du 3. Septembre 1734. le tout faute de Lettres patentes , ce qui ne laiſſe pas douter un moment, qu'il ne ſoit abſolument néceſſaire d'obtenir des Lettres patentes, pour la renovation d'un Terrier d'une Seigneurie qui a haute juſtice. C'eſt ce qui a paſſé en uſage dans tout le Royaume, comme nous l'avons démontré, & ce qui ſe pratique reguliérement dans la Coûtume de Paris, ainſi qu'il eſt atteſté dans l'acte de notoriété du Châtelet de Paris du 5. Août 1689.

Seconde raiſon pour aſſembler une Communauté.

Une ſeconde raiſon qui dérive cependant de la même ſource, c'eſt qu'il n'eſt pas permis à un Seigneur d'aſſembler la Communauté de ſes juſticiables , ni à cette Communauté de s'aſſembler pour reconnoître, & déclarer ce qu'ils doivent à leur Seigneurie, ſans avoir obtenu la permiſſion, c'eſt ce qui eſt préſcrit par nombre de Déclarations de ſa Majeſté. Or ſi cela eſt indiſpenſable, comme il eſt vray, un Seigneur & la Communauté de ſes vaſſaux, cenſitaires , & juſticiables ſont donc diſpenſés de cette formalité, lorſque leur Seigneur a obtenu des Lettres patentes pour la renovation de ſon Terrier.

Troiſiéme raiſon.

Une troiſiéme raiſon c'eſt que tous les Fiefs & les juſtices relévent du Roy, qui eſt le Seigneur dominant, ou ſuferain de ces Fiefs, dont les

Droits intéreffent même la Couronne, d'où ils émanent comme de leur fource ; par conféquent, il y a néceffité, que le Prince interpofe fon autorité pour faire reconnoître des Droits qui proviennent de fa liberalité ; & pour empêcher qu'ils ne s'éteignent par négligence, ou prefcription, & afin que le tout lui foit reporté avec un détail plus précis & plus nouveau, dans l'aveu & dénombrement que lui doit le propriétaire du Fief.

Enfin une quatriéme raifon, c'eft que les Ordonnances de Blois article 54. & de Melun article 26. qui difpenfent les Eccléfiaftiques de cette formalité, difent qu'ils ne pourront être contraints d'obtenir autre commiffion de fa Majefté ; que lefdites Ordonnances ; lequel terme *contraints* décide que l'on peut y contraindre les Seigneurs Laïcs, qu'aucun d'eux n'en eft difpenfé, & que s'ils font renouveller leurs Terriers, fans cette formalité, il y a nullité.

Quatriéme raifon tirée des Ordonnances.

QUESTION QUATRIE'ME.

Y a t'il quelques Seigneurs qui puiffent être difpenfés de prendre des lettres de Terrier, pour la rénovation de leur Terrier ?

Aucuns Seigneurs n'en font difpenfés, à la referve des Eccléfiaftiques, par les Ordonnances de Blois article 54. & de Melun article 26. comme il vient d'être dit. Ces Ordonnances veulent qu'il

Eccléfiaftiques difpenfés de prendre des Lettres de Terrier.

foit procedé par les Sénéchaux & Baillifs, à la confection des nouveaux Terriers, des Fiefs, & cenfives des Eccléfiaftiques, fans que pour cela ils foient contraints d'obtenir autre commiffion de fa Majefté, que lefdites Ordonnances ; lefquelles ont été confirmées par celles de Decembre 1606. & autres anterieures & pofterieures.

QUESTION CINQUIE'ME.

Les lettres de Terrier prifes en la grande Chancelleries, ont elles plus de force que celles obtenuës aux Chancelleries près les Parlemens ?

Elles ont autant de force & de vertu l'une que l'autre, & leur effet eft égal, à la différence toutesfois que les lettres de la grande Chancellerie durent pendant trente ans ; fans qu'on foit obligé de les renouveller, quoique l'on n'ait pas travaillé en conféquence, & qu'elles ont leur exécution par tout le Royaume ; au lieu que celles obtenuës en la Chancellerie du Parlement, doivent être enrégiftrées au Bailliage, ou Sénéchauffée, enfuite publiées, & affichées dans l'année de l'obtention, & que dans la même année, il ait été paffé des déclarations, & reconnoiffances au nouveau Terrier ; faute de quoi il faut obtenir de nouvelles lettres, ces dernieres n'étant qu'annalles : cependant s'il eft paffé des déclarations & reconnoiffances de tems à autres, & qu'il n'y ait pas un an de diftance, ces lettres ont toujours leur effet, tant que dure la re-

Différences des Lettres de la grande & petite Chancelerie.

novation, mais fimplement dans l'étenduë du Parlement, d'où elles font émanées, pourvû qu'il n'y ait pas changement de Seigneur, parce-que s'il y a mutation, il faut en obtenir de nouvel-les au nom du nouveau propriétaire.

Si le propriétaire change, il faut obtenir de nouvelles Lettres.

QUESTION SIXIE'ME.

Si un Seigneur a plufieurs terres en différens Parle-mens, & différens refforts de jurifdiction, peut-il obtenir par des Lettres patentes qu'elles foient adref-fées à un feul Juge Royal, pour la confection de tous fes différens Terriers ?

Il n'y a pas de doute qu'il ne puiffe obtenir par des lettres de Terrier, la permiffion de faire renouveller les Terriers de toutes fes différentes Seigneuries, quoi qu'en différens refforts, & ce, devant un feul Juge Royal ; mais pour cela, il faut obtenir ces lettres en la grande Chancelle-rie, auquel cas, fi le Seigneur qui provoque la renovation, veut qu'elle foit faite par un feul Notaire, il doit faire inferer la claufe, que le No-taire qui fera nommé par lui & commis par le Bailli ou Sénéchal, à qui ces lettres feront adref-fées, recevra toutes les déclarations defdits ter-riers, même hors de fon reffort.

Il faut des Let-tres de la grande Chancellerie pour renouveller des Terriers en diffé-rens refforts.

QUESTION SEPTIE'ME.

*Les Seigneurs qui ont droit de Committimus peuvent-
ils faire renvoyer cette confeƈtion devant les Juges
de leurs Priviléges, en prenant des lettres de Terrier?*

Meſſieurs des Requêtes, du Palais & de l'Hôtel ne peuvent connoître de la rénovation d'un Terrier.

Mrs. du grand Conſeil en peuvent connoître.

Formalités à obſerver.

Il faut diſtinguer à l'égard des Seigneurs , qui ont leurs cauſes commiſes aux Requêtes du Palais & de l'Hôtel, leſquels ne peuvent uſer de leurs Priviléges , parce que la matiere des Cens eſt réelle , & que M. des Requêtes du Palais & de l'Hôtel n'en peuvent connoître ; mais Mrs. les Commandeurs de Malthe, les Religieux & Religieuſes de l'Ordre de Cluny , qui ont leurs cauſes commiſes devant nos Seigneurs du grand Conſeil , & qui poſſedent grand nombre de Seigneuries en différents Parlements, peuvent obtenir des Lettres en la grande Chancellerie pour la renovation de leurs terriers , ces Lettres feront adreſſées au grand Conſeil , avec pouvoir de commettre tel Juge Royal qu'il conviendra : ſur le rapport & préſentation deſdites Lettres il intervient un Arrêt , qui ordonne qu'elles feront enregiſtrées , & qui en conſéquence commet un Juge Royal, pour toutes les conteſtations qui peuvent ſurvenir pour l'exécution: cet Arrêt commet auſſi le Notaire Royal nommé par les impétrans , pour recevoir les actes des différens terriers de leurs Seigneuries , même hors de ſon reſſort. On renvoye cette nomination devant le Juge Royal , auquel les

impetrans repréſentent tant leſd. Lettres patentes, que l'Arrêt du grand Conſeil ; & ſur cette repréſentation, & d'après les concluſions du Procureur du Roy , ſentence intervient qui ordonne
que le tout ſera enrégiſtré, pour être exécuté ſelon
la forme & teneur, en conſéquence , que leſdites
Lettres patentes, enſemble ledit Arrêt du Conſeil, feront publiés & affichés en la maniere ordinaire, & le Juge enjoint aux Vaſſaux & Cenſitaires
de ſe préſenter devant ledit Notaire, pour y faire & paſſer leurs déclarations & reconnoiſſances,
dans la quinzaine du jour de ladite publication
&c. Voila ce qui ſe pratique pour les Seigneurs
qui ont leurs cauſes commiſes au grand Conſeil.

*MODELE de lettres de Terrier contenant toutes
les clauſes que l'on peut y inſerer.*

LOUIS par la grace de Dieu Roy de France
& de Navarre, à notre Sénéchal de ......
ou ſon Lieutenant Général à .... Salut. Notre
cher bien amé & féal .... Chevalier Seigneur de .... & dépendances , nous a fait
remontrer qu'à cauſe de ſes Seigneuries de .....
aſſiſes en la Province de .... il lui appartient
tous Droits de Juſtice & juriſdiction, haute,
moyenne & baſſe , Châteaux & manoirs , domaines, garennes, parcs, droits de fiefs , arrieres
fiefs , cens, rentes, dixmes inféodées, terrages,
champarts, corvées, manœuvres , blairies , marciages , reconnoiſſances , tailles , mortailles ,

*Détail & énu-
meration des
Droits géneraux,*

droit de guet & garde , bannalité de moulins ,
fours, preſſoir,banvin, leide, peages, travers, droits
de chaſſe , pêche, eaux, rivieres, ports ſur la riviere
de ......ſervis & ſervitudes , & autres Droits Seigneuriaux établis tant par la Coûtume de .... que
par les Titres & Terriers de l'expoſant, à prendre & percevoir , ſur pluſieurs maiſons , bâtiments , bois , buiſſons , terres cultes & incultes,
prez , pâcages , paturaux , vignes, étangs ,
landes, bruieres & autres héritages ſitués dans les
Paroiſſes de .... & autres lieux en nos Chan-
tellenies de .... qui ſont de nobles & ſervi-
les conditions, & poſſedées par pluſieurs particuliers ; tant Eccléſiaſtiques , Nobles qu'autres ,
dont les predéceſſeurs de l'expoſant ont joui de
tout tems, étant Seigneurs deſdits lieux ; mais
Cauſes de la ré- ovation. comme il craint que ſes Titres , Terriers, Liéves,
Cueilloirs, & Recettes, venans à ſe preſcrire, il
ne perde ſes droits , par la mauvaiſe foi d'aucuns
détempteurs , qui prétendent ſe prévaloir de ce
que leſdites Terres & Seigneuries, ont été en ſaiſies réelles , ſequeſtration, minoritez des proprietaires , ſubſtitutions & poſſedées en uſufruit pendant longues années ; durant leſquels tems , les
droits généraux & particuliers deſdites Terres ont
été négligés , par le peu d'attention des Fermiers
judiciaires, Regiſſeurs, œconomes , uſufruitiers,
gens d'affaires & autres perſonnes, qui ont eu la
regie deſdites Seigneuries , & que même la plus
grande partie des Titres concernant leſdits droits,
ont été divertis, ſouſtraits & adhirés par la mauvaiſe

vaife foi d'aucuns détempteurs des héritages
fujets auxdits droits : pourquoi l'expofant entend faire toutes les diligences néceffaires pour
le recouvrement d'iceux , & pour obliger les
détempteurs & redevables defdits Droits à les
lui payer, & en paffer Titre nouvel, faire les
foy & hommage , bailler aveu & dénombrement , & a befoin de nos lettres qu'il nous a très-
humblement fait fuplier de lui accorder. *A
CES CAUSES*, voulant favorablement
traiter l'expofant, le maintenir & conferver en
tous fes Droits, qu'il tient & porte de nous en
plein Fief, & lui donner lieu de nous les reporter plus détaillés & avec plus de précifion dans
l'aveu , & dénombrement qu'il doit nous donner
de fefdites Seigneuries. *Nous vous mandons*, com-

Commiffion
du Juge Royal.

mettons & enjoignons expreffément par ces préfentes, qu'à la requête de l'expofant, vous faffiez
faire exprès commandement, de par nous, par
cris publics & par affiches, que vous ferez met-

Ce qui lui eft
prefcrit.

tre ès poteaux des Villes , Bourgs & Villages,
& ès portes des Eglifes Paroiffiales defdits lieux,
à tous vaffaux , emphitheotes, tenanciers, cenfitaires & redevables defdits Droits & devoirs , foit
gens d'Eglifes, Nobles & roturiers , & de quelque état & condition qu'ils foient , réfidens &
non réfidens defdits lieux ; que dans certains
tems qui leur fera par vous fixé, & fous telles
peines que vous verrez être à faire & qu'il appar-

Ce qui eft pref-
crit aux Cenfitai-
res.

tiendra, ils ayent à venir dans le Château de ladite Seigneurie de .... y faire les foi &

K

hommages qu'ils font tenus faire à l'expofant

Nomination & commiffion du Notaire.

pardevant notre amé .... notre Notaire & Commiffaire en droits Seigneuriaux que nous nommons & commettons à cet effet, ou pardevant d'autres Notaires, qui feront nommés par l'expofant. par vous commis ; pour raifon des Fiefs, qu'ils tiennent, mouvans defdites Seigneuries, bailler aveu & dénombrement par le menu, tenans & aboutiffants nouveaux ; referés aux an-

Obligations des cenfitaires.

ciens, fignés d'eux & dudit .... notre Notaire, & defdits emphitheotes, cenfitaires, jufticiables, tenanciers, poffeffeurs & redevables : iceux venir indiquer & montrer les fonds relevans defdites juftices, dixmeries, cens, directes, & rentes nobles, enfemble ceux fujets auxdits droits ; les reconnoître & bailler par déclarations par le menu, fins, bornes, limites, tenans & aboutiffans ; nouveaux referés aux anciens, où feront exprimés le nom au vrai, de toutes & chacunes les maifons, bâtimens, terres, bois, buiffons, prez, pacages, étangs & autres poffeffions, généralement quelconques, qu'ils tiennent & poffedent, en & au dedans lefdites juftices, dixmeries, Fiefs & Seigneuries, ou à caufe d'icelles, pardevant notredit Notaire, & fournir du tout expedition en forme de terrier à l expofant, dans lefquelles déclarations, feront énoncés & exprimés, les Droits de Juftices, dixmes, devoirs, cens, tailles, main-mortes, bordelages, marciages, fervis & fervitudes, qu'ils font tenus rendre, faire & payer par chacun an , ou à chaque mutation à l'expofant , & quels arrerages en font dûs , fans aucunes chofes en réferver, excepter , ni recéler à peine de commife , & de forfaiture , comme auffi rapporter , communiquer & exhiber leurs Lettres, Titres, Contrats , Enfeignemens, Aveu, Dénombrement & Déclarations , tant anciens que nouveaux de leurs teneurs & poffeffions , les actes de reception , de leurs foy & hommage ; les quittances & décharges de ceux auxquels ils ont payé les Droits Seigneuriaux , & fe purger par ferment s'il eft requis , fur la vérité d'iceux : Et pour la vérification & éclairciffement defdits Droits & poffeffions & exécutions des préfentes, Mandons à notre premier Huiffier ou Sergent Royal fur ce requis , faire exprès commandement, de par nous, à tous Curés , Notaires, Tabellions, Greffiers, Secretaires, gardes d'Archives & tous autres perfonnes publiques qui ont aucuns contrats de vente, tranfports , échanges , donations , papiers terriers , & autres actes & Titres concernans lefdits Droits, qu'ils ayent à les montrer ou exhiber pardevant vous, ou ledit Notaire , en bailler copie collationnée aux Originaux , dans le tems & délai qui leur fera prefcrit , moyennant falaire competent , & où lefdits vaffaux emphitheotes & détempteurs , ne fatisferont dans ledit tems , ne feront lefdits foi & hommage , reconnoiffances & déclarations , ne rapporteront leurs titres , déclarations , aveus & dénombrémens ,

Peines que peuvent encourir les Cenfitaires faute de fidele déclaration.

Doivent raporter & exhiber leurs Titres de proprieté.

Compulfoire.

K ij

Permiſſion de ſaiſir faute de foy & hommage, Reconnoiſſances non faites & d'exhibition de Titres.

ſaiſiſſez & faites ſaiſir leſdites terres, Fiefs, héritages, cens, rentes, & poſſeſſions quelconques & procedez contr'eux par les voyes de Droit, ſelon la Coûtume du Pays & nos Ordonnances: enſemble contre les Curés, Notaires, Greffiers & autres qui ſeront refuſans d'exhiber & bailler copie deſdits contrats, titres & autres actes,

Peines contre les Officiers qui ne repréſenteront les Titres & Actes qui leur ſeront demandés.

par peines & amendes, que vous verrez être à faire que voulons être levé ſur eux ſans déportes; & outre ce informez, & faites informer des entrepriſes & uſurpations ſur leſdites terres, Juſtices,

Procedures pour les uſurpations, & poſſeſſions, borner les limites.

Fiefs, dixmeries & juriſdictions, que vous ferez borner & limiter, avec les joignans, circonvoiſins & Seigneurs d'icelles, duement appellés, pour en faire voir les anciennes bornes & limites, faire deſcription & Procès-Verbaux d'icelles, aſſeoir, & en mettre & appoſer de nouvelles où beſoin ſera, pour la conſervation deſdites juſtices, dixmeries, & juriſdictions, & éviter les entrepriſes qui pourroient ſe faire des uns ſur les autres, faites auſſi arpenter par ledit Notaire ou l'Arpenteur Juré ou gens à ce con-

Permiſſion de faire meſurer & arpenter les Domaines de la Seigneurie & les héritages des Vaſſaux & Cenſitaires.

noiſſans, les terres, prez, bois, buiſſons & héritages, tant des domaines deſdites Seigneuries, que des ſujets, vaſſaux, cenſitaires & redevables d'icelles, eux à ce faire auſſi appellés, pour voir réaſſeoir les anciennes bornes & y en faire mettre de nouvelles ſi beſoin eſt; pour les bor-

Pour ce qui ſe trouvera excéder les meſures être uni à la Seigneurie.

nages & arpentages faits, être unis & incorporés aux domaines deſdites Seigneuries, ce qui ſera trouvé par les Arpenteurs, être au-delà de ce qui eſt porté par les anciennes déclarations, aveus & dénombremens, titres & enſeignemens. Faites ſaiſir & mettre ſous notre main, les lieux, héritages & poſſeſſions qui vous apparoîtront avoir été autrefois redevables auxdites Seigneuries, & chargés envers icelles, des cens, rentes, & autres Droits & devoirs, dont les receveurs & fermiers deſdites Seigneuries, ont fait anciennement recette, juſqu'à ce qu'ils ayent fait apparoir des cauſes ſuffiſantes, repugnantes & contraires auxdits Droits ; donnons pouvoir audit ..... notre Notaire par nous commis, & autres Notaires que l'expoſant pourra nommer & que vous commettrez, de recevoir toutes les déclarations, reconnoiſſances, aveux & dénombremens, Titres, Procès verbaux, baux à cens & tous autres actes concernant leſdits Droits, tant dans leſdits Châteaux, Seigneuries & Fiefs, que par tout ailleurs, ainſi que bon ſemblera à l'expoſant ; même hors de ſon reſſort ; à l'effet de quoi, nous faiſons deffenſes à toutes perſonnes & autres Notaires de les y troubler. Permettons en outre à l'expoſant de s'approprier toutes & chacunes les terres, prez, bois, vignes & autres héritages, hermes & vacans dans toute l'étenduë deſdites terres, juſtices, Fiefs & Seigneuries, dont ne lui apparoîtra aucuns détempteurs, ou dont les propriétaires & détempteurs, ne paroîtront & ne voudront ſe déclarer les Maîtres, & les reconnoître de nouveau ; les faire cultiver ſi bon lui ſemble, pendant trois an-

Permiſſion de ſaiſir & mettre ſous la main du Roy, les héritages qui auront fait partie de la Seigneurie

Pouvoir du Commiſſaire à Terrier d'en recev ir tous les actes, même hors de ſon reſſort.

Défenſes à toutes perſonnes & autres Notaires de le troubler

Permiſſion au Seigneur de s'approprier les terres, hermes & vacantes.

nées, durant lefquelles tous legitimes propriétaires pourront réclamer en payant les cultures, ameliorations & arrerages defdits Droits auxdits terriers, finon & après lefdites trois années, en demeurer plein & paifible poffeffeur & propriétaire. Voulons au furplus que s'il vous appert defdites faifies réelles, fequeftration defdites Seigneuries, négligence des Receveurs, Fermiers & régiffeurs conftant icelles, & divertiffement de titres, l'expofant foit favorablement traité, eu égard aux circonftances. Faites auffi payer à l'expofant les

Debitis pour faire payer les arrerages des Droits Seigneuriaux.

arrérages, qui peuvent être dûs & échus defdits Droits & redevances ; à ce faire voulons lefdits détempteurs & redevables être contraints par les voyes ordinaires & accoûtumées.

En cas de réfus de paffer reconnoiffance, feront renvoyés par le Notaire devant le Juge Royal.

Et en cas de refus, oppofition ou délay, notre main fuffifamment garnie : Quant aux chofes tenuës noblement, voulons lefdits détempteurs & redevables être par ledit Notaire ou autre prépofé, renvoyés & affignés, pardevant vous; & où l'expofant voudroit blâmer & foutenir lefdits aveus, & déclarations qui lui feront donnés, n'être pas finceres & véritables, vous ayez aux dé-

En cas de fauffe déclaration feront arpentés les terres & héritages.

pens de qui il appartiendra, à faire arpenter & mefurer lefdites terres, héritages & poffeffions, parties préfentes ou duement appellées, & leur être fait droit, ainfi que de raifon. Pour du tout être fait par ledit . . . . notre Notaire ou

Pour du tout être fait un papier Terrier.

autre, regiftre & papier terrier en la maniere accoûtumée pour chacune directe, rente, noble, terre, Seigneurie, conjointement ou féparement, & du tout faire faire & délivrer par notredit Notaire , un ou plufieurs regiftres & papiers terriers , dans lefquels feront tranfcrits les hommages, aveus & dénombremens, déclarations, cens, rentes , tailles, corvées & généralement tous les Droits, & devoirs dus à l'expofant à caufe defdites Seigneuries, & les châteaux, manoirs, bâtiments, Fiefs, arrieres Fiefs, Seigneuries, domaines, prez , vignes , bois étangs, dixmeries, juftices, garennes & autres biens, héritages & poffeffions à lui appartenans , & qui peuvent envers lui être chargés defdits Droits , & redevances, pour fervir à l'expofant tant en la perception defd. Droits , qu'en toutes les Cours & jurifdictions & autres lieux, de fuffifantes preuves, Titres & enfeignemens ; & faites au furplus aux parties bonne, entiere & brieye juftice. Car tel eft notre plaifir, nonobftant Lettres à ce contraires , Mandons & vous enjoignons, que vous ayez à vous conformer à ces préfentes & faire pour raifon d'icelles, & leur entiere exécution, tout ce qui fera néceffaire & à propos de faire , vous en donnant pour le tout pouvoir & commiffion. Donné à . . . .

Ce que doit contenir le Terrier.

Volonté du Roy & injonction de fe conformer au contenu defdites Lettres.

QUESTION HUITIE'ME.

Quels Droits font dus pour l'obtention de ces Lettres ?

Ces Droits font, pour le Sceau à la Chancellerie près les Parlemens , quinze livres , & à la grande Chancellerie trente-neuf livres.

QUESTION NEUVIE'ME.

Ces lettres obtenues, qu'eſt-il néceſſaire de faire pour leur exécution ?

Le Notaire ſera nommé & commis par le Juge Royal, s'il ne l'eſt pas par les Lettres de Terrier.

L'impétrant les repréſentera au Juge Royal auquel elles ſeront adreſſées, il lui en demandera l'enregiſtrement & nommera un Notaire Royal qu'il aura choiſi pour cette rénovation, & en recevoir les actes, s'il ne l'a pas fait nommer par leſdites Lettres, ſur leſquelles requiſitions intervient ſentence en cette forme.

MODELE de Sentence d'enregiſtrement.

CE jourd'hui........ pardevant nous..... Conſeiller du Roi, Lieutenant Général Enqueſteur &c. en la Sénéchauſſée de ..... ſeant en notre hôtel à .... ſur l'heure de .... aſſiſté de notre Greffier ordinaire, eſt comparu Me....... Procureur audit ſiége & de Mre..... Seigneur de ...... lequel nous a remontré qu'il a plû à ſa Majeſté d'accorder audit Seigneur de .... des Lettres patentes en forme de terrier en la Chancellerie du Palais à Paris le .... pour le renouvellement du terrier de ſadite Seigneurie, leſdites Lettres à nous adreſſées, leſquelles il nous a repréſentées, ſignées par le Conſeil .... duement ſcellées & en forme, requérant qu'il nous plaiſe ordonner leur exécution en l'étendüe de notre reſſort, & commettre Me...... Notaire Royal de la Ville de......... pour en recevoir

recevoir les actes, reconnoiffances & déclarations, à cet effet enjoindre à tous vaffaux, cenfitaires & jufticiables de ladite Seigneurie de.....
de fe prefenter devant ledit Notaire dans le tems
qu'il nous plaira leur prefcrire, fous telles peines que nous jugerons convenables, pour y paffer
leurs déclarations, reconnoiffances, foi & hommage, aveus & dénombremens, & tous autres
actes de renovation des terriers, titres & Droits
de ladite Seigneurie de .... & dépendances;
fur lefquelles remontrances & requifitions, faifant droit, nous avons audit .... Procureur
dudit Seigneur, donné acte du rapport defdites
lettres, ordonné qu'elles feront exécutées felon
leur forme & teneur, & en conféquence nous
avons nommé & commis Me....... Notaire
Royal, Commiffaire aux Droits Seigneuriaux, pour
paffer & recevoir les actes de foy & hommage,
aveus & dénombremens, déclarations, reconnoiffances & tous autres actes de renovations
des titres & Droits de ladite Seigneurie de .....
à cet effet enjoignons à tous vaffaux, emphiteotes, cenfitaires & jufticiables, fans diftinction de
qualité, de comparoir devant ledit Notaire, y
rapporter, exhiber & communiquer les titres de
leurs tenures & proprieté, & enfuite y paffer au
Château & lieu accoûtumé, leurs actes de foy
& hommage, aveus & dénombremens, déclarations & reconnoiffances des héritages qu'ils tiennent en Fiefs & en rotures en ladite Seigneurie, en la forme prefcrite par lefdites lettres, &

L

ce quinze jours après les affiches & publications defdites Lettres, & des préfentes, à peine
de commife & d'être procedé contr'eux par
faifie & autrement ; & au furplus fe conforme-
ront au contenu defdites Lettres patentes, lefquelles feront à cet effet publiées & affichées
dans toutes les Paroiffes dépendantes de ladite
Seigneurie, aux places publiques & accoûtumées,
& enrégiftrées au Greffe de ce Siege pour y
avoir recours, ainfi qu'il appartiendra. Mandons
au premier notre Huiffier ou Sergent Royal fur
ce requis, que pour l'exécution defdites Lettres & des préfentes, il faffe tous commande-
mens, affignations, faifies, établiffement de
Commiffaire & tous autres exploits requis &
néceffaires, & nous fommes fouffignés avec ledit M....... & notre Greffier.

QUESTION DIXIEME.

Quels Droits font dûs pour cet enrégiftrement ?

Quand cet enrégiftrement eft porté à l'audiance, il n'eft rien dû, mais s'il eft porté à
l'Hôtel en tems de feries, vacances ou autrement, le fieur Lieutenant Général fe taxe ordinairement 6. livres. Au Procureur 4. livres, & même
fomme au Greffier, auquel outre ce, on paye
pour l'enregiftrement defdites Lettres, 40. fols.
En confequence de cette Sentence, on fait publier à l'iffue des Meffes de Paroiffes, lefdites
Lettres & Sentences, par un Huiffier Royal, &

on les fait afficher à la porte des Eglises dont
est dressé procès-verbal.

MODELE DE PUBLICATIONS
& Affiches.

DE PAR LE ROY
ET MONSIEUR LE SENECHAL DE...

ON fait sçavoir à tous les vassaux, tenanciers,
censitaires, emphitheotes & justiciables,
Nobles ou Roturiers de la Seigneurie de.......
que Messire..... Seigneur dudit lieu de......
a obtenu de Sa Majesté des Lettres patentes en
forme de Terrier le......... enrégistrées au
Greffe de la Sénéchaussée de........ par Sentence du..... par lesquelles il leur est ordonné & expressément enjoint de comparoir &
venir devant M..... Notaire Royal Commissaire aux Droits Seigneuriaux & en cette partie,
dans quinzaine de cejourd'hui, à peine de commise, de saisie & autrement, pour y représenter & communiquer les Titres de leur proprieté,
& ensuite y faire & passer leurs Actes de foy
& hommage, aveus & dénombremens, déclarations & reconnoissances de tous les fonds,
maisons, jardins, bâtimens, prés, terres, vignes,
bois, buissons, paturaux, paccages, étangs,
landes, bruyeres, cultes & incultes, & tous autres héritages, tenus & mouvans dudit Sei-

L ij

gneur de...... tant en Fiefs, qu'en Rotures, chargés & non chargés envers ledit Seigneur de Droits & redevances, & les déclarer & reconnoître par confiſtance, fins, bords, & limites, tenans & aboutiſſans, nouveaux referés aux anciens, & le nom au vrai de leurs maiſons, terres, prés, bois, vignes & autres héritages qu'ils tiennent & poſſedent en & au dedans deſdites Juſtices & dixmeries de ladite Seigneurie, & le faire par leſdits Tenanciers inſcrire au Terrier nouveau dudit Seigneur de....... le tout ſous les peines ſuſdites.

MODELE de Procès-Verbal d'affiches &
publications.

L'AN..... le..... à la Requête de M..... Seigneur de..... je..... ſouſſigné me ſuis tranſporté en la Paroiſſe de..... où étant & au-devant de la grande & principale porte de l'Egliſe Paroiſſiale, le Peuple ſortant de la Meſſe de Paroiſſe & aſſemblé au-devant de ladite Egliſe, ai fait lecture à haute & intelligible voix des Lettres patentes, & Sentence énoncées en l'affiche ci-deſſus, enſemble deſdits proclamats, avec commandement à tous les vaſſaux, tenanciers, cenſitaires & juſticiables d'y ſatisfaire ſous les peines y portées ; & afin qu'ils n'en prétendent cauſe d'ignorance, j'ai affiché dans un placart imprimé leſdites Lettres, Sentence & proclamats, en préſence de...........

témoins qui ont figné avec moi, dont Acte.

Ces formalités faites & remplies, le Seigneur, qui a obtenu ces Lettres, donne une procuration à une perfonne de confiance, pour accepter les déclarations qui feront paffées à fon Terrier, les blâmer s'il écheoit, ainfi que les aveus & dénombremens en cette forme.

MODELE de Procuration pour accepter les déclarations & reconnoiffances.

PArdevant le Notaire Royal ..... eft comparu Meffire ..... Seigneur de ..... lequel a fait & conftitué fon Procureur général & fpecial M ..... auquel il donne pouvoir, de pour lui & en fon nom, être préfent aux déclarations & reconnoiffances nouvelles, qui feront faites au Terrier de fa Seigneurie de .... devant M..... Notaire Royal commis à cet effet, en conféquence des Lettres patentes que le Seigneur conftituant a obtenues le .... accepter lefdites nouvelles reconnoiffances au profit dudit Seigneur & de fes fucceffeurs Seigneurs de ladite Seigneurie de ..... relatives aux anciennes contenues en l'ancien Terrier de ladite Seigneurie, Baux-à-Cens & Titres particuliers de ladite Seigneurie, pour la nature, quotité & qualité des devoirs impofés par lefdites anciennes reconnoiffances, titres & traités paffés avec les cenfitaires en divifer les folidités, pour le bien de la chofe, autant qu'elle le requerera , les blâmer s'il y échoit, ainſi que les aveux & dénombremens qui feront donnés par les vaſſaux dudit Seigneur , ſe faire repreſenter les Titres de proprieté , des poſſeſſions & tenures de tous les juſticiables , cenſitaires , vaſfaux & emphitheotes,les contredire s'il y échoit, aſſiſter aux procès verbaux de limites des Juſtices , Dixmeries , Bois , Domaines & autres poſſeſſions de ladite Seigneurie , y faire toutes requiſitions , conteſtations, oppoſitions & proteſtations , qu'il jugera convenables , & généralement pour l'exécution deſdites Lettres patentes, circonſtances & dépendances , ce qui eſt preſcrit par icelles,& tout ce que ledit Seigneur conſtituant feroit, ſi preſent en perſonne y étoit, promettant,&c.

En conſéquence de cette Procuration, le Procureur ſpecial fait la remiſe au Notaire commis deſdites piéces , par un Acte en cette forme qui eſt le premier Acte qui doit être tranſcrit à la tête du Terrier.

MODELE de l'Acte du Papier Terrier.

AUjourd'hui ..... Sieur ..... Procureur ſpecial & général de haut & puiſſant Seigneur Meſſire ..... Seigneur de la Terre & Marquiſat de ..... eſt comparu devant N ...... Notaire Royal de la Ville de ..... Commiſſaire aux Droits Seigneuriaux , où étant, & en preſence des témoins ci-après nommés, il a repréſenté,

remis & dépofé ès mains dudit N . . . .
Notaire, les Lettres patentes obtenues par ledit
Seigneur en la Chancellerie du Parlement le . . .
. . . . fignées par le Roy . . . . . & fcellées du grand
Sceau de cire jaune, la Sentence d'enrégiftrement d'icelles en la Sénéchauffée de . . . .
du . . . . . fignée . . . . . . qui ordonne l'exécution
defdites Lettres & porte la commiffion dudit . . . .
Notaire pour recevoir tous les actes du Terrier de
ladite Seigneurie, & injonction à tous les vaffaux,
cenfitaires, emphitheotes & jufticiables des Droits
de Fiefs, de Cenfives & de Juftice, détempteurs,
proprietaires & poffeffeurs des héritages redevables & fujets auxdits droits, de fe prefenter dans la
quinzaine de la publication d'icelle devant ledit
. . . . Notaire pour y paffer Titre nouvel, foy &
hommage & reconnoiffance, tant en Fiefs que
Rotures, au profit dudit Seigneur, relativement
& conformément aux anciens aveus & denombremens, Titres & Terriers de ladite Seigneurie ; auquel ledit . . . . . Procureur fpecial a pareillement remis les publications & affiches defdites Lettres, qui ont été faites en telles Paroiffes les . . . . . fignées . . . . . enfemble la procuration générale & fpeciale dudit Seigneur paffée
devant . . . . . . Notaire le . . . . . le tout pour ê-
tre remis, depofé & annexé aux minutes du
Terrier nouveau de ladite Seigneurie, dont ledit Notaire demeurera depofitaire, & a ledit . . . .
audit nom requis ledit Notaire de proceder à
ladite commiffion & exécution defdites Lettres,
& à cet effet, de recevoir lefdits foy & hom-

mage , déclarations , reconnoiſſances & tous autres actes néceſſaires pour l'entier renouvellement des Titres & Terriers de ladite Seigneurie de ..... & à l'effet dequoi , feront joints aux préſentes leſdites Lettres , Sentence , Proclamats & Procuration ſuſdites pour en être délivré toutes expéditions , & tranſcrites à la tête de la groſſe dudit Terrier , dont il a requis acte , à lui octroyé par nous, ledit Notaire , acceptant avec honneur & reſpect ladite commiſſion , pour y proceder , tout ainſi qu'il eſt porté & ſpecifié par leſdites Lettres.

QUESTION ONZIEME.

Quel eſt l'effet de la Publication des Lettres de Terrier ?

La publication des Lettres de Terrier eſt une interpellation générale & ſolemnelle.

Cette publication eſt une interpellation ſolemnelle faite à tous vaſſaux , cenſitaires , taillables , main - mortables , emphiteotes & juſticiables de la Seigneurie , de ſe préſenter dans quinzaine devant le Notaire Royal , commis pour y paſſer les Actes de foy & hommage , aveus & denombrémens , declarations & reconnoiſſances des héritages qu'ils tiennent & portent , en Fiefs , en Routures , en Juſtice & à quelque Titre que ce ſoit , & y rapporter leurs Titres de proprieté.

QUESTION

QUESTION DOUZIE'ME.

Si les Cenfitaires, Vaffaux & Amphitheotes ne com-
paroifoient pas, y auroit-il des peines encourües
contre les Défaillans ?

Comme la volonté du Roy eft fuprême, il
ne conviendroit pas qu'elle fut méprifée impu-
nément par un Cenfitaire, fouvent vil Payfan
qui doit obéir aux proclamats, qui font faits de
la part de Sa Majefté, n'y ayant nulle raifon
qui puiffe difpenfer un Jufticiable & Cenfitaire, de comparoir devant le Commiffaire indiqué. Ainfi le défaut de fe préfenter dans le tems
prefcrit, eft un refus & une défobéiffance qui
degénere en un quafi délit, qui mérite punition, au moins d'une amende qui doit être prononcée par le Juge Royal, en faveur du Seigneur impetrant.

Le refus par un Cenfitaire de pre-fenter devant le Commiffaire, eft une defobéiffance qui merite puni-tion.

QUESTION TREIZIE'ME.

Si les impetrans de Lettres de Terrier y avoient fait
inferer, que le Juge Royal n'auroit aucun égard
à la prefcription nonobftant la Coutume des lieux,
cette claufe pourroit-elle fubfifter ?

La Prefcription eft un bénéfice que les Loix
& les Coûtumes ont établi, pour affurer la for-
tune des Particuliers, en fixant l'incertitude des
Domaines par la poffeffion ; c'eft pourquoi le
Roy ne deroge jamais, à cet établiffement qui

eſt fondé ſur de très-juſtes motifs : cependant il s'eſt trouvé des perſonnes & des Communautés qui ont ſubrepticement obtenu des Lettres de Terrier, même en la grande Chancellerie, par leſquelles il étoit derogé à la preſcription établie par la Coûtume , & ce fut à cette occaſion, que Sa Majeſté donna ſa Déclaration le 19. Avril 1681. par laquelle elle revoqua leſdites Lettres de Terrier : cette Declaration eſt en ces termes.

DECLARATION
DU ROY,

Pour abroger les reliefs de Preſcription inſerés dans les Lettres de Terrier.

Du 19. Avril 1681.

Abrogation des Reliefs de preſcription inſerés dans des Lettres de Terrier.

LOUIS, par la grace de Dieu Roy de France & de Navare , à tous ceux qui ces préſentes Lettres verront, Salut. Ayant été informé que quelques Communautés ou Particuliers qui ont pris des Lettres de Terriers en notre grande Chancellerie , pour obliger leurs Tenanciers, Emphiteotes & Vaſſaux, de faire les foy & hommages, bailler, aveus, dénombremens & declarations des lieux & héritages qu'ils poſſedent dans l'étendue de leur Seigneurie , payer les Droits à eux dûs ; aucuns defdits impetrans ont trouvé moyen de faire glisser dans lefdites Lettres, que les arrerages defdites rentes & Droits, leur feroient payés, nonobftant la prefcription autorifée par la Coûtume des lieux, dont fous divers pretextes ils fe font fait relever & difpenfer par lefdites Lettres. Et d'autant que notre intention n'a point été de favorifer lefdites Communautés & Particuliers, au préjudice du Droit que ladite prefcription pourroit avoir legitimement acquis à leurs Vaffaux, ains au contraire, voulons également favorifer nos fujets, & les faire jouir de tous les avantages que les Loix leur donnent. A CES CAUSES, fçavoir faifons, que de notre propre mouvement, grace fpeciale, pleine puiffance & autorité Royale, avons dit, déclaré & ordonné, difons, déclarons & ordonnons par ces prefentes fignées de notre main; Voulons & nous plait qu'en procédant par nos Juges à l'exécution defdites Lettres de Terriers, qui ont été accordées aux Communautés & Particuliers, pour rentrer dans les Droits & devoirs qu'ils prétendent leur être dûs, à raifon de leurs Fiefs & Seigneuries, ils prononcent fur la demande defdites Communautés & Particuliers, ainfi qu'ils verront être à faire en leur confcience, nonobftant & fans s'arrêter à ce que par nofdites Lettres, lefdits impetrans avoient été relevés de la prefcription, autorifée par la Coûtume des lieux, ce que nous ne voulons pouvoir nuir ni préjudicier aux Vaffaux & en tant que befoin eft ou feroit, avons revoqué & revoquons à cet égard, nofdites Lettres. Si donnons en mandement à nos Amés & Feaux les Confeillers, les gens tenans notre Cour de Parlement à Paris, Baillifs, Sénéchaux, Prevots, leurs Lieutenants, & tous autres nos Officiers & Jufticiers qu'il appartiendra, que les préfentes ils ayent à faire lire, publier & enrégiftrer, & le contenu en icelles, faire entretenir & exécuter felon fa forme & teneur, fans y contrevenir ni fouffrir qu'il y foit contrevenu: car tel eft notre plaifir, en foy de quoi nous avons figné & fait mettre notre Scel à ces dites préfentes. Donné à Saint Cloud le 19. Avril l'an de grace 1681. & de notre Regne le 38. & fur le replis par le Roy, COLBERT, & Scellé du grand Sceau de cire jaune.

Regiftrées, oüi le Procureur Général du Roy, pour être exécutées, felon leur forme & teneur fuivant l'Arrêt de ce jour. A Paris en Parlement le 13. May 1681.

Lues, publiées & enrégiftrées en l'audiance de la Sénéchauffée de Bourbonnois, tenant à Moulins, ce Requerant le Procureur du Roy d'icelle, pour y avoir recours en cas de befoin le 18. Juin 1681. lues publiées & enregiftrées, ce requerant le Procureur du Roy au Bailliage de Cuffet, l'audiance tenant, pour être exécutées felon leur forme & teneur le 28. Juin 1681.

Et comme la Dame Abbeffe de Cuffet avoit obtenu de pareilles Lettres de Terrier, & qu'à

caufe de cette claufe elle étoit en Procès avec le Sieur de la Chaife Lieutenant Particulier de Cuffet , intervint Arrêt du Parlement contradictoirement rendu entr'eux le 28. May 1683. par lequel il eft dit. » Que la » Cour a maintenu & gardé, maintient & gar-
» de lefdites Abbeffe & Religieufes, en la pof-
» feffion qu'elles ont de fe dire & qualifier de
» fondation Royale , & jouir de tous les avan-
» tages & prerogatives y attribués ; fait défen-
» fes audit de la Chaife de les y troubler, &
» auxdites Abbeffe & Religieufes de fe fervir
» en jugement, ni ailleurs, des Lettres patentes
» par elles obtenues le 2. Septembre 1679. &
» 16.Avril 1680. revoquées par notre declaration
» du 19. Avril 1681. fauf à elles, à fe défendre de
» la prefcription , contre ceux qui fe trouve-
» ront avoir été Officiers ou fait les affaires de
» ladite Abbaye , & par autre moyen de Droit :
» défenfes au contraire ; & fur le furplus a mis &
» met les parties hors de Cour , & condamne
» ledit Sieur de la Chaife en trois quarts de dé-
» pens , l'autre quart compenfé. Donné à Paris
» en notredite Cour de Parlement, ce 28. jour de
» May l'an de grace 1683. & de notre regne le
» 41. Signé *Jacques* Greffier.

Arrêt qui fait défenfes de fe fervir de Lettres de Terrier où l'on avoit inféré que l'on n'auroit point d'égard à la prefcription de la Coûtume.

QUESTION QUATORZIE'ME.

Est-il possible à un Seigneur qui a obtenu des Lettres de Terrier de choisir tel Notaire Royal que bon lui semble pour recevoir les Actes de Foy & Hommages, Aveus & Déclarations ?

Un Terrier n'est qu'un seul Acte qui ne peut être reçû que par un seul Notaire.

Oüi, & toutes les Lettres de Terrier que l'on expedie soit à la grande Chancellerie, soit à celle près les Parlemens, donnent la liberté au Seigneur impetrant, de nommer & choisir le Notaire pour recevoir les Actes qui doivent le composer, tels que les foy & hommages, aveus & dénombremens, déclarations & reconnoiffances, Procès verbaux de plantations de bornes, de limites des domaines, justices, fiefs & dixmeries, par la raison qu'un Terrier, quoique composé de nombres d'actes, n'est consideré que comme un seul Titre, que l'on ne peut diviser, qui doit être passé & signé par un même Notaire, & dont les minutes des differens Actes qui le composent, ne peuvent être disperfées ès mains de differens Notaires, ce qui arriveroit si chaque Particulier qui fait sa déclaration,

Inconvenient s'il en étoit autrement.

avoit la liberté de se choisir un Notaire, & ce qui occasionneroit que les minutes de ce Titre feroient disperfées en 20. 30. ou 40. Etudes de Notaires, qui ne pourroient délivrer des groffes que des reconnoiffances qu'ils auroient reçues, lesquelles à ce moyen étant en plusieurs cahiers ou feuilles volantes, ne pourroient jamais former

un Corps de Terrier qui pût être clos à la maniere prescrite par les Ordonnances.

Une seconde raison, c'est que le Notaire choisi & nommé par le Seigneur, est ordinairement
habile en cet Art de renovation, pourquoi on
le distingue, & on l'appelle Commissaire à Terrier, lequel est en état de former des objections sur les Titres qu'on lui représente, de les
critiquer, ainsi que les confins, que les Censitaires voudroient donner à leurs héritages, ce
que ne pourroit pas faire un Notaire ordinaire
qui ne se mêle point de rénovation, que des
Censitaires ameneroient, lequel d'ailleurs n'auroit nulle connoissance des droits de la Seigneurie, ce qui préjudicieroit au Seigneur.

Enfin, c'est que le Seigneur ne peut être obligé de représenter ses Titres & Terriers à autant de Notaires, que le caprice de certains
emphitheotes voudroit choisir, & dont la
curiosité pour ne pas dire la chicanne, lui attire-
roit autant de procès que de personnes, c'est sans
doute par ces sages considérations, que Sa Majesté donne la liberté aux Seigneurs, de choisir
les Notaires, qu'ils jugent convenables pour la
rénovation de leurs Terriers. Cette question se
trouve decidée, par nombre d'Arrêts qui ont
proscrit les prétentions de certains Censitaires
à cet égard. Tel est celui du 19. Juin 1728.
qui a condamné la Dame Chauffat veuve de
Thomas Roffat, Tréforier de France, à passer nouvelle reconnoissance au Terrier de M. du Cha-

Arrêt qui con-
damne un Cen-
sitaire à passer de-
claration au Ter-
rier d'un Seigneur
devant le Notaire
qu'il nommera.

pitre de l'Eglife de Lyon dans leur Château d'Albigny , devant le Notaire qu'il plairoit audit
Chapitre de nommer.

QUESTION QUINZIE'ME.

*Si le Seigneur a des Notaires qu'il nomme comme
les autres Officiers de fa Juftice , peut-il les faire
commettre pour recevoir les Aɛtes de fon Terrier ?*

Non, parce que ces fortes de Notaires fu-
balternes ne peuvent paffer d'Aɛtes, qu'entre
les Particuliers jufticiables de la Seigneurie, en
laquelle ils font Notaires , & que d'ailleurs il
pourroit y avoir de la fufpicion étant cenfés,
dévoués au Seigneur qui leur donne leurs Offices, outre que les minutes d'un Terrier qui doivent refter entre les mains du Notaire Royal ,
ne féroient pas en fureté en celles d'un Notaire fubalterne, qui peut être revoqué par fon Seigneur, & dont les minutes en ce cas feroient portées au Greffe du Seigneur, où le Public, les
Vaffaux & Cenfitaires ne trouveroient pas leur
ureté.

Notaires fubal-
ternes ne peuvent
être commis pour
paffer des recon-
noiffances au Ter-
rier de leur Sei-
gneurie.

QUESTION

QUESTION SEIZIEME.

Si un Commissaire à Terrier ne peut trouver d'indicateurs, qui veuillent lui montrer & enseigner les héritages sujets à la renovation dont il est chargé, que doit-il faire pour s'en procurer ?

Le refus des Justiciables de servir d'indicateurs, pour montrer & dire les noms des héritages, de leurs terroirs, & des propriétaires actuels, ne provient que de la mauvaise volonté des plus gros Censitaires, qui empêchent les petits de faire cette fonction, dans l'idée de se dispenser de reconnoître ce qu'ils doivent. Si ce cas arrive, ce qui est assez fréquent dans certains Pays, le Commissaire fera sommation aux Sindics & Echevins du lieu, d'avoir, dans trois jours, à lui donner des indicateurs, pour lui montrer les héritages de la Censive, qu'il est chargé de renouveller, en ces termes :

Caufes du refus des indicateurs.

Les Echevins & Habitans font obligés de donner des indicateurs.

Modéle de Sommation à une Communauté de fournir d'indicateurs.

L'An . . . . . . le . . . . . jour du mois de . . . . . a . . . . midi, à la Requête de Messire . . . . . Seigneur de . . . . . pourfuite & diligence de Me. . . . . . . Notaire Royal, Commissaire aux Droits Seigneuriaux, & en cette partie, Je . . . . . Huissier Royal . . . . . . soussigné, me suis transporté en la Paroisse de . . . . . où étant, & au domicile de . . . . .

N

Sindic dudit lieu, en parlant à . . . . . j'ai, audit fieur
Sindic, tant pour lui que pour les Echevins dudit
lieu , & le général des Habitans de la Communauté de ladite Paroiffe de . . . . . dit & déclaré ,
qu'ils ne peuvent ignorer que ledit Seigneur de
. . . . . . n'ait obtenu de Sa Majefté des Lettres Patentes en forme de Terrier, le . . . . . . lefquelles
ont été enregiftrées par Sentence de la Sénéchauffée de . . . . du . . . par lefquelles ledit Notaire a été
commis pour cette rénovation ; lefdites Lettres
& Sentences, publiées & affichées à l'iffuë de la
Meffe Paroiffiale dudit . . . . . . par Procès verbal
du . . . . . au moyen defquelles publications , le
général des Habitans de ladite Communauté, ainfi
que le particulier, n'à pû ignorer qu'il eft néceffaire que ledit Me . . . . . . Notaire Royal , fe tranfporte fur les héritages dépendans de la Juftice &
Cenfive de ladite Seigneurie de . . . . . . pour ŷ vérifier les héritages fujets aux déclarations & reconnoiffances que doivent faire les Cenfitaires, avec
des indicateurs intelligens, lequel s'y eft tranfporté
pendant quelques jours ; après quoi ces mêmes
indicateurs, & ceux qui auroient pû en fervir ,
ont refufé, fous différens prétextes, audit Commiffaire, de l'accompagner : ce qui n'eft que l'effet de la mauvaife volonté de certains Cenfitaires, & d'une cabale que la Communauté des Habitans de cette Seigneurie ne doit point autorifer, pour éluder, s'il étoit poffible, les Lettres
Patentes de Sa Majefté, en ce que ce refus eft une
defobéiffance condamnable, dont ledit Seigneur

auroit pû rendre plainte à la Cour ; mais qu'il se
contente de sommer & interpeller ladite Communauté : Comme de fait, j'ai, dit Huissier, par
vertu des susdites Lettres Patentes, & pour l'exécution d'icelles, sommé & interpellé lesdits Sindic, Echevins, Habitans & Communauté, à la
voix dudit sieur...... Sindic d'icelle, d'avoir,
d'hui en trois jours, à administrer audit Seigneur
des indicateurs entendus & intelligens, pour accompagner ledit Me...... Notaire & Commis-
faire susdit, lui montrer, dire & enseigner les
noms des territoires & heritages, & ceux des Propriétaires actuels, pour parvenir à la rénovation
ordonnée par lesdites Lettres, aux offres par ledit Seigneur de payer salaires raisonnables auxdits
indicateurs, sinon & à faute par lesdits Habitans
d'y satisfaire, j'ai protesté pour ledit Seigneur, du
séjour, dommages, intérêts dudit Commissaire,
& qu'ils y seront contraints par toutes voyes dûes
& raisonnables, avec tels dommages & interêts
envers ledit Seigneur qu'il appartiendra, & à ce
que lesdits sieurs Sindics, Echevins, Habitans
& Communauté n'en ignorent, je leur ai laissé,
en parlant comme dessus, copie, tant desdites
Lettres Patentes, Sentences d'enregistrement,
Procès verbal de publication & affiches, que du
présent Exploit, dont Acte.

QUESTION DIX-SEPTIE´ME.

Si à cette sommation les Habitans ne font aucune réponse, que fera le Seigneur ?

Il pourra réïterer d'abondant , une seconde sommation le cinquiéme jour , afin qu'il y ait trois jours francs d'intervalle de l'une à l'autre , avec de plus amples protestations, & toûjours du séjour & retard dudit Notaire , & de ses dommages & intérêts.

QUESTION DIX-HUITIE´ME.

Que pourront faire les Sindic & Echevins sur ces deux sommations ?

Repréſentation que les Sindic & Echevins pourront faire à leur Communauté, sur les ſommations du Seigneur.

Ils convoqueront une assemblée générale des Habitans en la maniere ordinaire : ils y feront lire les sommations qui leur auront été faites, avec les Lettres de Terrier, & représenteront à leur Communauté , que c'est la volonté du Roy, que tous les Seigneurs de Fief fassent faire la rénovation de leurs droits ; que cette volonté est marquée en faveur de Messire . . . . . . Seigneur Haut-Justicier dudit lieu , puisqu'il lui a accordé des Lettres Patentes, dont il a fait donner copie ; que si quelques Habitans mutins ont cabalé pour détourner les indicateurs dont il a besoin , à l'effet de montrer & enseigner les héritages de la Seigneurie, les Habitans dans le général, ne doivent point approuver cette conduite ; que pour

prouver audit Seigneur combien ils blâment ce
procédé, & en même-tems lui marquer leur sou-
miffion, & le refpect qu'ils ont pour les Lettres
Patentes émanées de Sa Majefté, ils eftiment
qu'ils doivent délibérer, & ordonner à tous ceux
qui peuvent fervir d'indicateurs, de fe prêter &
accompagner ledit fieur Commiffaire, fous les
offres dudit Seigneur d'un falaire raifonnable ; que
fi la Communauté ne prend pas ce parti, elle doit
s'attendre qu'elle y fera contrainte fous des peines
rigoureufes, telles qu'elles font impofées contre
ceux qui s'oppofent aux ordres du Roy.

QUESTION DIX-NEUVIEME.

*Si les Habitans en Communauté perfiftent dans leur
filence, ou refufent de donner des indicateurs,
que fera le Seigneur ?*

Il fe pourvoira devant le Sénéchal, ou Bailly,
auquel les Lettres font adreffées, pour y faire
contraindre les Habitans.

---

*MODELE de Requête, pour faire contraindre
une Communauté à fournir des indicateurs
à un Commiffaire.*

A MONSIEUR LE SENECHAL DE ....

Supplie humblement .... Chevalier, Seigneur Haut-Jufticier de la Baronnie de Montfort :

Difant, qu'ayant befoin de faire renouveller les
Titres & Terriers de fadite Seigneurie de Montfort, Sa Majefté lui a accordé des Lettres Patentes en forme de Terrier, le . . . . . . qui vous font
adreffées, Monfieur, & que vous avez enregiftrées par votre Sentence du . . . . . . par laquelle,
en ordonnant l'exécution de ces Lettres, vous
avez commis Me. . . . . . Notaire Royal, pour recevoir & paffer les Actes de foi & hommage,
aveus & dénombremens, déclarations & reconnoiffances des Vaffaux, Cenfitaires & Jufticiables
de ladite Seigneurie, pour du tout faire un Papier
Terrier, qui contiendra en détail, les droits de
ladite Seigneurie : le Suppliant vous obferve,
Monfieur, que pour y parvenir, il eft néceffaire,
que le Commiffaire chargé de l'exécution de ces
Lettres, fe tranfporte fur les héritages fujets aux
Droits de Fief, Cenfives, & autres fervitudes de
ladite Seigneurie, avec des indicateurs, qui puiffent lui dire, les noms des héritages, celui de
chaque terroir, & ceux des poffeffeurs actuels, &
lui faire voir les joignans, tenans & aboutiffans
defdits héritages ; lefquels indicateurs ne peuvent être que du Pays, & du nombre des Habitans de ladite Seigneurie, en ayant toûjours une
connoiffance plus précife, qu'aucun autre du voifinage : mais ledit Me. . . . . . fufdit Commiffaire,
a fait en vain tous fes efforts, pour en trouver
dans ledit Bourg de . . . . . . Domaines, & Hameaux en dépendans ; ce qu'il n'a pû obtenir de
nombre de Particuliers, quoiqu'il leur ait offert

payement ; même au-delà de tout ce que ces
gens - là pouvoient raifonnablement demander
pour leurs journées. Ce refus a obligé le Suppliant de faire une fommation au général des Habitans de la Communauté de . . . . . . en la perfonne du Sindic, le . . . . . . par Exploit de . . . . . .
Sergent Royal, par laquelle le Suppliant les a requis de lui adminiftrer des indicateurs dans trois
jours, pour accompagner ledit fieur Commiffaire
fur les territoires de ladite Seigneurie , lui montrer & enfeigner lefdits héritages , leurs noms, &
ceux des Tenanciers actuels , aux offres de leur
payer un falaire raifonnable : laquelle Communauté n'ayant fatisfait à ces juftes requifitions, le
Suppliant a réïtéré cette même fommation, & les
mêmes offres le . . . . . par Exploit dudit . . . . . .
à laquelle ces Habitans n'ayant daigné fatisfaire ,
le Suppliant eft obligé de vous obferver , Monfieur , que ce refus n'eft occafionné que par une
cabale fecrette de ces Habitans , dans l'idée de
rendre inutile les Lettres Patentes que Sa Majefté
a accordées au Suppliant ledit jour . . . . . . ou au
moins d'en éluder l'éffet, & de fe maintenir par-
là dans l'ufage où ils font de ne pas payer dans
leur entier les Droits qu'ils doivent en général &
en particulier audit Suppliant ; que le filence de
ces Habitans , fur les deux fommations à eux faites , eft un mépris des plus indécens aux ordres
& à la volonté du Roy , qui fe trouve interreffé à
la rénovation des Droits de cette Seigneurie ,
puifqu'elle eft portée en plein Fief de Sa Majefté ,

qui en eft le Seigneur dominant, & que fans cette
rénovation les Droits de cette Seigneurie en feroient confidérablement altérés , par conféquent,
le Fief de Sa Majefté ; ce qui fait que le Suppliant, qui ne peut faire aucun ufage defdites Lettres Patentes fans indicateurs , eft obligé de recourir à vous.

Ce confidéré , Monfieur, il vous plaife , vû
lefdites Lettres Patentes de Sa Majefté, du ......
votre Sentence d'enregiftrement, du ...... les
Publications d'icelles, du ......les fufdites fommations des ...... ordonner, que trois jours
après la fignification qui leur fera faite de votre
Ordonnance, qui fur ce interviendra, ils feront
tenus de fournir au Suppliant deux indicateurs ,
pour chaque Territoire de ladite Seigneurie , qui
accompagneront ledit Commiffaire , & auquel
ils déclareront au vrai, les noms des terroirs, ceux
des héritages , & leurs contenus, les noms des
propriétaires actuels, les joignants & aboutiffants,
& ce qui leur fera demandé par ledit Commiffaire , le tout moyennant falaire raifonnable , & à
faute de fatisfaire à votredite Ordonnance , qu'il
fera permis au Suppliant de faifir les fruits appar-
tenants auxdits Habitans , tant en général, qu'en
particulier, même d'établir Garnifon chez fix des
principaux Habitans , jufqu'à ce qu'ils ayent fatisfait à votredite Ordonnance , fauf la répétition
de tous frais & dépens , même ceux defdites fommations, & du féjour dudit fieur Commiffaire depuis icelles, votre Ordonnance fur ce exécutée
par

par provifion, nonobftant appel ou oppofition, & fans y préjudicier, comme pour exécution de Lettres de Terrier, & ferez bien.

Le Juge Royal n'accordera peut-être pas fur cette Requête les conclufions prifes, mais ordonnera que cette Communauté fera affignée devant lui.

QUESTION VINGTÍE'ME..

Si cette Communauté eft affignée à ces'fins, que feront le Sindic & les Echevins fur cette Affignation?

Comme une Affignation eft le commencement d'un Procès, le Commiffaire doit fçavoir que, fuivant l'Edit du mois d'Avril 1683. la Déclaration du 2. Août 1687. & celle du 19. Octobre 1703. il eft ordonné » que les Maires, Echevins » & Sindics, tant des Villes, que des autres Com- » munautés, ne pourront intenter aucune action, » commencer aucuns Procès, tant en caufe prin- » cipale, que d'appel, former des interventions, » ni faire aucune députation au nom des Commu- » nautés, fous quelque prétexte que ce foit, fans » en avoir obtenu le confentement des Habitans, » dans une affemblée générale, convoquée au fon » de la cloche, & à la maniere accoûtumée; la- » quelle Délibération ils feront tenus de faire con- » firmer & autorifer par le Commiffaire du Con- » feil départi dans la Province; faute de quoi, les » Maires, Sindics & Echevins qui auront entre- » pris lefdits Procès au nom des Communautés,

Edits, Déclarations, & Arrèts, qui défendent aux Maires & Echevins d'intenter aucuns Procès, au nom des Communautés, fans Affemblée, dûement homologuée.

O

» fans être autorifés en la forme ci-deffus, en fe-
» ront refponfables , & condamnés en leur pro-
» pre & privé nom aux frais defdits Procès , fans
» répétition , même aux dommages & intérêts
» defdites Communautés « : Et outre ce, il eft
fait défenfes aux Procureurs d'occuper pour lefdites Communautés, & aux premiers Juges de
rendre aucuns Jugemens dans les affaires concernant lefdites Communautés, qu'il ne leur foit
apparu de la déclaration des Habitans, autorifée
comme deffus, & par écrit, à peine de nullité
des Procédures & des Jugemens, & d'en répondre en leur propre & privé nom, & dommages & interêts des Parties. Et fuivant l'Arrêt du Confeil du 8. Août 1713. il eft dit :

Arrêt du Con-
feil, qui ordonne
que les mêmes
formalités feront
obfervées dans les
Inftances où les
Communautés fe-
ront Défenderef-
fes.

» Que toutes les formalités prefcrites pour les
» Procès où les Communautés feront Demande-
» reffes, feront pareillement obfervées dans les
» Inftances où les Communautés feront Défende-
» reffes, & ce fous les mêmes peines, contre les
» Maires, Echevins, Juges & Procureurs. »

En forte que les Maires, Sindics & Echevins fui-
vront ce qui leur eft prefcrit à cet égard, en con-
voquant une Affemblée, où ils feront délibérer
les Habitans; Affemblée qu'ils feront autorifer en
la maniere prefcrite ci-deffus.

QUESTION VINGT-UNIE'ME.

Si un Particulier refuse au Commiffaire de lui ouvrir fa maifon, pour en prendre & lever les dimenfions, que fera ce Commiffaire?

Nous voyons fréquemment qu'il y a beaucoup de Cenfives différentes dans une même Ville, & que la Directe du Seigneur Haut-Jufticier ne s'étend pas fur toutes les maifons qui la compofent; ce qui fouvent donne lieu à des gens ignares & entêtés de faire ces refus. En ce cas, il faut que le Commiffaire prudent voye ces fortes de mutins, & falle fes efforts par douceur, pour leur perfuader qu'il faut qu'ils fe foumettent à l'exécution des Lettres Patentes accordées au Seigneur, avec d'autant plus de raifon, que le plan de leurs maifons ne fait point un titre pour y affeoir d'autres Cenfives: il leur fera voir auffi l'autorité du Seigneur Haut-Jufticier, jointe avec celle du Roy. Il eft vrai que ces démarches ne font nullement d'obligation; mais un Commiffaire fage doit toûjours avoir en vûe d'éteindre jufqu'aux moindres divifions entre le Seigneur & fes Vaffaux & Jufticiables, & il ne doit pas oublier un moment, que le plus grand fervice qu'il puiffe rendre au Seigneur qui l'employe, c'eft de lui éviter des Procès. Au furplus, s'il ne peut réuffir par douceur à concilier les mutins, & à faire rendre au Seigneur ce qui lui eft dû en pareil cas, il fe préfentera à la porte de celui qui ne veut pas qu'il

Le plus grand fervice qu'un Commiffaire à Terrier puiffe rendre à fon Seigneur, c'eft de lui éviter des Procès.

O ij

entre chez lui, & y dreffera fon Procès-verbal,
en cette forme.

MODELE de Procès verbal du refus d'ouvrir les portes d'une maifon, pour en lever le plan.

CE jourd'hui . . . . jour du mois de . . . . . .
mil fept cent . . . . fur l'heure de . . . . . .
midi, N. . . . . Notaire Royal, Commiffaire
aux Droits Seigneuriaux, réfidant en la Ville de
. . . . foufligné, & Commiffaire nommé par
la Sentence de M. le Sénéchal de . . . . du
. . . . pour l'exécution des Lettres Patentes
en forme de Terrier, accordées par Sa Majefté à
Meffire . . . . Seigneur Haut-Jufticïer de la
Seigneurie, Ville & Paroiffe de . . . . & rénovation du Terrier & des Droits Seigneuriaux de
ladite Seigneurie, affifté de . . . . indicateurs
des héritages de cettedite Seigneurie, étant en
ladite Ville de . . . . . . & y levant les plans des
maifons, jardins & héritages d'icelle ; & arrivés à
la porte de la maifon de fieur . . . . . . Bourgeois
dudit lieu, à laquelle ayant frappé plufieurs coups,
& réïteré à différentes reprifes, ledit fieur . . . . . .
n'ayant voulu faire ouvrir, nous auroit parlé par
fa fenêtre, & demandé ce que nous voulions ;
auquel, moi ledit Notaire, lui auroit répondu,
qu'il n'ignoroit pas les Lettres Patentes que Sa
Majefté avoit accordées à M. le Marquis de . . . . . .
pour la rénovation de fon Terrier, non plus que
la Sentence d'enregiftrement de la Sénéchauffée

de cette Province, & que le tout n'eût été publié
& affiché au Prône de l'Eglife de cette Paroiffe,
& aux places publiques, & que par ladite Sentence du . . . . . . je n'euffe été commis pour l'exécution defdites Lettres Patentes, en conféquence
defquelles je levois les plans de toutes les maifons & héritages de ladite Seigneurie, & à cet
effet, j'avois befoin de les voir & examiner en
détail, pourquoi je défirois entrer dans fa maifon,
cour & jardin d'icelle, pour en prendre & lever
les dimenfions, fuivant leurs afpects, le priant de
me faire ouvrir fa porte à ces fins ; à quoi ledit
fieur m'auroit dit, que je n'avois que faire dans fa
maifon, qu'elle ne dépendoit point de M. le
Marquis . . . . & qu'il ne m'ouvriroit pas : à
quoi je lui aurois répondu, que tout ce qui étoit
dans la Juftice dudit Seigneur de . . . . . . dépendoit de lui, & lui étoit foumis, d'autant plus que
ledit Seigneur de . . . . . . étoit autorifé par les Lettres Patentes de Sa Majefté, au nom de laquelle
je le fommois de m'ouvrir, lequel a réïteré, qu'il
ne m'ouvriroit pas ; pourquoi je lui ai déclaré que
j'allois dreffer mon Procès verbal de fon refus, le
requerant de déclarer s'il vouloit perfifter en icelui, & figner mon Procès verbal ; lequel a dit :
qu'il n'avoit rien à figner, & ne figneroit rien,
vû laquelle derniere réponfe, je me fuis retiré,
avec N . . . . . . & M . . . . indicateurs & témoins, & encore en préfence de . . . . . , auffi témoins du préfent Procès verbal, lefquels . . . .

ont figné, & non ledit . . . . . pour ne le fçavoir, de
ce dûëment enquis.

QUESTION VINGT-DEUXIE'ME.

Que fera le Seigneur fur ce Procès verbal?

Il fe retirera pardevers le Juge Royal, auquel
il préfentera Requête expofitive des faits contenus au Procès verbal, & conclura.

A ce qu'il foit ordonné que ledit fieur . . . .
fera ouverture des portes de fa maifon, cour,
jardin, verger & enclos, audit Commiffaire, à la
fignification de l'Ordonnance qui interviendra,
finon & faute de ce, qu'il lui fera permis de le
faire affigner à l'Hôtel du Juge Royal, à jour &
heure précife, pour s'y voir condamner, avec
dommages, intérêts & dépens.

Et en conféquence de l'Ordonnance du Juge
Royal, il faudra fignifier & donner copie audit
. . . . defdits Procès verbal, Requête & Ordonnance, avec commandement d'ouvrir fes portes, & s'il perfifte en fon refus, l'affigner par le
même Exploit à l'Hôtel, à jour & heure précife,
pour s'y voir condamner ; fur laquelle affignation on obtiendra fes conclufions, avec dépens.

QUESTION VINGT-TROISIE'ME.

Si le Commiffaire , en levant fes plans, eft troublé par empêchemens , violences & voyes de fait , que fera le Seigneur ?

Ce trouble fera occafionné par un feul Particulier , ou par deux ou trois , ou bien il le fera par un nombre confidérable d'Habitans. Au premier cas, le Commiffaire dreffera fon Procès verbal de la violence & des voyes de fait dans le goût de celui ci-deffus, contre les Particuliers qui en feront coupables.

Il en fera de même du fecond , en obfervant que fi cette violence lui a été faite par la majeure partie de la Communauté , il fera cenfé que ce fera l'ouvrage de la Communauté entiere, fuivant la Loi 19. au ff. *Ad Municipalem quod major pars Curiæ officit , pro eo habetur ac fi omnes egerint.* Et en conféquence du Procès verbal du Commiffaire, le Seigneur rendra plainte au Juge Royal de l'adreffe des Lettres, defdites violences & voyes de fait, & en fera informer.

Pareille rebellion fut faite en 1732. par la Communauté des Habitans de Niévroz en Breffe, au fieur le Blanc, Commiffaire à Terrier, chargé de la rénovation des Terriers de l'Hôpital Général de la Charité de Lyon , & du Chapitre de Montluel ; & après information faite de ces violences , Sentence intervint au Bailliage de Bourg le 28. Septembre 1733. par laquelle la Commu-

Sentence fur une rebellion faite par une Communau-

té , qui l'a condamnée à fournir des indicateurs , & à des dommages & intérêts , & aux dépens.

nauté de Niévroz , enfemble , Paul , Marc Richard , & autres , ont été déclarés atteints & convaincus , » d'avoir aux tems & lieux portés par » les Procédures , commis les excès & violences, » menaces , voyes de fait & rebellion , excité les » émeutes , révoltes , & proferé les injures men-» tionnées au Procès , pour réparation de quoi la » Communauté a été condamnée , 1°. A fournir » aux fieurs Inftigans l'état des Poffeffeurs des » fonds & héritages du Territoire de Nievroz. » 2°. Que le Sindic feroit tenu d'affifter & ac-» compagner les Commiffaires pendant leurs opé-» rations. 3°. Que cette Communauté ne pourra » oppofer aucune prefcription depuis le 10. Fe-» vrier 1732. jour du tumulte , contre lefdits Sei-» gneurs. 4°. Les condamne à 300. livres de dom-» mages-intérêts envers les Inftigans , applicables » toutefois audit le Blanc , pour lui tenir lieu d'in-» demnité & ceffation de fes travaux , & en 6. livres d'amende envers le Roy.

» Par une autre difpofition , Ricard Carron , les » freres Chaudy , Tollier , & Claudine Chaudy , » femme de Trigon , furent condamnés chacun à » 20. livres de dommages-intérêts , applicables, » comme deffus , audit fieur le Blanc , & en 6. l. » d'amende envers le Roy , folidairement entre » lefdits Accufés.

» Comme auffi ladite Communauté , lefdits Ri-» chard , Carron , & autres Accufés , condamnés » aux dépens chacun les concernant , & néan-» moins folidairement entr'eux.

» Et

» Et en ce qui concerne les deux Benoît Fau-
» cher, ladite Sentence les met hors de Cour &
» de Procès, dépens compensés, sauf à être com-
» pris dans les dommages-interêts & dépens sup-
» portés par la Communauté, en ce qui pourra les
» concerner; enjoint au Géolier d'ouvrir les por-
» tes des Prisons aux Accusés détenus, en, par
» eux, consignant par un préalable, entre les
» mains du Greffier, chacun la somme de 20. liv.
» & les 6. liv. d'amende adjugées. »

Ce Jugement qui est juridique, prouve qu'il ne
convient point à des mutins de se révolter contre leur Seigneur, autorisé de la volonté suprême
de Sa Majesté, par ses Lettres Patentes, qui leur
prescrit qu'ils doivent montrer, enseigner & déclarer leurs héritages à l'Officier & Commissaire
prépofé pour ce renouvellement, à peine de
Commise, ainsi qu'il a été jugé par les Arrêts rapportés par Papon, Chapitre des Droits Seigneuriaux, des 26. Octobre 1540. & 2. Mars 1566.
& comme nous le ferons voir ci-après.

Les Censitaires font obligés de montrer, enseigner & déclarer leurs héritages au Commissaire à, Terrier.

Arrêts qui l'ont jugé, sous la peine de Commise.

SECTION SECONDE.

*De la maniere de lever les Plans, & si les géométriques
ou visuels sont également bons.*

ON leve deux sortes de Plans pour la rénovation d'un Terrier, sçavoir le Plan visuel,
& le Plan géométrique; le visuel, qui se leve à
la vûe, qui est toûjours irrégulier, & le geomé-

P

trique, qui fe leve avec des inftrumens, qui eft
régulier. Ces deux Plans font également fuffifans
pour la rénovation d'un Terrier, fur tout quand
le Plan vifuel eft levé bien correctement, & avec
de bons indicateurs.

Ce que c'eft
qu'un Plan vifuel.

On ne peut donner de régles pour lever le
Plan vifuel, parce que c'eft une méchanique qui
ne s'acquiert que par habitude, en s'accoutumant
à lever des Pays plats, fourrés & couverts de bois,
chargés de montagnes, coupés par des rivieres,
ruiffeaux, étangs, chemins, & vallées, dont
l'on marque fur le papier les mêmes figures
& finuofités, qu'elles font fur le terrain à la vûë,
& dans les mêmes pofitions apparentes, fans aucune mefure.

Ce que c'eft que
le Plan géométri-
que.

Le Plan geométrique, au contraire, fe leve
par des opérations établies fur les principes certains de cette fcience, & avec des inftrumens qui
lui font propres, tels que l'équerre, le demi-cer-
cle, la bouffole & la planchette, & qui repréfente en petit au vrai, le local, & tous les différens objets qui compofent le Territoire que l'on
a levé. A l'égard de ce dernier, qui eft parfait,
les Seigneurs qui veulent en faire la dépenfe y
trouvent également leur satisfaction, foit du côté
de l'utile, foit du côté de l'agréable, ils ont le
plaifir que ces Plans leur repréfentent, jufqu'aux
moindres finuofités, les chemins, terroirs & heritages, & qu'étant bien lavés, ils y voyent d'un
coup d'œil leurs bois, prés, vignes & autres heritages, eaux & rivieres, dont la bigarure eft extrêmement fatisfaifante.

Quant à leur interêt, s'il arrive la moindre diffi- *Utilité des Plans*
culté dans leurs Terres, ces Cartes leur repréfen- *geométriques.*
tent les lieux dans leur cabinet, à la Ville, com-
me en Province, & les mettent au fait d'une maniere qu'ils en voyent le local fi parfait, qu'ils
font fouvent en état de décider, ou au moins
d'éclaircir & mettre parfaitement au fait un Avocat, qu'ils confultent, avec leurs Titres, fur les
difficultés qui leur arrivent, foit par rapport aux
limites de leurs Juftices, Dixmeries, propriété,
ou directes.

Ces Cartes doivent être particulieres pour cha- *Diftribution des*
que canton, entourés de quatre confins immua- *Cartes & Plans*
bles, tels que des chemins, ruiffeaux, rivieres, *geométriques.*
& autres limites permanentes : les Cartes des différentes Dixmeries doivent être féparées, ainfi
que celles des Juftices, & enfuite une Carte générale de toute la Seigneurie, & avec cette difpofition un Seigneur aura un ouvrage parfait pour
plufieurs fiécles, parce que les terrains ne peuvent changer, comme leur fuperficie.

Ces Plans font extrêmement intereffans pour *Ces Cartes font*
les Dixmes, en ce que défignant précifément la *bien utiles, pour*
nature de la furface des bois, prés, pâturaux, *diftinguer les*
Dixmes novales,
terres, hermes & incultes ; fi ces fortes d'hérita- *des groffes Dix-*
ges fe cultivent dans la fuite des tems, la Dixme *mes.*
en eft novale, & appartient aux Curés, & avec
le fecours de ces Cartes, il eft aifé de les empêcher de s'agrandir, au préjudice de la groffe Dixme inféodée.

Enfin ces Plans fixent & affurent, non-feule-

ment l'étenduë de leurs Juſtices, de leurs Dixmeries, bois, & de tous les héritages de leurs
Domaines, mais encore celles de tous ceux-qui
compoſent leurs Directes & Cenſives, & en
même-tems celles des autres Directes mêlan-
gées à travers de leur Terre ; ce qui ne peut point
être opéré efficacement par les Plans viſuels, dont
les figures ſont toûjours plus ou moins grandes
que leurs proportions naturelles.

QUESTION PREMIERE.

*Peut-on faire le renouvellement d'un Terrier, ſans
lever les Plans d'une Terre.*

Il eſt impoſſible
de renouveller un
Terrier, ſans le-
ver les Plans de la
Seigneurie.

Cela eſt impoſſible : il faut, par une néceſſité
indiſpenſable, que le Commiſſaire à Terriers ait
le Plan des lieux de chaque canton, pour faire
dans ſa chambre le placement & la diſtribution
de chaque article ſur les héritages qu'ils affec-
tent ; autrement, il faudroit qu'il tranſportât ſur
les lieux les Terriers, autant de fois qu'il y a d'articles différens, & ne feroit, avec cela, aucuns
placemens ſolides, ſi l'on en excepte les angles
des confins immuables, encore s'y pourroit-il
trouver de l'erreur.

QUESTION DEUXIE'ME.

N'eſt-il pas eſſentiel , pour avoir des Plans bien réguliers , que les anciens chemins ſoient ouverts , & non renfermés , dans les héritages des Cenſitaires & Juſticiables ?

Si les Seigneurs connoiſſoient l'importance qu'il y a , pour leurs intérêts, d'empêcher la culture des chemins dans leurs Terres , ils donneroient toutes leurs attentions pour faire exécuter les ſages Ordonnances qui défendent de les changer, cultiver & renfermer, en ce que les chemins, voyes & ſentiers, ſont & doivent être perpétuels , n'ayant été établis que pour entretenir la ſocieté , & la facilité du commerce ; & comme la diſtribution des différentes poſſeſſions s'eſt faite lors de cet établiſſement, ou poſtérieurement à icelui, ces chemins, voyes & ſentiers, ont ſervi de limites à ces poſſeſſions , ſoit à l'étenduë des différentes Juſtices , à celles des Dixmeries, des Fiefs , des Directes , & des Domaines ; de ſorte que ces chemins détruits par le Laboureur , & la culture d'un avide Propriétaire, occaſionnent les plus grands Procès, entre les Seigneurs & Décimateurs voiſins, en ce qu'il n'eſt plus poſſible de reconnoître ces limites, qui ſont effacées en nombres d'endroits , il eſt donc infiniment eſſentiel au Commiſſaire, qui levera les Plans d'une Seigneurie, de ſe faire aſſiſter des anciens des lieux, qui puiſſent le conduire , & lui faire voir la place

Importance pour les Seigneurs , de faire ouvrir tous les chemins, qui ſont dans la Seigneurie.

Utilité des chemins, voyes , & ſentiers.

Ce que doit faire le Commiſſaire , pour s'inſtruire des chemins anciens , & les faire ouvrir.

des anciens chemins rompus & labourés, afin de les marquer sur ses Plans, & de se rencontrer avec les anciens Terriers, qui rappellent ces chemins pour la Directe, la Justice, ou la Dixmerie, sans quoi il tombera dans l'erreur, & se donnera bien des peines que lui abrégera cette sage précaution.

SECTION TROISIE'ME.

De la maniere de carter les Terriers, & d'en faire l'application sur les Plans nouveaux.

NOus venons de faire voir qu'il y a de deux sortes de Plans, pour parvenir à la rénovation d'un Terrier : le premier, le plus commun & le plus usité, est le Plan visuel, qui se leve à la vûë par le Commissaire, en se transportant sur toutes les piéces de terre, & sur les limites de chacune, & marquant, avec précision, les aspects différents, jusqu'aux moindres sinuosités, creux, fontaines, ruisseaux, montagnes, & élevations, & la nature de chaque héritage, son terroir & sa contenuë. Le second Plan est le geométrique : or l'opération des Cartes du Terrier est un peu différente, suivant le goût de ces deux

Les Cartes des Terriers sont différentes, pour les Plans visuels, & pour les Plans geométriques.

Plans. A l'égard du Plan visuel, le Commissaire qui cartera son Terrier, & les Titres de la Seigneurie, le fera à l'ordinaire : il suffira de son habileté pour ranger & joindre tous les articles de son Terrier, par chaque canton & territoire,

renfermé, autant qu'il pourra, par chemins, rivieres, ruiſſeaux, & autres confins immuables,
pour en faire l'application ſur les Plans viſuels
qu'il aura levés.

Quant aux Cartes du Terrier, à appliquer ſur *Cartes des Ter-*
les Plans geométriques, il y aura de la différence, *riers, ſur les Plans geométriques.*
en ce que le Seigneur, qui fait lever le Plan de ſa
Terre geométriquement, ne le fait que pour en
conſerver les Cartes ; il ſera donc néceſſaire que
celles du Terrier y ſoient relatives, & diſpoſées
dans le même goût. Or les Plans geométriques
faits, le Commiſſaire fera de pareilles Cartes de
Terrier, pour chaque canton qu'il figurera dans la
même étenduë, & par les mêmes confins immuables de chaque Plan, & dans les mêmes aſpects
& ſinuoſités repréſentés par le Plan geométrique, & remplira chaque Carte des articles de ſon
Terrier, ſuivant & conformément au terrain.

Mais pour faire cet ouvrage ſolide, & avec *Le Commiſſaire*
exactitude, ce Commiſſaire mettra tout en uſage *doit faire ſes ef-forts, pour avoir*
pour avoir les copies des Terriers & Directes *copies des Ter-riers voiſins.*
étrangeres, qui ſe mêlangent parmi celles de la
Seigneurie ; & s'il peut réuſſir à avoir ces copies,
il fera une Carte parfaite de chaque canton, avec
leſquelles il lui ſera aiſé de faire les applications
juſtes & préciſes, tant des articles de ſon Terrier,
que de ceux des Directes étrangeres.

Ce Commiſſaire fera donc, dans ce goût là,
autant de Cartes Terriſtes, c'eſt-à-dire, de ſon
Terrier, qu'il y aura de Plans nouveaux geométriques ; ce qui lui donnera lieu de faire des applica-

tions aifées , & de former fon Indice, pour parvenir à faire paffer les Reconnoiffances féodales & cenfuelles de fon Terrier.

Cet Indice fera fur un cahier, pour chaque Paroiffe différente , où feront décrits tous les héritages de la Seigneurie , en commençant par le nom du Propriétaire; les Titres de conceffion, Baux ou Reconnoiffances, d'où ils dérivent, & le folio des Terriers, & enfuite décrira exactement ces héritages, leur nature & qualité ; fi c'eft prés, bois, étangs, terres labourées, ou autres ; les noms anciens que les Terriers & Titres leur donnent ; les noms nouveaux , s'ils en ont aucuns ; le nom de la Paroiffe & du Territoire , leur contenu ; les héritages qui les touchent & joignent, des côtés d'Orient, Midi , Occident, & Bife ou Septentrion, & leur nature, & enfuite les charges & fervitudes dont les Titres font mention ; ce qui lui donnera lieu de faire aifément fes Reconnoiffances.

Et afin que ces Reconnoiffances foient relatives aux Plans , il confinera les héritages, en défignant chaque afpect, l'étenduë des toifes de longueur & largeur, en marquant que l'héritage contient au total , tant de toifes quarrées , ce qui fait tant d'arpens, ou autre mefure des lieux ; cequi fixera les poffeffions de chacun , & affurera à chaque particulier fa proprieté d'une maniere invariable.

Mais pour rendre cet ouvrage très-utile à un Seigneur, & lui en faciliter l'ufage , il faudra , après

L'Indice du Terrier, la maniere de le bien faire , & ce qu'il doit contenir.

Comment fera confiné chaque héritage , pour la relation des Plans aux Cartes.

après que la groſſe du Terrier ſera faite, l'articuler, depuis le premier héritage juſqu'au dernier,
enſuite de quoi, appliquer dans chaque caſe des
Plans nouveaux & Cartes Terriſtes, chaque article de ce Terrier, afin que s'il ſe trouve dans la
ſuite la moindre difficulté, ſoit pour la Dixme,
ſoit pour la Juſtice, ſoit pour la Directe, ou contenuë, l'on puiſſe dire : La conteſtation eſt dans
un tel héritage, numero & article tant, & aller
chercher ce numero, tant ſur le Plan que ſur la
Carte ; ce qui ſervira beaucoup à réſoudre & faire
la déciſion de la difficulté, & même dans le moment.

Comment ſe fera l'application des articles du Terrier ſur les Plans nouveaux.

Pour rendre cet ouvrage parfait, il faudroit que
le Commiſſaire fît reconnoître tous les héritages
qui compoſent la Seigneurie, tant ceux ſujets aux
Fiefs, arriere-Fiefs, Cenſuels & de la Directe du
Seigneur, que ceux tenus en Franc-alleu, ou portés d'autres Directes, comme nous en donnerons
les régles au Chapitre ſuivant, des Reconnoiſſances, au moyen de quoi cet ouvrage ſeroit des
plus ſolides & des plus parfaits, & ne laiſſeroit
rien à déſirer.

Obſervation pour la reconnoiſ-ſance de tous les héritages de la Seigneurie.

QUESTION PREMIERE.

*Peut-on bien faire le renouvellement d'un Terrier, ſans
en carter les articles ?*

Cela eſt impoſſible, au moins pour une Directe ſuivie ; il eſt abſolument néceſſaire de décrire ſur une Carte exactement, les héritages

Ce que c'eſt qu'une Carte de Terrier, & la ma-niere de le faire.

Q

reconnus au Terrier, d'y joindre des quatre côtés ceux qu'ils rappellent pour confins, & fucceffivement des uns aux autres ; c'eft ce qui s'appelle faire une Carte du Terrier, qui, à l'afpect, vous repréfente le local des héritages qu'elle couvre, fans quoi il n'eft pas poffible de faire des applications & des divifions juftes, & l'on ne peut qu'errer autrement.

Un très-habile Commiffaire, refpectable par fa qualité, fa probité, & fon fçavoir (a), difoit, qu'il étoit auffi impoffible de bien faire un Terrier fans fçavoir çarter & lever les Plans, qu'il feroit impoffible à un Cordonnier de faire un foulier fans alêne. Quoique cette comparaifon foit baffe, elle fait fentir l'impoffibilité de bien faire cet ouvrage fans cette fcience.

QUESTION DEUXIE'ME.

Tous les Terriers peuvent-ils fe carter, & font-ils fufceptibles des mêmes difficultés les uns que les autres?

Il y a des lieux, & même des Provinces, où les Terriers ne font point orientés ; c'eft-à-dire, que les quatre confins des héritages n'y défignent pas l'Orient, le Midi, l'Occident & le Septentrion, & fe font contentés de dire : Tenant d'un

Différence des Terriers, felon les Pays.

bout à tel héritage, d'un long à . . . . . . d'autre bout à . . . . . . parce que dans ces lieux il y a des

(a) M. Jamen, Prêtre de Saint Lazare.

Territoires & Contrées, qui ont été primitive-
ment confinés de même ; ce qui fait qu'ils les ont
fuivis, & que c'eft l'ufage des lieux. Il y a des endroits, où les Terriers renferment quelquefois
toute une Paroiffe ou Juftice, & quelquefois feulement de certains Cantons & Territoires circonf-
crits, dans des chemins, rivieres, ou autres confins perpétuels, où il eft dit, que chaque Particulier doit un denier, ou plus, par chaque arpent
de tout ce Territoire ; au moyen de quoi il ne
s'agit, pour renouveller ces Terriers, que d'arpenter & lever le Plan geométrique de toute la
Paroiffe, Juftice, Contrée ou Territoire, & de
faire paffer Déclaration à chaque Cenfitaire de la
quantité d'arpens qu'ils poffédent, fous la preftation fixée pour chaque arpent.

Or ces fortes de Terriers ne fe cartent que fur
les arpentages de ces Cantons, quand on les a
confinés régulierement.

Il y a encore d'autres Pays, où les anciens Terriers, qui ont les premiers confinés en détail de
grands Tenemens, qui compofent des Métairies
ou Domaines tout entiers, & qui contiennent
jufqu'à quatre à cinq cens quartelées de terres,
prés, bois & buiffons, ce qui fait environ quatre
à cinq cens arpens de Paris, dans un feul continent, les confins defquels ne font point orientés ; mais difent feulement, que les limites com-
mencent en tel endroit, & montent à droite, ou à
gauche, ou defcendent jufqu'à tel chemin, &c. enfin l'entourent, & reviennent aux premiers confins;

ce qui ne peut pas se carter non plus : & c'est à
l'habileté du Commissaire de suivre ces limites,
pour les décrire en les orientant, & faisant mention des héritages voisins qui les touchent, afin
de les rapporter dans les nouvelles Reconnoissances avec précision. Une grande partie des Provinces ne se servent pas de la mesure de l'arpent,
mais de la mesure commune des grains : telle
qu'à Lyon, ils disent : Une piece de terre, contenant une bicherée ; ce qui veut dire, l'étendue
de terre qu'il faut pour semer un bichet de grain:
d'autres Pays nomment la même mesure bichetée, livrerée & demanchée ; enfin, il y en a qui
spécifient des seyterées, quartelées, ou autres
noms des mesures usageres des lieux ; mesures
tout-à-fait arbitraires, parce que l'on peut semer
plus ou moins épais, par conséquent, la semaille
peut occuper plus ou moins de terrain : & indépendamment de cette incertitude, c'est que dans
ces Provinces il y a toûjours trois sortes de ter-

Observations
que doit faire un
Commissaire sur
les terrains & les
mesures.

rains différens, qui rendent ces héritages plus ou
moins étendus, la bonne terre occupe communément un cinquiéme moins de terrain en semaille que la médiocre, & la médiocre un sixiéme moins que la mauvaise, ou plus legere : par
exemple, une coupée contiendra cent-vingt toises quarrées en bonne terre, la médiocre cent-
cinquante, & la moindre cent-quatre-vingt toises, c'est au Commissaire habile à combiner les
différentes mesures qui se rencontrent dans les
Seigneuries, dont il renouvelle les Terriers,

pour en faire quadrer l'étenduë, & la rapporter
dans ses Plans geométriques, à l'arpent de Paris,
qui est le plus commun & le plus usité, en observant la qualité du terrain, pour sa bonté ou
legereté. De ces différentes mesures & manieres
de confiner, résultent les différentes difficultés
qui naissent des Terriers de plusieurs Provinces,
même de chaque Seigneurie en particulier, qui
n'ont souvent, quoique voisines, nuls usages &
relations uniformes entr'eux.

QUESTION TROISIEME.

De quel tems sont les plus anciens Terriers, & ont-ils
toûjours confiné les héritages par régions solaires,
ou tenans & aboutissans?

J'ai vû nombre d'archives ; mais je n'ai point
vû de Terriers plus anciens que des siécles 1100.
& 1200. ces Terriers ne sont que des Regîtres,
sur lesquels on enregîtroit tous ceux qui devoient
des Cens au Seigneur, en cette forme :

Pierre Laroche doit à Monsieur, sur son Tenement,
tant d'argent, bled & gelines.

Ceux qui ont suivi ces premiers Terriers, ont,
dans des Pays, orienté les héritages dès le siécle
de 1300. Il y a d'autres Pays, où l'on n'a commencé à les orienter, que vers 1450. Il y a
même encore des Provinces, où on ne les oriente
point ; on les range par Contrées, & l'on se contente de spécifier : Tenant d'un bout à . . . .
d'un long à . . . . d'un côté à . . . . &

d'autre à . . . . fans dire : Du côté d'Orient,
Midi, &c. comme nous l'avons dit ci-deſſus.

QUESTION QUATRIE'ME.

Comment doit faire un Commiſſaire, pour carter
un Terrier ?

Il fera une Table des noms des Reconnoiſ-
fans, une autre des différens terroirs, une autre des chemins, rivieres, & ruiſſeaux, &
enſuite cherchera, dans les Reconnoiſſances,
l'angle de deux confins perpétuels, tels qu'un
chemin du côté d'Orient, & un ruiſſeau, ou autre chemin, du côté de Midi, ou de Septentrion, & obſervera, 1o. Que les Commiſſaires à
Terrier, dans le général, diſpoſent leurs Cartes,
en forte que l'Orient eſt toûjours au haut du papier, à la différence des Cartes géographiques,
où eſt toûjours placé le Nord.

2o. Que l'Orient eſt appellé dans les Terriers,
tantôt le Levant, tantôt le Matin, ou l'Orient :
que le Midi eſt appellé, dans les Terriers du
Lyonnois & de la République des Suiſſes, & ailleurs, de Vent : que l'Occident eſt ſouvent appellé de Soir, & le Septentrion, de Biſe ou de
Minuit. Il pourroit y en avoir, dans les Provinces maritimes & ſur les Côtes des Mers, qui
orienteroient peut-être comme les Marins : du
côté d'Eſt, qui eſt l'Orient, de Sud, qui eſt le
Midi, d'Oueſt, qui eſt l'Occident, & du Nord,
qui eſt la Biſe, ou Septentrion.

Et au moyen de ces observations, un Commissaire sera en état de carter son Terrier. Pour y parvenir, on suppose qu'il trouve dans le Terrier, signé MOREL, de l'an 1508. la Déclaration de François Dufrêne, à la derniere parcelle, qui reconnoît sa maison joignant le chemin de la Grange à Rillieu, de Matin (qui est l'Orient), la maison d'Antoine Violard, de Vent (qui est le Midi), la maison de la Veuve Pierre Odinet, de Soir (qui est l'Occident) , & le chemin du Port de Colonge à la Chapelle, de Bise (qui est le Septentrion) ; ce qui forme un angle parfait, qu'il carte par un quarré, en énonçant les rappels de chaque région , qui sera marqué dans la Carte ci-après par la lettre A.

Ensuite il trouve que la Veuve de Pierre Odinet a reconnu au même Terrier aussi une maison joignant les maisons de François & Claude Dufrêne, de Matin ; la grange d'Antoine Violart, de Vent ; la grange de Claude Saunier, de Soir ; & le chemin du Port de Colonge à Rillieu, de Bise : au moyen de quoi il place cet article sous la maison de Dufrêne marquée A, laquelle se trouve de même largeur, & joint, du côté du Midi, la grange de Violard, qui étoit sous sa maison, aussi rappellée par François Dufrêne du côté de Midi , en forte que cette maison est marquée B dans la Carte ci-après.

Ce Commissaire parcourt encore son Terrier, & trouve que le tuteur de Claude Dufrêne a reconnu sa maison rappellée par la Veuve Odinet, à son

Occident, & qui rappelle celle de cette Veuve
Odinet, de Matin, les granges d'Antoine Violard,
de Vent & de Soir, & le chemin de la Chapelle au
Port de Colonge, de Bise; & avec cet article, il
le place sous la maison de la Veuve Odinet, & fait
à ce moyen une jonction complette de trois articles qui se rappellent mutuellement, & qui forment un angle parfait, ayant un chemin du côté
d'Orient ou Matin, & un chemin tendant du Port
de Colonge à la Chapelle & à Rillieu, de Bise,
& marque cet autre quarré par la lettre C.

Il ne s'agit plus, pour continuer sa Carte, &
avancer son ouvrage, que de trouver dans le
même Terrier la Reconnoissance des maisons,
granges & héritages d'Antoine Violard, qui sont
rappellées, de Midi. Il trouve enfin dans ce même Terrier, la Reconnoissance dudit Violard,
qui reconnoît, à l'article premier de sa Reconnoissance, sa maison, cour, granges, étables,
verchere & pré, qui joignent le max & tennement des héritiers de Maître Pierre Odinet, de
Bise, la terre & verchere desdits héritiers Odinet, un sentier entre deux, de Vent & de Matin; en sorte que cet article, qui a un rappel certain du côté de Bise, & qui est rappellé par trois
objets certains, est invariable, & rien ne paroît
séparer ces quatre corps de bâtimens que les murs
de ces maisons & granges; de façon qu'ils ne font
ensemble qu'une seule masse séparée en quatre
corps, ce qui fait qu'il le place au Midi des figures marquées A, B & C, & le marque de la
lettre

lettre D, comme il fe voit dans la Carte fuivante.

ORIENT.

Chemin de la Grange à Rillieu.

Terrier Morel de 1508.
A.

Maifon de François Dufrêne, derniere parcelle de fa Recon-noiffance, au terroir des Mercieres, joignant le chemin de la Grange à Rillieu, de Matin ; la maifon d'Antoine Violard, de Vent ; la maifon de la Veuve Pierre Odinet, de Soir ; & le chemin du Port de Colonge à la Chapelle, de Bife.

Terrier Morel de 1508.
B.

La Veuve Pierre Odinet, hui-tiéme parcelle. Une maifon joint les maifons de François & Clau-de Dufrêne, de Matin ; la grange d'Antoine Violard, de Vent ; la grange de Claude Saunier, de foir ; & le chemin du Port de Colonge à Rillieu, de Bife.

Terrier Morel de 1508.
C.

Guillot Dufrêne, Tuteur de Claude Saunier, a reconnu une maifon jouxte celle de la Veuve Odinet, de Matin ; les granges d'Antoine Violard, de Vent & Soir, & le chemin de la Cha-pelle au Port de Colonge, de Bife.

Morel 1508.
D.

Me. Antoine Violard, Notai-re à Lyon, ar-ticle premier de fa Reconnoif-fance.

Maifon, cour, granges, étables, verchere & pré, joint le max & tennement des héritiers Maître Pierre Odinet, de Bife ; la terre & verchere def-dits héritiers O-dinet, un fentier entre deux, de Vent & de Ma-tin.

Chemin du Port de Colonge, à la Chapelle & à Rillieu.

Sentier entre-deux.

Ter-re & ver-che-re des héri-tiers Odi-net.

R

L'on voit, par cette Carte parlante (*a*), que la Reconnoiſſance d'Antoine Violard n'a pas été exacte, puiſqu'elle ne rappelle, de Biſe, que le tennement de la veuve & héritiers Pierre Odinet, quoique ſes maiſons & granges touchaſſent la maiſon de François Dufrêne, & celle de Claude Dufrêne, ainſi qu'il en eſt fait mention dans les deux Reconnoiſſances A & C, qui les rappellent de Midi ; ce qui en aſſure la certitude. Cette Reconnoiſſance de Violard ne donne point de confins de Soir ou d'Occident ; mais cela ne dérange en rien la parfaite jonction qu'il y a entre les corps de maiſons, granges & étables de ces quatre articles, qui ne ſont diviſés les uns des autres que par le mur qui les ſépare : cet eſſai n'eſt que pour faire comprendre comme l'on joint les articles d'un Terrier qui ſe touchent, & comment l'on en fait des Cartes.

(*a*) On appelle une Carte parlante, celle en laquelle les confins des héritages ſont entierement décrits, & dans les termes rapportés au Terrier.

CHAPITRE QUATRIE'ME.

Des Reconnoissances dûës au Seigneur Haut-Justicier, tant des héritages en Franc-alleu, Féodaux, que Roturiers.

NOus avons prouvé, au commencement du Chapitre I. que de toutes les natures d'héritages qui font dans ce Royaume, il n'y en a que de trois fortes de conditions, qui font, le Franc-alleu, les Fiefs, & les Rotures : il s'agit d'expliquer en ce Chapitre, comment les Reconnoissances des héritages de chacune de ces conditions doivent se faire au Seigneur Haut-Justicier, & les difficultés qui peuvent s'y trouver.

Des Reconnoissances des trois conditions d'héritages différentes, & comment elles doivent se faire.

SECTION PREMIERE.

SUR LE FRANC-ALLEU.

Premiere condition de Biens.

QUESTION PREMIERE.

L'on demande si le Seigneur Haut-Justicier est en droit de se faire reconnoître à son Terrier les héritages qui font en Franc-alleu ?

ON répond qu'oui, parce que quoique le Franc-alleu soit exempt de tous Droits Seigneuriaux, il est néanmoins soumis à la Justice,

R ij

Le Seigneur Haut-Justicier est en droit de faire reconnoître à son Terrier les héritages de franc-alleu.

Arrêts & autorités qui le décident.

Puissance du Seigneur Haut-Justicier.

qui est l'appanage de la Souveraineté ; & comme toutes choses sont sous la puissance du Prince, qui a concédé les Justices qui en font partie, les Propriétaires des héritages tenus en franc-alleu, ne peuvent se dispenser de donner au Seigneur Haut-Justicier la déclaration de ces héritages : c'est le sentiment de la Taumassiere, en son Traité du Franc-Alleu, chap. 2. de Brodeau, sur Paris, article 68. nombre 30. de Lalande, sur la Coûtume d'Orléans, art. 255. somm. 4. de Bacquet, du Droit des Francs-Fiefs, chap. 2. nomb. 26. lequel en rapporte un Arrêt, de Delaitre, sur la Coûtume de Chaumont, art. 62. somm. 5. de Me. Leroy, de Lozembrune, sur Boulenois, art. 69. de Basnage, sur l'art. 102. de la Coût. de Normandie ; lesquels Auteurs sont tous uniformes dans cette décision : ainsi nulle difficulté, que les Propriétaires des héritages tenus en franc-alleu, doivent reconnoître au Terrier du Seigneur Haut-Justicier, les héritages qu'ils possédent à cette condition. Ces sentimens, & la Jurisprudence qui les canonise, ont pour principe la puissance du Seigneur Haut-Justicier, & les droits qu'elle entraîne, tels que ceux de bâtardise, deshérence & confiscation, qui sont très intéressans, indépendamment de nombre d'autres Droits annuels utiles, qui y sont attachés, tels que les corvées, manœuvres, blairie, fouages, & autres ; enfin n'y ayant rien qui ne soit soumis au Seigneur Haut-Justicier, il n'y a aucune régle

qui puiſſe le borner, ni l'empêcher de faire reconnoître ſa Juſtice ſur les héritages où elle s'é-
tend, de quelque nature qu'ils puiſſent être.

Me. Argou, dans ſes Inſtitutions au Droit François, liv. 2. chap. 3. du Franc-Alleu, dit, » que
» dans les Coûtumes qui admettent le franc-alleu
» ſans titre, le Roy & les Seigneurs ſont bien
» fondés à demander, que ceux qui poſſédent des
» Terres en franc-alleu ayent à leur donner une
» déclaration, afin de connoître ce qui eſt de leur
» mouvance, & ce qui n'y eſt pas, & cite Du-
» moulin ſur Paris, ſ. 57. n. 13. & 14.

Me. Poquet, dans ſon Traité des Fiefs, l. 6.
chap. 2. dit, » que l'Acquereur d'un franc-alleu,
» en Anjou, ne peut ſe diſpenſer d'exhiber ſon
» Contrat d'acquiſition au Seigneur Haut-Juſti-
» cier, qui peut demander l'amende, faute d'exhi-
» bition, parce que cette exhibition eſt un acceſ-
» ſoire des autres émolumens de Fief, qui con-
» tiennent une exception à l'exemption généra-
» le ; en quoi, dit-il, il y a moins de difficulté que
» dans la Coûtume de Paris, & autres, qui re-
» connoiſſent un franc-alleu parfait. » Les poſſeſſeurs du franc-alleu ne ſont donc pas diſpenſés de
l'exhibition, ainſi que l'aſſurent Tronçon, Brodeau, & autres Commentateurs de la Coûtume
de Paris, le franc-alleu n'étant exempt que de la
feodalité, & autres ſervitudes, & non de la Juſtice; par conſéquent, ſujet, comme tous autres
héritages, aux Droits d'aubaine, bâtardiſe, deſ-
hérence, confiſcation, bannalité, & autres ?

Le Propriétaire d'un héritage al-lodial, eſt tenu de lui exhiber ſon ti-tre d'acquiſition.

M^e. Guyot, en son Traité des Fiefs, vol. 4.
chapitre de la Saisie Féodale, sect. 10. nomb. 2.
assure, qu'il est des maximes constantes par les
Arrêts, que le Haut-Justicier, pour la conserva-
tion de ses Droits, peut obliger les possesseurs
des héritages en franc-alleu de lui fournir une
déclaration des terres qu'ils possédent dans l'étendüe du Territoire de sa haute Justice, que Pithou,
sur l'article 51. de la Coût. de Troyes, pose cette
maxime comme indubitable, & dit, avec raison,
qu'*autrement Terre roturiere seroit plus privilégiée que
la féodale, pour laquelle, sans exception, le Seigneur
est tenu faire le service.* Enfin, en son premier volume, chapitre 3. de la Réunion : il rapporte un

Arrêt qui juge la question, in ter-minis. Arrêt du 4. Avril **1716**. qui a jugé la question *in terminis.* rendu en la Troisiéme Chambre des Enquêtes, au rapport de M. Boulé.

Héritages don-nés en franche au-mône, assujettis à être déclarés au Terrier du Sei-gneur Haut-Jus-ticier. Il en doit être de même pour les biens & hé-
ritages, qui ont été donnés aux Ecclésiastiques
& Communautés en franche aumône, dont les
Propriétaires ne peuvent se dispenser de faire
Déclaration au Terrier du Seigneur Haut-Justi-
cier.

QUESTION DEUXIE´ME.

*Si les Propriétaires du Franc-alleu refusent de passer
Déclaration au Terrier du Seigneur Haut-Justicier,
comment pourront-ils y être contraints ?*

Delaitre, dans son Commentaire sur ledit article 62. de Chaumont, se forme cette ques-

tion, & décide, que le Seigneur fera obligé de
faire affigner chaque Particulier détempteur de
ces héritages allodiaux, pour s'y voir condamner,
& que le Juge pourra prononcer que, faute par
eux de faire cette déclaration dans un certain
tems, ils y feront contraints par faifie de leurs
héritages ; que c'eft l'avis de Meffieurs Ducornet
& Duhamel, célébres Avocats, qu'il a confultés
à ce fujet.

*Procédure à te-
nir, pour faire
paffer Déclaration
des héritages al-
lodiaux.*

Ce fentiment eft, fans doute, fondé en ce que
ces Déclarations au Terrier du Seigneur Haut-
Jufticier, font d'autant plus intereffantes pour le
Seigneur, que la haute Juftice lui eft extrêmement utile par les attributs d'un grand nombre de
Droits réels, perfonnels, & mixtes, & que tel
héritage, qui n'eft qu'une fimple Terre cultivée
actuellemenr, peut devenir dans peu de jours le
fol d'une maifon, bâtimens & édifices, qui affec-
teront ceux qui y feront leur demeure, aux Droits
de blairies, corvées, manœuvres, bannalité,
fouages, & autres Droits, qu'un Seigneur Haut-
Jufticier a droit de fe faire reconnoître, tant par
le général de fes Jufticiables, qu'en particulier
par chacun d'eux.

*Raifons qui éta-
bliffent les droits
du Seigneur Haut-
Jufticier, fur les
héritages allo-
diaux.*

Modéle de Déclaration en Franc-alleu.

PIerre . . . . . . eft comparu devant le Notaire
Royal, Commiffaire aux Droits Seigneuriaux & en cette partie, fouffigné, où étant, &
en préfence des Témoins ci-après nommés, il a,

pour fatisfaire aux Lettres Patentes accordées par
Sa Majefté le . . . . à Meffire . . . . . Seigneur
Haut-Jufticier de la Seigneurie de . . . . dûëment publiées où befoin a été, volontairement
déclaré, reconnu & confeffé tenir, porter & pof-
féder, en toute Juftice, haute, moyenne & baffe
dudit Seigneur de . . . . abfent ; Me. . . . . . .
fon Procureur fpécial & général, à ce préfent &
acceptant pour ledit Seigneur, à caufe de ladite
Seigneurie de . . . .

C'eft à fçavoir, une maifon fituée en la Ville
de . . . . . . Paroiffe de . . . . . . cour, écurie, ai-
fances, jardin, verger, & dépendances, contenant le tout . . . . joignant la maifon de . . . . . .
d'Orient, ladite rue de . . . . . . de Midi, les maifon & jardin de . . . . d'Occident & Bife, laquelle maifon & dépendances il déclare avoir acquis de . . . . . . par Conrrat paffé devant Notaires
le . . . . . . qu'il a préfentement repréfenté en parchemin, figné dudit Notaire, dans lequel il eft
fait mention que ladite maifon & dépendances
font en pur & franc-alleu, & non fujettes à aucune
fervitude, dont il a requis Acte, & de ce qu'il a
préfentement retiré ledit contrat ; proteftant que
la préfente Déclaration n'eft que pour fatisfaire
aufdites Lettres Patentes, & qu'elle ne pourra préjudicier à fes droits de franchife de pur & franc
alleu, fans directe, cenfive, ni fervitudes envers
quelque Seigneur que ce puiffe être ; mais feulement fujette à tous les Droits de la haute,
moyenne & baffe Juftice, envers ledit Seigneur,
tels

tels qu'ils font établis par la Coûtume de cette Province, & celle de ladite Seigneurie de...... de laquelle Déclaration & defdites Proteftations, lui a été donné Acte. Fait, lû & paffé, &c.

QUESTION TROISIE'ME.

Si ces héritages ne font point en Franc-alleu, mais font portés à titre de Fief ou de Cens d'un autre Seigneur de Fief, le Seigneur Haut-Jufticier aura-t-il le même droit de fe le faire reconnoiftre à fon Ter-rier?

Les mêmes raifons déduites fur les deux quef-tions précédentes, militent ici pour le Seigneur Haut-Jufticier, en ce qu'il n'altére, ni ne diminuë en rien le Fief, ni les Cens, Droits & Devoirs de la directe Seigneurie, qui appartient à un autre Seigneur de Fief, fur les héritages qui fe trou-vent dans fa haute Juftice, la Déclaration qu'il peut exiger n'eft qu'une Déclaration féche faite feulement pour fixer les Droits de la Juftice qui ne peuvent lui être conteftés par aucuns de fes Jufticiables, étant tous imprefcriptibles. Me. Guyot, en fon Traité des Fiefs, quatriéme Volu-me; chap. de la Saifie féodale, fection 10. traite cette queftion très-doctement, & rapporte un Arrêt du 18. Mars 1605. qui a condamné M. de Bragelonne à exhiber & communiquer les Titres de fon Fief, & s'infcrire au Terrier du Seigneur de Roiffy, Seigneur Haut-Jufticier : ainfi il n'y a nul doute que tous les Propriétaires, à quelques

Arrêt qui a jugé qu'un Seigneur de Fief eft obligé de donner la Décla-ration de fes héri-tages féodaux au Seigneur Haut-Ju-fticier, parce que ce n'eft qu'une Déclaration féche qui n'emporte au-cuns droits.

S

titres que ce foit, ne foient tenus de paffer Déclaration au Terrier du Seigneur Haut-Jufticier, & de lui communiquer les Titres de leur poffeffion. Papon, L. 13. n. 15. en rapporte un Arrêt du 26. Octobre 1540.

QUESTION QUATRIE'ME.

Si le Seigneur Haut-Jufticier eft Propriétaire des Dixmes inféodées annexées à fa Seigneurie, ne pourra-t-il pas fe les faire reconnoître à fon Terrier, par chaque Propriétaire fujet à cette Dixme ?

Quand la Dixme eft jointe à la haute Juftice, c'eft une feconde raifon pour obliger les Propriétaires des héritages qui ne doivent rien au Seigneur, à lui en paffer Reconnoiffance & Déclaration.

Il n'y a nul doute que le Seigneur Décimateur n'ait ce droit, la Dixme étant une preftation réelle. Cette Reconnoiffance eft même extrêmement intéreffante, non-feulement au Seigneur, mais même au Particulier, en ce qu'elle fixe la quotité à laquelle la Dixme doit être perçuë, y ayant fouvent plufieurs Cantons dans une même Paroiffe, où elle fe perçoit différemment, foit pour la quotité, foit pour la portabilité, & nombre d'autres ufages, qu'il eft intereffant d'exprimer & conftater, pour ne les pas laiffer intervertir; c'eft ce que j'ai pratiqué en nombre de Terriers, en faifant mention à chaque héritage confiné, de fa nature au tems de fa Reconnoiffance, & de celle où il étoit aux Terriers précédens, afin de fixer les Novales des Curés, & de leur conferver leurs Droits, qui s'éclipfent fouvent par l'omiffion de la nature de l'héritage, décrite dans les plus anciens Terriers, & fur-tout de fa quotité, fi elle eft quérable ou portable, fi on la leve lors de la moiſſon, ou autre tems, & autres détails d'uſages, pour les Dixmes de charnage, & menues Dixmes.

Suivant le Recueil manuſcrit de M. Angrand, rapporté dans le Traité des Dixmes de M. Lemerre, Tome 1. page 317. Article 4. les Détempteurs d'héritages ſujets aux Dixmes inféodées, ſont obligés, & ne peuvent refuſer de les donner par Déclaration, parce que cette Dixme fait partie d'un Fief purement temporel, & qui eſt ſujet aux Coûtumes & Loix du Royaume, & que les Clercs, en ces cas, ſont réputés Laïcs.

Et à l'Article 5. il dit : » Qu'il y a des rencon-
» tres, où les Détempteurs d'un héritage chargé
» d'une ſimple Dixme Eccléſiaſtique, peuvent être
» contraints d'en bailler Déclaration à celui à qui
» elle eſt dûë, comme fi ce n'eſt point le Curé
» d'une Paroiſſe auquel elle eſt dûë de Droit com-
» mun, fondé en Territoire limité, & qui n'a au-
» tre Droit que la Dixme ſeulement ; mais qu'un
» Bénéficier particulier qui n'a Territoire certain,
» qui n'a que les héritages dépendans de lui, ſur
» leſquels il peut avoir encore d'autres droits,
» peut ſe faire reconnoître la Dixme, parce qu'il
» a interêt que le Curé de la Paroiſſe n'anticipe
» pas ſur ſon droit. «

Modéle de Déclaration pour des héritages qui font d'une autre Cenfive, & qui doivent la Dixme au Seigneur Haut-Jufticier.

Pierre .... demeurant à .... eſt comparu devant le Notaire Royal, Commiſſaire aux Droits Seigneuriaux, & en cette partie, ſouſſigné, où étant, & en préſence des Témoins ci-après nommés, il a, pour ſatisfaire aux Lettres Patentes en forme de Terrier, accordées par Sa Majeſté, le .... à Meſſire ...... Seigneur de ...... dûëment enregiſtrées, & publiées où beſoin a été, volontairement déclaré, reconnu & confeſſé tenir, porter & poſſéder en toute Juſtice, haute, moyenne & baſſe, & en la Dixmerie dudit Seigneur de ...... abſent; Me ...... ſon Procureur général & ſpécial, à ce préſent, & acceptant, comme fondé de ſa Procuration, à cauſe de ſadite Seigneurie de   . . . .   .

C'eſt à ſçavoir, une Terre labourée & cultivée, ſituée en la Paroiſſe de ...... au Terroir de ...... contenant ...... joignant .... laquelle Terre eſt de la directe & cenſive du Seigneur de ...... & lui doit annuellement le cens de ...... emportant toute directe Seigneurie, ſuivant la Reconnoiſſance de ...... au Terrier de ...... & n'eſt ladite Terre chargée d'aucuns cens, devoirs, ni ſervitudes envers ledit Seigneur de ...... ſinon des ſimples Droits de la haute

Justice, en quoi qu'ils consistent, suivant la Coûtume de cette Province, & de la Dixme des fruits croissants en icelle, à raison de la douziéme partie des fruits ; lesquels Droits de Justice, ensemble la Dixme, ledit Confessant sera tenu, promet & s'oblige d'acquitter à l'avenir, à la maniere & usage ordinaire, envers ledit Seigneur, sans aucun autre cens, servis, ni servitudes. Pour sûreté a ledit Confessant obligé spécialement, soumettant ..... renonçant ..... & donnera expédition. Fait, lû, & passé, &c.

QUESTION CINQUIE'ME.

Ces Déclarations doivent-elles être aux frais du Propriétaire, qui ne doit aucune Censive au Seigneur Haut-Justicier ?

Il n'est point douteux que ces Actes sont aux frais des Propriétaires, lesquels, ne pouvant refuser de donner & fournir leur Déclaration à leur Seigneur Haut-Justicier (comme le disent tous les Auteurs, & comme l'a jugé l'Arrêt du 4. Avril 1716. rapporté par Me Guyot), sont obligés de la lui donner à leurs dépens. Cette obligation, qui assure au Seigneur les Droits de Bannalité, Corvées, Manœuvres, Fouages, Blairie, Bâtardise, Confiscations, & autres Droits attachés à la Justice, n'est même pas infructueuse au Propriétaire ; elle lui assure la contenuë, l'étenduë & les limites de ses héritages par un arpentage juste & fidéle, qui lui sert de titre de proprieté, qu'il

Les frais de ces Déclarations sont à la charge du Propriétaire, & non du Seigneur.

tranfmet à fes héritiers & fuccefleurs; lequel, s'il faifoit faire lui-même cet arpentage, lui coûteroit infiniment davantage que ne peuvent lui coûter les frais d'une fimple Reconnoiffance au Terrier de fon Seigneur, lefquels font très-modiques, comme il fe verra à la Queftion 4. du Paragraphe 5. de la Section 3 ci-après.

SECTION DEUXIE'ME.

DES FIEFS.

Seconde condition des Biens.

PARAGRAPHE PREMIER.

CEtte condition d'héritages a d'autres régles pour la Reconnoiffance, que celles qui font preferites pour les héritages roturiers, les Propriétaires des Fiefs doivent uniformément à chaque mutation la foi & hommage à leur Seigneur dominant, & quarante jours après l'avoir faite, bailler leur aveu & dénombrement dans de certaines formes preferites par les Coûtumes; ce font ces deux actes, qui font les Reconnoiffances Féodales des Fiefs, outre lefquelles chofes les Vaffaux doivent les fervices de leurs Fiefs, felon la valeur & le revenu de leurs poffeffions Féodales : nous ne traiterons ici que la maniere de rendre, & de fe faire rendre les foi & hommage, donner l'aveu & dénombrement, qui font les Reconnoiffances des Fiefs.

Ce que c'eft que les Reconnoiffances Féodales.

QUESTION PREMIERE.

Y a-t-il des Fiefs différens les uns des autres?

M_e. de Ferriere, dans son Traité des Fiefs, chapitre 1. section 2. fait la division des différentes espéces de Fiefs, & dit qu'il y a :

Les Fiefs Royaux, qui relevent immédiatement du Roi, & qui ont une Dignité annexée à la Seigneurie, comme celle de Principauté, Duché, Comté & Marquisat, que l'on appelle en France Fiefs de Dignité, & qui sont possédés, suivant M. Brussel, dans son usage des Fiefs par les hauts Seigneurs. *Fiefs Royaux & de Dignité.*

Les Fiefs non Royaux, qui sont ceux qui ne relevent pas du Prince médiatement, & qui n'ont aucunes de ces Dignités, lesquels sont appellés arriere-Fiefs au respect du Roi. *Fiefs non Royaux.*

La seconde division des Fiefs que fait cet Auteur, est en nobles & non nobles.

Les Fiefs nobles sont les Fiefs qui ont titre de Dignité, & qui relevent immédiatement du Roy, lesquels annoblissent ceux qui les possédent. *Fiefs nobles, & qui annoblissent.*

Les Fiefs non nobles, sont ceux qui ne relevent point du Prince immédiatement, & qui n'ont aucune Dignité annexée.

La troisiéme division est des Fiefs simples & des Fiefs liges.

Les Fiefs simples, sont ceux pour lesquels il n'est dû, par le Vassal au Seigneur, que la foy & hommage, tant qu'il posséde le Fief. *Fiefs simples.*

Fiefs liges. Les Fiefs liges sont réels & personnels ; de maniere que si le Vassal a fait une fois la foy & hommage lige, il ne peut plus se décharger de cette obligation ; quoi qu'il aliene, vende, & quitte son Fief, il reste, malgré cet abandon, obligé à tous les services & obligations des Fiefs.

Ces Fiefs se divisent encore en trois autres espéces ; sçavoir, les Fiefs d'honneur, les Fiefs de profit, & les Fiefs de danger.

Fiefs d'honneur. Les Fiefs d'honneur sont ceux qui ne doivent au Seigneur duquel ils relevent, que la bouche & les mains, sans aucunes charges, de quints, de rachats, ou d'autres profits utiles & pécuniaires.

Fiefs de profit. Les Fiefs de profit sont ceux qui sont chargés envers le Seigneur dominant, des Droits de quints, requints, rachats, reliefs. Paris, Article 83. Pays de Droit-Ecrit.

Fiefs de danger. Les Fiefs de danger, sont ceux qui obligent l'Acquereur, ou l'Héritier en ligne collaterale, de faire la foy & hommage au Seigneur avant que d'en prendre possession, sur peine de commise, & de la perte entiere de son Fief ; & c'est pour cela qu'ils sont appellés Fiefs de danger (a).

Les Fiefs se divisent encore en Fief dominant, Fief servant, & arriere-Fief.

(a) Bourgogne, Duché, chap. 3. art. dernier. Bourgogne, Comté, art. 18. Troyes, art. 37. Coût. de Bar, art. 1. Prevôté de Vaucouleurs, Chaumont, art. 36.

Les

Le Fief dominant, eſt celui duquel un autre Fief releve immédiatement, & en plein Fief. Fief dominant.

Le Fief ſervant, eſt celui qui releve d'un autre, & dont le Propriétaire eſt obligé de faire la foy & hommage au Propriétaire du Fief domi-nant. Fief ſervant.

Arrière-Fief, eſt dit à l'égard du Seigneur Su-zerain, ou ſupérieur, duquel il ne releve pas im-médiatement. Arriere-Fief.

QUESTION DEUXIE'ME.

Tous ces différens Fiefs doivent-ils également la foy & hommage ?

Il n'y a aucuns Fiefs, de quelque nature qu'ils ſoient, qui ne doivent la foy & hommage à leur Seigneur dominant.

QUESTION TROISIE'ME.

En quoi conſiſtent les obligations & ſervices des Fiefs envers leur Seigneur dominant ?

Nous ne pouvons mieux les détailler que par le ferment des Vaſſaux, rapporté à l'ancienne Coûtume de Boulenois, de l'an 1493. inferé au Coûtumier Général, Edition de 1724. folio 43. lequel eſt en ces termes :

» Vous . . . . . . N . . . . . . jurez que vous en- » tendez avoir, & que vous ne ſoyez perdurable- » ment damnez, que, à cauſe du Fief que vous Obligations des Vaſſaux, envers leur Seigneur do-minant.

T

» tenez de Monfieur, vous devenez fon homme
» & Vaffal, promettez, fur les fermens que vous
» avez faits, garder fon corps, fon honneur, fa
» renommée & fon héritage, de votre pouvoir
» en tout & par tout, là où le pourrez & fçaurez
» faire, & fe vous fçavez & pouvez fçavoir, que
» aucun péril, mal ou danger, lui puiffe ou doive
» avenir, en appert ou fecret, par aucuns fes en-
» nemis ou mal-veillans, à fon corps ou fes
» biens, vous l'en advertirez, & ferez fçavoir,
» afin qu'il y puiffe pourvoir & remédier. Pareil-
» lement fi vous ce fçavez, ou êtes averti que au-
» cuns le diffament, ou retiennent & appliquent
» à eux & à leur profit aucunes de fes Terres,
» ou droitures de fa Seigneurie, vous lui figni-
» fierez & dénoncerez au plutôt que vous pour-
» rez. Semblablement, vous promettez de lui
» faire, & payer bien loyalement le fervice que
» vous lui devez; de venir de quinzaine en quin-
» zaine, toutes fois que vous y ferez adjourné,
» ou autrement, felon la matiere de votre Fief;
» de feoir en Jugement, y juger, contribuer &
» faire tous les bons & loyaux Jugemens, à vo-
» tre pouvoir & entendement, avec vos freres
» & compagnons; celerez le fecret de la Cour,
» & ne déclinerez la Juftice de Monfieur pour
» nulle chofe touchant votre Fief, & les dépen-
» dances en icelui, fe n'eft par appel en défaut
» de Droit; & généralement vous promettrez
» faire & accomplir tout ce que bon & léal Vaf-
» fal doit, & eft tenu faire envers fon Seigneur.

OBSERVATION.

Les services énoncés dans cet Acte sont de deux especes, que nous pouvons appeller ordinaires & extraordinaires ; & pour les mettre en évidence, j'obferverai ce que j'ai vû par des Titres de nombre de Seigneuries, dont j'ai fait les inventaires, & entr'autres en Bourbonnois ; de celle de Montaigu-le-Blein, appartenant à M. le Prince de Rohan-Guemenée ; de celle de la Paliffe, appartenant à M. le Comte de Chabannes, & de celle de Jalligny, appartenant à M. le Comte de la Mothe. J'ai vû que la premiere avoit plus de deux cens Vaffaux, que la feconde en avoit quatre-vingt, & la troifiéme plus de cent-cinquante, lefquels étoient prefque tous Ecuyers, au moins dans les fiécles de 1300. & 1400 ; que ces Vaffaux étoient obligés de fe rendre au Château de leur Seigneur dominant tous les quinze jours, où étant affemblés, ils jugeoient, conjointement avec le Seigneur & fon Juge ordinaire, les Procès & différends qui étoient mûs entre les Vaffaux, Cenfitaires & Jufticiables de la Seigneurie ; ce qui étoit le fervice ordinaire que ces Vaffaux devoient à leur Seigneur dominant : ce qui fe voit particulierement dans les Regiftres qui fe trouvent au Château de Jalligny.

Quant au fervice extraordinaire, il confiftoit à affifter de leurs perfonnes leur Seigneur dominant, dans les combats particuliers qu'il pouvoit

Quels font les services que ces obligations prescrivent.

Services ordinaires.

Ce que c'est que les services extraordinaires.

T ij

avoir avec d'autres Seigneurs leurs voifins, parce que dans ces tems reculés, les hauts Seigneurs, & même les petits, fe faifoient librement la guerre les uns aux autres ; & c'eft par cette feule raifon que ces Seigneurs démembroient des pof-feffions & héritages de leurs Terres & Seigneuries, pour donner à des Nobles & à des perfonnes de courage, à titre de Fief, pour en faire leurs Vaffaux, & par cet endroit, nombre d'Hommagers & de Soldats, pour les affifter de leurs fervices contre leurs ennemis. Et afin qu'aucun de ces Vaffaux ne fût lézé & furchargé, il étoit fait mention dans les aveux & dénombremens qu'ils rendoient, du revenu & produit annuel de leurs Fiefs, & lorfqu'ils étoient obligés de fuivre leur Seigneur, foit pour l'accompagner au Ban proclamé de la part du Roi pour le fervice de l'Etat, foit pour l'affifter de leurs perfonnes contre fes ennemis particuliers. Tous ces Vaffaux affemblés régloient entr'eux le fervice qu'ils devoient faire, par rapport à l'évaluation du revenu de leurs Fiefs, dans les affemblées qu'ils tenoient entr'eux, dans lefquelles ils prefcrivoient à chacun d'eux leurs obligations, & c'eft à ce rapport que l'on infere encore actuellement dans les Actes de foy & hommage, & même les aveux & dénombremens que l'on donne au Roi, que les Vaffaux s'obligent d'obferver les chapitres de fidélité, tant anciens que nouveaux ; ce qui eft l'ancien ftile, qui s'eft confervé jufqu'ici.

J'ai vû encore dans les Titres de ces Seigneu-

ries, que lorſqu'à l'avénement d'un nouveau Seigneur, il faiſoit proclamer ces Fiefs, & que tous
les Vaſſaux ſe préſentoient pour faire leurs foys
& hommages, les Vaſſaux Ecuyers qui la rendoient, ne payoient aucun droit : mais que ceux
qui n'étoient pas Ecuyers donnoient une année
de leur revenu au Seigneur. Cela ſe prouve par
nombre de Titres, & entr'autres par les Regiſtres de réception en foy des Vaſſaux de Montaigu-le-Blein, & de la Paliſſe, rendus à Geoffroy
de Chabannes, Seigneur de ces deux Terres, en
1455. fils de Jacques de Chabannes, Grand-Maî-
tre de France, & pere du Maréchal de Chabannes, dans leſquels Regiſtres il eſt fait mention à
chaque Acte de foy & hommage des Vaſſaux
Roturiers, qu'ils ont payé une ſomme qui eſt le
revenu d'une année de leurs Fiefs : ce qui eſt le
même Droit que celui de Francs-Fiefs, que leve
le Roi ſur les Roturiers poſſédans Fief, Droit,
qui ne s'exerce actuellement en France par aucun
Seigneur, & dont la Coûtume de Bourbonnois
redigée en 1520. ne fait aucune mention. Phi- Droit des Francs-
Fiefs, quand éta-
lippe le Long fut le premier qui taxa les Rotu- bli.
riers qui poſſédoient des Fiefs ; ce qu'il fit par
ſon Ordonnance de 1320. tant dans ſes Terres,
que dans celles des Barons.

QUESTION QUATRIE'ME.

N'eſt-il dû que ces ſervices ordinaires & extraordinaires ſur ces Fiefs?

Il faut diſtinguer les Coûtumes, y en ayant où il n'eſt dû que ces ſervices, ſans autres droits ; ce que nous appellons communément ne devoir que la bouche & les mains. Telles ſont les Coûtumes de Bourbonnois, Auvergne, & autres, ainſi que le Pays de Droit-Ecrit ; mais il y a nombre d'autres Coûtumes où les Fiefs ſont chargés & aſſujettis à pluſieurs droits utiles & pécuniaires, tels que le relief, le droit de chambellage, le quint & requint, le droit de commiſe, d'indemnité ſur les Gens de Mainmorte, & autres, qui ſont ſouvent différens dans certaines Seigneuries, tant par les Titres particuliers, que par les Coûtumes.

Marginal note: Outre ces ſervices, il eſt dû en différentes Coûtumes, des Droits caſuels & pécuniaires.

QUESTION CINQUIE'ME.

Par quel Acte & Titre ſe fait un Fief, & par conſéquent, un Vaſſal?

Il ſe fait par une donation pure & gratuite, ou bien onéreuſe ; par laquelle un Seigneur donne à un Particulier un héritage qui fait partie de ſa Seigneurie, pour les bons & agréables ſervices qu'il en a reçus, ou moyennant un prix certain, ſous la réſerve qu'il fait du Fief envers lui, ſuivant l'uſage de la Province où eſt ſitué l'héritage.

QUESTION SIXIE'ME.

Le Seigneur qui concéde ainsi un Fief, peut-il le donner
sous d'autres Loix que celles qui régissent
la Province où il est situé?

Oui : étant le maître d'impoſer à ſa libéralité
telles charges que bon lui ſemble, c'eſt au Preneur à les accepter ou non. J'ai vû nombre de
ces Fiefs en Bourbonnois, en laquelle Coûtume
les Fiefs ne doivent que la bouche & les mains ;
où, dans les conceſſions, il a été ſtipulé, qu'ils
payeroient les droits de quint & requint aux mutations, comme dans les Coûtumes de Paris &
de Nivernois. Le Seigneur du Donjon en a de
cette eſpece, qui lui ſont dûs par le Seigneur des
Duraux, ſon Vaſſal.

Un Seigneur de Fief en peut don-ner partie, ſous d'autres droits que ceux établis par la Coûtume.

Modéle d'un Acte de conceſſion de Fief.

PArdevant le Notaire Royal, &c. eſt comparu
très-haut & très-puiſſant Seigneur Meſſire
. . . . Comte de . . . . lequel pour les
bons & agréables ſervices qu'il a reçus de . . . . . .
& pour l'amitié qu'il a pour lui, il a, par ces préſentes, volontairement donné, cédé, quitté,
tranſporté & délaiſſé dès maintenant & à toûjours, par donation entre-vifs & irrévocable,
audit . . . . . . à ce préſent & acceptant, pour lui,
ſes héritiers & ayans-cauſes : C'eſt à ſçavoir, une
maiſon, &c. franche & exempte de toutes char-

ges & fervitudes roturieres, pour par ledit..... ;
fes hoirs & ayans-caufes, jouir de ladite maifon
& dépendances, ainfi que de chofes à eux appartenantes, au moyen des préfentes; la préfente
donation ainfi faite pour les caufes fufdites, & à
la charge par ledit...... Donataire de tenir &
porter ladite maifon fus-confinée, & dépendances d'icelle, noblement à l'avenir, à titre de Fief
dudit Seigneur Donateur, à caufe de fa Terre &
Seigneurie........ comme faifant partie d'icelle, fous la réferve des foy & hommages que ledit...... fes héritiers, fucceffeurs & ayans-caufes, feront tenus faire & porter audit Seigneur
Comte de...... & à fefdits fucceffeurs audit
Comté de...... quand le cas y aviendra, felon
& conformément à la Coûtume des lieux, qui eft
celle de...... avec les droits utiles & honorí-
fiques dûs & accoutumés, fuivant l'ufage de ladite Coûtume, à l'effet de quoi ledit Seigneur
...... Donateur a tranfporté, pour & au profit
dudit...... tous & tels droits de proprieté,
fonds, très-fonds, entrées, iffuës, noms, raifons
& actions, faifines & poffeffions que ledit Seigneur de......, a, peut avoir, prétendre & demander en & fur ladite maifon & dépendances
préfentement donnés, dont il s'eft démis & dé-
faifi à fon profit & de fes héritiers, fucceffeurs &
ayans-caufes, voulant qu'ils en foient & demeurent faifis, vêtus, mis & reçus en bonne poffeffion & faifine, par qui & ainfi qu'il appartiendra;
conftituant à cet effet fon Procureur le Porteur
des

des préſentes, lui donnant pouvoir de ce faire ; & par ces mêmes préſentes, ledit Seigneur Donateur a ordonné aux ſieurs Juges & Officiers dudit Comté de . . . . . . préſens & à venir, de laiſſer jouir & uſer paiſiblement ledit . . . . . . ſes héritiers, ſucceſſeurs & ayans-cauſes du contenu ci-deſſus, tout ainſi & de même qu'il eſt d'uſage à l'égard des autres Vaſſaux dudit Comté & Seigneurie de . . . . . . ſans permettre tolérer, ni ſouffrir qu'il y ſoit fait aucun empêchement, nonobſtant l'ancienne qualité roturiere de ladite maiſon & dépendances, laquelle ledit Seigneur Donateur a amortie, abolie & éteinte, & pour ce impoſe ſilence à ſon Procureur Fiſcal & ſon Fermier ou Receveur audit lieu, & à tous autres ſes Officiers & Sujets ; & a ledit . . . . . . promis & s'eſt obligé, tant pour lui que pour ſes hoirs, ſucceſſeurs & ayans-cauſes, entretenir & exécuter ceſdites Préſentes, ſelon leur forme & teneur : Promettant, obligeant ſpécialement, ſoumettant . . . . renonçant . . . . & donnera expédition. Fait lû, paſſé, &c.

QUESTION SEPTIE'ME.

N'y a-t-il que par un Titre de conceſſion, ou par acquiſition, ou ſucceſſion, qu'un Particulier peut devenir Vaſſal envers le Roy, ou autre Seigneur Dominant ?

Il peut le devenir dans trois cas. 1°. Lorſque

V

le Seigneur, en se jouant de son Fief, le démembre ; comme l'explique Me. Guyot, en son Traité des Fiefs, Tome premier du Démembrement, chapitre 5. section 3. où il dit : Que l'on peut se jouer des héritages de son Fief, en les donnant à cens, ou à rente foncière, à la différence que lorsqu'on les baille à cens, la rétention de foy est toûjours présumée en faveur du Vassal ; parce que ces héritages font partie de l'intégrité du Fief, & qu'il en fait & porte la foy & hommage au Seigneur Dominant.

En se joüant de son Fief, & en donnant partie par Bail à cens, la rétention, de foy est présumée.

Mais que lorsque le Vassal aliéne des héritages à rente volante ou foncière, sans retention de foy expresse, cette aliénation est censée faite avec démission de foy, & le Preneur, dès ce moment, est tenu d'entrer en foy envers le Seigneur Dominant, comme son Vassal.

En le vendant à rente volante ou foncière, sans rétention de foy expresse, l'aliénation est censée faite avec démission de foy.

2°. Il ajoûte, qu'il en est de même lorsque le Vassal vend un cens à prix d'argent, sans rétention de foy expresse : ces ventes, ou affranchissemens de cens, devenant pour lors par ces Actes, libres envers lui, les Propriétaires deviennent, dès ce moment, des Vassaux du Seigneur Dominant, & font tenus d'entrer en foy vers lui.

Il en est de même, en vendant un cens.

3°. A quoi l'on peut ajoûter, que celui qui a prescrit le cens dû sur ses héritages, est dans le même cas. Par exemple, un Particulier doit des cens au Seigneur de Jaligny en Bourbonnois, que ces auteurs ont reconnu & payé ; ce Particulier possède ces héritages depuis plus de 40. ans,

La prescription du cens change la condition de l'héritage & du Propriétaire, qui, dès ce moment, devient Vassal du Seigneur dominant.

pendant lequel tems on suppose qu'il n'y a eu dans cette Terre aucune des choses qui interrompent le cours de la prescription. Ce Particulier a donc acquis, aux termes de l'Article 22. de la Coûtume de Bourbonnois, une prescription légale, qui les affranchit des cens, lods & ventes, & de tous droits de directe Seigneurie ; il devient donc, dès l'instant de cette prescription, Seigneur propriétaire de la directe, comme du domaine utile, & la possession, tant de lui, que de ses auteurs, *qui habet vim constituti*, lui acquiert l'un comme l'autre, ainsi que l'enseignent les Docteurs Feudistes, avec M. le Président Favre, en sa définition 2. *de Præscript. 30. vel 40. Annos ipsa temporis antiquitas vim justi tituli obtinet.* Mais comme ces héritages étoient un démembrement ancien du Fief de Jaligny, mouvant du Roi, il suit de-là que la prescription acquise, en éteignant la servitude de directe qui étoit sur ces héritages, leur fait reprendre leur premiere condition noble du Fief dont ils font partie, & qui ne peut être prescrite, parce qu'il n'y a point de prescription pour les Fiefs, & qu'ainsi elle affecte, par une conséquence nécessaire, le Propriétaire au nombre des Vassaux de Sa Majesté, dont il doit faire la foy & hommage, & donner son dénombrement au Roi, ou autre Seigneur fuzerain, en cas que ces héritages foient des arriere-Fiefs d'une Seigneurie particuliere.

Voilà donc les cas où un Particulier peut devenir Vassal, sans concession de Fief.

Et comme dans les Provinces où le cens eſt preſcriptible, tel qu'en Bourbonnois, ces cas arrivent fréquemment, M. Auroux des Pommiers, dernier Commentateur de Bourbonnois, avoit cru que la vente d'un cens ou preſcription acquiſe ſur un héritage, le rendroit allodial, ainſi qu'il l'avoit inſeré dans ſon Commentaire. Mais Mᵉ. Guyot, dans ſon Traité des Fiefs, Tome 3. *in fine* de la Réunion des Fiefs, a fait voir au Public que ce Commentateur avoit erré, & n'étoit point dans les principes, parce que tout ce qui fait partie d'un Fief ne peut s'en ſéparer, & en être deſuni à des conditions qui le diviſent, & en changent la nature, c'eſt ſur ces principes, & contre l'avis ſolitaire de Mᵉ. Auroux, qu'il a été jugé en cette Coûtume de Bourbonnois, par Arrêt du Parlement du 30. Juillet 1726. en faveur du Seigneur de la Paliſſe, qui avoit fait demande de pluſieurs cens à François Mercier, qui avoit rapporté trois Contrats d'acquiſitions vendus à ſes auteurs par les anciens Seigneurs de la Paliſſe, dont il demeura déchargé; mais comme il ne juſtifia point de foy & hommage faite au Roi pour ces cens acquis, cet Arrêt ordonne, qu'il en fera inceſſamment la foy & hommage au Roi, comme démembrés du Fief de la Paliſſe : cet Arrêt juge donc que par l'acquiſition d'un cens, ainſi que par la preſcription, l'héritage ne devient point en franc-alleu, & n'eſt point diviſé du Fief dont il fait partie.

Erreur du dernier Commentateur de Bourbonnois, ſur la réunion des Fiefs.

QUESTION HUITIE'ME.

Quelle est la marque d'un Fief ?

C'est la foy & hommage, qui est la marque fondamentale du Fief ; de sorte qu'un Fief ne peut être Fief sans elle : *Reservati hommagii necessario , concludit esse Feudum* , dit M . Charles Dumoulin , sur *Decius consil.* 418. *num* 4. Ainsi sont tous héritages donnés à foy & hommage. Ferriere , Traité des Fiefs , chap. 1. n°. 11.

La Foy & hommage est la marque du Fief.

PARAGRAPHE SECOND.

DE LA FOY ET HOMMAGE.

QUESTION PREMIERE.

Qu'est-ce que la Foy & Hommage ?

LA Foy que le Vassal doit au Seigneur n'est autre que le serment qu'il lui fait de lui être fidéle , & la promesse de le servir envers & contre tous, excepté contre le Roi. Cet Acte est aussi appellé Hommage, parce qu'il se fait avec le respect & la soumission requise par la Coûtume & l'usage du Fief dominant. Ces services se trouvent ci-devant expliqués à la Question III. du Paragraphe I.

La Foy & hommage est le serment de fidélité du Vassal à son Seigneur.

QUESTION DEUXIE'ME.

Y a-t-il plufieurs fortes de foy & hommage?

Tous les Auteurs Feudiftes n'en admettent que de deux fortes (*a*) : l'un lige, dû au Roi feul comme Souverain ; l'autre fimple, dû aux Seigneurs qui relevent de Sa Majefté, médiatement ou immédiatement.

QUESTION TROISIEME.

Comment fe doit faire la foy & hommage?

Aucune Coûtume n'a mieux défini la forme & la maniere de faire la foy & hommage, que celle de Paris, Article 63. Elle s'explique en ces termes :

Maniere de faire la Foy & homma-ge.

» Le Vaffal, pour faire la foy & hommage, &
» fes offres à fon Seigneur féodal, eft tenu aller
» vers ledit Seigneur, au lieu d'où eft mouvant
» ledit Fief, & y étant, demander fi le Seigneur
» eft au lieu, ou s'il y a autre pour lui ayant char-
» ge de recevoir les foy & hommage & offres ;
» & ce fait, doit mettre un genoüil en terre, nuë
» tête, fans épée & éperons, & dire, qu'il lui
» porte & fait la foy & hommage qu'il eft tenu
» faire à caufe dudit Fief mouvant de lui, & dé-
» clarer à quel titre le Fief lui eft avenu, le re-
» querant qu'il lui plaife le recevoir : & où le Sei-
» gneur ne feroit trouvé, ou autre ayant pouvoir
» pour lui, fuffit de faire la foy & hommage &

(*a*) Normandie, article 104.

» offres devant la principale porte du Manoir ;
» après avoir appellé à haute voix le Seigneur par
» trois fois. Et s'il n'y a Manoir au lieu Seigneu-
» rial d'où dépend ledit Fief, & en cas d'abfence
» dudit Seigneur, ou fes Officiers, faut notifier
» lefdits offres au prochain voifin dudit lieu Sei-
» gneurial, & laiffer Copie.

Cet Article s'explique fi précifément fur la
maniere dont la foy & hommage doit être faite,
& fur le lieu où elle doit fe faire, qu'il n'eft pas
befoin d'un plus long Commentaire (*a*).

QUESTION QUATRIE'ME.

Cet Article peut-il fervir de Loi générale dans le
Royaume, pour les deux chofes qu'il détermine ?

A l'égard du lieu où doit fe rendre & faire la
foy & hommage, il eft fans contredit que c'eft
au Château ou Manoir du Fief dominant; c'eft
une Loi générale. Quant à la maniere foumife
prefcrite par cet Article, avec laquelle elle doit
fe faire, il femble qu'aucune Coûtume ne la
contredife, *les unes s'étant contentées de dire,
qu'en figne d'hommage, en abfence du Seigneur,
le Vaffal baife le verrouil de la porte (*b*) ; mais
elles s'accordent pour la plûpart, en ce qu'il faut
que le Vaffal foit fans épée & fans éperons, pour
marquer le refpect du Vaffal envers fon Seigneur
& fa reconnoiffance, ne tenant fon Fief que de

En quel lieu fe doit faire la foy & hommage.

Pofture en laquelle le Vaffal doit faire fa foy & hommage.

(*a*) Voir le Réglement du Confeil du 19. Janvier 1668. Anjou, art. 105.
Auvergne, ch. 22. art. 46. & feq.
(*b*) Berry, Titre des Fiefs, art. 3.

lui. La Coûtume de la Marche, Article 189. veut que le Vaſſal ſe préſente à ſon Seigneur tête nuë, qu'il ait ôté ſa ceinture, ſon épée, quitté ſon bâton, qu'il mette un genouil en terre, & diſe en paroles : » J'entre vers vous en foy & hommage, » & m'avouë votre Vaſſal, pour raiſon d'un tel » Fief que je tiens de vous, à cauſe de votre Sei- » gneurie de tel lieu, & vous promets & jure » vous ſervir d'hors en avant envers & contre » tous : » & que le Seigneur lui doit répondre : » Je vous reçois à hommage, ſauf mon droit, & » autrui ; & qu'en ſigne de ce, il doit le baiſer en la joue. Celle de Montargis, chap. 1. art. 10. & 11. veut que le Vaſſal, en faiſant la foy & hommage, ſoit de même tête nuë, & déceint, & baille la main droite en celle de ſon Seigneur, & lui diſe, qu'il devient ſon homme pour tel Fief, qu'il lui en fait la foy & hommage, & lui promet qu'il pourchaſſera ſon profit, & évitera ſon dommage, le conſeillera loyaument, & fera en tout autre cas ce qu'un Vaſſal doit faire à ſon Seigneur. Salvaing, dans ſon Traité des Fiefs, chap. 4. traite au long de la foy & hommage, que l'on peut voir, & rapporte, que la forme de l'hommage eſt différente en Dauphiné, ſelon la qualité du Vaſſal ; que s'il eſt Noble, il fait le ſerment debout, & baiſe le Seigneur à la bouche ; que s'il eſt Roturier, il met les deux genoux en terre, & baiſe le Seigneur au pouce : enfin il faut ſuivre à cet égard la forme & l'uſage preſcrits par la Coûtume des lieux.

QUESTION

QUESTION CINQUIE'ME.

S'il se trouvoit deux Châteaux au Fief dominant, l'un ancien & l'autre nouveau?

Cette Question est décidée par Dumoulin, sur l'Article 45. *in Verbo* Faire les offres, *num.* 4. & *seq.* ainsi que le rapporte Ferriere, en son Traité des Fiefs, chap. 2. sect. 1. art. 1. num. 11. où il assure, qu'en ce cas il est au choix du Vassal de faire la foy & hommage en l'un, ou en l'autre.

QUESTION SIXIE'ME.

S'il n'y a point de Château ou Manoir habitable, & qu'il soit entierement ruiné, en quel lieu le Vassal se présentera-t-il pour faire la foy & hommage?

Suivant l'Article 110. de la Coûtume de Reims, lorsqu'il n'y a point de lieu Seigneurial, la foy & hommage peut être faite au lieu où se fait la recette des Droits Seigneuriaux : mais comme l'endroit où se fait cette recette n'est souvent ni fixé, ni déterminé, ni permanent, en ce qu'elle se fait tantôt dans une maison, tantôt dans une autre ; ce qui est prescrit par cet Article ne peut servir de loi ; il convient mieux, comme dit Ferriere, n. 10. du même Article ci-dessus, que le Vassal fasse la foy & hommage à son Seigneur, ou ses offres dans son domicile ordinaire, parce qu'il est du Droit commun, que tous actes & offres faits à la

En cas qu'il n'y ait point de Château ou Manoir, le Vassal peut faire ses offres au domicile du Seigneur.

X

perſonne, ou en ſon domicile, ſont valables :
c'eſt l'eſprit de l'Article 3. du Titre II. de l'Ordonnance de 1667. & même le ſentiment de Dumoulin, §. 45. n. 3. & ſuivant.

QUESTION SEPTIE'ME.

Si un Seigneur avoit donné pouvoir à quelqu'un de ſes
Officiers, ou autre qui ne fût Gentilhomme, pour
recevoir la foy & hommage de ſes Vaſſaux, le
Vaſſal Noble ſeroit-il obligé de la rendre à cet Offi-
cier, avec les mêmes cérémonies preſcrites envers ſon
Seigneur ?

L'Article 49. du Chapitre 4. de la Coûtume de
Nivernois décide cette Queſtion, en ce qu'ayant
la même diſpoſition que l'Article 63. de celle de
Paris, en permettant de commettre tel perſon-
nage que bon lui ſemble, pour recevoir à ſa place
ſes foy & hommage, ſerment de fidelité, ſouffrance, acceptation & blâme ; elle s'explique,
qu'il ne peut être en cela contredit par ſon Vaſſal, pourvu que la perſonne commiſe ſoit homme qualifié, comme de Nobleſſe, Office, ou
homme d'autre qualité ; ce qui ne laiſſe point à
douter que ſi un Seigneur de Fief commettoit un
Valet & perſonne vile, comme le dit Ferriere,
ch. 2. ſect. 1. art. 1. n. 15. il ne ſeroit tenu de lui
faire la foy & hommage, mais pourroit faire comme s'il n'y avoit perſonne qui eût charge de la
recevoir.

Si le Seigneur
commettoit un
Valet, ou perſon-
ne vile, pour re-
cevoir ſes foy &
hommage, le vaſ-
ſal ne ſeroit pas
obligé de la lui
faire ; mais il
pourroit la faire,
comme ſi le Sei-
gneur n'y étoit
pas.

QUESTION HUITIE'ME.

*Si le Vaſſal avoit fait la foy & hommage en abſence
du Seigneur, feroit-il obligé de la réiterer?*

Il faut diſtinguer les Coûtumes qui permettent
au Vaſſal, en cas d'abſence de ſon Seigneur, de
faire la foy & hommage au-devant de la principale porte (*a*), de celles qui veulent ſimplement
qu'en cas d'abſence du Seigneur, le Vaſſal faſſe
ſes offres de foy & hommage & de profits, ſi aucuns ſont dûs, à la charge néanmoins de faire ſes
devoirs, après interpellation de la part du Seigneur de venir lui faire la foy & hommage, ces
offres n'étant que pour mettre à couvert le Fief
ſervant de toute ſaiſie Féodale, & que ſi le Fief
étoit ſaiſi, ces offres en opéreroient la main-levée (*b*), & en ce cas, le Vaſſal eſt obligé de faire la foy & hommage au Seigneur, quoiqu'il l'eût
faite devant la porte. Il en eſt de même dans les
Coûtumes qui n'ont point de diſpoſitions contraires, ou qui ont gardé le ſilence à ce ſujet quel-
ques-unes de ces Coûtumes, voulant que le Vaſſal attende le Seigneur pendant vingt-quatre
heures (*c*).

*En quel cas le
Vaſſal eſt obligé
de réitérer ſa foy
& hommage.*

(*a*) Paris, art. 63. Orléans, 47. La Marche, 208. Berry, titre des
Fiefs, art. 20. Bourbonnois, 380. Auvergne, titre 22. art. 47.
(*b*) Anjou, 109. Sens, 182. Tours, 110. Reims, 110. Le Maine, 129.
Orléans, 67. Auxerre, 44. 45. & 46. Vermandois, 187. Ribemont, 23.
(*c*) Bourbonnois, art. 380.

QUESTION NEUVIE'ME.

Le Vaffal d'un Fief doit-il la foy & hommage à toute mutation ?

Oui, c'eft-à-dire par celle arrivée par le décès de l'ancien Vaffal, par la vente ou tranfport du Fief fervant, ou par celle qui arrive par le décès du Seigneur Féodal, ou par la vente, ou tranf-port du Fief dominant : c'eft la difpofition de tou-tes les Coûtumes de France. Ainfi dans tous les cas, fon devoir l'oblige à faire à fon Seigneur fa foy & hommage, tant pour fatisfaire à fes obliga-tions, que pour éviter la faifie Féodale de fon Fief, & la perte des fruits.

QUESTION DIXIE'ME.

Que doit faire le nouveau Seigneur, pour fe faire rendre fes droits?

Les difpofitions des Coûtumes font différentes à ce fujet, & la plûpart ne prefcrivent aucune for-malité de fa part ; & en ce cas, la prife de pof-feffion de fa Seigneurie, & la foy par lui renduë au Roi, ou autre Seigneur dominant, lui fuffifent pour conftituer en retard fes Vaffaux, s'ils ne lui font leur foy & hommage, fuivant la Coûtume de Bourbonnois, Art. 369. & 370. lorfque la mutation eft du côté du Seigneur dominant, le nouveau Seigneur doit faire proclamer fes

Fiefs (*a*), par la raifon que les Vaffaux de fon Fief peuvent avoir fait la foy & hommage au précédent Seigneur, & qu'ils ne font les fiens & hommes, que par la preftation du ferment de fi-délité qui lui eft faite, la feule proprieté & pof-feffion d'un arriere-Fief n'étant pas fuffifante pour leur donner la qualité de Vaffal & d'homme du Seigneur. En forte que ce nouveau Seigneur doit faire proclamer fes Fiefs par un *A fçavoir*, publié & affiché fimplement, ou il peut prendre des Lettres du Roi, fon Seigneur dominant, qu'il fait enregiftrer devant le Juge Royal du Fief, & pu-blier & afficher aux Portes des Eglifes, & Places publiques des Paroiffes où fes arriere-Fiefs font fitués, pour faire fçavoir aux Vaffaux qu'ils ayent à fe préfenter au Château, ou principal Manoir de la Seigneurie dans le tems préfix par lefdites Lettres, pour y faire la foy & hommage devant le Notaire Commiffaire, pour en rédiger les Ac-tes, fuivant les Us, Coûtumes, & Chapitres des Fiefs.

QUESTION ONZIE'ME.

Si le nouveau Vaffal eft acquereur ou héritier du précédent Vaffal, doit-il attendre que ces Proclamats foient faits ?

Le nouveau Vaffal, à titre d'hérédité feu-lement, doit faire la foy & hommage à fon

(*a*) Paris, art. 65. Blois, 50. 51. 52. Auxerre, 65. Orléans, 60. 61. 62.

Seigneur dans les quarante jours, à compter de celui qu'il est devenu propriétaire du Fief servant, sans qu'il doive attendre aucune sommation, ni interpellation, faute de quoi le Seigneur est en droit de faire saisir le Fief, & faire les fruits siens (Coûtume de Paris, Art. 7.) ; mais si le nouveau Vassal est acquereur, il doit incontinent faire sa foy & hommage, suivant Dumoulin, sur l'Article 1. de la Coûtume de Paris, (Ferriere, Traité des Fiefs, chap. 2. sect. 1. art. 4. n. 2. sentiment cependant qui n'a pas été suivi, en ce que l'on donne autant de tems à l'acquereur qu'à l'héritier, ainsi que Ferriere le prouve au même lieu.

Différence entre un Vassal à titre d'hérédité, & un Vassal à titre d'acquisition.

QUESTION DOUZIE'ME.

Si, après les Proclamats & le tems fixé par iceux, les Vassaux, ou aucuns d'eux ne se présentent, que fera le Seigneur ?

Il pourra faire saisir le Fief, & à icelui établir Commissaire, le mettra sous sa main, & fera les fruits siens, jusqu'à ce que le Vassal ait fait son devoir.

Modéle de saisie Féodale.

L'An......à la requête de Messire....., Seigneur de...... pour lequel domicile est élû en son Château de......, & constitué pour son Procureur M^e...... par vertu des Lettres Patentes accordées par Sa Majesté audit Seigneur de...... le...... Sentence d'enregis-

giftrement d'icelles de la Senechauffée de . . . . . .
du . . . . . . dûement en forme, publiées & affichées où befoin a été, & de la foy & hommage
faite par . . . . . . Seigneur & Propriétaire du Fief
de . . . . . . audit Seigneur de . . . . . . le . . . . . .
la derniere foy & hommage faite dudit Fief : J'ai,
Huiffier . . . . . . fouffigné, me fuis exprès tranfporté, avec mes Affiftans & Témoins ci-après
nommés en la Paroiffe de . . . . . . diftante de ma
demeure de . . . . . . où étant, & au domicile
de . . . . . . Seigneur & Propriétaire dudit Fief
de . . . . . . en parlant à . . . . . . auquel, ainfi parlant, j'ai déclaré que faute d'honneurs, droits &
devoirs non faits, ni payés, aveus & dénombremens non fournis, ni baillés, comme auffi faute
d'avoir exhibé & communiqué tous & chacuns
les titres & contrats concernant la proprieté dudit Fief de . . . . . . & d'avoir fatisfait à l'une & à
l'autre defdites chofes en particulier envers ledit
Seigneur de . . . . . . comme Seigneur dominant
dudit Fief de . . . . . . j'allois préfentement me
tranfporter avec mes Affiftans fur ledit Fief, pour
icelui faifir & mettre fous la main dudit Seigneur
de . . . . . . comme de fait, & à l'inftant je me fuis
tranfporté dans la Maifon Seigneuriale dudit Fief
fituée . . . . . . joignant . . . . . . d'illec en une Terre
en ladite Paroiffe, au Terroir de . . . . . . contenant . . . . . . &c.

Et étant en & fur lefdits héritages, j'ai les
fonds, fruits, & revenus d'iceux, faifis, brandonnés & arrêtés, & le tout mis fous la main du-

dit Seigneur de . . . . . . faute, comme dit eſt par ledit . . . . . . d'avoir ſatisfait à l'une & à l'autre des choſes ci-deſſus; au régime & gouvernement deſ-quels héritages ſaiſis & brandonnés, j'ai commis & établi pour Commiſſaire d'iceux, la perſonne de . . . . . demeurant à . . . . . au domicile duquel je me ſuis, avec mes Aſſiſtans, tranſporté, où étant, & parlant à . . . . . je l'ai chargé, & lui ai enjoint de bien & fidélement & en bon Pere de famille, vacquer au fait de la préſente commiſ-ſion, pour en rendre compte audit Seigneur, quand requis en ſera, à peine d'en répondre en ſon propre & privé nom, & d'y être contraint comme dépoſitaire de biens de Juſtice, à la char-ge de ſes ſalaires raiſonnables; lequel . . . . . . a volontairement accepté ladite commiſſion, & a promis & s'oblige d'agir & l'exercer en bon Pere de famille, & d'en rendre compte quand il ap-partiendra, à la charge de ſes frais & vacations, qui ſeront pris ſur les choſes ſaiſies, & a ledit . . . . . Commiſſaire ſigné; & ai audit . . . . . Commiſſaire, & audit . . . . . Propriétaire ſaiſi, laiſſé à chacun ſéparément, copie du préſent Procès-verbal, en parlant comme deſſus, en préſence & aſſiſté de . . . . Témoins menés exprès avec moi, qui ont ſigné, tant ledit préſent Original, que leſdites Copies, dont Acte.

QUESTION

QUESTION TREIZIE'ME.

*Si le Commiffaire ne vouloit pas accepter
volontairement cette charge ?*

Il faudroit lui donner Affignation par le même
Acte, en cette forme :

Lequeldit . . . . . Commiffaire parlant, a été
d'accepter ladite commiffion refufant ; pour lequel refus, & pour s'y voir condamner, même
par corps, je lui ai donné Affignation, à comparoir, d'hui en huitaine franche & prochaine,
pardevant M. le Sénéchal de . . . . . & lui ai déclaré que je laiffois dès à préfent à fes rifques,
périls & fortunes, dépens, dommages & intérêts,
lefdites maifons, terres, prés, bois & héritages,
fruits & revenus d'iceux, requerant dépens, déclarant que Me. . . . . . Procureur en ladite Sénéchauffée, occupera pour le Seigneur en la préfente Inftance ; & à ce que ledit . . . . . n'en ignore, je lui ai, en parlant comme deffus, laiffé copie du préfent Procès-verbal & Exploit, en préfence & affifté de . . . . Témoins, qui ont vacqué
avec moi depuis. . . . . heure du matin jufqu'à celle de . . . . . après-midi, lefquels ont figné, tant
le préfent Original, que lefdites Copies ; & non
ledit. . . . . pour ne l'avoir voulu faire, quoique
fommé & interpellé.

Y

QUESTION QUATORZIE'ME.

Si le Vaſſal eſt mineur, qui fera la foy & hommage pour lui ?

Toutes les Coûtumes s'accordent ſur ce point (a), que le Seigneur dominant eſt obligé de recevoir à foy & hommage les Tuteurs & Curateurs des Mineurs, ou autres perſonnes étant en Tutelle ou Curatelle, ou ayant légitimes empêchemens; ſi mieux n'aime le Seigneur bailler ſouffrance aux Mineurs, juſqu'à ce qu'ils ſoient Majeurs, en faiſant par les Tuteurs & Curateurs, les diligences néceſſaires & ſuffiſantes pour avoir ladite ſouffrance.

Modéle d'Acte & Souffrance.

CEjourd'hui..... en la compagnie du Notaire Royal de la Ville de...... & en préſence des Témoins ci-après nommés.. ..... N...... demeurant à..... au nom & comme Tuteur de Louis..... âgé de..... fils de..... s'eſt tranſporté au Château Seigneurial de..... où étant, il s'eſt adreſſé à Meſſire..... Seigneur dudit Château, auquel il a déclaré qu'à cauſe du décès dudit Sieur de..... ſon pere, il eſt advenu audit Louis..... le Fief de..... avec ſes appartenances & dépendances, ſitué en la Paroiſſe de.....

(a) Paris, art. 51. Bourbonnois, art. 379.

lequel Fief eſt tenu & mouvant en foy & hommage dudit Seigneur de . . . . . Et comme ledit
Louis . . . . . n'a pas encore atteint l'âge requis
par la Coûtume pour lui faire la foy & hommage
à laquelle il eſt obligé, à cauſe dudit Fief de . . . .
ainſi qu'il l'a fait apparoir, en juſtifiant préſentement de ſon Extrait Baptiſtaire du . . . . ſigné . . . .
Curé de . . . . ce qui donne lieu audit N. . . . . audit nom, de requerir, comme il fait par ces préſentes, ledit Seigneur de . . . . d'accorder ſouffrance audit Louis . . . . juſqu'à ce qu'il ait l'âge requis par la Coûtume, pour lui faire en perſonne
leſdites foy & hommage, & à cet effet lui donner main-levée de la ſaiſie Féodale, faite ſur ledit Fief, faute deſdites foy & hommage non faites. Lequel Seigneur de . . . . a, par ces préſentes, volontairement accordé délai & ſurſéance
audit Louis . . . . de lui faire la foy & hommage,
juſqu'à ce qu'il ſoit parvenu à l'âge requis pour
les lui faire, laquelle ſurſéance demeurera pour
lors nulle & de nul effet, & a ledit Seigneur
de . . . . fait main-levée pure & ſimple de la ſaiſie Féodale dudit Fief ; à la charge par ledit
N. . . . . de payer les frais, à quoi il s'eſt obligé.
Fait, lû & paſſé, &c.

QUESTION QUINZIE'ME.

A quel âge eſt fixée la majorité des Vaſſaux ?

La majorité Féodale eſt de vingt ans accomplis aux mâles, & de quinze ans auſſi accomplis

aux filles, fuivant l'Article 32. de la Coûtume de
Paris, & les Arrêtés de M. le Premier Préfident
de la Moignon, Tit. 10. Art. 30. & Tit. 14.
Art. 10.

QUESTION SEIZIE'ME.

Le Seigneur peut-il refufer la foy & hommage par
Procureur ?

Oui, le Vaffal eft obligé de faire la foy &
hommage lui-même : cette obligation eft fi légale, que s'il ne veut pas la recevoir des Mineurs,
par leurs Tuteurs & Curateurs, qui font leurs
Procureurs, il eft obligé de leur donner fouffrance.

QUESTION DIX-SEPTIE'ME.

Que doit faire le Vaffal, qui veut faire fa foy
& hommage ?

Le Vaffal, après requifition, proclamats, main-
mife, ou autrement, doit fe tranfporter au Château d'où dépend fon Fief, & là fe mettre en devoir de faire fon hommage, felon la nature &
qualité d'icelui Fief ; & s'il ne trouve le Seigneur
Féodal, ou que le Seigneur le refufe fans caufe
raifonnable, le Vaffal fe préfentera devant la principale porte du Château d'où dépend fon Fief,
& là en préfence d'un Notaire & Témoins, qu'il
aura menés, (fi le Seigneur n'a point pris de Lettres du Roy) ou du Notaire & Commiffaire nommé, & commis par lefdites Lettres, & faire fes

foy & hommage, comme il auroit fait en préfence duóit Seigneur : fi cependant le Seigneur Féodal étoit abfent, & peu éloigné, & que fes gens & Officiers requiffent le Vaffal de l'attendre audit Château, il eft tenu de le faire, & attendre vingt-quatre heures; c'eft la difpofition de l'Article 380. de la Coûtume de Bourbonnois.

QUESTION DIX-HUITIE'ME.

Le Vaffal ne doit-il pas repréfenter à fon Seigneur fon titre de proprieté ?

Oui : tout nouvel acquereur, & autre poffeffeur de Fief à quelque titre que ce foit, qui fe préfente au Seigneur Féodal pour lui faire fa foy & hommage, eft tenu lui exhiber & communiquer le Contrat ou titre de fon acquifition & proprieté dudit Fief ; c'eft fa premiere obligation, fans laquelle le Seigneur ne peut recevoir fon hommage, ayant interêt de connoître & fçavoir par lui-même, fi ce Vaffal eft réellement propriétaire, & à quel titre (*a*).

QUESTION DIX-NEUVIE'ME.

Que fera le Notaire ou Commiffaire, qui doit recevoir l'Acte de foy & hommage ?

Il fe fera repréfenter par le Vaffal les Titres de fa proprieté, parce qu'il n'y a que le vrai Vaffal propriétaire qui doive être reçu à la foy & hom-

(*a*) Dumoulin, fur l'article 90. de la Coûtume de Blois.

mage (*a*) , étant un Acte de vraie proprieté , &
un ufufruitier ne pouvant être reçu à prêter la foy
& hommage (*b*) , par la raifon que l'ufufruitier
ne fe peut dire homme ou Vaffal , n'étant pas
propriétaire incommutable. Ces Titres & proprieté confifteront donc en des Contrats d'acquifition , échange , Teftament ou Donation ,
qui ferviront pour faire mention dans l'Acte à
quel titre le Vaffal pofféde ; & le Notaire qui recevra l'Acte de foy & hommage , obfervera de
ne le point paffer fur des Actes fous fignatures
privées , qu'ils ne foient bien & dûement contrôlés , parce que l'Acte de foy & hommage feroit
nul , aux termes de l'Arrêt du Confeil du 16. Janvier 1717. & qu'il feroit amendable , ainfi que le
Vaffal , à chacun 300. liv. d'amende , fuivant ledit Arrêt , & du précédent du 6. Août 1715. &
ce Notaire , foit que le Vaffal lui repréfente des
Actes & Contrats paffés devant Notaires , ou
fous fignature privée , fera mention expreffe dans
fon Acte de l'infinuation defdits Titres , fous les
mêmes peines de 300. liv. fuivant lefdits Arrêts,
celui du 16. Janvier 1717. caffant l'Acte de foy
& hommage reçus par le fieur Hervé , le condamne en 300. livres d'amende , & en pareille
amende le fieur de Monteffon , Seigneur de
Douillet , qui avoit fait la foy & hommage , &
en outre au triple Droit du Centiéme Denier ,
faute d'infinuation.

Vaffal doit communiquer fes Titres de proprieté.

Un Notaire ne peut recevoir l'Acte de foy & hommage fur des Titres non contrôlés & infinués.

(*a*) Delhommeau , l. 2. Max. 12.
(*b*) Anjou , art. 125.

Modéle d'Acte de foy & hommage à un Seigneur particulier.

AUjourd'hui . . . . . en la compagnie de . . . . . Notaire Royal , Commiſſaire aux Droits Seigneuriaux , & en cette partie, & en préſence des Témoins ci-après nommés , N. . . . . demeurant à . . . . . s'eſt tranſporté au Château Seigneurial de . . . . . appartenant à . . . . . où étant , & en la principale cour dudit Château , ledit ſieur . . . . a demandé à . . . . . ſi le Seigneur ſon Maître étoit au Château ; lequel a répondu que non , & étoit en ſon Château de . . . . . & ne pouvoit être de retour ſi-tôt : ce fait ledit . . . . . en la préſence ſuſdite , s'eſt tranſporté devant la principale porte dudit Château , auquel lieu , après que ledit . . . . s'eſt mis en devoir de Vaſſal , il a dit & déclaré qu'il eſt venu pour faire , comme il fait, la foy & hommage qu'il eſt tenu faire audit Seigneur de . . . . à cauſe du Fief de . . . . . ou des Terres Féodales relevantes de lui en plein Fief, foy & hommage, à cauſe de ſondit Château de . . . . . lequel Fief ou Terres Féodales appartient audit . . . . . par l'acquiſition qu'il en a faite de . . . . . par Contrat de vente paſſé pardevant tel . . . . . Notaire, le . . . . lequel il a préſentement juſtifié audit Commiſſaire ſouſſigné , & qui eſt dûëment inſinué au Bureau de . . . . . ſigné . . . . . & en conſéquence , a promis audit Seigneur de . . . . . de garder & obſerver les chapitres de fidélité des Fiefs, tant anciens que nouveaux ; qu'il ne defavouera jamais fondit Seigneur ; lui procurera fon bien & avantage, autant qu'il le pourra ; ne fe trouvera en aucuns confeils, deffeins, ni entreprife à fon préjudice, ou par lefquels ledit Seigneur pourroit recevoir dommage ou danger en fa perfonne ou en fes biens ; de n'y contribuer, ni donner aide, directement, ni indirectement, ni fouffrir qu'en fa perfonne il fe confpire aucunes chofes contre lui & fes interêts, & que s'il apprend aucune confpiration contre ledit Seigneur qui puiffe lui faire tort en fon honneur ou en fes biens & aux fiens, il lui en donnera promptement avis ; qu'en jufte querelle & occafion où ledit Seigneur aura interêt, il l'affiftera contre les entrepreneurs defdites querelles, & lui procurera fidelité & fûreté en fa perfonne & celle de Dame . . , . . fon époufe, & en celles des fiens, & généralement ce qui peut lui être utile & néceffaire ; le tout fous les peines portées par les chapitres de fidelité, qu'il a promis d'obferver ; promettant en outre de bailler & donner fon aveu & dénombrement dudit Fief dans les quarante jours des Préfentes, conformes & relatifs aux anciens Titres & aveux dudit Fief, qu'il communiquera audit Commiffaire, conformément aux Lettres Patentes accordées audit Seigneur de . . . . . le . . . . . Sentence d'enregiftrement de la Sénéchauffée de Moulins du . . . . & publications d'icelles, dont il a requis Acte, à lui octroyé en préfence de . . . . .

QUESTION

QUESTION VINGTIE'ME.

Suffiroit-il de cette forme d'Acte, pour toutes fortes de Pays & de Coûtumes?

Non, cet Acte n'est bon que pour les Pays de Coûtume, où il n'y a nulle difposition particuliere qui prefcrive au Vaffal la forme de faire fa foy & hommage ; il faut, fuivant la Coûtume de Paris, Article 73. exprimer dans cet Acte, que le Vaffal s'est mis en état de Vaffal, fans épée, ni éperons, tête nuë, & un genouil en terre ; fans quoi cet Acte pourroît être argué de nullité, étant de Droit étroit que ces termes y foient formellement exprimés : il en est de même des autres Coûtumes, qui ont des difpofitions fingulieres, aufquelles il faut fe conformer.

[marginal note: Néceffité d'exprimer dans l'Acte la forme de l'hommage.*]*

QUESTION VINGT-UNIE'ME.

Si le Seigneur avoit donné charge à quelqu'un de recevoir en fon abfence fes foy & hommage, ne feroit-il pas néceffaire que fa Procuration fût inférée dans l'Acte de foy & hommage?

Oui, il est néceffaire qu'elle y foit inférée & datée, s'il y en a minutte chez le Notaire ; mais fi celui qui en est chargé avoit cette Procuration en Brevet, il faudroit la faire dépofer pour être jointe à l'Acte de foy & hommage pour fa validité : autrement le Vaffal n'auroit aucune fûreté.

Z

QUESTION VINGT-DEUXIE'ME.

Quels Droits de Contrôle font dûs pour les Actes de foy & hommage ?

Ils font réglés par le Tarif arrêté au Conseil le 29. Septembre 1722. en ces termes :

Article VI. Foy & hommage d'un Fief ayant haute Justice, compris les 4. sols pour livre ,   - - - -   7 l. 4 f.

Ayant droit de moyenne & basse Justice , *idem,*   - - -   5 l. 8 f.

Ayant droit de basse Justice seulement, 3 l. 12 f.

Pour simple Fief sans Justice ,   -   2 l. 8 f.

A cause d'une , deux ou trois piéces de Terres hommagées ,   - - - -   12 f.

QUESTION VINGT-TROISIE'ME.

La foy & hommage faite au Seigneur, ou en son absence, libere-t-elle le Vassal ?

Non , il ne suffit pas d'avoir fait la foy & hommage à son Seigneur dominant , il faut lui en donner l'Acte (*a*) , c'est-à-dire, notifier son devoir en diligence au Seigneur , & lui en bailler instrument, qui est une expédition en forme de ladite foy & hommage , afin que le Seigneur Feodal soit assuré de son Fief, & qu'il ne fasse pas les fruits siens , & à cet effet

(*a*) Bourbonnois, 380.

il doit préfenter lui-même à fon Seigneur l'Acte de foy & hommage, ou la donner dans fon Château ou Manoir principal du Fief dominant, & le laiffer au Seigneur, & en cas d'abfence, à fon Receveur ou Fermier, & à défaut des uns & des autres, au plus proche voifin, dont le Vaffal prendra Acte, en préfence d'un Notaire & de deux Témoins. Arrêtés de M. le Premier Préfident de la Moignon, Titre 4. Article 1. & 4. Cet Acte doit être en parchemin, bien & dûement contrôlé & fcellé.

Le Vaffal doit préfenter lui même à fon Seigneur l'Acte de fa foy & hommage.

QUESTION VINGT-QUATRIEME.

La foy & hommage qui fe fait au Roy ès mains de Monfeigneur le Chancelier, a-t-elle d'autres formalités ?

Cette foy & hommage fe fait en perfonne, dont eft dreffé Acte par l'un des Secretaires de Monfeigneur le Chancelier ; lequel Acte le Vaffal porte au Confeil, où il eft rendu Arrêt qui reçoit le Seigneur en foy & hommage ; enfuite cet Arrêt eft porté à la Chambre des Comptes, qui l'enregiftre par autre Arrêt ; lequel dernier Arrêt le Vaffal fait fignifier à M. le Procureur Général de la Chambre des Comptes : ce qui opère la confommation de fon devoir.

La foy & hommage ès mains de Monfeigneur le Chancelier, doit être faite en perfonne.

QUESTION VINGT-CINQUIE'ME.

*La foy & hommage faite à la Chambre des Comptes,
est-elle différente ?*

Le Seigneur Vassal présente Requête , à laquelle il joint son Contrat , demande d'être reçu à
foy & hommage : cette Requête est décretée d'un
Arrêt , qui porte que le Vassal fera sa foy & hommage un tel jour , & cedit jour la Chambre rend
Arrêt qui reçoit ladite foy & hommage , & en
donne Acte ; ensuite cet Arrêt est reporté à la
Chambre , qui rend autre Arrêt , par lequel elle
renvoye l'enregistrement de ladite foy & hommage à la Chambre du Domaine de la Province ,
ou au Bureau des Finances , où il faut porter le
tout , & faire rendre une Sentence d'enregistrement.

QUESTION VINGT-SIXIE'ME.

*Si le Seigneur Féodal est à Paris , ou dans une Province
étrangere , où se trouve en même-tems son Vassal ,
ce dernier peut-il lui faire hommage ?*

Oui , si le Seigneur la veut recevoir volontairement : car il est des régles qu'il ne peut être
contraint de la recevoir , s il n'est au lieu d'où
dépend le Fief , ni la recevoir par Procureur ,
mais en cas de légitime empêchement , le Seigneur est tenu la recevoir , en justifiant de Procuration expresse , ou de lui donner souffrance ,

(marginal note:) Le Seigneur ne peut être con-traint de recevoir la foy & homma-ge , ailleurs que dans son Château.

comme nous l'avons dit ci-devant, durant laquelle il ne fera les fruits fiens.

QUESTION VINGT-SEPTIE'ME.

Quels font les empêchemens légitimes qui peuvent difpenfer le Vaffal de faire la foy & hommage en perfonne?

Les empêchemens pour faire la foy & hommage en perfonne, font: fi le Vaffal eft trop âgé & infirme de vieilleffe; s'il eft malade, impotent, furieux, infenfé, abfent pour l'Etat, Préfident, ou Officier de Cour Souveraine, Officier du Roi, ne pouvant defemparer de la Cour; ou que ce fût un Corps & Communauté, ou Collége, une Abbeffe ou Prieure, renfermée dans un Couvent.

QUESTION VINGT-HUITIE'ME.

Si le Seigneur a fait faifir feodalement le Fief fervant, fans l'avoir déclaré au Vaffal, que fera-t-il enfuite de cette faifie?

Le Seigneur qui aura fait faifir le Fief de fon Vaffal, faute de devoirs non faits, fera dénoncer cette faifie au Vaffal, en parlant à fa perfonne, ou en fon domicile, ou même à fon Procureur Fifcal, fon Fermier ou Receveur, ou au domicile de l'un d'eux, & fi aucun ne demeure en la Paroiffe où eft affis le Fief, il le fera fignifier par attache en la Place publique où le Fief eft affis, en préfence de deux Témoins, ou proches Voi-

fins, fuivant la difpofition de l'Article 371. de la
Coûtume de Bourbonnois.

Modéle d'Exploit de dénonciation de faifie.

L'An . . . . . le . . . . . a . . . . midi , à la requête
de Meffire . . . . . Seigneur de . . . . . J'ai . . . .
Huiffier . . . . . fouffigné , me fuis tranfporté en
la Ville de . . . . . diftant de ma demeure de . . . .
lieues , où étant, & au domicile de Sieur . . . . .
Propriétaire du Fief de . . . . . fitué en la Paroiffe
de . . . . . en parlant à . . . . . J'ai audit Sieur . . . .
dénoncé & fait fçavoir que faute d'honneurs ,
droits & devoirs non faits , ni payés par lui, aveus
& dénombremens non baillés , & d'avoir exhibé
& communiqué tous & chacuns fes Titres dúdit
Fief, & faute d'avoir fatisfait à l'une & à l'autre defdites chofes ; en particulier ledit Seigneur
de . . . . . a fait faifir féodalement ledit Fief de . . . .
circonftances & dépendances , & établi au régime & gouvernement d'icelui la perfonne de . . . .
ainfi qu'il eft plus au long porté par mon Exploit
& Procès-verbal du . . . . . lui faifant défenfes de
par le Roi & Juftice de troubler ledit Commiffaire , ni s'immifcer directement , ni indirectement , en la levée & perception des fruits & revenus dudit Fief, fous les peines de Droit ; & à
ce que ledit Sieur de . . . . . n'en ignore , je lui ai
laiffé copie, tant dudit Procès-verbal de faifie,
établiffement de Commiffaire , que du préfent

Exploit, en parlant comme deſſus, dont Acte.

QUESTION VINGT-NEUVIEꞮME.

Si le Vaſſal a pris & enlevé des fruits de ſon Fief, nonobſtant la ſaiſie Féodale, & qu'il vienne enſuite pour faire ſa foy & hommage, que fera le Seigneur ?

Il refuſera de recevoir ladite foy & hommage, juſqu'à ce que le Vaſſal ait rendu & rétabli leſdits fruits, ou au moins, n'ait conſigné la valeur ès mains de la Juſtice, ſans préjudice du plus ou du moins, au moyen de quoi & de ladite conſignation dénoncée au Seigneur, icelui Seigneur eſt tenu le recevoir à foy & hommage, depuis laquelle il ne ſera plus les fruits ſiens, ainſi qu'il eſt porté par l'Article 372. de Bourbonnois.

Le Vaſſal eſt tenu de rétablir les fruits, avant de pouvoir être reçu à foy & hommage.

QUESTION TRENTIEꞮME.

Si le Vaſſal eſt nouveau Propriétaire, & qu'il ne ſoit certain de qui relève ſon Fief, que fera-t-il ?

Il pourra faire la foy & hommage à celui qui le ſomme, pour ſauver les fruits, & proteſter dans l'Acte de ne faire faux aveus, ſi le Fief étoit mouvant d'autre Seigneur (pourvû que de la part du Vaſſal il n'y ait aucune fraude), leſquelles Proteſtations ſerviront au Vaſſal pour éviter la commiſe de ſon Fief, s'il étoit mouvant d'autre Seigneur ; mais ſi au contraire, le Vaſſal ne fait la foy

& hommage en la maniere fufdite, & defavouë
expreffément fon Seigneur Féodal, il ne pourra
fauver la commife de fon Fief, fous l'ombre defdites Proteftations ; c'eft la difpofition des Articles 376. & 377. de la Coûtume de Bourbonnois.

QUESTION TRENTE-UNIE'ME.

*Diftinction des fruits de la Pêche des Etangs, lors de
la faifie Féodale.*

Le Poiffon eft
réputé meuble ,
lorfque la bonde
de l'Etang eft le-
vée.

S'il y a des Etangs à pêcher, & que le Vaffal
ait fait lever la bonde en faifon convenable avant
la faifie Féodale, le Vaffal pourra faire fienne ladite Pêche, & l'appliquer à fon profit, parce que
la bonde levée, le Poiffon eft réputé meuble, &
è *contra* : fi après la faifie faite, & les quarante jours
paffés, la bonde étoit levée avant la foy & hcm-
ge à lui faite par le Vaffal, le Seigneur fera les
fruits fiens, pourvû que la bonde foit levée en
tems de Pêche, & non autrement. Bourbonnois,
Article 374.

PARAGRAPHE

PARAGRAPHE III.

De l'Aveu & Dénombrement.

SI-tôt que le Vaſſal a fait ſa foy & hommage, & qu'il a été reçu en feauté par le Seigneur dominant, il peut donner ſon aveu & dénombrement (Arrêtés de M. le Premier Préſident de la Moignon, Titre 14. Article 7. Dumoulin, ſur l'Article 252. de la Coûtume de Senlis), quoique toutes les Coûtumes de France lui donnent quarante jours après ſa foy & hommage, il peut en devancer les délais.

Quand le Vaſſal peut donner un Aveu & Dénombrement.

QUESTION PREMIERE.

Qu'eſt-ce qu'un Aveu & Dénombrement?

C'eſt un Acte par lequel le Vaſſal avouë ſon Seigneur pour être celui dont il releve nuëment (c'eſt pourquoi on l'appelle *Aveu*), & reconnoît par icelui qu'il tient de ſa libéralité, les Droits, Juſtices, Dixmes, Directes, Maiſons, & autres héritages qu'il poſſéde, dont il fait par cet Acte une exacte deſcription & détail, par noms, contenances, territoires, fins, bords & limites nouvelles, referés aux anciennes, & c'eſt ce que l'on appelle dénombrer les droits & poſſeſſions du Vaſſal ; ce qui a donné lieu à l'appeller *Dénombrement*.

Pourquoi l'appelle-t-on Aveu.

Pourquoi on l'appelle Dénombrement.

A a

Un Seigneur doit obferver, que cet Acte eft de tous les Titres le plus effentiel & le plus intereffant pour une Seigneurie, quand il eft bien fait ; parce qu'en énonçant les Droits qu'il dénombre, il doit y être fpécifié à chacun en particulier les Titres qui les établiffent, tant de conceffion, que de poffeffion, qui doivent y être cités & datés avec bien de la précifion, foit qu'ils dérivent des Terriers, foit qu'ils foient établis par des Titres particuliers, & les noms des Notaires qui les ont reçus, de même que les héritages fur lefquels les Cens, Tailles, Mainmorte, Bordelages, & autres devoirs & fervitudes, font dûs, qui doivent y être fpécifiés par les noms des Propriétaires qui les poffédent, & confinés exactement au moins par deux confins les plus apparens (a), & faire mention des charges d'iceux ; en forte qu'un aveu & dénombrement fait dans cette rigidité, renfermant tous les Droits de la Seigneurie, tant honorifiques, utiles, réels, que perfonnels & mixtes, étant reçus à la Chambre des Comptes ou du Domaine du Roi de la Province, établit folidement tous les Droits d'une Seigneurie ; c'eft un Titre fi autentique, qu'il fuffiroit feul, en cas d'incendie & de perte des Titres, Papiers, & même des Terriers, pour faire rendre, payer & percevoir au Seigneur tous les Droits dûs à fa Seigneurie ; & cet Acte intereffant eft cependant celui qui eft le plus négligé par les Seigneurs, parce qu'ils ne connoiffent pas fon

Ce Titre eft le plus grand & le plus effentiel d'une Seigneurie.

Ce qu'il doit contenir.

Un aveu & dénombrement renferment tous les Droits de la Seigneurie.

Il peut fuppléer à tous les Titres d'une Terre.

(a) Bourbonnois, article 382.

utilité, & qu'à la vérité, peu de perſonnes ſont capables de le bien faire.

Le Commiſſaire qui travaillera à un aveu & dénombrement de cette eſpéce, ne doit pas commencer ſon ouvrage par cette piéce : il doit, au contraire, attendre la confection du Terrier, par-ce que les reconnoiſſances des Droits généraux & particuliers ſeront faites & reconnuës par les Cenſitaires & Juſticiables ; ce qui aura applani les difficultés qui pourroient ſurvenir.

Dans quel tems il eſt à propos de le faire.

Il fera attention, en faiſant cet ouvrage, de prendre garde que ſon zéle pour le Seigneur qui l'employe, ne lui faſſe inférer dans cet aveu des Droits exhorbitans ſur des Titres douteux ou in-formes, & dont la jouiſſance pourroit être conteſ-tée au Seigneur, ni aucun autre Droit, ni poſſeſ-ſion, qu'ils ne ſoient établis & fondés en Titre valide, & qu'il n'en ait communiqué avec le Sei-gneur, dont la prudence ſur ces doutes ſera de prendre conſeil des Avocats éclairés, parce qu'il eſt extrêmement dangereux que ſur des Droits non perçus, ni en vigueur, il y ait des oppo-ſitions, & ſouvent de différens Particuliers & Seigneurs voiſins ; ce qui engendre des Procès contre eux, qui durent longtems, & brouillent les voiſins les plus unis.

N'y ſera énoncé aucun Droit, qui ne ſoit ſoutenu de Titre valide.

QUESTION DEUXIE'ME.

Que faut-il faire pour bien dreffer un Aveu &
Dénombrement d'une Seigneurie, pour
donner au Roi ?

Il faut nombre de précautions & d'attentions ;
nous les réduirons à treize principales.

1°. Qu'il foit fait fur un ancien aveu, reçu &
en forme, & entierement conforme à icelui ; qu'il
y foit fait mention que la foy & hommage a été
faite au Roi, & fa date.

2°. Que la qualité de Vaffal du Fief fervant y
foit exprimée, & à quel titre il poffède ce Fief ;
fi c'eft par fucceffion, donation, acquifition,
échange, ou autre Titre, qui y fera daté, avec le
nom du Notaire, & il y fera fait mention expreffe, ainfi qu'à l'Acte de foy & hommage, que ce
Titre eft infinué en tel Bureau, un tel jour, & par
qui, à peine de l'amende de 300. livres contre
le Notaire, fuivant l'Arrêt du Confeil du 16. Janvier 1717. & déclarer par icelui s'il y a augmentation de Droits ou de Domaines, & en rapporter
& dater les Titres.

3°. Si le Vaffal n'a point d'ancien aveu, comme
cela fe trouve fouvent, & qu'il foit obligé d'en
faire dreffer un fur les déclarations que fes Cenfitaires & Vaffaux lui auront faites & fournies, il y
employera fon Château, maifons, granges, pour-
pris, domaines & héritages, les Droits & prérogatives du Fief, & tous les Droits, tant honorifiques,

réels, perfonnels, qu'utiles, tels que Foires, Marchés, Laides, Corvées, Péages, Travers, Banvin,
Fours, Moulins & Preffoirs bannaux, Tailles,
Cens, Mainmortes, Servis, Servitudes, Lots,
Droits de Guet & Garde, Reconnoiffance à chaque nouveau Seigneur, Mariages, & autres, la
Juftice haute, moyenne & baffe, confiner icelle ; fi le Fief eft Baronnie, Châtelenie, Marquifat, ou autres Dignités ; s'il y a Tabellionage, le
nombre des Officiers de Juftice, les Dixmes inféodées, s'il y en a, dater les Titres d'inféodation, ou anciens aveux où elles font exprimées,
enfemble les Terres, Prés, Bois, Etangs, & autres héritages de fon Domaine, le tout par nouveaux confins & joignans ; s'il y a des arriere-
Fiefs, par qui poffédés, & en quoi ils confiftent ;
les noms des Cenfitaires & Emphitéotes, & les
héritages qu'ils poffédent fujets aufdits Cens, &
confinés au moins par deux confins les plus apparens.

4°. Sera obferyé que le Vaffal ne pourra, dans
fon aveu, prendre d'autre qualité que celle qu'il
aura prife dans fon Acte de foy & hommage, ni
donner d'autre Titre à fon Fief, que celle qu'il
aura énoncée audit Acte d'hommage.

5°. Il détaillera les Droits dûs, & rapportera un
certificat du Receveur du Domaine d'où le Fief
releve ; comme il n'y a point d'ancien aveu &
dénombrement dudit Fief dans le Tréfor du Domaine, certifié du Procureur du Roi de ladite Jurifdiction.

6°. L'aveu étant dreſſé, ſera ſigné du Vaſſal, devant un Notaire Royal, & deux Témoins ſçachant ſigner, au choix du Vaſſal, s'il n'y a pas de Lettres Royaux qui commettent un Notaire ; auquel cas, le Vaſſal eſt tenu de ſe ſervir de celui qui eſt commis, & doit être fait mention dans ledit aveu, de la valeur commune & annuelle dudit Fief.

7°. L'aveu dreſſé pour une Seigneurie relevant du Roi, il en ſera fait trois copies en parchemin, toutes les trois auſſi également ſignées du Vaſſal, du Notaire, & des Témoins ; l'une des copies pour la Chambre des Comptes, une autre pour le Bureau du Domaine, & l'autre pour le Seigneur dénombrant.

8₀. Si l'aveu eſt donné au Roi pour une grande Seigneurie, le Vaſſal dénombrant communiquera les trois copies d'icelui au Fermier ou Receveur du Domaine du Roi, d'où ledit Fief releve, & lui payera ſes Droits, ſi aucuns lui ſont dûs ; lequel baillera certificat au bas de chacune deſdites copies, que la communication lui en a été faite, portant quittance du payement des Droits qu'il aura reçus, & y déclarera, qu'il n'a aucuns moyens pour empêcher la réception dudit aveu.

Et s'il étoit refuſant de bailler ſon certificat de communication, ou qu'il s'oppoſât audit aveu, il faudra le faire ſommer d'en dire & expliquer les cauſes, & en cas de refus, le faire aſſigner au Bureau ou Chambre du Domaine, pour voir ordon-

ner, que fans avoir égard à fon oppofition & refus, il fera paffé outre à la réception dudit aveu, &
condamné aux dépens.

9°. Si le Seigneur a quelque Droit d'ufage dans
les Forêts du Roi, ou de Pêche dans les Rivieres
navigables, ou même qu'il foit fimplement Riverain de cent perchées des Bois de S. M. l'aveu doit
être auffi communiqué au Procureur du Roi de la
Maîtrife où le Fief eft fitué (*a*), lequel donnera
au pied de chacune des trois copies dudit aveu,
fon certificat de communication, contenant s'il
a connoiffance, ou non, que du contenu audit
aveu, il y ait des ufurpations fur les Bois ou Rivieres ; & s'il faifoit difficulté de donner fon certificat, il faudroit lui faire faire une fommation de
le faire, avec déclaration par icelle que la fommation vaudra communication.

Et fi le Fief & dépendances étoient éloignés
au-delà des Forêts du Roi de plus de cent perchées, il ne fera point néceffaire de communiquer au Procureur du Roi de la Maîtrife.

10°. Le Seigneur Vaffal dénombrant, qui aura des Bois dans la diftance de cent perchées des
Forêts du Roi, ou de celles des Appanagiftes ou
Engagiftes, doit employer dans fon aveu le nombre d'arpens ou perchées de fes Bois, & de la
diftance qu'il y a de fon Bois à ceux du Roi, &
les Vaffaux doivent obferver que leurs Bois & la
diftance doivent être mefurés à l'arpent de Paris,

(*a*) Ordonnance de 1669. Titre de la Police des Forêts, articles 8. 9.
& 10.

qui eſt de cent perchées par arpent, vingt-deux pieds pour chaque perche, douze pouces pour pied, & douze lignes pour pouce, & faire mention dans leur aveu que ladite meſure a été obſervée par leur Arpenteur; le tout ainſi qu'il eſt preſcrit par l'Ordonnance de 1669. même Titre, art. 14.

11°. Après toutes ces formalités obſervées, il faudra faire publier l'aveu dans toutes les Paroiſſes de l'étenduë du Fief par un Huiſſier Royal, à l'iſſuë des grandes Meſſes Paroïſſiales, par trois Dimanches conſécutifs, & faire mettre au pied de chacune deſdites copies les certificats de Publications, leſquels feront mention des jours qu'elles auront été faites, auſquels il ſera déclaré qu'il ne s'eſt trouvé aucune oppoſition, & s'il y, en a, il faudra en faire mention, & à la requête de qui, lequel ſera ſommé & interpellé de ſigner ſon oppoſition.

12o. Enſuite de ces Publications, le Vaſſal fait remettre ces trois copies d'aveu au Greffe de la Châtellenie ou Juſtice Royale d'où releve le Fief dénombré, pour être publié pendant trois Audiences conſécutives, après quoi le Greffier met au bas de chacune de ces copies ſon certificat, comme il a publié cet aveu pendant trois jours d'Audience, ſans qu'il y ait eu aucunes oppoſitions; & s'il y en a eu, il en fera mention, & au nom de qui elles ont été faites.

13°. Après cette derniere formalité, le Vaſſal dénombrant fait remettre ces trois copies au
Greffe

Greffe de la Chambre, ou du Bureau, pour y être publiées par trois jours d'Audiences publiques, enfuite defquelles s'il y a des oppofitions, le Seigneur Vaffal fait affigner les Oppofans, pour en déduire les moyens, s'en voir débouter, & en conféquence, paffer outre à la réception dudit aveu, & condamner aux dépens ; s'il n'y a point d'oppofitions, ou après qu'elles font inftruites, il intervient Sentence qui reçoit ledit aveu & dénombrement.

On laiffe ordinairement à la fin de chacune des copies de l'aveu du parchemin en blanc, tant pour y écrire tous les certificats ci-deffus, que pour y tranfcrire la Sentence de réception fur chacune de ces copies, dont le Greffier en remet une au Seigneur Vaffal, une autre refte au Bureau du Domaine, & la troifiéme il la remet au Sieur Procureur du Roi, qui l'envoye à M. le Procureur Général de la Chambre des Comptes, pour être remis à ladite Chambre.

QUESTION TROISIÉME.

Le Seigneur Vaffal ne peut-il pas préfenter fon aveu & dénombrement directement à la Chambre des Comptes, fans le porter au Bureau des Finances, ou Chambre du Domaine?

Cela fe peut, lorfque le Seigneur Vaffal a fait la foy & hommage au Roi, ès mains de M. le Chancelier, ou à la Chambre des Comptes, & voici la route qu'il tiendra. Ayant fait dreffer fon

B b

aveu & dénombrement dans la forme ci-devant
expliquée, il en préfentera les trois copies à la
Chambre des Comptes, fur laquelle préfentation
la Chambre rend Arrêt, qui ordonne que l'aveu
fera envoyé fur les lieux en la Chambre du Domaine, ou Bureau, pour y être publié, & les formalités décrites ci-devant obfervées, & que s'il
y furvient des oppofitions, elles feront fuivies,
difcutées & jugées au Bureau ou Chambre du Domaine (a), & enfuite le tout renvoyé à la Chambre des Comptes, pour y être reçu à la maniere
accoutumée, c'eft-à-dire, définitivement.

QUESTION QUATRIE'ME.

Si le Vaffal eft d'un arriere - Fief relevant
immédiatement d'un Seigneur particulier,
quelle formalité obfervera-t-il?

Il obfervera à fon égard feulement les Articles
1. 2. 3. 4. & 6. de l'inftruction de la Queftion
deuxiéme.

QUESTION CINQUIE'ME.

Si le Vaffal d'un arriere-Fief eft nouvel acquereur, &
n'a point d'ancien. aveu & dénombrement de fes
auteurs, que fera-t-il pour bien faire le fien?

Il s'adreffera à fon Seigneur dominant, & le
fuppliera de lui communiquer les Titres qui concernent fon Fief, & fur cette communication,

Le Seigneur do-
minant doit com-
muniquer à fon
Vaffal fes anciens
aveux, s'il le re-
quiert.

(a) Réglement du Confeil du 19. Janvier 1668.

& fes Terriers, il fera dreffer fon aveu. Le Sei-
gneur Féodal eft tenu de l'en aider , fuivant
Dumoulin, fur l'Article 40. de la Coûtume de
Saintonge, & la Loi des Fiefs.

QUESTION SIXIE'ME.

*Le Seigneur dominant ne peut-il pas lui refufer cette
communication ?*

Non, parce qu'entre le Seigneur & le Vaffal
il doit y avoir une union fi intime, que tous leurs
Titres font communs; *Mutuæ funt vices inter Dominum & Vaffallum.* Ils fe les doivent communiquer refpectivement, & le Seigneur ne peut refufer à fon Vaffal les Titres qu'il a en fa poffeffion, concernant la teneur & la confiftance du
Fief fervant. Me. Julien Brodeau, fur l'article 44.
de la Coûtume de Paris, rapporte un Arrêt du 18.
May 1608. qui infirme une Sentence de Bar-le-
Duc, & condamne M. le Duc de Lorraine de
communiquer à Nicolas de Sardoifes fon Vaffal,
les anciens aveus qu'il avoit de fon Fief, pour rendre le fien conforme.

Le Seigneur ne peut refufer cette communication, non plus que le Vaffal fes Titres.

Le Seigneur & le Vaffal font même tenus de
fe purger par ferment, de part & d'autre, s'ils en
font requis, que par dol ou fraude ils n'en retiennent aucun, & le Vaffal eft tenu de fatisfaire le
premier; ainfi qu'il eft décidé par Dumoulin fur
l'article 40. de la Coûtume de Saintonge, l'article 44. de la Coûtume de Paris, par de Lhom-
meau, Liv. 2, Maxime 10. & par M. le Premier

Le Seigneur & le Vaffal font te-nus de fe purger par ferment, qu'ils n'en recélent au-cun.

Préfident de la Moignon, Titre 14. article 6.

QUESTION SEPTIE'ME.

*Le Vaffal qui rend fon aveu, ne peut-il pas fe fervir
de tel Notaire que bon lui femble pour le paffer ?*

Oui, fi ce n'eft dans le cas que le Seigneur
dominant eût obtenu des Lettres Patentes du Roi,
pour la proclamation & rénovation de fes Fiefs
& Droits Seigneuriaux ; auquel cas . il faut qu'il fe
ferve du Notaire commis par lefdites Lettres , &
il ne peut en prendre d'autres tant que ladite rénovation dure.

QUESTION HUITIE'ME.

*Faut-il à l'arriere-Vaffal également trois copies de fon
aveu & dénombrement ?*

Non, il n'en a befoin que de deux ; l'une pour
le Seigneur dominant, & l'autre pour lui.

QUESTION NEUVIE'ME.

*Eft-il néceffaire que cet aveu foit publié dans
les Paroiffes ?*

Ce n'eft point l'ufage, parce que n'y ayant que
le Seigneur dominant d'intereffé à cet aveu, la
publication n'en eft pas néceffaire.

QUESTION DIXIE'ME.

Que doit donc faire le Vaſſal, pour le faire recevoir ?

Il doit porter en perſonne ces deux copies au Seigneur au Château & Manoir principal du Fief dominant, avec les Titres & piéces juſtificatives, & les laiſſer au Seigneur, & en cas d'abſence, les remettre à ſon Procureur Fiſcal, ou à ſon Fermier ou Receveur, & au défaut des uns & des autres, au plus proche voiſin, dont le Vaſſal prendra Acte, en préſence d'un Notaire, & de deux Témoins ; ainſi qu'il eſt décidé dans les Arrêtés de M. le Premier Préſident de la Moignon, Titre 4. art. 1. & 4.

Le Vaſſal eſt tenu de porter en perſonne au Seigneur en ſon Château, ſon aveu & dénombrement.

QUESTION ONZIE'ME.

Combien le Seigneur doit-il garder cet aveu, & le Vaſſal peut-il l'envoyer retirer par un autre ?

Le Seigneur a la liberté de le garder quarante jours, pour y mettre au bas ſa réception, ou y fournir ſes blâmes, s'il le juge néceſſaire, enfin duquel tems de quarante jours le Vaſſal eſt tenu de l'aller retirer lui-même des mains du Seigneur, qui ne pourroit être contraint de le remettre à d'autre.

Le Seigneur peut le garder quarante jours, & le Vaſſal eſt tenu de l'aller retirer lui-même.

QUESTION DOUZIE'ME.

Si le Seigneur avoit fait saisir le Fief, faute d'aveu donné, & qu'au bout de quarante jours il eût rendu le dénombrement sans y fournir de blâme, la main-levée seroit-elle de Droit ?

Si le Seigneur avoit remis le dénombrement au Vaffal, la main-levée de la faisie seroit de Droit.

Il eſt des régles que ſi le Seigneur avoit remis au Vaſſal ſon aveu & dénombrement au bout des quarante jours, ſans qu'il y eût fourni aucun blâme, la main-levée de cette ſaiſie ſeroit de Droit, & le ſequeſtre déchargé, ſans qu'il fût beſoin d'aucun Jugement ; ainſi qu'il eſt rapporté dans les Arrêtés de M. le Premier Préſident de la Moignon, Titre 14. art. 7. & 9. conformement au ſentiment de Dumoulin, ſur l'art. 205. de la Coûtume de Vermandois.

QUESTION TREIZIE'ME.

Un aveu & dénombrement peut-il être donné ſous ſignature privée ?

Non, il ne ſeroit pas recevable, parce qu'il ne pourroit faire aucune foi : il faut, comme on l'a dit, qu'il ſoit paſſé devant Notaires, en forme probante & autentique ; ainſi qu'il a été jugé par Arrêts des 23. Décembre 1556. & 16. Mars 1641 (*a*).

(*a*) Barnabé Leveſt, ch. 88. Brodeau ſur Paris, art. 8.

QUESTION QUATORZIE'ME.

Si le Vaffal a plufieurs Fiefs relevans du même Seigneur, peut-il les comprendre dans un feul aveu?

Oui ; c'eft le fentiment de Dumoulin, fur l'article 17. de la Coûtume d'Artois. *Id eft in uno volumine continente diftinctam fingulorum Feudorum defcriptionem ; id quod dominus directus exigere poteft.*

Modéle d'aveu & dénombrement donné au Roi.

AVeu & dénombrement que donne au Roi, pardevant Vous, Meffieurs les Lieutenant Général & Officiers de la Chambre du Domaine de Sa Majefté, en fa Province de ..... N ..... du Fief, Terre & Seigneurie de ..... & chofes qu'il pofféde noblement & en plein Fief, foy & hommage de Sadite Majefté, à caufe de fon Château & Châtelenie de ...... de laquelle Seigneurie de ...... ledit fieur N ...... jouit, fuivant l'acquifition qu'il en a faite de ..... par Contrat paffé devant ..... Notaire Royal, le ..... dûement contrôlé & infinué au Bureau de ..... duquel Fief & Seigneurie ledit fieur N ..... a fait la foy & hommage au Roy, ès mains de Monfeigneur le Chancelier, le   .   .   .   .   .   .

Icelui Fief & Seigneurie, confiftant, premiere-

ment, fuivant l'aveu & dénombrement du même
Fief donné par ...... *&c.*

Pour raifon de toutes lefquelles chofes fus dé-
nombrées ledit fieur N...... eft comparu devant le Notaire Royal de la Ville de ..... fouffigné, où étant, & en préfence des Témoins ci-
après nommés, il a volontairement déclaré, reconnu & confeffé, déclare, reconnoît & con-
feffe être Homme, Sujet & Vaffal du Roi notre
Sire, & porter & poff[é]der de Sa Majefté noblement, & en plein Fief, foy & hommage, à.caufe
de fondit Château de ..... ledit Notaire Royal
ftipulant & acceptant au profit de Sadite Majefté.
Ladite Seigneurie & Fief de ..... fus-dénom-
brée, reconnoiffant ledit fieur N...... à caufe
de ce, devoir, fidélité & obéiffance au Roi,
ainfi qu'il appartient ; proteftant par ces Préfentes, que s'il y a quelque chofe obmife à employer
au préfent aveu & dénombrement, de l'y mettre
& ajoûter, fi-tôt qu'il fera venu à fa connoiffance, & qu'auffi s'il fe trouve qu'il y ait plus mis
& énoncé qu'il n'eft tenu, il le pourra retracter
& ôter, fans autrement préjudicier à Sa Majefté,
proteftant de ne faire faux aveus, & affirmant au
furplus ledit aveu & dénombrement ci-deffus
fincere & véritable, & que le revenu annuel de
ladite Seigneurie & Fief de ..... peut valoir,
année commune, la fomme de ..... dont il a requis Acte, & des Proteftations qu'il fait que le
préfent aveu ne pourra lui nuire, ni préjudicier,
pour

pour les commifes&écheoites qui peuvent lui être
acquifes fur les biens Taillables & de Mainmorte, mouvans de lui, & autres droits qu'il peut
ignorer, & n'avoir connoiffance, arriere-Fiefs
non dénombrés, fi aucuns autres fe trouvent à lui
dûs, ainfi que tous autres Droits Seigneuriaux,
tant honorifiques, utiles, réels, perfonnels, que
mixtes, qui pourroient avoir été obmis, faute de
Titres adhirés, fouftraits, ou autrement, & pour
bailler le préfent aveu & tenuë, le faire publier
où befoin fera, en prendre Acte, & en requerir
la réception, icelui fieur N. . . . . . a, en fon abfence, conftitué fon Procureur le Porteur des
Préfentes, auquel il donne pouvoir de ce faire,
promettant avoir le tout pour agréable, fous l'o-
bligation de tous fes biens, dont & de ce que
deffus ai, ledit Notaire Royal, octroyé Acte audit fieur N. . . . . . pour lui fervir, ainfi qu'il appartiendra. Le tout fait, lû, & paffé triple,
l'an . . . .

Il faut que cet aveu foit contrôlé fur chaque
copie & la minutte; les Droits de Contrôle font
les mêmes que ceux de la foy & hommage, dont
extrait du Tarif eft enfuite du modéle de la foy
& hommage, *fupra.*

*Modéle d'un aveu & dénombrement donné à un
Seigneur particulier.*

AVeu & dénombrement que donne à très-
haut & puiſſant Seigneur Meſſire . . . . . .
Seigneur de . . . . . Claude . . . . . Seigneur du Fief
& Seigneurie de . . . . . des choſes qu'il poſſéde
noblement & en plein Fief, foy & hommage dudit Seigneur, à cauſe de ſon Château de . . . . .
deſquelles choſes il a fait foy & hommage audit
Seigneur devant le Notaire Commiſſaire ſouſſigné, le . . . . . en conſéquence de ſon Contrat
d'acquiſition . . . . . . icelui Fief conſiſtant , pre-
mierement de la vente faite par　.　.　.　o

Pour raiſon de toutes leſquelles choſes ſuſ-dé-
nombrées ledit ſieur . . . . . eſt comparu devant le
Notaire Royal Commiſſaire ſouſſigné, où étant,
& en préſence des Témoins ci-après nommés , il
a volontairement déclaré, reconnu & confeſſé,
reconnois & confeſſe être Homme, Sujet & Vaſſal dudit Seigneur de . . . . . ladite Seigneurie &
Fief de . . . . . ſus-dénombré, reconnoiſſant ledit
ſieur de . . . . . à cauſe de ce lui devoir fidélité &
obéiſſance, ainſi qu'il appartient, proteſtant que
s'il y a quelques choſes omiſes à employer au préſent aveu, de l'y mettre & ajoûter ſi-tôt qu'il ſera
venu à ſa connoiſſance ; & qu'auſſi s'il ſe trouve
qu'il y ait plus mis & énoncé qu'il n'eſt tenu, il le

pourra retracter & ôter, fans autrement préjudicier audit Seigneur de . . . . . proteftant de ne faire faux aveu, & affirmant au furplus tout celui cideffus fincere & équitable, & que le revenu annuel dudit Fief peut valoir, année commune, la fomme de . . . . . dont il a requis Acte à lui octroyé. Fait, lû & paffé, &c.

SECTION TROISIEME.

PARAGRAPHE PREMIER.

DES Reconnoiffances & Déclarations cenfuelles des héritages tenus en roture & fervitude : Troifiéme & derniere condition des Biens fonds.

QUESTION PREMIERE.

Qu'eft-ce qu'une Déclaration ou Reconnoiffance à Terrier ?

C'Eft un Acte paffé devant Notaires , par lequel un Cenfitaire & Emphiteote déclare tout ce qu'il tient & pofféde en la Juftice & Directe d'un Seigneur, foit en maifons, terres, ou autres héritages, fitués en telle Paroiffe , en tel Terroir, leur contenuë, & qu'ils confinent par quatre confins, chacuns fur lefquels il reconnoît qu'il doit audit Seigneur le Cens annuel de . . . . . relativement & conformément au Bail à Cens fait à fes auteurs, ou à la Déclaration faite à l'ancien Terrier de la Seigneurie, par . . . . . . *folio* . . . . . . du . . . .

QUESTION DEUXIE'ME.

Eſt-il abſolument néceſſaire d'énoncer dans la nouvelle Reconnoiſſance le Bail à Cens, ou l'ancienne, ſur laquelle elle eſt faite ?

Il eſt certain que cette énonciation y doit être faite bien préciſément ; que la date, le nom du Notaire, & le *folio* du Terrier y ſoient rappellés, afin d'avoir en tous les tems la conformité que la Reconnoiſſance nouvelle doit avoir avec l'ancienne, & d'en vérifier le rapport & la reſſemblance qui doit être entr'elles, parce que s'il ne ſe trouvoit y en avoir la Reconnoiſſance nouvelle ſeroit inutile : *Ex quo ſequitur*, dit Dumoulin ſur la Coûtume de Paris, Titre 1. §. 8. *ſi per originalem ad quam ſit relatio apparet non eſſe Feudum, ſed emphiteoſim locationem, vel quid aliud non valet hujuſmodi renovatio tanquam errore*. D'Argentré eſt d'accord avec Dumoulin, ſur l'article 85. de la Coûtume de Bretagne, Note 4. n. 4.

QUESTION TROISIE'ME.

Pourquoi appelle-t-on cet Acte, Déclaration & Reconnoiſſance à Terrier, & lequel des deux noms lui eſt le plus propre.

Cet Acte peut être appellé de ces deux noms,

parce qu'ils lui conviennent, aussi-bien que ceux d'Aveu & Dénombrement pour les Fiefs, par la raison que ces sortes d'Actes ne se faisant qu'à la rénovation des Terriers, & en conséquence de Lettres du Prince & de Proclamats, qui enjoignent à tous les Censitaires de venir déclarer leur possession & teneur, ils y déclarent leurs héritages, ce qui s'appelle *Déclaration* ; ensuite, & après que ces héritages sont confinés, ils reconnoissent & s'obligent de payer les cens & servitudes qui sont sur iceux, ce qui s'appelle *Reconnoissance* : ainsi c'est avec raison que l'on appelle Déclaration & Reconnoissance à Terrier, cet Acte qui renferme ces deux qualités. Il y a même nombre d'endroits où on les appelle *Confession*, à cause que celui qui reconnoît confesse posséder & devoir, ce qui est synonime pour ces trois noms différens qui ne signifient que la même chose.

QUESTION QUATRIEME.

Dans quel espace de tems le Seigneur peut-il faire passer de nouvelles Reconnoissances ?

Il n'est pas douteux que le Seigneur Direct ne puisse contraindre son Emphiteote à lui passer Reconnoissance toutes les fois qu'il le juge convenable. *Si semel Emphiteuta instrumentum recognitionis fecerit in favorem Domini, non cogatur rursus recognoscere nisi expensis Domini.* Ferrieres, sur la Question 417. de Guipape. Il y a des Auteurs qui ont prétendu, qu'il étoit loisible aux Seigneurs de

Le Seigneur peut se faire passer Reconnoissance de ses Cens toutes les fois qu'il juge à propos.

faire passer de nouvelles Reconnoissances à chaque mutations de Seigneur, ou bien sans mutations de dix en dix ans ; Accurse & Balde sont de ce sentiment, ainsi que la Rocheflavin, chap. des Inféodations, art. 28. qui dit que cela se peut par deux raisons ; la premiere, afin que le Seigneur puisse sçavoir & reconnoître son Fief, ses Droits & Emphiteotes ; la seconde, pour la liquidation des Droits Seigneuriaux, connoître les nouveaux Acquereurs, & leur faire payer les lods & Droits casuels avenus depuis les dix dernieres années : il y a encore d'autres Auteurs de ce sentiment, mais lesquels, comme la Rocheflavin, tiennent que ces Reconnoissances doivent se faire aux dépens du Seigneur ; je pense qu'ils ont raison, si l'Emphitéote a reconnu une premiere fois, & qu'il n'y ait point de mutation de sa part depuis dix ans ; car s'il y a mutation, la Reconnoissance est à ses frais, ainsi que nous le dirons ci-après à la Question premiere du Paragraphe 5. de cette Section, parce qu'il faut s'en tenir au Réglement général fait à ce sujet par l'Arrêt des Grands Jours tenus à Clermont, du 9. Juin 1666. & qui est en cela conforme à l'autorité de tous les Docteurs : Dumoulin, *Tit. de Censive*, §. 73. Gl. 3. n. 10. dit, *Dominus directus non potest exigere titulum novum, id est obligationem in forma garantigiæ, sed tantum simplicem recognitionem & instrumentum & probatorium* ; étant juste qu'un nouvel Acquereur, qui est obligé de prendre investiture de son Seigneur, le reconnoisse en ce cas à ses frais.

Si le Censitaire a reconnu une premiere fois, cette seconde sera aux frais du Seigneur.

S'il y a mutation, & qu'il n'ait point reconnu, c'est aux frais du Censitaire.

QUESTION CINQUIE'ME.

*Le Notaire & Commiffaire peut-il recevoir les
Déclarations & Reconnoiffances au Terrier
dans le Château du Seigneur ?*

Nous avons fait voir au Chapitre 1. Section 3.
Queftion 2. que les biens portés en Fief & ceux
tenus en roture, fortent & dérivent de la même
fource ; & au Chapitre 4. Section 2. Queftion 1.
& Section 3. Queftion 6. nous avons fait voir que
les Gentilshommes & les Nobles, qui poffédent
des héritages & poffeffions en Fief, font obligés
d'aller en perfonne au Château Seigneurial, y faire la foy & hommage dans une pofture d'humili-
té, qui annonce & marque la puiffance du Seigneur Dominant ; or après des obligations auffi
étroites, auffi foumifes, & auffi indifpenfables,
puifque la loi des Fiefs, & toutes les Coûtumes
de France l'ordonnent, ne doit-on pas trouver
extravagant, le refus que feroit un Bourgeois &
un vil Payfan de venir dans le Château de fon
Seigneur paffer fa déclaration à fon Terrier, pour
les héritages qu'il tient de lui à titre de cens &
fervitudes ; c'eft un principe évident & certain,
qu'un Cenfitaire doit la déference à fon Seigneur,
& qu'il ne peut fe difpenfer de reconnoître ce
qu'il tient de lui, dans le même lieu où il lui a été
donné, ou à fes auteurs, car il faut préfumer que
le Bail à Cens primitif de l'héritage qu'il doit reconnoître, & qu'il ne tient que de la libéralité du

Seigneur direct, ou de ſes auteurs, a été fait au Château, d'où l'on doit conclure, que les Reconnoiſſances nouvelles de ce Titre doivent être faites dans ce même Château, & c'eſt ſur ce principe que cette Queſtion a été jugée à la Chambre de l'Edit du Parlement de Grenoble le 6. May 1638. en la cauſe du ſieur Dracoups, ainſi qu'il eſt rapporté par la Roche-Flavin, en ſon Traité des Droits Seigneuriaux, chap. des Inféodations, article 3. & que par Arrêt du 19. Juin 1728. la Dame Chauſſat, Veuve de Thomas Roſſat, Tréſorier de France, fut condamnée à paſſer nouvelle Reconnoiſſance au profit de Meſſieurs du Chapitre de l'Egliſe de Lyon, dans le Château d'Albigny, devant le Notaire qu'il plaira auſdits ſieurs du Chapitre de nommer. Ces Arrêts ſont rendus avec équité, & par la raiſon que le Cens étant portable au même lieu, le Cenſitaire ne peut reſtraindre ſon obligation, & refuſer de l'y porter : ces deux obligations, l'une de reconnoître ſon Seigneur en ſon Château, & l'autre de le payer de ſon Cens au même lieu étant homogénes, il y auroit une indécence puniſſable à un Cenſitaire, qui refuſeroit d'aller renouveller un Titre de libéralité (peut-être gratuite), dans le lieu où elle lui a été faite, ou à ſes auteurs, & obliger, s'il ſe pouvoit, le Seigneur Bailleur & Donateur, qui voudroit accepter lui-même ce Titre nouvel, à deſcendre de ſon Château, pour ſe rendre dans le Village chez le Notaire qui en recevroit l'Acte, il mériteroit la punition qui ſeroit faite à un Vaſſal

Arrêt qui juge que le Cenſitaire doit paſſer ſa Reconnoiſſance dans le Château du Seigneur.

Vaffal, qui refuferoit de venir au Château faire
fa foy & hommage, puifque cet Acte de la part
d'un Vaffal n'eft autre chofe que la Reconnoiffance qu'il fait au Seigneur pour fon Fief ; en un mot,
il ne peut tomber fous les fens qu'un Cenfitaire,
obligé par les Loix & les Coûtumes du Royaume
à porter à fon Seigneur & dans fon Château les
cens qu'il lui doit, les lods & ventes & tous profits cafuels, ainfi que fes Titres & Contrats pour
les inveftir, & de les aller chercher, ne fût pas
obligé d'y aller paffer fa Déclaration & Reconnoiffance à fon Terrier, ces Droits partant tous
du même principe : fi quelques Seigneurs n'ont
pas fait paffer les Reconnoiffances de leurs Terriers dans leurs Châteaux, c'eft qu'ils l'ont fait
pour leur commodité, & celle de leur Commiffaire, étant maître d'ufer de leurs Droits, ou de
n'en ufer pas, ils n'en ont difpenfé leurs Cenfitaires que par cette raifon de convenance pour eux,
& parce qu'aucun de leurs Cenfitaires ne leur
contestoit ce Droit, & s'il y en avoit eu quelques-uns qui euffent été affez inconfidérés pour
leur refufer & mettre ce Droit en queftion, ils en
auroient ufé autrement.

Dd

QUESTION SIXIE'ME.

Si la Directe étoit indivise entre le Roy & le Seigneur, ce que l'on appelle en Pariage, le Commissaire pourroit-il recevoir les Reconnoissances au Terrier de sa Commission, sans y appeller le Procureur du Roy?

Ce que c'est que Pariage.

Chacun sçait que le Droit de Pariage est une espéce de societé entre deux & quelquefois trois Seigneurs ; il y en a souvent avec le Roy, que l'on prétend avoir été associé par des Vassaux, pour mériter sa protection ; c'est ce qui se prouve par les anciens Titres, qui ont pû se conserver jusqu'ici. Dans cette question, que M. de la Roche-Flavin a rapportée dans son Traité des Droits Seigneuriaux, chap. des Inféodations, article 12. il décide, que le Seigneur en Pariage avec le Roy

Le Seigneur qui est en Pariage avec le Roy, ne peut se faire reconnoître par ses Censitaires, qu'en appellant le Procureur du Roy.

ne peut pas se faire rendre la foy & hommage, ou passer Déclaration & Reconnoissance par les Vassaux & Censitaires du Pariage, sans y appeller le Procureur du Roy, s'il y en a, ou du Siége le plus prochain, & rapporte deux Arrêts, qui l'ont jugé ainsi des 17. May 1541. & 6. May 1566. M. le Bretonnier dans ses observations sur Henris, t. 1. liv. 3. ch. 3. quest. 39. est du même sentiment. Il y a une Déclaration du Roi du 15. Juillet 1671. qui y est précise : nombre d'Arrêts du Conseil ont décidé que le Censitaire qui a passé Reconnoissance au Terrier du Roy, ne peut pas se dispenser de reconnoître le Seigneur Pariager, sous le prétexte de sa Déclaration au profit du Roy, ainsi que Geraud, en son Traité des Droits Seigneuriaux, liv. 2. chap. 5. nomb. 7. l'assure, & en rapporte Arrêt, qui l'a jugé ainsi au Parlement de Toulouse, en la deuxiéme Chambre des Enquêtes, le 29. Janvier 1675. au rapport de M. Josse, au profit du sieur Delon, Seigneur de S. Jean de Rives, contre Agnès Lavaur.

QUESTION SEPTIE'ME.

Le Seigneur qui a plusieurs Droits Seigneuriaux généraux sur ses Justiciables, pourra-t-il les faire reconnoître par chaque Particulier, en fin de sa Reconnoissance ?

Comme le Seigneur a droit de se faire reconnoître ses Droits Seigneuriaux par tous les Habitans de sa Seigneurie, assemblés en corps, il n'est pas douteux qu'il ne lui soit loisible de se faire reconnoître ses mêmes Droits par chacun de ces Habitans & Censitaires en particulier, dans la Reconnoissance que chacun d'eux passe à son Terrier pour les héritages qu'ils possédent en sa Seigneurie, & aucun d'eux n'a droit de le refuser, cette Reconnoissance étant dûe par tous ceux qui font sujets ausdits Droits.

Mais le Commissaire ne doit pas faire faire legerement ces Reconnoissances, elles doivent être fondées en Titres valables & autentiques, tels qu'ils font requis, pour l'établissement de chaque Droit Seigneurial ; ce que nous ferons voir sur la

Le Seigneur peut se faire reconnoître ses Droits généraux par chaque particulier.

D d ij

perception de tous les différens Droits généraux,
& ces Titres doivent être rappellés, dattés &
énoncés dans ces Reconnoissances particulieres;
autrement les obligations des Censitaires à cet
égard deviendroient inutiles, en ce qu'elles paroîtroient sans cause, ni fondement.

Comment ses Reconnoissances doivent se faire.

QUESTION HUITIE'ME.

*Si le Seigneur n'avoit, pour l'établissement de ses Droits généraux, que les préambules de ses Ter-
riers, ce Commissaire pourroit-il sur ces Actes, faire faire ces Reconnoissances particulieres ?*

Le préambule d'un Terrier n'est pas un Titre.

Il doit sçavoir que quoiqu'un Terrier ne soit
censé qu'un seul Acte, l'on doit regarder le
préambule qui est à la tête de ce Terrier, de la
même maniere qu'est celui d'une Transaction sur

Un Terrier n'est qu'un seul Acte.

différens chefs de demandes, en laquelle il n'y a
que les traités & obligations qui terminent les
différends, à quoi se sont soumis les Parties qui
les obligent, & non les prétentions énoncées
dans ce préambule ; ainsi il en est de même de
celui d'un Terrier, qui ne doit être considéré que
comme l'exposition des Actes qui doivent le suivre, qui ne sont que la relation de cette Préface,
qui ne fait, avec tous les Actes & Déclarations
du Terrier qu'un même contexte : ainsi il ne doit
pas inférer dans les Reconnoissances de chaque
particulier les Droits généraux exposés appartenir
au Seigneur par un préambule, comme lui appartenant à juste titre ; s'il n'a d'autres Titres, ceux

qui voudront approfondir ces principes, les trouveront bien détaillés dans Me. Henris, tome 1.
liv. 3. queſt. 19. tome 2. l. 3. queſt. 13. édition de
1708. & dans le Traité des Fiefs de Me. Guyot,
tome 1. chap. 4. ſur les Bannalités, n. 19. & ſui-
vans, où ce ſçavant & judicieux Auteur a traité
cette matiere avec toute la ſolidité & l'équité la
plus exacte. Le principal devoir d'un Commiſſaire à Terrier eſt d'éviter de tomber dans le cas du
Notaire qui renouvelloit le Terrier de Seſſe, en
la Sénéchauſſée de Creſt, en faiſant reconnoître des Droits, qui ne ſont pas compris dans
les anciennes Reconnoiſſances, ainſi que M. Salvaing, en ſon Traité des Fiefs, le rapporte au
chapitre 75. avec l'Arrêt donné au rapport de M.
Barral le 18. Juillet 1667. qui réforme la Reconnoiſſance générale faite devant ce Notaire, comme contraire aux Titres de la Seigneurie, ordonne qu'il en ſera paſſé une nouvelle ; ce qui, en
deshonorant un Commiſſaire qui eſt tombé en
cette faute, fait un préjudice des plus conſidérables à ſon Seigneur.

QUESTION NEUVIE'ME.

*Le Seigneur peut-il ne ſe ſervir que de ſon ancien
Terrier pour ſa rénovation, & ſouſtraire
le dernier Terrier ?*

Il faut poſer pour principe, qu'un Terrier n'appartient pas au Seigneur ſeul, mais qu'il appartient également aux Cenſitaires & Emphitéotes ;

Un Terrier eſt
Titre commun en-
tre le Seigneur
& les Cenſitaires
& Juſticiables.

c'eſt un Titre commun entr'eux , que le Seigneur ne peut ſouſtraire à aucun de ſes Vaſſaux & Cenſitaires ; il eſt vrai qu'il y a des Terriers beaucoup mieux travaillés les uns que les autres. L'on remarque, par exemple, une différence notable entre des Terriers des ſiécles de 1400. & de 1500. & ceux du ſiécle de 1600. ceux faits dans ces deux premiers ſiécles , ſont communément extrêmement bien travaillés ; c'eſt-à-dire, qu'ils confinent & limitent bien les héritages par régions ſolaires , & avec des préciſions & des rappels des héritages voiſins, en ſorte qu'il eſt aiſé de les reconnoître , de les retrouver , & par conſéquent , de les carter , parce qu'ils ont été faits ſur les lieux, & par des Commiſſaires qui s'y tranſportoient, au lieu que ceux du ſiécle de 1600. ſont preſque tous de très-mauvais ouvrages , faits la plûpart dans le cabinet , ſur l'indication de quelques Payſans, qui ne connoiſſant point l'Orient & les autres aſpects, les indiquent mal , ce qui forme des erreurs , & à cela joint l'impéritie des Commiſſaires qui ſe ſont contentés de copier ce qui eſt rappellé dans l'ancien Terrier, & qui ſouvent n'exiſtoit plus lors de ces nouvelles Reconnoiſſances, par les changemens arrivés par la viciſſitude des tems, & ſouvent par le fait des propriétaires & poſſeſſeurs, ce qui fait de bien mauvais ouvrages ; ainſi il arrive ſouvent & avec raiſon , qu'un Commiſſaire habile qui fait une rénovation, & qui la veut bien faire , choiſit l'ancien Terrier pour la baſe de ſon ouvrage ; ce qui ne peut préjudicier à aucuns des Cenfitaires, par la raifon que tous les Actes de rénovation doivent être conformes aux anciens Terriers.

QUESTION DIXIE'ME.

Pourquoi le Terrier d'une Seigneurie eſt-il un Titre commun, entre le Seigneur, les Vaſſaux & Cenſitaires ?

C'eſt que le Bail à Cens, qui eſt le premier Acte, & le fondement d'un Terrier, eſt un Titre fynallagmatique, c'eſt-à-dire, obligatoire de part & d'autre, par conféquent, commun aux deux parties ; le Seigneur y donne fon propre héritage, & s'oblige d'en faire jouir fon Cenfitaire, & le garantir envers tous autres Seigneurs, fans autres réferves que de la directe Seigneurie fur icelui : voilà l'obligation du Seigneur ; & celle du Cenfitaire ou Emphitéote, eſt de payer à fon Seigneur direct le Cens impofé fur cet héritage avec les Droits cafuels attachés à la directe Seigneurie ; ce qui forme, tant que ce Contrat dure, des obligations communes & refpectives, que nous appellons finallagmatiques, dont la rénovation & les Titres nouvels, qui font les Terriers qui les fuivent, ne changent point la condition des Parties, d'où naît la conféquence néceffaire, comme l'a dit Dumoulin, que les Terriers font des Titres communs entre le Seigneur & les Cenfitaires.

PARAGRAPHE SECOND.

Des Reconnoiffances qui fuivent le Bail à Cens, ou les Déclarations anciennes. Si les nouvelles peuvent être diffemblables, & fi elles font fufceptibles d'augmentations & de furcharges ?

QUESTION PREMIERE.

La Déclaration & Reconnoiffance qui fuit le Bail à Cens, peut-elle être diffemblable, & contenir des claufes différentes ?

NOn, elle n'eft que l'image du Bail à Cens qui la précéde, & d'où elle a pris naiffance, & doit lui être relative en toutes fes parties ; elle ne peut porter plus loin, ni donner à l'obligation primitive une opération plus étenduë : il feroit abfurde de le penfer autrement, cette Reconnoiffance n'étant qu'un titre nouvel du Bail à Cens, c'eft le feul oracle qu'on doive confulter en ces occafions, & la feule loi qu'on doive fuivre, dit Graverol fur la Rocheflavin, chapitre 1. des Droits Seigneuriaux, & comme dit Dolive, chap. 27. liv. 2. » C'eft, dit-il, que les » chofes font plus pures dans leurs fources. Cet » Acte fert bien, dit Dumoulin fur la Coûtume » de Paris, à prouver l'exécution du titre origi- » naire, & à conftater la poffeffion dont il a été » fuivi,

» fuivi ; mais il ne peut jamais l'emporter fur le
» titre, ni en multiplier les engagemens : *Reno-*
» *vatio enim non eft titulus fed actus executionis exerci-*
» *tii & poffeffionis* ; fuppofé qu'il y en ait d'autres,
» ajoûte le même Auteur, il faut les retrancher com-
» me nuls, & comme l'effet d'une extorfion préfu-
» mée » ; parce que par un pacte de cette nature,
il n'eft pas permis de donner à la charge une qualité différente du titre qui lui a donné l'être. C'eft
l'avis de Guipape, queft. 272. d'Henrys, liv. 3.
chap. 3. queft. 42. Mainard, liv. 4. chap. 47. de
Catelan, Tome 1. liv. 3. chap. 3. qui rapporte un
Arrêt du Parlement de Touloufe du 28. Mars
1663. qui a jugé qu'un Cens caractérifé quérable
par l'Acte conftitutif, n'avoit pû devenir portable par des Reconnoiffances géminées de cent
ans, ni par la longue poffeffion qui les avoit fuivi.

Arrêt qui a jugé que l'on ne peut rien ajoûter au Titre.

QUESTION DEUXIE'ME.

Peut-on ajoûter dans les confins, Cens, & autres charges
d'une Reconnoiffance ?

A l'égard de la queftion, fi l'on peut ajoûter
dans une Déclaration & Reconnoiffance dans les
Cens & charges, nous venons de faire voir à la
Queftion premiere, que cela ne fe peut ; c'eft le
fentiment de la Rocheflavin, de Graverol, de
Defpeiffes, & de tous les Docteurs Feudiftes : mais
à l'égard des confins & fpécifications plus précifes que dans les premieres Reconnoiffances,

E e

comme les fautes des anciens Terriers n'excusent
pas celles des modernes, elles ne donnent pas
droit non plus au Commissaire d'en faire de nouvelles, ou de suivre celles que les premiers ont
faites, soit dans les faux rappels, omission de
confins, ou de contenue, ou de dénomination
de Territoire ; toutes ces choses doivent être rec-
tifiées par le Commissaire, comme de son devoir : & si un Censitaire refusoit de reconnoître
sous ce prétexte, on n'auroit qu'à lui opposer
que *non tam sibi quàm domino possidet*, qu'il est des
régles, que les rénovations ne se font que pour
expliquer avec plus de précision dans les nouvelles Reconnoissances, ce qui est devenu obs-
cur depuis les anciennes, & que le tems peut
encore voiler de ses ombres, afin de les préser-
ver de tomber dans l'erreur ; si cette question
étoit en problême, il ne seroit pas permis à un
Seigneur de faire lever les Plans géométriques de
sa Terre, ou au moins de spécifier les mesures de
longueurs & largeurs dans les Reconnoissances
de son Terrier ; ce qui seroit absurde, parce que
tous les Docteurs Feudistes s'accordant unanimement, que l'on ne peut surcharger un héritage
au-delà de ses charges primitives, il faudroit
donc regarder une explication de confins, quoique beaucoup plus utile au Censitaire qu'au Seigneur comme une surcharge ; ce qui ne peut être,
& en effet dans les Lettres de Terrier que le Roi
accorde, il est inferé qu'il est permis au Seigneur

L'on peut expli-
quer plus précisé-
ment les confins,
mesurer & arpen-
ter les héritages
dans une rénova-
tion ; c'est même
l'esprit des Or-
donnances.

de faire arpenter & mesurer les Prés & Bois, tant
des Domaines dudit Seigneur, que de ses Vassaux & Censitaires ; ce qui leve toutes difficultés,
cette clause & ces précautions n'étant que pour
rendre certaine à la posterité l'assiette d'un fond,
en le désignant par l'étenduë de ses côtés, confins,
limites, nature , & expressément les objets qui le
touchent, & doivent lui servir de bornes perpétuelles ; & c'est dans cet esprit que l'article 3. du
titre 9. de l'Ordonnance de 1667. oblige le Seigneur d'instruire l'Emphitéote , en fixant sa Directe, & désignant l'héritage qu'il prétend y être
sujet par terroirs, contrées , confins nouveaux ,
& nature du fond , & enfin avec tant d'exactitude , que l'on puisse y reconnoître l'héritage ; d'où
l'on doit conclure, que s'il est absolument nécés-
saire d'avoir recours à cette précision dans un Exploit d'assignation, il l'est infiniment davantage
dans un Acte perpétuel , tel qu'une Reconnoissance nouvelle au Terrier.

QUESTION TROISIE'ME.

Peut-on inserer dans une Reconnoissance , que le
Censitaire reconnoistra toutes fois qu'il en sera
requis, & seroit-ce une surcharge ?

Il n'est pas douteux que le Seigneur ne puisse
faire inserer dans sa nouvelle Reconnoissance ,
que le Censitaire reconnoîtra à son Terrier toutes les fois qu'il en sera requis, parceque ce Droit
est de l'essence de la Directe , & de la liberté

E e ij

qu'a le Seigneur de faire faire un nouveau Terrier, toutes les fois qu'il le juge à propos, & l'on
ne pourroit pas regarder cette claufe comme une
furcharge, à moins que l'on ne voulût l'obliger
de reconnoître toûjours à fes frais, ce qui ne feroit pas jufte, fi l'intervalle d'une Reconnoiffance à une autre, étoit court, & de peu de tems,
comme nous le dirons ci-après, Queftion I. du
Paragraphe V.

QUESTION QUATRIE'ME.

*Seroit-ce une furcharge de rendre portable un Cens dû
en argent qui feroit quérable, & y auroit-il
de la différence s'il étoit en grains ?*

Nous venons de faire voir à la Queftion I. de
cette Section, qu'il a été jugé par l'Arrêt rapporté par M. Catelan, qu'un Cens quérable & carac-
terifé tel par le Bail à Cens, n'avoit pû devenir
portable, par ce qui avoit été ajoûté dans les Reconnoiffances qui l'avoient fuivie ; mais cet Arrêt fait une diftinction bien judicieufe, en ce qu'il
juge que fi le Cens eft en grain, ce feroit une furcharge pour l'Emphitéote, parce qu'elle lui feroit
incommode & onereufe ; qu'il en doit être autrement, fi le Cens eft fimplement en argent ; que
le Cenfitaire ne peut refufer de faire payer à fon
Seigneur Direct dans le terme prefcrit, étant une
honnêteté qu'il lui doit, & ne peut lui refufer
que dans ce dernier cas, ce n'eft point une furcharge de l'inférer dans les nouvelles Reconnoiffances.

Différence du Cens en grain, au Cens en ar-gent, pour une furcharge.

QUESTION CINQUIE'ME.

*Si dans un Pays où il ne croît aucune groffe avoine,
la Reconnoiffance d'un Emphitéote portoit fimplement, tant de boiffeaux d'avoine, & que par une
nouvelle, on y inférât même quantité en groffe avoine, feroit-ce une furcharge*

Il femble que c'en feroit une, parce que naturellement le Cenfitaire ne peut être tenu de payer
les Cens que du grain qu'il recueille dans la Terre du Seigneur, comme il fera démontré au chapitre des Cens ; cependant il paroît que le Parlement de Touloufe l'a décidé autrement, puifque
dans ce même cas, fur un Bail à Cens de fix boiffeaux d'avoine fimplement, il avoit été ajoûté
dans la nouvelle Reconnoiffance fix boiffeaux d'a-
voine groffe, il n'a pas regardé cette diftinction
comme une furcharge, ainfi que la Rocheflavin
en énonce l'Arrêt de l'an 1405. chapitre des Inféodations, article 23. fans doute fur le principe
que l'Emphitéote doit donner de la plus belle
avoine : je penferois cependant autrement, &
tiendrois pour furcharge, en ce que fi la groffe
avoine vaut 6. fols le boiffeau, la petite ne doit
valoir que 4. f. 6. den. qui eft un quart de moins ;
d'ailleurs, c'eft qu'il devient onéreux à un Cenfitaire, qui ne recueille, comme les gens du pays,
que de la petite avoine, d'être obligé d'aller à
des marchés, fouvent éloignés, pour en chercher
de la groffe, ce qui eft réellement une charge,

[marginal notes:]

' Le Cenfitaire ne
doit que du grain
qu'il recueille
dans fa Terre.

Surcharge réelle
de la groffe à la
petite avoine.

parce que cela leur occasionne de la dépense : enfin, c'est la disposition de l'Arrêt de Réglement pour les Droits Seigneuriaux , donné par la Cour des Grands Jours , tenus à Clermont le 9. Janvier 1666. parce que ce sont les fruits d'un héritage qui en doivent payer le Cens ; *Onus enim fructuum hæc stipendia sunt. L. Neque. ff. De impensis in res dotales factis.* Voyez Coquille, Quest. 53.

QUESTION SIXIE'ME.

Si le titre de Bail à Cens , ou constitutif du Cens, portant seulement sous le Cens de tant de boisseaux de bled , sans en exprimer la qualité , que pourroit faire le Commissaire, pour expliquer cette redevance en un grain certain ?

Cette Question est assez difficile à résoudre ; elle a été jugée différemment par plusieurs Arrêts, & controversée par de grands Auteurs ; parce que ce mot *Bled*, en Latin *Triticum,* se prend pour toutes sortes de grains , *quod in area teritur,* selon que la Glose l'a remarqué sur la Loi 94. au Digeste *De Verb. obligat.* & qu'en ce cas, lorsque l'on n'a pas exprimé l'espéce de bled, la Loi *Fidejussorem.* 52. au Digeste *Mandati ,* permet au débiteur de payer en bled de telle espéce que bon lui semble même du moindre ; *quodlibet Triticum dando etiam pessimum liberari potest*, le Créancier se devant imputer de n'avoir pas spécifié l'espece de grains , ce qu'il pouvoit faire : il sembleroit que l'on devroit suivre cette décision ; cependant

Cujas, qui a traité cette queſtion ſur cette Loi,
& a allégué les raiſons pour & contre l'a déterminée, en diſant que celui qui doit du bled ſimplement ſans autre déſignation, doit être quitte,
en baillant du bled ſeigle. Tronçon, ſur l'article
92. de Paris, *in verbo* Bled, dit que ce ſentiment
n'a pas été ſuivi, & rapporte deux Arrêts, l'un
du 15. Janvier 1610. qui ont jugé que le mot *bled*,
en un Contrat ou Teſtament, ſe doit entendre
bled froment, & non d'autre ſorte de bled ; mais
malgré cela, pluſieurs Auteurs ſont de ſentiment
qu'il faut examiner la qualité du pays ; que ſi c'eſt
un pays où il ſe recueille du froment, il faudra
faire payer du froment, & que ſi c'eſt un Pays
où il ne ſe recueille que du ſeigle, il faudra
ſe déterminer à du ſeigle ſimplement : *Id ſequen-*
dum quod in regione in qua contrahitur frequentatur ;
enforte qu'il paroît convenable de ſe déterminer
à ſuivre la nature du pays en cette occaſion, &
de la Terre qui devra le Cens, en conférant les
payemens qui en ont été faits par le paſſé, après
quoi il ſera aiſé de ſe concilier avec le Cenſitaire, & de ſpécifier dans ſa Reconnoiſſance l'eſpece de bled qu'il devra payer annuellement. C'eſt
même la diſpoſition de l'Arrêt général des grands
Jours tenus à Clermont le 9. Janvier 1666. qui
veut » que pour empêcher l'exaction de l'une des
» eſpéces de grains pour l'autre, en cas que par le
» Terrier & anciens titres des Seigneurs, précé-
» dants trente années, la qualité deſdites eſpéces
» ne ſoit point ſpécifiée, leſdites eſpéces ne ſe-

» ront dûes que de la qualité de celles qui ſe re-
» cueilleront dans les héritages ſujets aux Cens.
Ricard, ſur l'article 199. de la Coûtume d'A-
miens, rapporte un Arrêt du 25. May 1699. qui
l'a jugé ainſi au profit de M°. Charles Butteur,
Elu d'Amiens, contre les Religieux de Launay,
quoique le titre portât du bled froment.

Et comme l'Arrêt des Grands Jours ſuſdaté,
fait un grand Réglement-pour les Droits Seigneuriaux dont un Commiſſaire à Terriers doit être
inſtruit, & qu'il ſe trouve renfermé dans un ancien Recueil, qui eſt à préſent fort rare, nous le
rapporterons dans ſon entier.

ARREST

DE REGLEMENT GENERAL
de la Cour des Grands Jours, ſéante à Clermont.

Du 19. Janvier 1666.

L OUIS, par la grace de Dieu, Roi de France
& de Navaire, &c.

Sur ce qui a été remontré à la Cour des Grands
Jours, par le Procureur Général du Roi, qu'il ſe
commet dans la Province d'Auvergne & en celle
du Bourbonnois & du reſſort (a), pluſieurs abus
en la levée des Droits des Seigneurs, leſquels
évaluent leurs grains & autres denrées à un prix
exceſſif, même dans les années d'abondance, &

(a) Le reſſort de la Cour des Grands Jours tenus à Clermont étoit,
l'Auvergne, le Bourbonnois, le Lyonnois, le Foreſt, le Mâconnois, la
Marche & Combraille.

qui,

qui, pour accumuler des arrérages des Cens de plusieurs années, refusent ou différent de les recevoir, année par année, à l'effet d'attendre une année de cherté, durant le cours de laquelle ils les exigent en espece, quoique par les Réglemens & les Arrêts, tels arrérages ne font dûs que selon le prix qu'ont valu les grains & autres denrées pendant chacune des années dont lesdits arrérages font dûs, à la réferve de la derniere, qui feule fe doit payer en efpéce, & pour réduire les redevables à payer au prix qu'il leur plaît, ils refufent de recevoir les grains en efpéce, ou par pure autorité, ou par les difficultés qu'ils font fur la qualité des grains, vins, volailles & autres denrées; ainfi réduifant les redevables à l'impoffibilité, ils en exigent des obligations dans lefquelles ils accumulent les intérêts, & par ce moyen les confomment en frais, & fouvent les ruinent; d'autres par un abus, &c. fuppliant la Cour d'examiner pour cet effet les Mémoires qu'il en a baillés, lefquels vûs & examinés : Oui le rapport de Me. Jean Nau, Confeiller, ès mains duquel lefdits Mémoires ont été mis :

La Cour, faifant droit fur les conclufions du Procureur General, a ordonné & ordonne,

1°. Que les Seigneurs ayant droit de Cenfive, qui ne voudront les lever en perfonne, feront tenus de prépofer un Fermier, ou autres perfonnes pour la levée de leurs Cens, qui les recevra où ils doivent être payés, auquel lieu il fera pareillement tenu d'élire domicile, pour recevoir

Seigneurs tenus de prépofer une perfonne pour lever leurs Cens & élire domicile, pour recevoir leurs offres.

F f

toutes offres , fignifications & fommations.

2°. Fera publier au Prône & Meffe Paroiffiale du lieu ladite élection de domicile , au tems & terme de payement , & réfidera fur les lieux pendant un mois après ledit terme.

3°. Et faute par les Seigneurs Fermiers , ou perfonnes par eux prépofées d'y fatisfaire , les offres réelles qui feront faites à l'un des Officiers de la Juftice du lieu , dont l'Acte fera rapporté figné dudit Officier , ou d'un Notaire , vaudront comme fi elles avoient été faites aufdits Seigneurs , ou leurs Fermiers & Receveurs ; ce faifant , ne pourront lefdits Seigneurs , ou leurs Fermiers ou Receveurs , qui n'auront accepté lefdites offres ,

contraindre les redevables de payer les Cens en grains , vins , foins , & autres denrées par eux offertes , finon en efpece ou en deniers , au choix & option des redevables , fuivant la valeur du marché public du lieu , en cas qu'il y en ait , finon du plus proche , eu égard à la valeur defdits grains, & autres chofes , au tems qu'elles étoient payables.

4°. Et en cas qu'il n'y ait d'offres faites par lefdits redevables , ils ne pourront , pour les arrérages par eux dûs , être contraints de les payer en efpéces , finon ceux de la derniere année , & ceux des années précédentes , fuivant la valeur & eftimation d'iceux , eu égard au prix qu'ont valu lefdits grains , vins , foins , & autres denrées , au tems que lefdits Cens font dûs en chacune année.

5°. A cette fin dans tous les lieux où il y a marché, fera fait par chacun marché, conformément à l'Ordonnance, Regiftre ou Pancarte, fur la déclaration des Marchands, qui fera par eux fignée, du prix defdits grains, vins, & autres femblables denrées, vendues en efpeces aufdits marchés par les Officiers de la Police des lieux qu'ils remettront aux Greffes defdits lieux, pour être les évaluations faites, conformément aufdits Regiftres, l'extrait de laquelle Pancarte fera porté par chacune defdites années, aux jours de Saint Julien, Saint Michel, & autres, aufquels échéent les Termes generaux defdits Cens par le Greffier de chacun defdits lieux, ès Greffes des Juftices Royales reffortiffantes immédiatement en la Cour dont ils dépendront, pour y avoir recours quand befoin fera.

Sera tenu à chaque marché un état du prix des grains & denrées

6°. Et à l'égard des autres denrées, comme volaille, gibier & autres, l'évaluation en fera pareillement faite par les Juges Royaux reffortiffans nuëment en ladite Cour, chacun dans l'étenduë de leur reffort, au commencement de chacune année, de laquelle évaluation fera fait Regiftre, dont l'Extrait fera lû, publié & enregiftré dans tous lefdits lieux, pour être lefdits Cens, en grains, vins, volailles, gibier, & autres denrées, payés fuivant lefdites évaluations.

IDEM, pour les volailles, gibier, & autres.

7°. Fait défenfes à tous Seigneurs, & autres, de faire payer lefdits Cens, en grains & autres denrées, à autre valeur qu'à celle portée par lefdites évaluations, à peine de la reftitution du

Défenfes de faire payer à un plus haut prix, que celui des marchés.

F f ij

quadruple , moitié à l'Hôpital de la Ville plus proche , l'autre moitié au dénonciateur, & en cas de récidive , de femblable peine, & outre de punition corporelle.

Cens en grains ne font dûs que de l'efpéce qui fe recueille dans la Terre fujette au Cens.

8°. Et pour empêcher l'exaction de l'une des efpéces des grains pour l'autre, en cas que par les Terriers & anciens Titres des Seigneurs précédant trente années, la qualité defdites efpéces ne foit point fpécifiée, lefdites efpeces ne feront dûes que de la qualité de celles qui fe recueilleront communément dans les héritages fujets au Cens.

Cenfitaires ne pourront être contraints en leurs meubles , fans condition, ou obligation perfonnelle , mais par faifie des héritages & fruits d'iceux.

9°. Pour le payement defquels Cens, ne pourront les Seigneurs, leurs Fermiers, Receveurs, & autres, faire procéder par exécution fur les meubles des Redevables, fans condamnation précédente, ou obligation perfonnelle, ains fe pourvoyeront par faifie des héritages fujets aufdits Cens, ou des fruits d'iceux, le tout à peine de nullité, & de tous dépens, dommages & intérêts.

Réglement pour les frais des demandes en Cenfives.

10°. Pour éviter aux frais exceffifs que l'on pourroit faire pour vexer les Redevables defdits Cens, feront les caufes pour arrérages des Cens non conteftés, pourfuivies & jugées pardevant les Juges ordinaires qui en doivent connoître, foit Juges Royaux, ou des Seigneurs particuliers, & en quelque Juftice qu'elles foient jugées, lorf-qu'il y aura adjudication de dépens, ne feront taxés aucuns voyages, ains feulement en cas de tranfport, quinze fols pour apporter l'Exploit ,

trente fols pour faire juger, & quinze fols pour
faire taxer dépens au plus ; & s'il y a eu conteftation defdits Cens, fera taxé voyage d'un homme
de cheval feulement pour faire juger, eu égard
à la diftance des lieux, fans autre voyage, mais
feulement vin de Meffager, qui fera réglé aux
fommes ci-deffus. Fait défenfes à tous Juges, &
autres, de taxer davantage, à peine de répétition
du furplus contr'eux.

11°. Et à tous Seigneurs, leurs Fermiers, Receveurs, & autres, de fe faire paffer des obligations, pour évaluation d'arrérages de Cens, & de
dépens faits pour raifon de ce, de plus grandes
fommes que celles aufquelles lefdites évaluations
auront été faites, & d'y comprendre aucuns voyages, ni autres chofes, que felon qu'il eft ci-def-
fus réglé ; & à cette fin dans les obligations cau- **Régles qui doi-**
fées pour arrérages de Cens & dépens, fera **vent être obfer-**
vées pour les o-
fpécifié en particulier la qualité & quantité des **bligations des**
grains, & autres chofes dûes, & le nombre des **Cens.**
années, le prix duquel chacun d'iceux aura été
évalué par chacune des années comprifes en ladite obligation, & ce à quoi auront été réglés les
dépens & voyages, fi aucuns y font compris.

12°. Et à tous Notaires, de recevoir lefdites **Peines contre les**
obligations, fi le tout n'y eft particulierement fpé- **contrevenans.**
cifié, conformément au préfent Arrêt, à peine de
nullité defdites obligations, perte des fommes y
contenues au profit des Débiteurs, & de tous dépens, dommages & interêts contre les Parties qui
auront ftipulé à leur profit lefdites obligations en

gros, sans spécification particuliere, & de deux cens livres d'amende contre les Notaires qui les auront passées.

13°. Et en cas de payement ausdits Seigneurs par lesdits Redevables desdits Cens, seront tenus lesdits Seigneurs de donner quittances libellées de la quantité & qualité des grains, ou de l'argent qu'ils auront reçu pour l'évaluation d'iceux, même des portions de Pagezie, ou Cens solidaires par eux reçus, à peine du double de ce qui sera justifié avoir été par eux reçus, sans bailler quittance, qui tournera au profit du débiteur qui justifiera avoir payé.

Les Seigneurs & Fermiers tenus de donner quittance libellée de la quantité & qualité de ce qu'ils reçoivent, même des portions.

14°. Et en cas que lesdits Tenanciers ne payassent que partie desdits Cens, lesdits Seigneurs ou Fermiers seront tenus de recevoir & bailler quittance de ce qu'ils toucheront, sans préjudice du surplus, & de la solidité, si aucune y a, contre celui qui aura payé quelque portion.

Les Seigneurs & Fermiers tenus de recevoir les parties des Cens qui leur seront offertes, & d'en donner quittance.

15°. Toutes les mesures des Seigneurs seront réputées conformes à celle du plus prochain Marché, s'il n'y a titre au contraire.

Mesures des Seigneurs conformes à celles du plus prochain Marché.

16°. A l'égard des mesures dont il y a titre, les Seigneurs en jouiront, même de celles qui sont moindres aux mesures des Marchés, soit qu'ils en ayent joui avec titre, ou non.

Mesures des Seigneurs avec titre.

17°. Comme aussi ordonne, conformément à l'Arrêt du 15. Octobre dernier, que tous les Seigneurs & autres, prétendans Droit de Bouades, Charroi, Manœuvre, Corvées, Servitudes, Péages, Passages, Plassages, Laydes & autres Droits,

Seigneurs tenus de représenter leurs titres.

feront tenus de rapporter dans un mois pour tous
délais, pardevant lefdits Juges Royaux dont ils
dépendent, qui reffortiffent nuëment en la Cour,
leurs Terriers & autres titres anciens pour la juf-
tification defdits Droits, finon, faute de ce faire
dans ledit tems, & icelui paffé, en vertu du préfent Arrêt, & fans qu'il en foit befoin d'autre,
leur fait défenfes de les exiger, à peine de 500.
livres d'amende, moitié applicable à l'Hôpital
plus proche des lieux, & l'autre moitié au dénonciateur.

18°. Et en cas de rapport defdits titres, & après
la vérification des Droits qui fe trouveront leur
appartenir, fera fait par lefdits Juges commis,
chacun en droit foi, aux frais defdits Seigneurs,
un état fommaire des Droits & Corvées, Servitudes & autres Droits, qui pourront être dûs à
chaque Seigneur de leur reffort, le nombre & la
qualité defdites Çorvées, la forme & le tems des
Preftations & des Droits de Péages & Bannalités dans lefquels lefdits Seigneurs fe trouveront
fondés, la minutte duquel état demeurera au
Greffe de ladite Juftice Royale, & en fera délivré une groffe aufdits Seigneurs, & une autre mife au Greffe de leur Juftice.

19°. Fait défenfes aufdits Juges de comprendre dans lefdits états autres Droits que ceux jufti-
fiés par lefdits titres, à peine d'en répondre en
leurs privés noms, envers ceux qui y auroient intérêt, de trois cens livres d'amende, & d'interdiction.

20°. Et aufdits Seigneurs d'exiger, même fous prétexte de confentement des Redevables, le charroi de plus d'une paire de bœufs ; de ceux qui, par titres particuliers, feront redevables du Droit de Vinade, une efpece defdites corvées & fervitudes pour l'autre ; fçavoir, la Vinade, au lieu de la Bouade, la Bouade d'une journée, d'une paire de bœufs, au lieu de la journée d'une bête à bât, ni ladite journée d'une bête à bât, au lieu de la journée d'un Manœuvre, ni deux efpéces defdites Corvées d'un même Redevable, ni les Vinades, Bouades, Charrois, & autres Corvées en autre maniere qu'en la forme & aux charges portées par la Coûtume, de convertir lefdites Corvées en argent, de les remettre d'une année à l'autre, ni d'exiger argent, ou autre chofe, de celles qui n'auront pas été confommées, demeurant néanmoins au choix defdits Redevables de payer un écu pour s'exempter de ladite Bouade de Vinade, fans que lefdits Seigneurs en puiffent prétendre davantage.

21°. Fait pareillement défenfes à tous Seigneurs d'exiger la Taille aux quatre cas, autrement qu'en argent, & au-delà des fommes portées par la Coûtume, ni changer les cas réglés par icelle, déclarant dès-à-préfent abufifs tous abonnemens, Contrats & Actes qui pourroient être paffés contraires à icelle.

22°. Enjoint à ceux qui fe trouveront avoir droit de Péages d'entretenir, fuivant la Coûtume & les Arrêts, les chemins, ponts & voyes publiques

Réglement pour les Corvées.

Défenfes de les convertir en argent.

Tailles ès quatre cas ne fera exigée qu'en argent, & n'en pourra être fait aucun abonnement.

Seigneurs Péagers tenus d'entretenir les chemins, ponts & voyes publiques.

ques pour raiſon deſquels ſont dûs leſdits Péages,
& à ceux qui ſe trouveront avoir droit de Bannalité de moulins & fours, d'y faire inceſſamment
les réparations & choſes néceſſaires, pour l'uſage
& ſervice deſdits fours & moulins, le tout à peine de privation de chacun deſdits Droits.

23°. Seront tenus leſdits Seigneurs & les Officiers de comparoir chacune année en perſonnes,
ou par Procureurs ſpécialement fondés, en cas
d'excuſe légitime, aux Aſſiſes du Sénéchal ou Baillif ſupérieur, & de prêter le ſerment pardevant
leſdits Juges : ſçavoir, leſdits Seigneurs, qu'ils
n'ont reçu & levé leſdits Droits que ſuivant ledit
état, & leſdits Officiers, ſur la connoiſſance qu'ils
auront des uſurpations & exactions qui auront
été faites par leſdits Seigneurs ou leurs Fermiers,
au-delà des Droits portés par ledit Etat, ſoit qu'il
y ait plainte ou non, à peine de 500. livres d'a-
mende contre chacun d'eux, applicable moitié à
l'Hôpital du lieu, ou autre plus proche, & l'autre
moitié au dénonciateur, & d'être rendus ſolidairement reſponſables de la reſtitution de ce qui
aura été exigé par leſdits Seigneurs, au-delà des
Droits portés par ledit état, duquel ſerment ſera
fait Regiſtre par le Greffier deſdits Sénéchal, ou
Baillif ſupérieur.

24°. Fait pareillement défenſes auſdits Seigneurs, d'exiger aucunes amendes pour quelque
cauſe & occaſion que ce ſoit, ſi elles ne ſont adjugées par Sentences & Jugemens valablement
donnés, ni de faire aucunes compoſitions pour

les crimes commis dans l'étenduë de leurs Juſtices, à peine de privation de leurſdites Juſtices, & auſdits Juges d'ordonner aucunes amendes exceſſives au-delà de celles que peut mériter la qualité des délits pour leſquels elles ſeront ordonnées, leſquels Juges ſeront tenus par chacune année de préſenter auſdites Aſſiſes un état par extrait, de toutes les amendes qu'ils auront adjugées, ou que leſdits Seigneurs auroient exigés ſans condamnation, avec les noms, ſurnoms, qualités & domiciles des Parties plaintives & accuſées, & la qualité de l'accuſation ; lequel état ils affirmeront, & à faute d'y ſatisfaire, ou que ledit état ne fût véritable, les condamne dès-à-préſent à 300. livres d'amende pour chacune omiſſion, applicable moitié à l'Hôpital plus proche des lieux de chacune deſdites Juſtices, & l'autre moitié au dénonciateur.

25°. Et ſi les Seigneurs veulent faire de nouveaux Terriers, faire paſſer nouvelles Reconnoiſſances à leurs Tenanciers, ne ſera payé pour chacune Déclaration contenant un ſeul article que 5. ſ. & s'il y a plus d'un article ſera augmenté 2. ſ. 6. den. pour chacun des autres, juſqu'au nombre de cinq articles ; mais s'il y en a plus, & quelque nombre qu'il y ait au-delà, ne pourra être prétendu que 15. ſols, le tout payable par les Seigneurs, quand leſdites Reconnoiſſances auront été faites dans les vingt années des précédentes, & qu'il n'y aura mutation de Tenanciers, & s'il y a mutation de Tenanciers, ou que du jour de

Réglement pour faire faire les Terriers.

Dans quelle eſpace de tems ils pourront être renouvellés.

la précédente Reconnoiffance, il y ait plus de vingt années, en ce cas & non autrement, les frais defdites Déclarations feront fupportées par lefdits Tenanciers. Et à cette fin fera le préfent Arrêt lû & publié à l'Audience , & affiché par tout où befoin fera, & envoyé à tous les Siéges du Reffort, pour y être pareillement lû , publié & affiché à la diligence des Subftituts du Procureur Général du Roi defdits Siéges, qui feront tenus d'en certifier la Cour à la huitaine ; enjoint à tous Officiers de Juftice de tenir la main à l'exécution d'icelui, à peine d'en répondre en leurs privés noms, & d'amende arbitraire. Fait en la Cour des Grands Jours, féante à Clermont, le 9. Janvier 1666. *Signé* PORTUIS,

Lû & publié l'Audience tenante aux Grands Jours, à Clermont le 11. Janvier 1666.

QUESTION SEPTIE'ME.

Si le Seigneur fait reconnoiftre en un feul Tenement plufieurs articles de fon Terrier , qui étoient diftinéls & féparés, & dont les Cens étoient fur chaque corps d'héritages , ce qui n'en fait plus qu'un feul Cens , qui demeure folidaire fur toutes les parties de ce Tenement, doit-on regarder cette jonétion comme une furcharge capable d'annuller cette Reconnoiffance ?

A l'égard de cette Queftion, l'on penfera que cette jonction fait une furcharge, en ce que le Cenfitaire ne pourra plus déguerpir aucune des

G g ij

parties de ce Tenement, qu'il n'abandonne la totalité, ce qui paroît une gêne qui peut lui devenir onéreuse ; mais si l'on considére que cette jonction ne le surcharge pas d'une obole , qu'elle fait
un arrangement qui lui est utile , parce que les
confins & limites d'un grand Tenement se trouvent & se conservent toûjours plus aisément &
avec plus d'évidence, que nombre de parcelles
éparses de côtés & d'autres, à travers desquelles
même il pourroit échaper à l'habileté d'un Commissaire d'y confondre & mêlanger des articles
qui pourroient ne pas s'y placer, & cela par la
ressemblance des noms, la conformité du terroir,
& d'autres fausses relations, que l'on ne trouve
que trop souvent dans les Terriers, sur-tout dans
la plaine, au lieu que ce Tenement composé de
nombre de différens articles, est à couvert de ces
erreurs, & bien loin que l'on doive regarder cette
jonction comme une surcharge, on doit la considérer comme une libération ; en ce que pour la
Reconnoissance d'un article de cette façon, il
n'est dû que 5. sols, au lieu que s'il y avoit vingt
articles joints, s'ils étoient divisés, ils payeroient
5. livres pour le seul droit du Notaire, de la minutte seulement, suivant l'Arrêt du Conseil du
19. Juin 1736. qui régle les droits des Déclarations aux Terriers, non compris le Contrôle qui
doubleroit ; de maniere que de tous les côtés que
l'on puisse envisager cette jonction, elle ne peut
être qu'utile & avantageuse aux Censitaires, & jamais à charge.

QUESTION HUITIE'ME.

Si un Seigneur avoit, au préjudice du Bail à Cens,
ou de ses anciennes Déclarations & Reconnoissances,
surchargé l'héritage d'un Censitaire par une nou-
velle Reconnoissance, quelle peine encoureroit le Sei-
gneur ?

Si ce cas-là arrivoit, outre que la nouvelle Reconnoissance seroit cassée comme nulle, le Seigneur seroit puni sévérement, suivant la Rocheflavin, chapitre des Inféodations, article 22. qui
rapporte nombre d'Arrêts qui l'ont jugé ainsi, &
entr'autres un Arrêt général du 10. Avril 1571. Peines contre les Seigneurs, qui
contre le Seigneur des Martres, pour avoir sur- surchargent leurs
chargé & fait reconnoître à un sien Emphitéote, Censitaires, jugées
plus qu'il n'étoit contenu en l'inféodation, lequel par Arrêts.
fut privé de son Fief pendant sa vie, & les Reconnoissances cassées, ordonna que l'Emphitéote reconnoîtroit les héritiers du Seigneur, suivant &
conformément à l'inféodation, c'est-à-dire le Bail
à Cens, quoique ce fût le pere de l'Emphitéote
qui avoit passé & fait ces Reconnoissances qu'il
avoit exécutées, ainsi que son fils ; ce qui est conforme à la Loi des Fiefs, qui défend expressément à tous Seigneurs Fonciers, d'exiger de
leurs Censitaires, plus grandes redevances que
celles dont ils sont chargés par les Titres cons-
titutifs : la Roche ajoûte, qu'un Président qu'il
ne nomme point, parce qu'il vivoit de son tems,
fut encore traité plus rigoureusement pour sem-
blable surcharge, ayant été non-seulement privé

de fon Fief, mais encore dégradé en pleine Audience, de laquelle dégradation le Roi le releva, & le remit en fon honneur : le même Auteur dit, que par Arrêt du 25. Fevrier 1538. le Vicomte de Serre fut privé de fa Juftice & rentes à lui dûës par Pierre de Simeore pour pareille furcharge : enfin il en rapporte un autre contre Bernard d'Eftain du 10. Avril 1571. par lequel l'Emphitéote fut déclaré exempt de rien payer pendant fa vie. Ces exemples doivent contenir l'avidité de certains Seigneurs, & en même-tems redoubler les attentions d'un Commiffaire pour fe conformer rigidement au premier Titre d'inféodation ; & s'il trouve de nouvelles Reconnoiffances qui ayent fait des furcharges, il ne les doit pas fuivre, par deux raifons ; la premiere, parce que s'il le fait, c'eft contre fa confcience, & contre la juftice qu'il doit rendre à chacun ; la feconde, parce que tôt ou tard cette furcharge peut être découverte, & engendrer un Procès, qui mériteroit au Seigneur les peines décrites dans ces Arrêts, & où fouvent le Seigneur n'auroit aucune part.

QUESTION NEUVIE'ME.

Un Commiffaire à Terrier peut-il recevoir une Reconnoiffance d'un Cens, ou autre Droit Seignéurial, fans voir le Titre ancien de fon établiffement, ou au moins, le Titre poftérieur qui l'a renouvellé.

Non, il commettroit une efpece de fauffeté,

quoique celui qui reconnoîtroit devant lui le voulût faire volontairement, il n'est commis & pré-
posé que pour passer & recevoir les Déclarations & Reconnoiffances nouvelles des Titres qui lui feront remis, & qu'il doit même
communiquer aux Cenfitaires, afin de leur faire
voir toute l'étenduë de leur obligation, il doit
même faire mention dans cet Acte de renouvellement des premiers Titres & de leurs dates. Il
faut donc que le Seigneur lui remette pour cet
effet fes Titres en originaux, à l'exemple de ce
qui eft dit en l'Exode 25. *Infpice & fac fecundum
exemplar quod tibi monftratum eft, nam exemplar effe
debet objeĉtum ad cujus imitationem fimile fieri debet :*
fans quoi il eft hors d'état de remplir dignement
fa fonĉtion ; autrement il coureroit le rifque de
faire reconnoître des Droits exhorbitans, & plus
confidérables que les Titres originaux ne le portent, & tomberoit dans le cas de faire caffer les
Reconnoiffances qu'il feroit, ainfi que nous l'a-
vons démontré à la Queftion 8. du Paragraphe 1.
de la préfente Section, en rapportant l'Arrêt du
18. Juillet 1667. inferé au chapitre 75, du Traité
de l'ufage des Fiefs de Salvaing, qu'il ne doit
point perdre de vûë.

Un Notaire ne
peut recevoir une
nouvelle Recon-
noiffance, que fur
un Titre original.

PARAGRAPHE III.

Des différentes questions & difficultés qui peuvent survenir lors des Reconnoissances d'un Terrier, ausquelles il est important qu'un Commissaire donne son attention.

QUESTION PREMIERE.

Si le Bail à Cens portoit que l'héritage est donné en pur & franc alleu, sous une simple redevance, & que dans la suite le Seigneur eût fait reconnoistre cet héritage avec lods & ventes dans plusieurs Terriers, le Commissaire pourroit-il changer l'énonciation des Terriers postérieurs, & faire la nouvelle Reconnoissance conforme au Bail à Cens ?

IL faut distinguer dans cette Question la nature de l'héritage & sa situation ; la nature de l'héritage, en ce que si ce fonds dépendoit & faisoit partie d'un Fief, il ne seroit pas loisible au Vassal de démembrer & faire un franc-alleu de partie de son Fief, parce qu'il préjudicieroit à son Seigneur Dominant, & au Prince qui en seroit le Suzerain.

On ne peut d'un Fief faire un franc-alleu.

A l'égard de sa situation, si cet héritage étoit situé en Pays de Franc-alleu, & que le Bailleur ne tint point cet héritage en Fief, il pourroit le donner au même titre qu'il le possède ; auquel

quel cas ſes ſucceſſeurs n'auroient jamais pû changer de nature, la rente impoſée ſur icelui.

Cette queſtion s'eſt préſentée il y a quelques
années , & voici le fait : Les Sociétaires de la Ville de Marcigny , Pays de Mâconnois ſur le bord
de la Loire , qui ſont des eſpéces de Chanoines,
donnerent en 1408. devant Teſtu Notaire , par
Bail à rente , un Pré appellé Pré Seigneuret, à
. . . . . un de leurs Confreres , à la charge de
leur payer la redevance de 20. ſols , en pur &
franc alleu , & ſans autres ſervis.

Voici les termes de la redevance.

*Pro reddendo & ſolvendo annis ſingulis , per dic-
tum dominum Joannem Gay, & ſuos dictis Curato &
Capellanis eorumque ſucceſſoribus , in feſto beati Mar-
tini hiemalis , de annuo ſervitio & perpetuo redditu
viginti ſolidos Turonenſes monetæ currentis , &c. de
puro & franco allodio , & ſine allio quocumque ſervitio , &c.*

Extrait du Pro-
tocole ſigné Tes-
tuty , de l'année
1418. & ſuiv.
fol. 54. verſo.

Poſtérieurement à cet Acte, ces Sociétaires,
en faiſant renouveller leurs ſervis & redevances ,
inférerent dans un premier Terrier fait au commencement du ſiécle de 1500. que ce ſervis portoit lods & ventes & toute directe Seigneurie; deux
autres Terriers poſtérieurs avoient caractériſé cette redevance, portant lods & ventes & directe Seigneurie. Ce Pré avoit été vendu au nommé Le-
moine , qui avoit payé 500. livres de lods aux
Societaires. Ce Particulier recouvra, par un pur

Surcharge au
préjudice du Titre
primordial , ne
peut ſubſiſter.

hazard, le Protocole ou Regiſtre des Notes &
Actes du Notaire Teſtu, qui avoit reçu ce Bail
de 1408. En ayant tiré copie, il fit aſſigner les
Sociétaires de Marcigny, pour ſe voir condamner
à lui rendre les lods & ventes qu'il leur avoit
payés, & voir déclarer ſon Pré en pur & franc
alleu, franc & exempt de cens & ſervis, lods &
ventes, & autres Droits Seigneuriaux. Ces Sociétaires oppoſérent leurs Terriers, au nombre de
trois.

Je conſultai Mes Begon & Berroyer, Avocats
au Parlement de Paris, qui furent d'avis que les
mots de *pur & franc alleu*, portoient toute excluſion de directe & lods & ventes. Je rapporterai
ici l'avis de Me Begon; il eſt dit :

Les mots de pur & franc alleu dans un Titre excluent toute Directe.

» Il paroît que les mots de *pur & franc alleu*,
» dénotent excluſion des lods & ventes, & qu'ainſi
» les vingt ſols ne ſont qu'une rente fonciere qui
» n'emporte aucuns Droits.

On ne peut rien ajoûter au Titre primitif.

» Les Reconnoiſſances poſtérieures ne ſervent
» à rien, parce qu'elles n'ont pû rien ajoûter au
» Titre primordial; mais dès que la rente eſt fon-
» ciere, elle repréſente le fonds ; & comme l'on
» n'auroit pû contraindre le Propriétaire à vendre
» ſon fonds, on ne peut auſſi le forcer à vendre ſa
» rente, laquelle par conſéquent eſt de ſa na-
» ture non-rachetable, lorſque le Titre conſtitu-
» tif ne porte pas le contraire.

Je crois que ſur ces avis les Parties ſe ſont ac-
commodées ſans Jugement ; ainſi en pareil cas,

un Commissaire qui renouvelle un Terrier, & qui retrouve le Bail à cens, ou que le Censitaire le rapporte, doit écarter tous les Titres & nouvelles Reconnoissances qui l'ont suivi, & qui y ont inferé des charges différentes & plus fortes, quelque zélé & attentif qu'il puisse être pour le Seigneur, il doit se souvenir qu'il est le Juge Cartulaire de cette renovation, & qu'il se rendroit coupable de la surcharge inferée dans les Terriers postérieurs ou Bail à cens, s'il suivoit les Titres postérieurs qui sont erronés, n'y ayant aucune prescription entre le Seigneur & le Censitaire, qui ne peuvent ni l'un, ni l'autre prescrire contre ce Titre, qui est à chacun leur propre Titre & leur Titre commun.

Quand le Bail à cens paroît, il faut le suivre, & non les Reconnoissances qui l'ont suivi, si elles sont différentes.

Me Mainard, liv. 8. chap. 8. & Charondas, dans ses Observations sous le mot *Cens*, disent qu'il faut toûjours recourir au premier & original Titre de l'investiture & concession, qui est le fondement & la racine des autres, qui sont subreptices, & faites par erreur, s'ils sont contraires au premier. Henrys, Tit. 1. liv. 3. ch. 3. quest. 19. & 42. enseigne la même doctrine, & décide nettement avec Dumoulin, que tout ce que les Seigneurs font ajoûter aux nouveaux Terriers, n'obligent pas les Emphitéotes qui peuvent toûjours reclamer contre, n'y ayant point d'intervalle capable d'autoriser ce qui n'a point de fondement ; que c'est le cas d'y appliquer la régle, *Quod ab initio non valuit, tractu temporis convalescere non potest* : le consentement ne peut être présumé

Autorités qui le décident.

Tout ce qui est ajoûté aux nouveaux Terriers, n'obligent pas les Censitaires.

plus en la fuite qu'au commencement.

QUESTION DEUXIE'ME.

*Si dans un dernier Terrier le Cens y est moindre que
dans le plus ancien son auteur, fans en rapporter la
caufe, la différence doit-elle être regardée comme
une modération, & le Seigneur peut-il demander le
furplus qui fe trouve dans fon premier Terrier.*

Il y a bien des diftinctions à faire dans cette
Queftion, qui eft fufceptible de beaucoup de
différences. Par exemple, fi le Cens de l'ancien
Terrier étoit de trois efpeces, en argent, grain
& geline, & qu'il manquât une efpéce, on pourroit penfer que c'eft par omiffion qu'elle ne s'y
trouve pas : fi, au contraire, l'une des efpéces
étoit de trois coupes de feigle, & qu'il n'y en
eut qu'une coupe dans le Terrier moderne, il
femble que cette diminution auroit été faite avec
connoiffance de caufe, & que c'eft une modération qui a été accordée, il convient encore d'examiner trois chofes effentielles ; la premiere, fi à
l'héritage confiné, il manquoit de la contenuë,
ou un confin, l'on pourroit préfumer que cette
omiffion eft le rappel d'une autre partie de l'héritage pour lequel l'on a laiffé partie du Cens
fur cette portion ; la feconde, fi le Seigneur a
figné & accepté cette derniere Reconnoiffance,
parce que l'ayant acceptée lui-même, il eft cenfé
avoir diminué & modéré le Cens ancien, quoiqu'il ne foit point expliqué. Enfin la troifiéme,

*Le Seigneur qui
a figné la Recon-
noiffance eft cen-
fé avoir fait la
modération, s'il
s'en trouve.*

c'eſt d'examiner ſi la preſcription eſt acquiſe au Cenſitaire depuis ce dernier Terrier , depuis lequel il faudra défalquer tous les tems critiques qui peuvent avoir empêché la preſcription , ainſi qu'ils ſeront détaillés dans le chap. 6. ci-après.

QUESTION TROISIE'ME.

Si dans un Terrier moderne l'on avoit mis moins de contenuë dans l'héritage reconnu, qu'il n'y en a dans l'ancien ſon auteur, le Seigneur ne ſeroit-il pas fondé de reprendre l'ancienne contenuë du premier Terrier.

Cette queſtion eſt différente de la précédente, en ce qu'il s'agit de la diminution de l'aſſiette de la Directe , qui n'eſt pas ſuſceptible de la même preſcription. En effet , poſons pour exemple qu'une Terre de dix arpens ſoit chargée par l'ancien Terrier de dix ſols & deux coupes de ſeigle de Cens, & que dans le Terrier moderne l'on n'ait mis que ſix arpens, au lieu de dix, & cependant que l'on y ait toûjours mis le même Cens. L'on ne peut enviſager dans cette poſition qu'une erreur de fait , que l'on peut réſoudre en examinant , 1º. Si celui qui a reconnu au Terrier moderne, ne poſſédoit que les ſix arpens énoncés en ſa Reconnoiſſance, parce que s'il en poſſédoit davantage, & qu'il ſe rappellât lui-même; d'un côté, il ſera cenſé qu'il n'a pas fait ſa déclaration juſte , & qu'il n'a pû de ſon motif diminuer la Directe de ſon Seigneur.

Ce qu'il faut faire pour rectifier une erreur de fait en défaut de contenuë.

2°. Si l'héritage a des confins immuables, ou qui paroiſſent tels ; en ce cas, l'erreur ſe trouve dans l'énoncé de la contenuë du premier Terrier, ce que nous voyons fréquemment, & il faut ſe reſtraindre à l'aſſiette renfermée par ſes confins.

3°. Si ces confins immuables manquent, il faut rechercher les Reconnoiſſances des Terriers qui joignent cet article pour les concilier, & ſuppoſé que les quatre arpens manquans au Terrier moderne ſe trouvent poſſédés par un tiers, ſi c'eſt dans un Pays non preſcriptible, il faudra reprendre cet héritage, c'eſt-à-dire, le faire reconnoître & ſupporter partie du Cens affecté ſur la totalité, en le diminuant au poſſeſſeur des ſix autres arpens, & ſi c'eſt dans une Coûtume preſcriptible, il faudra examiner ſi la preſcription eſt acquiſe, comme nous l'avons dit à l'article précédent.

Tant que le Seigneur eſt rempli & payé de ſon devoir, ne peut courir preſcription contre lui.

Mais il faut obſerver ſur cette preſcription que le Seigneur eſt payé ſans doute de ſon Cens entier, ſuivant ſon Terrier moderne, & que tant que le Seigneur eſt rempli, il ne peut courir contre lui de preſcription par les Propriétaires, même de partie de l'héritage, & même de la totalité, ſuivant l'article 32. de la Coûtume du Bourbonnois, & le ſentiment de Dumoulin ſur cet article, quoique l'héritage eût été vendu franc de devoirs ; ainſi que le rapporte Potier, Commentateur de cette Coûtume, à moins que le Seigneur n'eût eu une connoiſſance parfaite du Contrat

d'aliénation : c'eft auffi la difpofition de l'article
115 de la Coutume de Paris , & de l'article 6.
du Titre des Prefcriptions de la Coûtume de Nivernois , même par cent ans de poffeffion ; ainfi
qu'il a été jugé fur cet article en cette derniere
Coûtume , par Arrêt rapporté par Me Louet ,
lett. C. n. 21.

QUESTION QUATRIE'ME.

*Si dans le Terrier à renouveller il fe trouve des
Reconnoiffances non fignées par le Notaire qui a
figné le Terrier , le Commiffaire fera-t-il obligé d'en
demander la Reconnoiffance , comme fi elles étoient
en forme ?*

Cette Queftion fe préfente fouvent dans les
Terriers à renouveller , dans lefquels il fe trouve
des Reconnoiffances informes & non fignées ,
que la plûpart des Commiffaires négligent de faire reconnoître , parce qu'ils penfent qu'un Titre
qui n'eft pas revêtu des formes prefcrites par les
Ordonnances , doit être rejetté , ce qui fait qu'ils
n'ont fouvent aucun égard à ces Actes ; c'eft cependant ce qu'ils ne doivent pas faire legerement.

L'on ne doit pas rejetter une Reconnoiffance non fignée.

1°. Parce que dans l'informité où ils croyent
ces Actes , ils doivent par affection & par devoirs
pour le Seigneur qui leur confie fes intérêts , remonter au précédent Terrier ; c'eft-à-dire , rechercher dans ce Terrier ancien , ou dans l'inventaire des Titres , la Reconnoiffance d'où cette

déclaration informe eft dérivée, afin de s'en fervir pour la faire reconnoître ; ce qui fera fans difficulté, fi cela fe trouve dans un Pays & Coûtume ou le Cens eft imprefcriptible ; mais fi cela eft dans un Pays de prefcription, tels que Bourbonnois & Auvergne, pour lors le Commiffaire aura recours à l'inventaire des Titres, il verra fi la Seigneurie dont il renouvelle les Droits n'a point été fubftituée, fi les Seigneurs n'ont pas été mineurs, fi elle n'a pas appartenu à une femme en puiffance de mari, s'il n'y a point eu de faifies réelles, & combien toutes ces chofes ont duré, parce que durant tous ces cas-là il n'a couru aucune prefcription ; il examinera de plus les recettes, lieves, cueilloirs & comptes de régie de la Seigneurie, & y cherchera, fi le devoir porté par cette Reconnoiffance ancienne a été fervi & payé, foit au Seigneur, foit à fes Fermiers, parce que les Reçus qu'il trouvera & preftations de payement de ce devoir feront autant d'empêchemens à la prefcription dont il fera ufage, en joignant les époques les unes aux autres, pour s'en fervir utilement à faire reconnoître ce devoir.

2°. C'eft qu'il s'en faut bien qu'une Reconnoiffance non fignée, foit auffi invalide & infuffifante qu'ils le penfent ; nombre d'Auteurs Feudiftes les regardent comme valides, & entr'autres la Rocheflavin, chap. des Inféodations, art. 16. lequel dit que les Reconnoiffances fort anciennes de quatre-vingt ou cent ans, ou plus encore, bien qu'elles ne foient fignées par le Notaire qui les a reçues,

reçues, font bonnes & valables, pourvu que d'ailleurs elles foient enregiftrées parmi d'autres, de
même main & lettres uniformes, ou que le Regiftre foit figné au commencement & à la fin par
le Notaire ; Geraud, dans fon Traité des Droits
Seigneuriaux, liv. 2. chap. 5. n. 1, le prouve, &
rapporte un Arrêt du Parlement de Touloufe du
31. Mars 1678. par lequel les Reconnoiffances
reçues par Benaffe Affier Notaire, de l'année
1545. non fignées, font déclarées bonnes & valables, ceddes originelles, & a maintenu le Sieur
Domangé en l'emphitéofe en queftion ; c'eft fur
ce principe, que fur une pareille Reconnoiffance
non fignée, & inferée dans le Terrier de la
Paroiffe de Chambilly, la Dame Prieure de
Marcigny ayant fait affigner Jacques Gregaine
Ecuyer, pour lui payer les Cens énoncés en une
Reconnoiffance informe ; elle obtint Arrêt du
Grand'Confeil en 1711. qui condamna le Sieur
Gregaine à lui payer lefdits Cens. Cette Jurifpru-
dence ne laiffe pas douter qu'une Reconnoiffan-
ce non fignée, & qui fe trouve telle qu'elle eft
définie par la Rocheflavin, ne foit bonne.

QUESTION CINQUIE'ME.

Si le Cenfitaire étoit nouveau poffeffeur des biens dont fon pere auroit paffé Reconnoiffance au Terrier du Seigneur, ou nouvel Acquereur de celui qui auroit reconnu, feroit-il recevable à demander la repréfentation de l'ancien Terrier, pour examiner s'il n'y a point d'erreurs dans la Reconnoiffance de celui qu'il repréfente, & de refufer, fous ce prétexte, de reconnoiftre de nouveau ?

Il fembleroit que cette Queftion devroit fe décider par la régle, que le Cenfitaire peut en tous tems demander communication du Terrier de fon Seigneur ; mais il y a une diftinction confidérable à faire à cette régle, en ce que, en fuppofant que les Reconnoiffances dont on demande le renouvellement foient paffées par le pere ou le vendeur du Cenfitaire, & depuis dix ou vingt ans, dans un Terrier fait en conféquence de Lettres du Prince ; c'eft-à-dire, avec les formalités requifes, qui font la communication des précédens & anciens Terriers, vérification des lieux, & rapport des Titres refpectifs ; pour lors l'héritier ou l'acquereur ne peuvent obliger le Seigneur à repréfenter fes anciens Terriers, ils doivent fuivre la loi écrite dans la Reconnoiffance de leur auteur, à moins qu'ils n'articulent une erreur de fait ou de droit dans la précédente Reconnoiffance, telle que feroit la circonftance que dans l'héritage confiné dans la nouvelle Reconnoiffance, l'on y auroit étendu

L'héritier de celui qui a reconnu, ou l'acquereur de fes biens, ne peuvent demander la repréfentation des Titres fur lefquels il a reconnu.

ou reftraint les confins & limites de l'héritage, ou que l'on auroit augmenté le devoir qui
eft moindre dans l'ancien Terrier ; mais à moins
que d'arguer précifément une erreur, un nouveau
Cenfitaire n'a pas plus de droit que celui qu'il
repréfente, qui, s'il étoit vivant ou actuellement
poffeffeur, ne feroit pas recevable (fans propofer d'erreurs) à demander à revoir les anciens
Terriers pour refaire une feconde Reconnoiffance, fi cela étoit poffible ; autrement, un Seigneur ne feroit jamais en fûreté, parce qu'après
avoir fait faire la rénovation de fon Terrier à de
grands frais, il feroit loifible à tous les Cenfitaires mal-confeillés de dire : » Je ne veux pas payer
» que je n'aye vû les anciens Terriers, furquoi
» ma Reconnoiffance a été faite ». Ce qui feroit
d'autant plus difgracieux & de conféquence, que
les Seigneurs ayant de nouveaux Terriers, font
fouvent remporter leurs anciens Titres & Terriers fur lefquels ils ont été faits, dans leurs Archives de Paris, ou d'une Terre principale fort
éloignée, ainfi que font Meffieurs les Chevaliers
de Malthe, à leurs Archives de Lyon ; ce qui leur
feroit bien à charge, fi le caprice d'un Cenfitaire
chicaneur les pouvoit obliger de faire rapporter
les Titres & Terriers de leurs Seigneuries fimplement pour les fatisfaire, ce qui détruiroit entierement une rénovation, & la rendroit infruc-
tueufe ; & c'eft fur ces principes que celui qui a
reconnu par erreur un héritage dont il n'eft pas
poffeffeur, ou fes héritiers, ne font point reçus à

S'il y avoit ce-pendant une er-reur de fait ou de droit, ils le pour-roient.

Raifons pourquoi il ne peut deman-der la repréfenta-tion des anciens Titres,

Celui qui a re-connu par erreur, ni fes héritiers, ne font pas reçus à demander vûe des lieux. Ils doivent nommer le Te-nancier.

demander information & vûe des lieux, mais font
tenus de reconnoître, ou bien donner un nouveau Tenancier, ainſi qu'il a été jugé par pluſieurs
Arrêts rapportés par Faber, *de F.* 18. *de Jure
Emphit.* ainſi qu'il ſera rapporté à la Queſtion ſuivante.

QUESTION SIXIE'ME.

*Si un Cenſitaire avoit par erreur paſſé Déclaration
d'un héritage qui ne fût point à lui, ou ſur lequel
l'article du Terrier par lui renouvellé ne ſe plaçât
pas, ſeroit-il recevable à dire : Je ne veux point
payer, parce que je ne poſſéde pas l'héritage que j'ai
reconnu, ou celui confiné dans l'ancien Terrier ?*

Idem. Autorités
qui le décident.
Cette Queſtion eſt décidée par Gaſpard Bailly
dans ſon Traité (*a*) des Servis & Devoirs Seigneuriaux, ch. 4. où il dit, que ceux qui ont reconnu, ou leurs héritiers, ne ſont reçus à demander information & vûë de lieu, mais ſeront tenus
de reconnoître ou bien donner nouveau Tenancier ; ce qui a été confirmé par divers Arrêts.
Fab. de F. 18. *c. de Jure Emphit. Nec enim ideo em-
phiteuſis videri poteſt, qui ſi ſummo cum iis Jure age-
retur rem emphiteuticariam irrequiſito domino alienare
non poſſunt.*

Ce que doit faire
celui qui a recon-
nu par erreur.
Ce qui ſe pratique en pareil cas par celui qui
a reconnu par erreur, eſt qu'avant qu'il puiſſe im-
pugner d'erreur ſa Reconnoiſſance, ni en refuſer
le payement, il eſt obligé de nommer, indiquer

(*a*) Brochure imprimée à Lyon, in-4°. en 1710

& dénoncer au Seigneur celui qui posséde l'héritage par lui reconnu, & le confiner en sorte que le Seigneur le puisse reconnoître, pour en faire passer une nouvelle Reconnoissance au Propriétaire, suivant & conformément à son Terrier, & éteindre & anéantir celle faite par erreur ; la raison qui se tire de cette maxime est, que celui qui a une fois reconnu, quoique par erreur, ne peut pas détruire lui-même l'obligation qu'il a consentie, & pour le punir d'avoir fait cette erreur, il doit indiquer au Seigneur le vrai possesseur ; c'est la peine que mérite son imprudence, qui est prononcée par l'article 103. de la Coûtume de Bourbonnois, laquelle ajoûte, que si le Censitaire fait une fausse déclaration, le Seigneur peut le faire condamner à l'amende, & à ses dommages & interêts. Bornier, sur l'article 3. du Titre 9. de l'Ordonnance de 1667. dit : » Lorsque le Défendeur » a passé nouvelle Reconnoissance, le Seigneur » n'est pas obligé de déclarer & montrer la piece » de Terre qu'il prétend être de sa Directe, & » quoiqu'il dise qu'il ne la posséde, & qu'il ne » sçait pas qui la posséde, il ne doit pas être reçu » à alléguer ces défenses, qu'il n'indique celui » qui la posséde ; la raison est, dit-il, parce » qu'ayant reconnu cette piece, il ne peut pas » desavouer ce qu'il a une fois déclaré, & qu'il » n'a pû en prendre la possession sans qu'il y ait » contribué, ou du moins sans sçavoir qui l'a possédée. *Cum possessio non amittatur nisi animo & corpore, L. Quemadmodum, 8. L. Si quis vi, 17.*

» §. 1. D. de Aquir. poff. « Que cela a lieu pareillement en la perfonne de l'héritier de celui qui a paffé la Reconnoiffance, quand même il ne feroit héritier que par bénéfice d'inventaire, d'autant que *beneficium legis nihil commune habet cum Jure domini directi*, comme il eft dit par *Faber*, en fon Code, *L.* 4. *Tit.* 43. *de Jure Emphit. Def.* 18. Bafmaifon, fur l'article 21. du Titre 21. de la Coûtume d'Auvergne, eft de même fentiment.

QUESTION SEPTIE'ME.

Si un Cenfitaire qui reconnoift poffeder les fonds confinés dans une nouvelle Reconnoiffance, peut denier la détention des articles de l'ancienne Reconnoiffance, qui fert d'auteur & de dérivation à la nouvelle, & s'il peut y être recevable?

Cette Queftion s'eft préfentée au Parlement de Paris il y a quelques années, entre Dame Marie-Therefe-Gratie le Blanc, Dame du Château de Clufol, contre Antoine Joly de Lentilly. Voici le fait.

La Dame de Clufol avoit fait demande à Joly de plufieurs articles de Cens, fondés & établis par une Reconnoiffance faite par le nommé Jollion en 1509. renouvellée en 1530. 1569. & 1662. Joly fe reconnoiffoit propriétaire & poffeffeur des héritages confinés en la Reconnoiffance de 1509. & avouoit les tenir *gradatim* du fieur Amiot, dernier Reconnoiffant, en 1662. mais il objectoit que la Reconnoiffance de Jollion en

1509. rappelloit pour auteur celle faite par Benoît Paparet de 1448. en ces termes : *Pratum in loco de la Rodiere, de refponfione prefati Papareti, quod folebat effe in duabis pedis* (en deux piéces) & fur le fondement de ce rappel, ayant trouvé un extrait de la Reconnoiffance de Paparet de 1448. il foutenoit que la Reconnoiffance de 1509. ne s'accordoit pas avec celle de 1448. qu'il y avoit erreur, & qu'il ne poffédoit pas les articles 1. & 4. de la Reconnoiffance de Paparet, que par conféquent il devoit être déchargé des Cens & Servis appofés à ces deux articles ; la Dame de Clufol répliquoit que la Reconnoiffance de 1448. étant de plufieurs articles, & non orientés, lefquels fe rappelloient par les heritages & Pré du Conffffant, le Pré de la Rodiere, qui étoit en deux parcelles, avoit été joint dans la Reconnoiffance de 1509. & qu'il n'y avoit nulle autre différence, & autres preuves qui prouvoient la relation de ces Reconnoiffances fur lefquelles conteftations, Sentence intervint devant le premier Juge du Comté de Lyon du 31. Août 1697. qui condamna Joly au payement des arrérages des devoirs demandés, & aux dépens; Joly ayant interjetté appel de cette Sentence, intervint Sentence en la Sénéchauffée de Lyon le 15. Juin 1703. qui ordonna qu'avant de faire droit, les Parties conviendroient d'Experts Commiffaires à Terriers, qui vérifieroient le placement des premier & quatriéme articles de la Reconnoiffance de Paparet de 1448 & fi les Reconnoiffances produites au Procès y étoient relatives, dont la Dame de Clusol ayant appellé, & soutenu qu'étant fondée en quatre Reconnoissances entierement relatives à l'ancienne de 1448. & fait voir l'identité des confins, le Défendeur n'étoit pas recevable à proposer une erreur dans la dérivation des nouvelles Reconnoissances, ne l'établissant pas, puisqu'il ne prouvoit pas que le premier & quatriéme articles de Paparet fussent placés ailleurs. Surquoi intervint Arrêt en la premiere Chambre des Enquêtes, au rapport de M. le Vasseur Conseiller, le . . . . par lequel la Sentence de la Sénéchaussée de Lyon fut infirmée, & celle du Juge du Comté de Lyon confirmée; ce faisant, Joly condamné à payer les arrérages des Servis & doublement d'iceux, & passer nouvelle Reconnoissance desdits Droits, avec amende, interêts & dépens.

L'on ne peut proposer une erreur de fait contre une ancienne Reconnoissance renouvellée, que l'on n'en donne des preuves claires & certaines.

Arrêt qui l'a jugé.

Cet Arrêt prouve donc qu'un Censitaire, ne rapportant pas le Bail à Cens, & ne prouvant pas l'erreur par lui objectée sur la relation des nouvelles Reconnoissances avec l'ancienne, est sans action contre son Seigneur, & doit exécuter à la lettre les dernieres Reconnoissances qui ont suivi l'ancienne; s'il en étoit autrement, il n'y auroit aucuns Seigneurs en sûreté, & à couvert de la critique & de la mauvaise humeur d'un Censitaire chicaneur.

Le Censitaire doit exécuter les dernieres Reconnoissances de ses auteurs.

QUESTION

QUESTION HUITIE'ME.

Si dans un Bail à Cens le Seigneur avoit donné un héritage avec une consistance certaine, & que cette consistance ne s'y trouvât pas, le Censitaire pourroit-il prétendre que le Seigneur seroit obligé de lui remplir sa contenue?

Cette Question est rapportée par Papon dans son Recueil d'Arrêts, liv. 11. n. 17. où il fait la distinction que si par le Bail à Cens il est dit, que le Seigneur baille, céde, remet & transporte au Preneur dix œuvres de Vigne, six œuvres de Pré, situés au Tenement tel, joignant, &c. & que si dans les quatre confins la contenuë & mesure ne s'y trouve pas, le Seigneur est tenu & obligé de le faire; mais que si le Bail commence par baille, céde, transporte & délaisse une sienne Vigne, située en tel lieu, joignant la Vigne de, &c. contenant dix œuvres de Vigne; en ce cas, le Seigneur ne pourra être tenu de parfaire la mesure & contenuë, si elle ne s'y trouve pas, parce, dit-il, que la mention semble plutôt être faite par forme de déclaration & démonstration, que d'assertion & disposition expresse; cette distinction paroît juste, en ce que le transport étant de tant d'œuvres de Vignes, l'on doit penser que le Preneur a réellement entendu acquerir bien certainement tant d'œuvres de Vignes, & que par conséquent l'on les lui doit garantir, & il en doit être autrement quand il n'est point expliqué

K k

de même, ou que le mot d'*environ* s'y trouve joint.

QUESTION NEUVIE'ME.

Si deux Seigneurs avoient la Directe fur un terrain de cent arpens, circonfcrit & renfermé dans des limites perpétuelles, que l'un eût une contenuë certaine de quatre-vingt arpens par fon Terrier, & que l'autre n'eût aucune contenuë fixée, comment réglera-t-on ces Reconnoiffances?

Cette Queftion fe préfente fouvent, & nous voyons fréquemment que de deux Seigneurs directs, l'un a une contenuë fixée, & l'autre n'en a point : fi ce cas arrive, la queftion eft fimple, il faut commencer par faire la contenuë de celui qui en a une de fixée, & le furplus fera pour celui qui n'a point de fixation ; c'eft ce qui fe pratique en pareille occafion.

QUESTION DIXIE'ME.

Si, au lieu de n'y avoir point de contenuë dans l'un de ces Terriers, il y avoit une contenuë de cinquante arpens, & l'autre de quatre-vingt, & que dans la totalité il n'y en eût que cent arpens, ce dernier pourroit-il prétendre la moitié?

Il feroit, en ce cas, de la prudence du Commiffaire de remonter aux anciens Terriers des deux Seigneurs, peut-être trouveroit-on que l'un d'eux anciennement n'avoit point de contenuë ; en ce cas, il faudroit en ufer comme à la Queftion pré-

cédente ; mais si les deux anciens Terriers étoient
relatifs aux modernes, il faudroit décider la question par le plus ancien Terrier, auquel il faudroit
attribuer la contenuë de préférence au postérieur,
en observant cependant que si ce Tenement étoit
partagé & séparé en deux par des anciens te-
reaux, levées, grosses haies vives, & arbres fu-
taies, goutes ou ravines, qui marquassent une sé-
paration naturelle & antique ; en ce cas, il faudroit moins s'attacher à la contenuë & à l'antiquité des Terriers qu'à l'apparence, à laquelle le
Commissaire joindra les adminicules, les prestations de payement, liéves, cueilloirs & recettes,
pour distinguer les jouissances & les possessions
des deux Seigneurs, & avec ces sages précautions, il sera aisé de trouver le vrai, & de rendre
à chacun ce qui lui appartient.

QUESTION ONZIE'ME.

*Si un Commissaire aux Droits Seigneuriaux trouve
dans un Terrier qu'il a entrepris de renouveller, &
dans lequel sont toutes les Reconnoissances & Déclarations des Censitaires emportant lots & ventes &
toute directe Seigneurie, une Reconnoissance de dix
boisseaux de grain passée & signée du même Notaire
dont le Terrier est signé, & que cette Reconnoissance
ne qualifie cette redevance que de Rente & non de
Cens & Redevance Seigneuriale ; ce Commissaire
pourra-t-il faire reconnoître cette redevance comme
un Cens emportant directe Seigneurie ?*

Il faut distinguer les Provinces où cela pourroit arriver ; dans celle de Paris, par exemple , ou autre où la maxime *nulle Terre fans Seigneur* eft établie : il eft de régle que cette Reconnoiffance fe trouvant dans un Terrier qui contient toutes les Reconnoiffances cenfuelles, il ne pourroit fe difpenfer de la faire reconnoître comme un Cens ; mais fi cela fe trouvoit dans une Coûtume allodiale, ou qui admet le franc-alleu, telle que Bourgogne, Troyes, Chaumont, Auxerre, Nivernois, Berry & autres, il ne fuffiroit pas que cette Reconnoiffance fe trouvât dans un Terrier qui contiendroit toutes celles qui établiffent la directe du Seigneur, qu'elle fût paffée & fignée du même Notaire qui a été commis pour la rénovation de ce Terrier, que ce Terrier fût revêtu de Lettres du Prince qui lui ferviroient d'une autorité refpectable, qu'il fût même clos en Juftice, c'eft-à-dire dans toutes les formes prefcrites, & que l'héritage fur lequel feroit affife la rente de dix boiffeaux de grain fût affis dans les limites de la Juftice de la Seigneurie ; toutes ces chofes ne pourroient encore caractérifer cette rente de Cens emportant directe Seigneurie, fi la Reconnoiffance n'en fait pas mention, à moins que le Bail à rente perpétuelle, ou une plus ancienne Reconnoiffance de la même redevance ne fût rapportée, & ne prouvât que c'eft un chef-Cens, fans quoi il faut dans ces Coûtumes libres, regarder cette redevance comme une rente fonciere, qui n'emporte aucuns droits, le franc-alleu y étant établi, fans qu'il foit befoin d'en juftifier par Titres.

Une redevance qui n'eft caractérifée que de rente, ne peut emporter directe Seigneurie.

Si cet héritage étoit fitué dans la Coûtume de Bourbonnois, cette queftion souffriroit plus de difficulté, en ce que l'article 392. de cette Coûtume porte que la premiere rente qui paroît impofée fur un héritage eft regardée comme Seigneuriale, emportant lots & ventes, & qu'il s'en faut beaucoup que cette Coûtume foit confidérée comme allodiale, malgré tout ce qu'en a voulu dire le dernier Commentateur.

Exception en Bourbonnois.

Chopin fur Paris, livre 3. Titre 2. n. 12. dit, que quand l'origine de la redevance dûe en argent ne paroît pas, elle eft réputée conftituée & rachetable par la faveur de la libération; mais que quand la redevance annuelle eft fort ancienne, & qu'elle eft dûe en grain fur des Terres, qu'alors on ne préfume point qu'elle ait été conftituée à prix d'argent, mais que c'eft une véritable rente fonciere, & il en rapporte plufieurs Arrêts qui l'ont jugé ainfi. Bouguier, lett. R. n. 7. en rapporte un du 2. Août 1601. qui a jugé que des rentes anciennes dûes en grains fur des héritages dont il n'apparoiffoit point de création & conftitution, étoient foncieres, perpétuelles & non rachetables; Me Auroux, fur l'article 418. de la Coûtume de Bourbonnois, n. 20. eft de ce fentiment, & en rapporte différens Arrêts, & c'eft ce qui a été décidé en dernier lieu par l'Arrêt de la Grand'-Chambre du 31. Décembre 1741. rendu fur les conclufions de M. d'Aguelleau, Avocat Général, par lequel il a été jugé qu'une rente de trente-fix bichets de bled, acquife en 1282. par les

Arrêts qui ont jugé que des rentes anciennes dûes en grains dont n'apparoiffoit conftitution, étoient foncieres, perpétuelles & non rachetables.

Religieux de Reconfort fur les moulins de Saint-
Didier en Nivernois, étoit fonciere & non rachetable. Cet Arrêt eft rapporté par Me de la Combe
dans fon Recueil des Arrêts notables, chap. 85.
Il eft vrai qu'il ne paroît pas que l'on prétendît
que cette rente étoit Seigneuriale ; mais cette
décifion ne laiffe pas de juger que l'on ne doit
confidérer une pareille redevance que comme une
rente fonciere. L'article 9. du chapitre 10. de
l'ancienne Coûtume de Bourgogne, rapportée
dans les Coûtumes de ce Duché données au Public par M. le Préfident Bouhier, *in-folio*, porte :
Deniers dûs d'ancienneté, qui n'aperrent être cenfaux,
coûtumes, ne rente, ne font tenus & réputés pour cen-
faux, & n'emportent lots, retenuë & amende. L'arti-

Rentes font toû-
jours rachetables,
fi elles ne font les
premieres après le
Cens.

cle 121. de la Coûtume de Paris, porte que les
rentes font toûjours rachetables, *fi elles ne font les*
premieres après le Cens ; ce qui oblige le Créancier
de faire apparoir du Bail d'héritages pour le prouver : ainfi dans ce cas, il faudroit que le Seigneur
eût de plus anciens Titres que la Reconnoiffance
qui fe trouve dans un dernier Terrier, qui fiffent
mention que la rente en queftion fût un Chef-cens
emportant directe Seigneurie, fans quoi le Commiffaire à Terrier ne peut faire reconnoître un pareil Titre que comme une rente fonciere. Ce que
je puis affurer, c'eft que j'ai vû nombre de Terriers
où fe trouvent dans un feul Livre & corps de
Terrier, des Reconnoiffances en directe Seigneurie du Fief, d'autres qui ne font que purement
foncieres, & encore d'autres pour des rentes

volantes à prix d'argent, & autres Actes, le tout
rassemblé dans un seul Volume que des Seigneurs
avoient joints pour composer tout ce qui leur
étoit dû annuellement, sur lesquels on formoit
des Livres, Recettes & Cueilloirs, pour la perception journaliere : ainsi l'on ne doit faire aucune
attention à une Reconnoissance qui ne caractéri-
seroit pas la redevance Seigneuriale, avec lots &
ventes, & inférer que parce qu'elle se trouve dans
un corps de Terrier avec d'autres qui sont véritablement en directe Seigneurie, elle doit être regardée comme si cette redevance étoit un Chef-
cens.

QUESTION DOUZIE'ME.

S'il s'agissoit de limites de Dixmeries ; par exemple, le
Seigneur de Gumontay a des Dixmes inféodées, qui
s'étendent, tant dans sa Justice, que dans celles de
Dréfaint & de Rochevechat : il est fondé en Titres
par des Procès-verbaux authentiques de trois à qua-
tre siécles, soutenus d'Aveux & Dénombremens, &
ses limites bien circonscrites & désignées ; dans tous
ces tems, le Seigneur de Dréfaint son voisin, qui a
aussi des Dixmes inféodées par des anciens Aveus,
mais non circonscrites & limitées, ayant fait &
donné au Roi depuis quelques années son Aveu &
Dénombrement, dans lequel il a fait inférer que sa
Dixmerie s'étendoit dans toute l'étenduë de sa Justice
qu'il a confinée, & qui, au moyen de ce, couvre une
partie de la Dixmerie de Gumontay, dont il s'est,
à la faveur de cet Aveu, peu à peu mis en possession.

prétend s'y maintenir ; que fera le Seigneur de Gu-
montay, pour se remettre en possession, selon ses Ti-
tres, & les reporter au Roi dans l'Aveu & Dénom-
brement qu'il doit lui donner ?

Toute difficile que soit cette Question, elle a
ses principes de décision, dont l'on ne peut même s'écarter. Il paroît que le Seigneur de Gumontay ne conteste point la Dixmerie du Seigneur de Dresaint, il n'en conteste que l'étenduë
& les nouvelles limites, faites sans l'y avoir appellé, & autres circonvoisins interressés à la circonscription d'une Dixmerie, qui n'avoit eu jusques-
là aucuns confins par les Titres qui l'établissent,
& il soutient que le nouvel Aveu & Dénombrement de Dresaint ne peut lui préjudicier : il s'agit,
dans cette position, d'examiner les Titres respec-
tifs des deux Seigneurs, & leurs possessions : l'on
suppose que le Seigneur de Gumontay a quatre
Aveus & Dénombremens de sa Terre donnés au
Roi, l'un de l'an 1377. un autre de 1490. un autre
de 1609. & un autre de 1677. dans tous lesquels il
est dénombré que la dixme de Gumontay appartient au Seigneur du lieu ; qu'outre cela, il a quatre Terriers de sa Seigneurie, l'un de 1515. un autre de 1600. un autre de 1656. & un autre de 1716.
que dans ces Terriers faits & renouvellés en vertu
de Lettres de Chancellerie, les Commissaires y
ont fait & décrit les limites de cette Dixmerie,
sur le témoignage de nombre d'anciens Habitans, & en présence des Seigneurs voisins, appellés

pellés par publications aux Prônes, & autres formalités ; ce qui rend les Procès-verbaux qui en
ont été faits authentiques, & paroît assurer & établir son droit d'une maniere qui semble ne pouvoir être contredite ; à l'égard de Dresaint, il a
un ou deux anciens Aveus & Dénombremens de
sa Terre, qui énoncent qu'il a une Dixme inféodée, mais sans limites, ni circonscription, ses
Terriers sont dans le même goût, & il n'a, pour
soutenir les confins de sa Dixmerie, que le seul
Aveu & Dénombrement qu'il a donnés au Roi,
comme nouveau Seigneur depuis 1720. & sa possession sur la partie de la dixme de Gumontay :
dans cette position, il s'agit de décider, 1°. Si les
anciens Titres doivent prévaloir. 2°. Si un Seigneur Décimateur n'ayant point de limites anciennes de sa Dixmerie, peut seul, & sans appeller
ses voisins, en faire la limite. 3°. Si l'Aveu & Dénombrement du Fief de Dresaint donné au Roi,
& reçu à la Chambre de son domaine, sans opposition, doit être suivi au préjudice des anciens
de Gumontay. Et 4°. si la possession du Seigneur
de Dresaint, qui a suivi cet Aveu, ne doit pas
l'emporter sur les Titres du Seigneur de Gumontay.

Les principes, à l'égard des anciens Titres,
sont, comme nous l'avons rapporté dans les Questions précédentes, ceux qui doivent être suivis
ici : il s'agit moins de l'antiquité des Titres,
que de ceux qui ont les premiers établi & confiné
la circonscription d'une Dixmerie, ausquels il faut

L l

Celui qui justi-
fie d'anciens Ti-
tres qui confinent
sa Dixmerie, doit
l'emporter sur ce-
lui qui n'en a que
de nouveaux.

s'arrêter : le Seigneur de Gumontay est même dans des termes extrêmement favorables, en ce qu'il n'a pas seulement un Titre seul qui confine sa Dixmerie, mais quatre, faits dans les formes les plus authentiques, tous relatifs les uns aux autres, qui en établissent la propriété en sa faveur, & prouvent évidemment sa possession suivie jusqu'en 1715. ce qui doit opérer la décision de la question à son avantage.

La raison de cette décision fait la solution de la seconde question, en ce que le Propriétaire d'une Dixme inféodée, qui n'a point de limites écrites & portées par ses Titres, est obligé de suivre celles des Décimateurs inféodés qui l'entourent, lorsqu'ils en ont d'autentiques, & il ne lui est pas loisible de faire ni de se donner des limites seul,

Ce que doit faire
un Seigneur, pour
limiter ses Dix-
mes ou sa Justice.

& les faire suivre celles de sa Justice, qui n'a & ne peut avoir nulle relation à sa Dixmerie, quand les Titres ne le portent pas ; en ce cas, le Seigneur qui veut faire faire cette circonscription, doit faire faire des Proclamats en vertu de Lettres de Terrier, dans sa Paroisse & dans les Paroisses voisines, & donner assignation aux Seigneurs Décimateurs voisins, à la personne de leur Procureur Fiscal, ou aux Seigneurs eux-mêmes, s'ils n'en ont point pour y assister, en cette forme :

Modéle d'Affignation à un Seigneur voifin, pour voir faire les limites d'une Dixmerie.

L'An . . . . . à la requête de Meffire . . . .
Seigneur de . . . . lequel conftituë pour fon
Procureur fpécial M. . . . . je . . . . . fouffigné, me
fuis tranfporté en la Paroiffe de . . . . où étant, &
au domicile de M^e . . . . . Procureur Fifcal de la
Seigneurie de . . . . . en parlant à . . . . . auquel,
ainfi parlant, j'ai déclaré que ledit Seigneur de . . . .
a obtenu des Lettres Patentes de Sa Majefté en
forme de Terrier, le . . . . enregiftrées en la Sénéchauffée de . . . . par Sentence du . . . . lefquelles
ont été publiées & affichées où befoin a été, &
par vertu defdites Lettres, & pour fatisfaire à icelles, j'ai donné Affignation à Meffire . . . . Seigneur
de . . . . à la voix & fufdite perfonne dudit M^e . . .
fon Procureur Fifcal, à fe trouver mardi prochain
18. du préfent mois, heure de huit du matin, à la
Croix, appellée la Croix d'Orange, pofée fur
tels chemins en ladite Paroiffe, & comparoir devant M^e . . . . . Notaire Royal, Commiffaire aux
Droits Seigneuriaux, pour y voir commencer &
rafraîchir les limites de la Dixmerie dudit Seigneur de . . . . au défir defdites Lettres Patentes,
déclarant qu'il y fera tranfporter fes Titres & Terriers, pour en prendre communication à cet effet, & pour, de la part dudit Seigneur de . . . . y
rapporter les fiens pour être conciliés, & être,
en préfence des Anciens que lefdits Seigneurs y

feront trouver de leur part, procédé par un Procès-verbal régulier, qui fera fait & dreffé par ledit M°.... Notaire Royal, Commiffaire en cette partie, pour la rénovation du Terrier & Titre de ladite Seigneurie de.... déclarant que faute par ledit Seigneur de.... de s'y trouver, ou fondit Procureur Fifcal, il fera paffé outre aux limites, confins, defcription & circonfcription de ladite Dixmerie, de.... tant en préfence qu'abfence, & afin que ledit Seigneur de..... n'en ignore, je lui ai laiffé copie, &c.

Et en conféquence de cette Affignation, le Seigneur fera trouver fon Procureur fpécial avec le Commiffaire fur les lieux, avec fes Titres & Terriers ; fi les Seigneurs voifins comparoiffent, le Procureur fpécial leur offrira communication de fes Titres, prendra communication des leurs, & de la part du Commiffaire, il juftifiera aux Affignés des Lettres Patentes & de la Sentence d'enregiftrement, qui en ordonne l'exécution, qui font fa commiffion, après quoi il commencera fon Procès-verbal, à peu près en cette forme.

Modéle de Procès-verbal de limites de Dixmerie.

AUjourd'hui..... heure de huit du matin, pardevant Nous.... Notaire Royal de la Ville de.... Commiffaire aux Droits Seigneuriaux & en cette partie, féant à l'endroit & audevant de la Croix d'Orange, fituée fur les che-

mins de . . . en la Paroiſſe de . . . . où nous nous
ſommes tranſportés, en conſéquence des Aſſigna-
tions données à la requête de Meſſire . . . . Seigneur de . . . . aux Seigneurs Propriétaires des Dixmes circonvoiſines de celle de . . . . appartenante
audit Seigneur, par Exploit de . . . . . Sergent
Royal, des . . . . contrôlés au Bureau de . . . le . . .
à nous remis par Sieur . . . . Procureur ſpécial dudit Seigneur de . . . . à ce préſent, lequel a requis
Acte de ſa comparution pour ledit Seigneur, &
de la repréſentation qu'il fait des Aveux & Dénombremens de la Seigneurie de . . . . donnés au
Roi les . . . . enſemble de deux Terriers de la même Seigneurie des années . . . . ſignés . . . . au feuillet 64. du premier eſt le Procès-verbal de la confination de ladite Dixmerie de . . . . & au feuillet
26 du ſecond; autre Procès-verbal de ladite Dixmerie, & des offres qu'il fait à tous les Seigneurs
Décimateurs voiſins aſſignés, s'ils comparent d'i-
celle, de leur en donner communication, & requiert qu'ils ayent de leur part à lui donner même
communication de leurs Titres & Terriers, qui
établiſſent les confins & limites de leurs Dixmeries, & en cas qu'ils ne comparent, qu'il ſoit donné défaut, & pour le profit paſſé outre à la deſcription & confination de ladite Dixme, à l'effet
de laquelle il nous a préſenté Antoine Jonard,
Laboureur de . . . . qui nous a déclaré être âgé
de . . . . Gilbert Chavard, Laboureur de . . . . qui
nous a déclaré être âgé de . . . .

(*Ainſi du reſte.*)

Et après avoir attendu jusqu'à l'heure de neuf, & que personne n'a comparu pour lesdits Assignés dûement appellés, Nous, Commissaire susdit, avons donné Acte audit Seigneur de . . . . de sa comparution, par ledit Sieur de . . . . son Procureur spécial, & de ses offres en requisition & défaut faute de comparoir contre lesdits Assignés, pour le profit duquel il est dit, que nous procéderons à la description & limites, & à cet effet avons pris & reçu le serment desdits Jonart, Chavart, *&c.* par lequel ils ont juré & promis nous conduire & montrer les confins & limites de ladite Dixmerie, & à l'instant nous ont dit unanimement que ladite Croix d'Orange, ladite Dixmerie tire le long du chemin de . . . . à . . . . du côté d'Orient, & le suit jusqu'au ruisseau de . . . . laissant les héritages du côté de midi en la présente Dixmerie de . . . . & celle du côté de Septentrion en la Dixmerie de . . . . appartenante au Seigneur de . . . . & dudit ruisseau, *&c.* (Et enfin revenir finir à ladite Croix d'Orange, où la premiere confination a commencé, & ajoûter :)

Tous lesquels susnommés nous ont dit avoir vû jouir ledit Seigneur de ladite Dixmerie, par lui, ses Préposés & Fermiers, même *tels & tels*, dénommés ci-dessus, pour en avoir joui pour ledit Seigneur comme ses Fermiers, & perçus ladite Dixme à la onziéme gerbe, qui est la quotité accoutumée, desquelles limites & déclarations ci-dessus ledit Sieur . . . . a requis Acte pour ledit Seigneur que nous lui avons accordé pour servir ce qu'il appartiendra, & nous fommes fouffignés avec...... les autres fufnommés ayant déclaré ne fçavoir figner, de ce enquis.

Voilà le goût dans lequel doivent être faites les limites d'une Dixmerie dont le Propriétaire n'a aucunes certitudes par fes Titres ; & fi ce Procès-verbal eft contradictoire, c'eft-à-dire fait en préfence de toutes les Parties, il affurera irrévocablement ces limites, fans quoi, fi ces confins font faits fans y appeller les Décimateurs voifins, elles ne peuvent fubfifter qu'autant qu'elles feront relatives & conformes aux confins des Dixmeries voifines.

S'il arrive lors d'un Procès-verbal contradictoire, qu'il y ait nombre de conteftations, le Commiffaire les rédigera toutes pour en donner Acte aux Parties, & il obfervera avec grandes attentions, que s'il s'agit de ces limites conteftées, de bien fpécifier les endroits en conteftation, & d'en bien décrire les lieux, endroits & héritages, & les différences des lignes que chacun d'eux prétend fuivre ; il interrogera même & demandera d'office aux anciens ce qu'ils fçavent, & ont vû par eux-mêmes de ces différences, afin de conftater les prétentions refpectives, & fi elles font fondées fur des Titres, il en fera mention, & les dattera s'ils font repréfentés, & par-là préparera les Juges, en cas que les Parties ne s'arrangent pas, à décider fi des limites peuvent fe prefcrire, y ayant nombre d'Auteurs qui foutiennent, avec M Charles Dumoulin fur le chapitre *Quia indicante de Præfcript.* que la prefcription ne peut avoir lieu. *Refpectu limitationis nominis & Territorii, tamen ipfa proprietas & jus omne poteft præfcribi.*

Quant à la Queftion, fi un Aveu & Dénombrement donné & reçu par les Officiers du Domaine du Roi, eft un Titre qui puiffe être oppofé au Seigneur de Gumontay, c'eft ce qui eft à examiner. Si l'on confulte à ce fujet Me Guyot, il foutient dans fon premier Volume de fon Traité des Fiefs, chapitre 3. des Corvées, nombre 5. qu'un Aveu en bon principe, n'eft point un Titre ; parce que, *Renovatio*, dit Dumoulin 5. 8. *verbo* Dénombrement, *non eft titulus Feudi, fed Actus executionis* ; il fait feulement préfumer le Titre & fon exécution, mais ce n'eft point un Titre ; il eft vrai qu'il peut le devenir par une poffeffion fuivie & relative dans les tems futurs, mais celui en queftion ne s'étant fait que depuis vingt ans, ne peut être mis dans ce nombre quant à préfent, avec d'autant plus de certitude qu'il fe trouve contraire à fon Titre primitif, qui eft un ancien Aveu de la Seigneurie de Drefaint, qui énonce, à la vérité, une Dixmerie qui n'eft point conteftée, mais laquelle étant fans limites, defcription, ni circonfcription, il n'a pû être ajoûté des confins à cette Dixmerie que faits & conftatés avec les Propriétaires des Dixmeries qui l'entourent comme voifins joignans & intéreffés à ce que l'on n'empiéte point fur leurs Droits, par des Actes

tes

fes authentiques, & dans la forme décrite ci-deffus : ainfi le Seigneur de Gumontay eft toûjours
en état de contefter ces limites & leur étenduë,
qui ne font relatives à aucun Titre de celui qui les
a faites, & qui n'ont pû être faites fans l'appeller ;
c'eft fur ces principes, dont on ne peut s'écarter,
que Me Guyot, dans fon même premier Volume,
chapitre 4. des Bannalités, nombre 15. foutient
encore que les Aveux, les Terriers, les Décrets
forcés & volontaires, aufquels l'on ne s'eft point
oppofé, ne font point des Titres contre des
tiers.

A l'égard de la poffeffion que le Seigneur de
Drefaint peut avoir depuis fon Aveu & Dénombrement, foit même antérieure, elle ne peut préjudicier au fonds au Seigneur de Gumontay qu'autant qu'elle aura été fuivie, non interrompuë, &
qu'elle fera juftifiée conftante, pendant les trente
années requifes par la Coûtume pour prefcrire.

QUESTION TREIZIE'ME.

Si par les Titres qu'un Cenfitaire rapportera, lorfqu'il
fe préfentera pour faire fa Reconnoiffance, le Com-
miffaire voit que l'héritage chargé de Cens envers
le Seigneur, eft auffi chargé d'une rente, ou d'un
Droit de Quarpot ou Cinquain, au préjudice du Sei-
gneur, pourra-t-il recevoir fa Déclaration & Re-
connoiffance purement & fimplement ?

Le Commiffaire doit fçavoir que prefque tou- Surcharges fur
tes les Coûtumes prohibent les furcharges fur les des héritages, ne
peuvent fe faire.

fans le confente-
ment du Seigneur.

héritages qui ne peuvent fe faire au préjudice du
Seigneur, fans fon confentement. Telles font la
Coûtume de Blois, article **127**. de Troyes, article **56**. d'Orléans, article **121**. de Berry, Titre **6**.
article **31**. d'Auvergne, Titre **21**. article **4**. de Nivernois, chapitre **5**. article **12**. de Bourbonnois,
article **333**. & autres ; & le fentiment de Dumoulin, *Ad conf. Parif.* §. **58**. *n.* **19. 20. 21**. lequel
ajoûte, que le Seigneur ne peut être obligé de
prendre fon indemnité. *Sic etiam per chop. de pri.
ruft. lib. 3. cap. 5. parte 3. conftant. ad reg. confti. art.*
180. Mais il doit en même-tems faire attention
que fi le Seigneur a connoiffance de cette furcharge, & qu'il la fouffre pendant trente ans du
jour de la notification qui lui en aura été faite, il
fera contraint de la fouffrir ; c'eft la difpofition
précife de l'article **334**. de la Coûtume de Bourbonnois, qui veut qu'*où les Seigneurs Cenfiviers &*
Directs fouffrent lefdites rentes & furcharges être le-
vées continuellement fur lefdites chofes après la notifica-
tion à eux faite de ladite furcharge par l'efpace de trente
ans, fans faire diligence d'icelles faire décharger, après
ledit tems continué, & la poffeffion defdites rentes &
charges, lefdits Seigneurs Cenfiviers viendront à tard
requerir que lefdites furcharges foient ôtées de deffus lef-
dites chofes Cenfivieres, ains tiendront lefdites furchar-
ges, & demeureront, fauf les Droits de Directe Sei-
gneurie efdits Seigneurs Cenfiviers. Ainfi le Commiffaire ne pourra recevoir cette Reconnoiffance purement & fimplement, parcequ'il préjudicieroit
au Seigneur, qui, dès ce moment, auroit con-

Si le Seigneur
fouffre une fur-
charge pendant
trente ans, il ne
pourra la faire
ôter.

noiſſance de la ſurcharge dont la preſcription commenceroit à courir contre lui.

QUESTION QUATORZIE'ME.

Si ce Cenſitaire ne rapportoit aucun Contrat qui pût apprendre cette ſurcharge , & qu'à ce moyen il fiſt ſa Reconnoiſſance pure & ſimple , le Seigneur ſeroit-il cenſé avoir connoiſſance de cette ſurcharge ?

Non , il faut au déſir de l'article 334. de Bourbonnois , que le Contrat de ſurcharge ſoit notifié au Seigneur , & cette notification doit lui être faite , ſoit par une ſignification préciſe , ou par la préſentation du Contrat de vente de l'héritage fait à la charge de la rente , & qu'il ait inveſti ce Contrat , qui ſera une approbation de la ſurcharge , ſans quoi il eſt toûjours cenſé ignorer cette rente ou ſurcens.

QUESTION QUINZIE'ME.

Si le Propriétaire de la rente ou du cinquain avoit fait aſſigner le Cenſitaire pour lui payer ſon cinquain , & même condamner à lui payer , pourroit-il déguerpir cet héritage ès mains du Seigneur , ou du Propriétaire du cinquain ?

Il n'y a nul doute qu'en tout état le Propriétaire utile de l'héritage ne puiſſe le remettre & déguerpir ès mains du Seigneur Direct d'où il provient ; c'eſt à lui ſeul auquel il doit s'adreſſer , & il ne pourroit valablement le déguerpir au Seigneur de

la rente ou du cinquain, que cette rente ou cinquain n'eût été approuvée & connuë par le Seigneur, aux termes de l'article 334. de Bourbonnois, ce feroit une efpéce de vente qui induiroit
lots & ventes, & en déguerpiffant cet héritage au
Seigneur direct, il demeurera déchargé de la rente, ou du cinquain.

QUESTION SEIZIE'ME.

*Si le Cenfitaire ne prend pas ce parti, que pourra-t-il
faire pour fe faire décharger de cette furcharge?*

Il dénoncera au Seigneur la demande qui lui
aura été faite, & la Sentence intervenuë, lui offrira de reconnoître & paffer à fon Terrier nouvelle Déclaration des Cens à lui dûs fur cet héritage, en le faifant décharger purement & fimplement de la rente ou cinquain, finon & où ledit Seigneur ne le feroit point décharger d'icelle,
proteftera de lui déguerpir ledit héritage à la forme de la Coûtume, & en conféquence de cette
dénonciation, il pourra faire fon déguerpiffe-
ment.

QUESTION DIX-SEPTIE'ME.

Si le Commiſſaire trouve dans un Terrein circonſcrit,
dont la totalité ſoit du Cens du Seigneur, un héri-
tage au milieu de ce Terrain, ſur lequel il ne ſe
trouve dans le Terrier du Seigneur aucune Recon-
noiſſance qui s'y applique, pourra-t-il en demander
la Reconnoiſſance, comme faiſant partie du Fief du
Seigneur?

Tous les Auteurs qui ont parlé de cette Queſtion, ſont de ſentiment que ce qui ſe trouve en-
clavé au milieu d'un Fief eſt cenſé en faire partie,
& que le Seigneur appuyé de la preuve conſtante
d'un Territoire circonſcrit & limité, eſt autoriſé
à prétendre légitimement que les Terres encla-
vées dans ſa Cenſive relevent de lui, & de leur
faire payer le Cens à proportion des héritages qui
les entourent; c'eſt l'opinion de Mᵉ Charles Dumoulin, ſur l'article 46. de la Coûtume de Paris,
n. 6. & 7. *Concludo, quod habens Territorium limi-*
tatum in certo Jure ſibi competente in illo Territorio, eſt
fundatus in Jure communi in eodem Jure in qualibet
parte ſui Territorii. Voilà pour la quantité du Cens:
il parle enſuite de la mouvance : *Aut vero, Domi-*
nus habet Dominium ipſius Territorii ſaltem directum
terrarum ſcitarum in eodem Territorio, & tunc habet
fundatam intentionem, ut quilibet fundus ejuſdem Terri-
torii, qui non eſt de Domanio ſuo, ſaltem debeat ab eo
tamquam domino directo recognoſci in Feudum vel Cen-
ſum ; par la raiſon que le ſeul Titre d'un Terri-

Un héritage qui
ſe trouve au mi-
lieu d'un Fief cir-
conſcrit, eſt cenſé
en faire partie.

toire limité & circonfcrit, eft fuffifant à un Seigneur Direct & Cenfier, lorfqu'il veut faire un Papier Terrier, pour faire affigner tous les Propriétaires d'héritages enclavés, aux fins de faire leur déclaration. Cela a été ainfi jugé en la Coûtume de Chartres par Arrêt folemnel fur les conclufions de M. Bignon, Avocat Général, le 6. Août 1663. rapporté dans le Recueil des Arrêts notables recueillis par Me J. R. Arrêt III. l'article 4. du Titre 9. des Mainmortes de la Coûtume de Bourgogne (*a*) le décide de même. Il porte : » Un » Meix affis en lieu de Mainmorte, & entre Meix » Mainmortables, eft réputé de femblable condi-» tion que font tous les Meix Mainmortables du-» dit lieu, s'il n'y a titre ou ufance contraire.

PARAGRAPHE IV.

De ceux qui peuvent valablement paffer Reconnoiffance à un Terrier.

QUESTION PREMIÈRE.

Le mari peut-il validement reconnoiftre pour fa femme ?

IL n'y a aucun doute que le mari ne puiffe reconnoître les héritages des propres de fa femme, parce qu'il eft le Procureur-né & légi-

(*a*) M. le Préfident Bouhier en fes Obfervations, p. 17

time de fa femme, & n'a nullement befoin de fa Procuration pour paffer cet Acte : par une feconde raifon , il eft le maître & le chef de la communauté , & en cette qualité il eft le propriétaire des fruits des héritages qui appartiennent en propre à fa femme ; & comme il y a nombre de Coûtumes qui veulent que les fimples poffeffeurs foient tenus de payer les charges des héritages dont ils jouiffent, il eft cenfé que le mari qui poffède à jufte titre ceux de fa femme, peut faire validement la Reconnoiffance pour elle, à moins qu'elle ne foit féparée de biens ; car pour lors n'ayant point la jouiffance des biens de fa femme, il ne peut pas en paffer Reconnoiffance pour les Droits Cenfuels dont ils font chargés : ce qui autorife cette décifion, c'eft que le mari peut faire validement la foy & hommage pour les Fiefs dont fa femme eft propriétaire, fans qu'il ait befoin d'aucun pouvoir exprès , ni Procuration fpéciale, fuivant l'article 36. de la Coûtume de Paris, & l'ufage général du Droit François ; mais avenant la viduité, elle doit elle-même paffer Déclaration au Terrier du Seigneur Cenfier, & faire en ce cas la foy & hommage à fon Seigneur Dominant, fuivant l'article 39. de la Coûtume de Paris ; cependant il eft plus régulier , quand les chofes font poffibles , que ces Reconnoiffances foient faites par la femme, autorifée par fon mari.

Le mari, comme Procureur-né de fa femme, & maître de la communauté, peut reconnoître pour elle.

Si elle eft féparée de biens, il ne le peut.

Il peut faire la foy & hommage pour fa femme fans Procuration.

Mais fi le mari décéde, elle fera obligée de paffer nouvelle Reconnoiffance au Terrier de fon Seigneur.

QUESTION DEUXIEME.

Le Codétempteur peut-il reconnoiſtre pour ſon Aſſocié?

Le co-détemp-
teur peut recon-
noître pour ſon
aſſocié.

Si l'on ne peut douter que le Seigneur n'ait le droit de faire payer le devoir ſolidaire à un ſeul des Tenanciers & Propriétaires de l'héritage, l'on doit en conclure qu'un Codétempteur peut , & eſt en droit de reconnoître pour ſon Codétempteur au Terrier du Seigneur Cenſier ; ce qui eſt ſi conſtant que par l'Arrêt du Conſeil d'Etat du 19. Juin 1736. rendu pour la confection des Terriers de Verſailles , Marly , Meudon & Saint-Germain , l'article 2. porte , qu'il ne ſera paſſé qu'une ſeule Déclaration par tous les Propriétaires des mêmes héritages , & ſi aucuns des Propriétaires ſont abſens , les Déclarations ſeront paſſées par les préſens , tant en leur nom , que ſe faiſant fort deſdits abſens , ce qui leve toutes les difficultés qui peuvent naître ſur cette Queſtion.

QUESTION TROISIE'ME.

Le Tuteur ou Curateur peuvent-ils validement reconnoiſtre pour leurs Pupilles?

Il y a encore moins de doute à cette Queſtion qu'aux deux précédentes , en ce que les Tuteurs & Curateurs , ſont les Procureurs généraux & ſpéciaux des Mineurs , qui leur ſont donnés par les parens des pupilles , & confirmés par la Juſtice ;

c'eſt

c'eſt à eux auſquels on commet le ſoin des perſonnes & biens des Mineurs, par conſéquent, ils
ont tous les pouvoirs néceſſaires pour faire les
Déclarations & Reconnoiſſances cenſuelles &
féodales des biens deſdits pupilles.

QUESTION QUATRIE'ME.

S'il n'y a ni Tuteur, ni Curateur à des Mineurs, que
fera le Seigneur?

Il fera, à la requête de ſon Procureur Fiſcal,
ou du Procureur du Roi, aſſigner les parens devant le Juge qui en doit connoître pour élire un
Tuteur & un Curateur ; enſuite de quoi, le Tuteur paſſera la Reconnoiſſance au Terrier du Seigneur.

QUESTION CINQUIE'ME.

Qui doit reconnoiſtre pour une Communauté Laïque,
ou Eccléſiaſtique?

A l'égard des Communautés Eccléſiaſtiques ;
ce ſont les Abbés, Prieurs, Abbeſſes, Prieures &
Supérieures, qui doivent le faire, ou les fondés
de leurs Procurations : quant aux Communautés
Laïques, ce ſont les Maires, Syndics & Echevins, qui doivent reconnoître, ou ceux qu'ils dé-
putent à cet effet, en conſéquence d'une Procuration ſpéciale.

N n

QUESTION SIXIE'ME.

Si le Propriétaire d'un héritage est absent du Pays ou du Royaume, quelle Procédure pour avoir une Reconnoissance valide?

Cet absent avoit, sans doute, domicile sur les lieux. Ainsi il peut être assigné à son dernier domicile, ou s'il n'en avoit aucun de connu avant son absence, il faudra le faire assigner par un cri public au principal Marché du lieu de l'établissement du Siége, suivant l'article 9. du Titre 2. de l'Ordonnance de 1667. où l'on obtiendra Sentence qui tiendra lieu de Reconnoissance.

QUESTION SEPTIE'ME.

Si la succession d'un Particulier est vacante, en laquelle il y ait des héritages Censuels, que fera le Seigneur?

Il fera, à la requête & diligence de son Procureur Fiscal, créer un Curateur à la succession vacante, & ensuite fera passer Déclaration & Reconnoissance au Terrier par ce Curateur; ce qui vaudra autant que si c'étoit le Propriétaire.

QUESTION HUITIE'ME.

S'il y a des héritages hermes & vacans que perfonne
ne veuille reconnoiftre, quelle Procédure
y aura-t-il à faire?

Il faut diftinguer en cette Queftion, fi c'eft un
Seigneur Haut-Jufticier qui fait renouveller fon
Terrier, ou fi c'eft un Seigneur d'un fimple Fief :
au premier cas, tous les héritages vacans appartiennent au Seigneur Haut-Jufticier, & il peut
s'en mettre en poffeffion ; c'eft la difpofition de
la plus grande partie des Coûtumes de France,
Bourbonnois, articles 331. & 332. & c'eft même
une claufe que l'on infére ordinairement dans les
Lettres de Terrier, qu'il demeure permis au Seigneur de fe mettre en poffeffion des Terres &
héritages vacans, affis dans fa haute Juftice, pendant trois années, pendant lefquelles, tous légitimes Propriétaires pourront reclamer lefdits héritages, en payant les labours, &c. paffé lequel
tems, il en demeurera propriétaire incommutable ; ainfi il n'y a nulle difficulté pour un Seigneur Haut-Jufticier. A l'égard d'un Seigneur de
Fief, fi aucuns héritages fujets & chargés envers
lui de Cens & redevances, font vacans & fans
détempteurs, il doit préfenter requête au Juge
Royal, lui expofer qu'il lui eft dû par tels Titres
des Cens fur un tel héritage, qui eft délaiffé,
abandonné, vacant, & fans détempteurs, & requerir qu'il lui foit permis de s'en mettre en pof-

Différence du
Seigneur Haut-
Jufticier à un Sei-
gneur d'un fimple
Fief, pour les hé-
ritages vacans.

feffion , fauf aux propriétaires à fe préfenter dans les trois années pour reclamer icelui , & de lui payer les arrérages des Cens & devoirs dûs fur icelui , qu'il aura fait liquider en Juftice ou fimplement devant le Commiffaire qui renouvelle fon Terrier.

Quant au Seigneur Haut-Jufticier , pour les biens & héritages vacans & fans détempteurs, qui ne lui doivent aucuns Cens, ni devoirs, étant fondé en Droit commun , il peut s'en mettre en poffeffion, fans qu'il foit néceffaire d'aucune Procédure ; il peut feulement faire dreffer un Procès-verbal de l'état de la Terre ou héritage , qui énoncera comme elle eft fans détempteur , & fa prife de poffeffion dans l'idée de celui ci-après : le Seigneur , en ce cas, n'ufera que de fon droit, comme le rapporte Papon , chapitre des Droits Seigneuriaux, livre 13. Titre 2. Arrêt 1. où il fait voir que le Seigneur peut concéder à cens les héritages hermes & vacans, dont il rapporte Arrêt.

Le Seigneur peut concéder les places , hermes & vacans, à titre de Cens.

QUESTION NEUVIE'ME.

S'il eft dû des arrérages de Cens & devoirs au Seigneur Haut-Jufticier fur un héritage vacant, comment les fera-t-il liquider ?

Il pourra les faire liquider devant le Juge Royal ; mais comme il pourroit fe faire que les frais de cette Procédure confommaffent la valeur de l'héritage, il peut, par un fimple Procès-verbal devant le Notaire Commiſſaire, faire faire cette liquidation en cette forme :

Modéle de Procès-verbal pour un Seigneur Haut-Juſticier, qui ſe met en poſſeſſion d'un héritage vacant chargé envers lui de Cens & redevances.

CEjourd'hui. . . . . . eſt comparu devant le Notaire Royal, Commiſſaire aux Droits Seigneuriaux, & en cette partie, Sieur . . . . . au nom & comme fondé de Procuration de haut & puiſſant Seigneur. . . . où étant, & en préſence des Témoins ci-après nommés, a dit, que ledit Seigneur de . . . . a obtenu des Lettres Patentes en forme de Terrier le . . . . enregiſtrées en la Sénéchauſſée de . . . . le . . . . dûëment publiées & affichées en la Paroiſſe de . . . . par Procès-verbal du. . . . par leſquelles il eſt preſcrit & enjoint à tous les Vaſſaux, Emphitéotes & Cenſitaires de cettedite Seigneurie de ſe préſenter dans la quinzaine de ladite Publication, devant ledit Notaire Royal, Commiſſaire ſuſdit, aux fins d'y paſſer les Actes de Foy & Hommage, Aveux & Dénombremens, Déclarations & Reconnoiſſances au Terrier de ladite Seigneurie de . . . . relativement & conformément aux Titres & Terriers dudit Seigneur, ſous les charges portées & exprimées en iceux ; qu'en conſéquence de ces Publications, les Vaſſaux & Cenſitaires de ladite Seigneurie ſe ſont préſentés, & ont paſſé leurs Déclarations & Reconnoiſſances audit Terrier, à l'exception des

Propriétaires d'une piéce de Terre située en ladite Paroisse de ... & au Terroir de ... en la Justice & Dixmerie dudit Seigneur, contenant environ .... joignant .... qui ont laissé vaquer & sans culture ladite Terre depuis plus de vingt ans, de maniere que l'on ne peut regarder cette Terre que comme vacante, & sans détempteurs ; & comme les articles 331. & 332. de la Coûtume du Bourbonnois déclarent que les héritages vacans appartiennent au Seigneur Haut-Justicier, & que par lesdites Lettres Patentes susdattées, Sa Majesté a permis audit Seigneur de se mettre en possession des Terres vagues dont ne lui apparoîtra aucun détempteur, icelui Sieur .... audit nom, a dit que, suivant les Reconnoissances de .... à l'ancien Terrier de cette Seigneurie. .... fol. .... qu'il a représenté, il est dû audit Seigneur le Cens annuel de.... dont les arrérages sont actuellement dûs de .... d'années, avant la publication desdites Lettres, qui portent une interpellation de payement, qu'ainsi il requiert que liquidation desdits Cens soit présentement faite sur les Mercuriales de .... qu'il a présentement rapportées, & dont il a requis Acte ; sur quoi, Nous Commissaire susdit, vû ledit Terrier, signé .... la Reconnoissance de .... du.... fol. .... d'icelui, par laquelle ledit .... a reconnu devoir sur ladite Terre confinée ci-dessus ledit Cens de.... Nous avons lesdits grains liquidés sur lesdites Mercuriales, signées .... sçavoir pour l'année .... &c. faisant toutes lesdites sommes, compris l'année

courante, le total de . . . . dont nous avons fait
Acte, pour fervir audit Seigneur ainfi qu'il appartiendra. Fait, lû & paffé au Château de . . . . lef-
dit jour & an fufdits, en préfence de . . . . . .

QUESTION DIXIE'ME.

Si, quelques années après cette prife de poffeffion de
la part du Seigneur, les Propriétaires de l'héritage
le reclament, pourront-ils forcer le Seigneur à leur
remettre ?

Il faut diftinguer fi ceux qui reclament cet héritage font majeurs, domiciliés fur les lieux ou
aux environs, ou bien s'ils font ou étoient mineurs
ou abfens, lors de la publication des Lettres de
Terrier, & que cette abfence fût pour caufe légitime, ou en Pays lointains ; au premier cas, après
les trois années expirées, ils ne feront plus reçus
à reclamer cet héritage ; au fecond cas, un héritier, après lefdites trois années paffées, pourra requerir ledit héritage, en payant les frais raifonnables, & l'on ne pourroit raifonnablement lui refufer.

QUESTION ONZIE'ME.

Si un Cenfitaire rapporte un Bail à Cens poftérieur au
Terrier, fur lequel on lui demande de faire fa Recon-
noiffance, ou un Titre d'affranchiffement de partie du
Cens, ou de la condition de la Taille réelle, Main-
morte, Champart, ou autre fervitude, lequel Titre

ne soit point dans les Archives & possession du Sei-
gneur, que fera le Commissaire ?

Si le Titre rapporté par le Censitaire est sincére
& autentique, & qu'il change la condition de
l'héritage, ou en diminuë les devoirs, & que ce
même Titre ne soit point en la possession du Seigneur ; en ce cas, le Commissaire ne peut plus
exiger la Reconnoissance qu'il demandoit sur le
pied de celle portée par l'ancien Terrier; mais en

même tems il ne peut recevoir la Reconnoissance
nouvelle qu'offre de faire cet Emphitéote, que
relativement & en énonçant le Titre rapporté,
& comme ce Titre y sert de fondement, il le fera
déposer par le Censitaire, & joindre à la minutte
de sa Reconnoissance, & en donnant une expédition de cette nouvelle Reconnoissance au Cen-

sitaire, il expédiera ensuite le Titre rapporté &
déposé ; autrement, il s'engageroit envers le Seigneur, qui seroit en droit de lui demander le Titre sur lequel il a fait le changement de son Terrier, ce qui l'embarrasseroit en ce que ce Titre
étant resté ès mains du Censitaire, pourroit s'être
égaré & perdu ; ce dépôt d'ailleurs est la sûreté
de l'Emphitéote, sur-tout si c'est un Titre ancien,
comme nombre de Censitaires en rapportent fréquemment dans les renovations de Terriers.

QUESTION

QUESTION DOUZIE'ME.

Si un Censitaire se présente pour faire sa Déclaration volontaire devant le Commissaire, sans y rapporter & exhiber ses Titres de proprieté, peut-il recevoir sa Déclaration ?

Non, il doit faire rapporter au Censitaire ses Titres, ne sussent que des partages entre cohéritiers, ou autres Actes équipolens.

QUESTION TREIZIE'ME.

Si ce Censitaire n'a aucuns Titres, ni quittances à représenter ?

En ce cas, il faut recevoir sa Reconnoissance, & dans icelle faire affirmer le Censitaire qu'il n'a aucuns Titres de propriété, & déclarer à quel titre, depuis quel tems, & comment l'héritage lui est parvenu.

QUESTION QUATORZIE'ME.

Si celui qui a acquis pour lui ou pour son ami, élu ou à élire, & qui n'a pas encore fait son élection, se présente pour faire sa Déclaration, comment la fera-t-il ?

Pour résoudre cette Question, il faut sçavoir quel tems a cet Acquereur pour faire cette Déclaration.

Il faut convenir que le bénéfice d'acquerir pour soi ou son ami, élu ou à élire, est extraordinaire ; mais il est cependant d'usage général en

O o

France, puifque toutes les adjudications des biens
faifis réellement fe font par le miniftére des Procureurs, lefquels font obligés quelques jours après
de faire leur déclaration au Greffe, que l'acquifition eft pour un tel, & comme cette liberté eft
égale pour tous Contrats de vente volontaire, ce
bénéfice, quoique extraordinaire, eft ufité différemment en plufieurs Provinces, les uns prétendant que l'Acquereur, à ce Titre, a un an pour
faire fa Déclaration, & d'autres affurant qu'il doit
faire cette élection dans les quarante jours du Contrat, ces deux termes font cependant très-éloi-
gnés l'un de l'autre ; ce que nous pouvons dire à
ce fujet, eft qu'il faut fuivre l'efprit des Coûtumes
qui déterminent ces termes, & aux Loix rapportées par M. le Préfident Favre, fur lefquelles il décide qu'il n'y a que quarante jours pour faire fa
Déclaration, & nommer fon ami, dans lefquels
cas & intervalle, fi l'Acquereur eft contraint de fe
préfenter pour faire fa Déclaration, il la fera fuivant le Contrat qu'il rapportera, fous les réferves
que ladite Déclaration ne pourra nuire, ni préjudicier à fon ami élu ou à élire dans le tems porté
par la Coûtume ou par la Loi, attendu que celui
qu'il doit élire peut être fi éloigné de lui, qu'il ne
pourroit aifément en avoir réponfe de bien long
tems, & que d'ailleurs il y a des perfonnes fouvent infiniment intéreffées à garder le filence fur
leurs acquifitions, parce que s'il ne faifoit ces réferves & proteftations, & faifoit fa Déclaration
pure & fimple, la Déclaration qu'il feroit enfuite,

Les élections d'a-
mi en acquifi-
tions, font en
ufage général
en France.

Dans quel tems
fe doit faire cette
élection.

Dans le Droit,
il n'y a que qua-
rante jours pour
faire cette élec-
tion.

Comment la Re-
connoiffance ou
déclaration fera
faite, & les réfer-
ves néceffaires.

Raifons des élec-
tions d'ami.

quoique dans le tems de la Loi, lui préjudicieroit, & feroit regardée comme une double vente fujette à lots & ventes.

QUESTION QUINZIE'ME.

Si celui qui vient pour reconnoiſtre à un Terrier, ne rapportoit pour titre de propriété, qu'une vente ſous ſignature privée, le Commiſſaire pourroit-il recevoir ſa Reconnoiſſance ?.

Il doit ſçavoir que tous les Actes & Contrats, portant ventes, tranſports & tranſlations de propriété d'héritages doivent être paſſés devant Notaires, à peine de nullité ; c'eſt l'eſprit de l'Ordonnance de Philippe le Bel du 5. Juin 1300. qui a été renouvellée & plus étendue par celle de François I. donnée à Iſſurtille au mois d'Octobre 1535. article 5. qui porte : » Déclarons tous Traités con- » cernant héritages, rentes, ou réalités, qui dors » en avant ne feront reçus par nos Notaires, être » nuls & de nul effet & valeur, en ce qui con- » cernera leſdits héritages, rentes & réalité.

Tous les Actes de ventes d'héritages & tranſlatifs de propriété, doivent être paſſés devant Notaires, à peine de nullité.

L'Edit de Mars 1693. en a renouvellé les diſpoſitions ; l'Arrêt du Conſeil du 21. Juillet ſuivant ordonne, » Que tous Contrats de vente, » tranſports, échanges, conſtitutions de rentes, » lots, partages, Contrats de mariage, & autres » Actes feront faits pardevant Notaires', à peine » de nullité ; fait défenſes à tous Juges d'y avoir » égard, s'ils ne font tels, aux Parties de s'en fer- » vir, & à tous Sergens de les mettre à exécution,

» à peine de 200. livres d'amende contre chacun
» des contrevenans.

L'Arrêt du Conseil du 13. Décembre 1695. en
a encore ordonné l'exécution, en ces termes :

» Sa Majesté, en son Conseil, a ordonné & or-
» donne, que lesdits Edits du mois de Mars 1693.
» les Arrêts du Conseil rendus en conséquence
» les 21. Juillet 1693. & 20. Avril 1694. seront
» exécutés selon leur forme & teneur ; ce faisant,
» Sa Majesté a fait & fait itératives défenses à tous
» ses Juges & autres, d'admettre ni ordonner au-
» cuns priviléges, hypotéques, nantissement, en-
» saisinement, ni prises de possession sur les im-
» meubles, en conséquence de Sentences ou Ar-
» rêts, s'ils ne sont fondés & rendus sur des Con-
» trats & Actes passés par des Notaires ou Tabel-
» lions, à peine d'interdiction, & de deux cens
» livres d'amende contre chacune des Parties qui
» s'en serviront, lesquelles amendes Sa Majesté
» veut être payées en vertu dudit Arrêt, & sans
» qu'il en soit besoin d'autre.

Ces Ordonnances veulent donc, à peine de
nullité, qu'il soit passé des Actes pardevant Notaires de tous les Actes qui peuvent porter tradition d'héritages ; par conséquent, il ne peut recevoir la Déclaration d'un Censitaire sur des Actes
sous signatures privées, qui ne peuvent faire foi
qu'après avoir été reconnus en Justice, contrôlés
& insinués, il encoureroit les peines qui sont portées par ces Ordonnances, & la Déclaration &
Reconnoissance qu'il feroit seroit nulle, aux termes

Reconnoissance à Terrier ne sera faite sur des Actes sous signature pri-vée.

desdites Ordonnances; c'est même l'esprit de l'article 527. de la Coûtume de Normandie.

QUESTION SEIZIE'ME.

Si un Particulier , exempt par privilége de payer des Droits de Lots au Roi , avoit acquis un héritage , comme étant dans la mouvance de Sa Majesté , & qu'il se trouvât mouvant d'un Seigneur particulier , ne pourroit-il pas faire résoudre son Contrat, en obtenant des Lettres de rescision ?

Cette Question s'est présentée & a été jugée pour la négative par Arrêt du Parlement du 15. Mars 1737. Voyez le fait.

Le sieur Borderel de Caumont, Substitut de M. le Procureur Général, acheta le 21. Avril 1720. du Sieur Huet, Greffier du Bailliage de Saint-Pierre-le-Moutier & d'autres , la Terre & Seigneurie de Saint Loup-sur-Abron, en Nivernois, avec Déclaration, de la part des Vendeurs, que cette Seigneurie étoit mouvante en Fief du Roi, & au moyen de cette Déclaration, le sieur de Caumont se crut exempt de payer aucuns Droits de Quint, attendu les priviléges des Substituts de M. le Procureur Général, pour les acquisitions qu'ils font en la mouvance du Roi.

Au mois de Fevrier 1721. la Prieure de Marcigny fit saisir féodalement cette Terre de Saint-Loup, faute d'Homme, Droits & Devoirs non faits, & non payés, fondée sur un Titre de Bail de Fief du 13. Janvier 1628. Le sieur de Caumont ayant évoqué ces pourſuites aux Requêtes de l'Hôtel mit en cauſe ſes Vendeurs , & prit des Lettres de reſciſion contre ſon Contrat de vente , dont il demandoit l'enthérinement, fondé ſur ce qu'ayant crû acquerir une Terre en la mouvance du Roi, elle ſe trouvoit être en celle d'une Communauté Religieuſe, il y avoit lieu à la réſolution de ſon Contrat. Intervint Sentence le 6. Août 1724. qui le débouta de l'enthérinement de ſes Lettres, ſauf ſes dommages & intérêts contre ſes Vendeurs, de laquelle le ſieur de Caumont ayant appellé, cette Sentence fut confirmée par Arrêt contradictoire du 15. Mars 1737. au rapport de M. le Clerc de Leſſeville. Cet Arrêt juge donc que l'énonciation d'une mouvance dans un Contrat de vente, ne peut préjudicier à un tiers, & qu'elle ne ſe réduit qu'à des dommages & intérêts contre ceux qui ont fait une fauſſe Déclaration, mais qu'elle ne peut opérer la réſolution du Contrat.

Arrêt qui juge que la fauſſe énonciation d'une mouvance dans un Contrat de vente, ne peut en opérer la réſolution , qu'elle ne ſe réduit qu'à des dommages & intérêts contre les vendeurs.

QUESTION DIX-SEPTIE'ME.

Si un Particulier avoit acquis des héritages énoncés en ſon Contrat être en Fief du Roi, & qu'ils ſe trouvaſ-ſent en cens & roture, ſeroit-ce un moyen de faire réſoudre la vente?

Il y a de la différence de cette Queſtion à la précédente, en ce que, autre choſe eſt d'acquerir un Fief, ou une Terre en roture déclarée mou-vante d'un Seigneur, tandis qu'elle ſe trouveroit mouvante d'un autre Seigneur ; ou d'entendre acquerir un Fief, tandis que ce ne fera qu'une fimple Roture. Parce qu'au premier cas, cela ne peut fe réduire qu'à des dommages & intérêts, comme il a été décidé par l'Arrêt que nous venons de rapporter ; mais au fecond cas, cela eft très-oppofé, parce qu'un Fief & une Roture font chofes très-différentes, tant par la condition des héritages que par celles des perfonnes, un Vaffal & Cenfitaire étant deux perfonnes tout-à-fait diftinctes, & oppofées entr'elles, indépendamment des charges roturieres qui font coutumierement attachées à cette derniere condition, en forte qu'il eft fenfible qu'un Particulier, qui a cru acquerir un Fief, & qu'on lui a vendu de cette qualité, eft fondé à faire réfilier fon Contrat par les raifons fufdites, & outre cela, parce que les Fiefs fe partagent différemment que les Rotures ; ce qui cauferoit un dérangement confidérable dans l'œconomie d'un Pere de famille, fi un pareil Contrat pouvoit fubfifter.

C'eft, fans doute, fur ces motifs qu'eft intervenu l'Arrêt du Parlement du 2. Septembre 1730. rendu entre Jean de Louau, Chevalier, Seigneur de Courfay, Appellant d'une Sentence de la Châtellenie de Verneuil en Bourbonnois du 8. Août 1719. Gilbert Gaulmain, Comte de Mont-George, & Meffire Jean Bertin de Saint-Geran, Maître des Requêtes ordinaire, par lequel, fur ce que la Terre & Seigneurie de la Motte-Verger & Fief de Goutiere avoient été vendus par ledit fieur de

Louau à M. Bertin, comme un Fief mouvant du
Roi, par Contrat du 18. Janvier 1720. & qu'il
se trouvoit qu'elle étoit mouvante en Roture, tant
dudit sieur de Mont-George, à cause de sa Seigneurie de May, que du Duché de Bourbonnois,
à cause de la Châtellenie de Chantelle, pourquoi
Mr. Bertin avoit obtenu des Lettres de rescision le
23. Août 1730. à ce qu'il fût remis au même état
qu'avant ledit Contrat; la Cour par cet Arrêt, en
entherinant lesdites Lettres de rescision, déclare
ledit Contrat de vente nul & résolu, condamne
ledit de Louau à rendre & restituer à M. Bertin
la somme de 65000 livres portée par ledit Contrat, avec intérêts du jour du payement, &c.

Cet Arrêt a jugé conformément à la disposition des Ordonnances d'Août 1539. Décembre
1540. May 1579. & Janvier 1629. & des Arrêts
du Conseil du 26. Avril 1712. & 29. Août 1721.
qui prononcent la peine de nullité du Contrat,
faute par le Vendeur de désigner au vrai les charges de l'héritage & sa condition.

QUESTION DIX-HUITIE'ME.

Si un Emphitéote demande communication des Titres
& Terriers du Seigneur, avant de faire sa
Reconnoissance, pourra-t-on les lui refuser ?

Le Commissaire doit sçavoir, comme on l'a dit
à la Question 10. du Paragraphe 1. Section 3. du
présent Chapitre, qu'un Terrier est le Titre commun

mun du Seigneur & de fes Vaffaux & Cenfitaires,
& que bien loin que l'on doive refufer à aucuns
Cenfitaires la communication du Terrier de leur
Seigneurie, le Seigneur doit, au contraire, leur
offrir, & s'ils font ignares, & ne peuvent le lire,
il doit les exciter à rechercher quelqu'un d'intelligent, pour leur faire voir que la Reconnoiffance
nouvelle qu'on leur demande n'eft point diffemblable, & eft conforme & entierement relative à
celle de l'ancien Terrier, le refus qu'il feroit feroit déplacé & mal fondé ; l'Emphitéote & Cenfitaire ayant la liberté de demander la repréfentation de l'ancien Terrier avant de faire fa Reconnoiffance, même de faire affirmer le Seigneur,
qu'il n'en a d'autre que celui qu'il repréfente, &
qu'il n'en retient aucuns par dol, fraude, & autrement, ainfi que le décide Me Charles Dumoulin
fur la Coûtume de Paris, Titre 1. des Fiefs, dans
fa Glofe *in verbo* Dénombrement, au §. 8. & au
§. 5. nombre 6. où cet Auteur dit que le Seigneur
& le Vaffal font obligés mutuellement de fe communiquer leurs Titres, par la bonne-foi & la nature du Contrat finallagmatique qui eft entr'eux,
& dit que cette maxime a pareillement lieu entre
le Seigneur & l'Emphitéote, fuivant la Loi *Titius*,
& la Loi *Creditor*, ff. *de Actionibus empti*, la Loi
Inftrumenta, Cod. *de Fidei-commiffis*, & au n. 7.
il dit que fi l'Emphitéote le défire, le Seigneur
eft obligé de fe purger par ferment, s'il n'a les Titres & Terriers qu'on lui demande, & affure que
cela s'obferve dans tous les Pays de Coûtumes de

La communica-
tion des Terriers
fera offerte à
l'Emphitéote.

Le Seigneur & le
Cenfitaire obligés
refpectivement de
fe communiquer
leurs Titres,

Le Seigneur eft
tenu de prêter fer-
ment qu'il n'en a
d'autres.

France, ainſi que dans les Pays qui ſuivent le Droit Ecrit.

PARAGRAPHE V.

Des frais des Reconnoiſſances à Terriers, &
par qui ils ſont dûs.

QUESTION PREMIERE.

Aux frais de qui ſe doit faire la Déclaration &
Reconnoiſſance à Terriers ?

LA raiſon de décider cette Queſtion eſt des plus ſimples , c'eſt que tout Débiteur doit reconnoître ſon Créancier, & lui en fournir l'obligation à ſes propres frais. Or eſt-il que lors de la mort du Débiteur d'une rente , le Créancier contraint les héritiers à lui paſſer Titre nouvel à leurs frais. Il en eſt de même du nouvel Acquereur d'une maiſon & héritages ſur leſquels eſt affectée une rente que le Créancier force de lui en paſſer nouvelle Reconnoiſſance à ſes frais, & de la fournir au Créancier, ſans cela il en coûteroit à chaque changement au Créancier des ſommes qui diminueroient ſon principal , ce qui ne ſeroit point équitable ; & c'eſt ſur ces principes que toutes les fois que les Cenſitaires ont été aſſez imprudents pour refuſer de reconnoître à leurs frais ; les Cours de Parlement les ont toûjours condamnés. Les Auteurs qui ont traité des Fiefs ſont pleins de ces

Tout débiteur eſt obligé d'en remettre le titre au créancier.

Cenſitaires obligés de reconnoître à leurs frais.

Décisions ; la Justice ayant toûjours proscrit cette prétention comme une ingratitude punissable envers son bienfaiteur , parce qu'il faut convenir comme d'un fait certain , que de cent Baux à cens par lesquels les Seigneurs de Fief ont donné des héritages à titre de Cens , & autres Servitudes , il y en a au moins les deux tiers qui ont été donnés gratuitement sans aucun intrage , parce que c'étoit ou à de leurs Domestiques , pour les récompenser de leurs services , ou à leurs amis , que l'autre tiers a été donné la plus grande partie avec des intrages très-legers , comme j'en ai vû un grand nombre , où il a été donné un ou deux Moutons lainés , une piéce de vin blanc , ou quelques denrées pour leur Château , & l'autre partie à des intrages en argent très-modiques , de maniere que dans la suite des tems ces fonds ont été vendus aux Particuliers qui les possédent des prix considérables , dont les Propriétaires utiles ont les premiers profité , ce qui leur a souvent formé des établissemens dont ils font redevables à ces Seigneurs, ausquels ils voudroient de nouveau faire acheter les droits qu'ils se sont réservés sur ces héritages , & qui ne font toûjours qu'une mince partie des revenus. Depeisses , tit. 4. sect. 2. art. 3. spécifie les cas où le Seigneur peut demander nouvelle Reconnoissance , sçavoir, 1°. Lorsque le Seigneur est décédé. 2°. Lorsqu'il y a mutation d'Emphitéote. Et 3°. lorsqu'il y a plus de dix ans des dernieres Reconnoissances ; & dit , que régulierement les Reconnoissances doivent être faites aux frais de

Cas ausquels les Censitaires sont obligés de reconnoître à leurs frais.

P p ij

l'Emphitéote., finon en deux cas, 1°. Lorſque le Cenſitaire ayant déja reconnu, le Seigneur le veut faire reconnoître de nouveau, & lorſque l'Acquereur de la Seigneurie veut ſe faire reconnoître, parce que le privilége que l'héritier du Seigneur a de ſe faire reconnoître après le décès du défunt n'eſt pas accordé à l'Acquereur étranger, ſinon qu'il en fourniſſe les frais. La Rocheflavin, en ſon Traité des Droits Seigneuriaux, chap. des Inféodations, art. 31. en rapporte un Arrêt rendu en la Chambre de l'Edit à Grenoble le 16. May 1638. qui l'a ainſi jugé ; Papon dans ſon Recueil d'Arrêts ſur les Droits Seigneuriaux, en rapporte un du 22. Fevrier 1560. confirmatif d'une Sentence du Bailly de Foreſt, qui condamne un Emphitéote à reconnoître à ſes frais. L'Arrêt général des Grands Jours tenus à Clermont du 9. Juin 1666. régle les cas auſquels les nouvelles Reconnoiſſances doivent être aux frais des Cenſitaires & aux frais des Seigneurs, & dit préciſément, que les

Il faut vingt années de diſtance pour faire reconnoître un Emphitéote à ſes frais, qui a déja reconnu.

frais des Reconnoiſſances où il n'y aura pas mutation & vingt années précédentes, feront, aux frais des Seigneurs, mais que s'il y a mutation, ou qu'il y ait plus de vingt années de la précédente Reconnoiſſance, les frais en feront ſupportés par les Tenanciers : cet Arrêt fait un Réglement gé-

Arrêts qui l'ont jugé.

néral en cette matiere auquel il faut ſe ſoumettre, & c'eſt ſur ces principes que par Arrêt du Parlement de Paris du 26. May 1671. confirmatif d'une Sentence des Requêtes du Palais du 9. Septembre 1669. un Cenſitaire du Seigneur de Creſieux fut

condamné de reconnoître à fes frais : le même
Parlement a de même par fon Arrêt du 30. Juin
1695. condamné Alexandre Nure & Marguerite
Papier à reconnoître de nouveau, & d'en délivrer
expédition à leurs frais au Seigneur de Sauvigny
dans huitaine : autre Arrêt dudit Parlement du 20.
Mars 1726. confirmatif de la Sentence des Requêtes du Palais du premier Avril 1724. qui a
condamné Claude Perache, Archivifte, à paffer
nouvelle Reconnoiffance, & en fournir expédition à fes frais à M. l'Archevêque de Lyon : autre Arrêt du Parlement du 30. Juillet 1726. confirmatif d'une Sentence des Requêtes du Palais du
28. May 1721. qui condamne le Sieur François
Mercier, Bourgeois de la Paliffe, à paffer Reconnoiffance au Terrier du Seigneur de la Paliffe, &
lui en fournir expédition à fes frais : autre Arrêt
du 19. Juin 1728. confirmatif d'une Sentence des
Requêtes du Palais du 12. Mars 1725. qui condamne la Dame Chauffat, veuve de Thomas Ro-
fat, Tréforier de France, à reconnoître au Terrier de Meffieurs les Chanoines, Comtes de Lyon,
à fes frais & dépens, dans la quinzaine dans le
Château d'Albigny : autre Arrêt du 17. Janvier
1735. rendu au profit de M. Deftain, Evêque de
Saint Flour, Prieur de Saint Irenée de Lyon,
confirmatif d'une Sentence des Requêtes du Palais du 29. May 1732. qui condamne Jacques
Guillot à paffer nouvelle Reconnoiffance & Déclaration au Terrier du Prieuré de S. Irenée, &
icelle fournir en bonne forme à fes frais audit Sei-

gneur Prieur ; & enfin l'Arrêt du Parlement du
14. May 1740. confirmatif de la Sentence des
Requêtes du Palais du 15. Septembre 1723. qui
a condamné Demoiselle Pierrette Preveraud,
veuve de sieur François Lefevre, sieur de Trisu-
ble, & autres, à passer Déclaration & Reconnoif-
sance au Terrier du Seigneur Comte de Chabannes, Seigneur de la Palisse, & lui fournir expédition à ses frais dans quinzaine de la signification, ne laisse pas douter un moment de la Jurisprudence à cet égard, & de la certitude que
l'Emphitéote & le Censitaire, doivent reconnoître à leurs frais, les Cens & Devoirs qu'ils doivent
à leur Seigneur direct, & lui en fournir expédition
en bonne forme, pourvu qu'il y ait mutation, ou
qu'il n'y ait pas vingt ans qu'il ait déja reconnu les
mêmes Cens au même Terrier, conformément
audit Arrêt des Grands Jours, art. 25. que nous
avons rapporté à la Question 6. du Paragraphe 2.
du présent Chapitre. Et est à noter que cet Arrêt
n'est pas simplement pour la Province d'Auvergne où il a été rendu, mais encore pour le Bourbonnois, Nivernois, la Marche, Lyonnois, Fo-
rest, Beaujolois & Maconnois, conformément
aux Arrêts du Conseil d'Etat, qui portent la Commission de cette Compagnie, & qu'il est & doit
être étendu dans tout le Royaume, comme un
Réglement général bien équitable.

QUESTION DEUXIE'ME.

Si un Cenſitaire, malgré la Sentence ou Arrêt qui le condamne à reconnoiſtre au Terrier du Seigneur, ne veut pas reconnoiſtre, quelle peine encourera-t-il ?

La Rocheflavin, Traité des Droits Seigneuriaux, chap. 19. art. 3. met au nombre des peines qui emportent la commiſe de l'héritage de l'Emphitéote au profit du Seigneur, le refus d'en paſſer ſa Reconnoiſſance, après condamnation & dûe interpellation ; parce, dit Me Guyot dans ſon Traité des Fiefs, vol. 4. du Droit de Commiſe en Emphitéoſe, chap. unique, ſect. 2. nomb. 3. que c'eſt un mépris réel de ſon Seigneur & de la Juſtice, qui mérite punition.

Le refus de reconnoître par le Cenſitaire, emporte la commiſe de ſon héritage.

QUESTION TROISIE'ME.

Si ce refus étoit conſtaté, que faudroit-il que le Seigneur fiſt pour ſe mettre en poſſeſſion de l'héritage que le Cenſitaire n'auroit pas voulu reconnoiſtre volontairement ?

Il feroit obligé de préſenter Requête au Juge Royal, qui auroit rendu la Sentence qui auroit condamné le Cenſitaire, ou au Parlement, ſi c'étoit un Arrêt, expoſitif de la condamnation, des ſignifications & ſommations faites au Cenſitaire aux fins de ſatisfaire à icelle, & demander permiſſion de le faire aſſigner pour voir dire que, faute par lui d'avoir ſatisfait tant à ladite condamnation quaux fommations à lui faites, il demeureroit déchu de reconnoître ledit héritage au Terrier nouveau dudit Seigneur, & que pour fon refus & le mépris fait tant à la Juftice qu'audit Seigneur, ledit héritage demeureroit commis au profit dudit Seigneur, avec défenfes audit Cenfitaire de s'immifcer en la jouiffance & poffeffion d'icelui, fous les peines de Droit.

Enfuite on fera affigner ce Cenfitaire, & l'on obtiendra Sentence ou Arrêt conforme aux conclufions.

QUESTION QUATRIE'ME.

Quels Droits font dûs par les Cenfitaires & Emphitéotes pour la paffation de leurs Déclarations & Reconnoiffances?

Il y a eu différens Réglemens à ce fujet, & entr'autres un par Arrêt du Parlement de Touloufe du 28. Fevrier 1659. par lequel il fut réglé que le Notaire qui pafferoit une Reconnoiffance, feroit payé de 5 f. pour le premier article, & 2 f. 6 d. pour chacun des autres, 2 f. par arpent de chaque Terre; ce qui eft exécuté dans l'étenduë du Parlement de Paris, ainfi qu'il paroît par deux Actes de notorieté du Châtelet de Paris des 5. Mars & 5. Août 1689. rapportés dans le Recueil des Actes de notorieté donné par M. le Camus en 1709. le Réglement fait par l'Arrêt des Grands Jours de Clermont du 9. Juin 1666. qui fixe à 15 f. le premier article, & 2 f. 6 d. par chacun

cun des autres : il y a eu un autre Réglement fait
par Arrêt du 18. Juin 1703. qui régle que lorfque
la Reconnoiffance ne fera compofée que d'un ou
deux articles, le Cenfitaire payera 30 f. S'il y en
a plus jufqu'à dix, le furplus fera payé à raifon
de 2 f. 6 d. chacun, & non compris le Papier timbré, contrôle & fcellé; mais il faut s'en tenir à
celui qui a été fait par Arrêt du Confeil d'Etat du
19. Juin pour la confection du Terrier de Verfailles, Marly, Saint Germain-en-Laye & Meu-
don, que nous rapporterons ici dans fon entier.

ARREST DU CONSEIL D'ETAT,

Portant Réglement des Droits dûs pour les
Reconnoiffances à Terrier.

Extrait des Regiftres du Confeil d'Etat.

Du 19. Juin 1736.

LE ROI ayant ordonné, par des Lettres
Patentes du 17. Janvier dernier, qu'il feroit
procédé à la confection d'un Terrier général de
fes Domaines de Verfailles, Marly, Saint Germain-en-Laye & Meudon, & nommé à cet effet
des Commiffaires de fon Confeil, pour juger les
conteftations qui pourront furvenir à l'occafion
dudit Terrier, il lui paroît néceffaire de fixer ce
qui doit être payé par fes Vaffaux & Cenfitaires,
aux Notaires qui ont été nommés par lefdits fieurs

Q q

Commiffaires, pour les frais des Déclarations qui doivent être renduës audit Terrier ; de régler auffi, fuivant l'étenduë des emplacemens juftifiée par les plans qui viennent d'être levés de l'ordre de Sa Majefté, la quotité du Cens qui fera payé à l'avenir par les Propriétaires des maifons & autres emplacemens de la Ville de Verfailles, dont il n'a encore été paffé aucunes Déclarations, en forte qu'il n'y entre aucuns deniers, oboles, ni pittes, attendu la difficulté de la perception ; & enfin de régler la remife qui pourra être accordée fur les Droits de lods & ventes, qui fe trouveront dûs par aucuns de fes Vaffaux & Cenfitaires ; à quoi voulant pourvoir, O u i le Rapport du fieur Orry, Confeiller d'Etat & ordinaire au Confeil Royal, Contrôleur Général des Finances, Sa Majefté étant en fon Confeil, a ordonné & ordonne ce qui fuit.

A r t i c l e I.

Les Vaffaux & Cenfitaires de Sa Majefté ne payeront que la feule minutte des Déclarations qui feront par eux fournies ; Sa Majefté voulant bien prendre fur fon compte la dépenfe des expéditions qu'elle fera faire dans la forme qui fera jugée la plus convenable pour le bon ordre de fon Terrier.

I I.

Déclarations feront faites par les préfens, en fe portant fort pour les abfens.

Il ne fera paffé qu'une feule Déclaration par tous les Propriétaires des mêmes héritages ; & fi aucuns des Propriétaires font abfens, les Déclarations feront paffées par les préfens, tant en leur nom, que fe faifant fort defdits abfens.

I I I.

Il fera payé aux Notaires qui recevront les Déclarations pour les maifons & autres emplace-mens dans les Villes de Verfailles, Marly, Meu-don & Saint Germain-en-Laye, 50 fols pour chacun ; outre le coût du Papier & du Droit de Scel, & encore du Droit de Contrôle, à l'égard des Déclarations qui feront paffées devant les No-taires commis à Verfailles & à Saint Germain-en-Laye.

I V.

Quant aux maifons & autres héritages fitués hors lefdites Villes, & dans toute l'étenduë def-dits domaines, il fera paffé autant de Déclarations qu'il y a de Paroiffes dans lefquelles les mêmes Propriétaires poffédent des biens.

V.

Il fera payé 30 fols pour le premier Article def-dites Déclarations, & 5 fols pour chacun des au-tres Articles, non compris auffi le coût du Papier, Scel & Contrôle.

V I.

Outre ces fommes, les expéditions que les Particuliers voudront avoir de leurs Déclarations, feront par eux payées, felon le nombre de Rol-les que contiendront lefdites Déclarations, fui-vant les Réglemens.

Expéditions des Reconnoiffances feront payées fui-vant les Régle-mens.

V I I.

Les Notaires, moyennant leur falaire ci-def-

fus réglé, remettront tous les mois au Procureur
du Roi de la Commiſſion, des copies en Papier
non timbré de toutes les Déclarations qu'ils auront reçues pendant le mois précédent, dont il
leur ſera donné une Reconnoiſſance par ledit Procureur du Roi au pied d'un Etat ſommaire, qui ne
contiendra que les noms des Propriétaires qui auront ſigné leſdites Déclarations, & les dattes d'i-
celles.

VIII.

Leſdits Notaires ſigneront, chacun à leur égard,
auſſi moyennant le ſalaire ci-deſſus réglé, les expéditions des Déclarations qui auront été reçues
par chacun d'eux, après qu'elles auront été portées dans les Volumes dudit Terrier.

IX.

Le Cens pour les maiſons & autres emplacemens de la Ville de Verſailles, ſera employé
dans leſdites Déclarations, & payé ainſi qu'il ſuit.
Pour cinq perches & au-deſſous, 1 ſol. Pour les
emplacemens au-deſſus de cinq perches juſqu'à dix
perches, 2 ſols. Pour ceux au-deſſus de dix perches juſqu'à quinze perches, 3 ſols. Pour ceux
au-deſſus de quinze perches juſqu'à vingt perches,
4 ſols. Pour ceux au-deſſus de vingt perches juſqu'à vingt-cinq perches, 5 ſols ; & à la même
proportion juſqu'à cent perches, & au-deſſus, enſorte qu'il ne ſoit pas payé pour l'arpent plus de
20 ſols : Et ſera ledit Cens ſtipulé payable au jour
de S. Michel de chaque année, ſous peine de l'a-
mende portée par la Coûtume de Paris.

Réglement pour le payement de l'arpentage.

X.

Quant aux Cens & redevances Seigneuriales dûs pour les autres maifons & héritages fitués dans l'étenduë de tous lefdits Domaines, la fixation en fera faite, fuivant qu'elle fe trouvera établie par les Déclarations paffées à Sa Majefté, ou aux anciens Seigneurs dont elle a les droits, ou par les autres Titres de Sa Majefté, même par ceux des détempteurs defdits héritages : & où il n'en pourra être juftifié par anciens Titres, il y fera pourvû par lefdits Commiffaires ainfi qu'il appartiendra, les propriétaires des héritages appellés à la requête du Procureur du Roi de la Commiffion, & ledit Cens & autres redevances feront ftipulés payables aux jours des échéances accoûtumées en chaque lieu, auffi fous peine de l'amende portée par la Coûtume.

X I.

Permet Sa Majefté au Receveur de fefdits Domaines, d'accorder, conformément aux Lettres Patentes du 1. Fevrier 1723. un quart de remife à ceux de fes Vaffaux & Cenfitaires qui lui doivent des Droits de quint, de relief, ou de lods & ventes, de leur chef, ou de celui de leurs auteurs, & qui en feront le payement dans trois mois, à compter du jour de la publication du préfent Arrêt : Veut qu'après ledit jour ils foient tenus de payer lefdits Droits en entier, & qu'ils foient à cet effet pourfuivis à la requête de fondit Procureur, fans que ledit délai puiffe être prorogé fous aucun prétexte.

XII.

Enjoint Sa Majefté aufdits Sieurs Commiffaires de tenir la main à l'exécution du préfent Arrêt, à l'effet de quoi Sadite Majefté leur en donne de nouveau, en tant que befoin, toute Cour, Jurif-diction & connoiffance. Fait au Confeil d'Etat du Roi, Sa Majefté y étant, tenu à Verfailles le 19. Juin 1736. *Signé* PHELIPEAUX.

OBSERVATION.

Suivant ce Réglement, les Droits du Notaire pour chaque maifon & emplacement dans les Vil-les, font de   .   .   .   50 f.

Pour le Papier & le Sceau, fuivant l'Edit de Novembre 1706.   .   .   2 f. 8 d.

Pour le Contrôle, fuivant le Tarif du Confeil de 1722.   .   .   .   6 f.

58 f. 8 d.

Mais il faut obferver que ce n'eft que pour le payement de la feule minutte, que la Groffe que doit donner le Cenfitaire au Seigneur n'y eft point comprife, ainfi qu'il en eft fait mention au pre-mier article de cet Arrêt, laquelle Groffe doit fe payer fur le pied de 20 f. du Rôle, grand Pa-pier à Terrier, non compris le coût du Papier & Sceau ; l'expédition que le Cenfitaire peut de-mander, en cas qu'il veuille en avoir une, n'y eft de même point comprife, laquelle doit fe payer à raifon de 10 f. par Rôle, petit Papier, fuivant

Droit dû au No-taire Commiffaire pour Groffe & Ex-pédition.

le Réglement de la Cour du 4. Décembre 1688.
& l'article 6. dudit Arrêt du Conseil.

Au surplus l'article 5. de ce Réglement, qui fixe toutes les Déclarations à 30 s. pour le premier article, & 5 s. tous les autres articles, n'est de même que pour la seule minutte, sans y comprendre le papier, contrôle & sceau, la Grosse qui doit être fournie au Seigneur, devant outre ce être payée par le Censitaire, ainsi que l'Expédition pour lui, s'il en veut avoir une.

Si le Seigneur fait lever géométriquement les Plans de sa Justice & Directe, l'article 9. de cet Arrêt régle les Droits que les Censitaires & Justiciables doivent payer au Commissaire, Géométre ou Arpenteur, de maniere qu'ils ne puissent excéder plus de 20 sols par arpent.

Les Censitaires & Justiciables ne doivent pas trouver ces Droits exhorbitans, d'autant que communément ils ne les payent qu'une fois en leur vie, étant bien rare qu'ils passent deux fois leur Déclaration au même Terrier, & qu'outre ce, ces Censitaires trouvent dans ces Reconnoissances leur titre de propriété, la certitude de leurs redevances, la précision de l'étenduë de leur Terrain, d'une maniere que quand ils perdroient leurs propres Titres, leurs Déclarations leur tiendroient lieu de Titres de propriété envers leurs voisins, & tous autres : ainsi loin que les Censitaires puissent regarder une rénovation de Terrier comme une chose qui leur est onéreuse, ils doivent, au contraire, la souhaiter, en ce que souvent ils ne jouis-

L'interêt que les Censitaires ont dans leurs Déclarations, lorsqu'elles sont régulieres.

fent pas de la totalité des héritages qui leur appartiennent, & retrouvent par les anciens Titres & Terriers du Seigneur, ce qui leur manque de leurs héritages, dont ces rénovations opérent les reftitutions, comme aux vrais Propriétaires.

QUESTION CINQUIE'ME.

Si le Cenfitaire ne paye pas l'Acte de fa Déclaration & Reconnoiffance au Commiffaire, le Seigneur n'eft-il pas obligé de le payer ?

Les deux Parties qui paffent un Acte devant Notaire, font tenus tous les deux de fes falaires & avances.

Il eft des régles les mieux établies, que les deux Parties qui paffent un Acte devant un Notaire, font tous les deux obligés à payer fes falaires & débourfés, lui étant libre de s'adreffer pour fon payement à celui des deux qu'il jugera convenable, quoique ce foit à celui auquel cet Acte doit être remis fans frais, fauf à lui à s'en faire rembourfer ainfi qu'il avifera par celui qui le doit payer ; par conféquent, fi le Cenfitaire ne paye pas fa Déclaration, le Seigneur eft tenu d'y fatisfaire, une Déclaration & Reconnoiffance étant un même Acte qu'un Titre nouvel d'un Contrat de rente que le Créancier feroit obligé de lever pour fe faire payer de fon Débiteur, duquel il fe feroit incontcftablement rembourfer de ce qu'il auroit payé au Notaire pour la Groffe ou Expédition que le Débiteur eft chargé de lui fournir.

QUESTION

QUESTION SIXIE'ME.

Si, par le Traité que le Notaire auroit fait avec le Seigneur, il s'étoit obligé purement & simplement de faire & lui remettre, moyennant la somme conve-nuë, son Terrier dans un tel tems, le Seigneur pour-roit-il lui opposer qu'il ne s'est pas réservé de lui faire payer les Déclarations de son Terrier, & qu'il y est non-recevable ?

Cette exception feroit déplacée dans la bouche du Seigneur, en ce que le Notaire ne s'est en-gagé qu'à la rénovation des Titres & Terriers du Seigneur, c'est-à-dire en faire passer des Décla-rations volontaires, autant qu'il fera en son possible, par les Censitaires, par nouveaux confins, tenans & aboutissans référés aux anciens, énoncer en icel-les les précédentes, & les Droits & Redevances y portés, de même que de confiner & détailler exactement les limites des Justices, Dixmeries, Fiefs, Directes, Domaines, Droits & Devoirs Seigneuriaux, tant honorifiques, réels, person-nels, que mixtes, &c. & du tout faire un Terrier que ce Notaire s'oblige de lui remettre en tel tems, &c. ce qui est un ouvrage considérable, pour lequel le Seigneur s'oblige de lui payer une telle somme : or cette somme est pour cet ouvra-ge, dont est tenu personnellement & directement le Seigneur, & non pour les Actes qui font à la charge des Censitaires, & qui doivent être payés par eux, & si le Seigneur en est tenu, & peut être forcé de les payer, ce n'eſt pas qu'il les doive perſonnellement, mais indirectement, ayant la liberté de s'en faire rembourſer par ſes Cenſitaires.

QUESTION SEPTIE'ME.

Quel tems a le Notaire pour ſe faire payer de ſes ſalaires & débourſés, pour ces Déclarations ?

Il n'y a nul Réglement qui preſcrive aux Notaires de faire demande à leurs Parties de leurs ſalaires & vacations dans un moindre délai que celui de la durée d'une action, qui eſt de trente ans, comme la Cour a fait à l'égard des Procureurs par ſon Arrêt du 28. Mars 1692. qui fixe cette demande à deux ans après la révocation ou décès des Parties, & de ſix années pour les affaires non jugées, à moins qu'elles ne ſoient arrêtées par les Parties ; par la raiſon, ſans doute, que les Procureurs coutumiérement n'avancent aucuns deniers pour leurs vacations, au lieu que les Notaires ne peuvent paſſer un Acte qu'ils ne débourſent le contrôle, papier & ſceau & ſouvent l'inſinuation, ſans quoi ils encoureroient des amendes perſonnellement, pour la reſtitution deſquels débourſés, ils ont l'action trentenaire, ainſi que pour leur ſalaire, qui y eſt joint.

OBSERVATION

Sur les Déclarations & Reconnoissances à Terrier, & comment se doivent grossoyer ces Actes.

Un Terrier est un assemblage de différens Actes, Déclarations & Reconnoissances particulieres de tous les Censitaires d'une Seigneurie, & qui ne composent tous ensemble qu'un seul Acte, que l'on appelle vulgairement un Papier Terrier, le commencement de ces sortes d'Actes, pour la bonne maniere qui sert de facilité aux Seigneurs, à leurs Fermiers & Receveurs pour leurs recettes, & aux Commissaires pour les rénovations, est de commencer ces Actes par le nom des Reconnoissants, à la réserve du premier Acte du Terrier, qui est l'acte d'apport & de dépôt des Lettres de Terrier, que l'on met en forme en la grosse du Terrier, en le commençant par *A tous ceux qui ces présentes Lettres verront*, &c. ensuite l'on y met un préambule, qui est le dénombrement du Château, de ses consistances & appendances, du Domaine de la Seigneurie, des Droits utiles & honorifiques, réels, personnels & mixtes, généraux & particuliers, & à chaque Droit particulier, l'on y cite les Titres de concession, les Transactions sur iceux, les Sentences & Arrêts qui en ont ordonné l'exécution, que l'on datte & énonce exactement, même l'article de la Coûtume qui l'établit, à défaut de Titres particuliers ; après lequel préambule, ou plutôt dénombrement (car

Un Terrier n'est qu'un seul Titre & Acte.

Comment se doit faire la grosse d'un Terrier.

R r ij

c'en eſt un véritable) on tranſcrit les Procès-verbaux des limites des Juſtices & Dixmeries, des Fiefs & arriere-Fiefs, Traités, Déclarations & Reconnoiſſances des Cenſitaires. J'ai vû beaucoup de Terriers qui ont commencé ces groſſes comme des Actes ordinaires : *Pardevant le Notaire Royal, &c. eſt comparu*, &c. d'autres qui ont mis toutes les Reconnoiſſances en forme, en les commençant par *A tous ceux qui ces préſentes Lettres verront*, &c. ce qui groſſit d'un tiers le Terrier par cette forme qui eſt inutile : la meilleure maniere eſt de les commencer par le nom du Reconnoiſſant ; ce qui facilite extrêmement ceux qui ont beſoin d'y chercher, & les tranſcrire en cette forme.

Comment ſe doit commencer une Déclaration à Terrier.

Modéle d'une Déclaration & Reconnoiſſance à Terrier.

Pierre Jourdain, Bourgeois demeurant à . . . . eſt comparu devant le Notaire Royal Commiſſaire aux Droits Seigneuriaux & en cette partie, ſouſſigné, où étant, & en préſence des Témoins ci-après nommés, il a, pour ſatisfaire aux Lettres Patentes de Sa Majeſté, du . . . . à la Sentence de la Sénéchauſſée de . . . . & aux publications d'icelles, après avoir pris communication des Terriers de la Seigneurie de . . . . il a volontairement déclaré, reconnu, & confeſſé tenir, porter & poſſéder en toute Juſtice, haute, moyenne & baſſe, mere, mixte & impere, être homme

Autorité du Terrier.

Reconnoiſſance de la Juſtice & Direct.

levant & couchant en ladite Juſtice & en toute
directe Seigneurie, de puiſſant Seigneur Meſſire
`.... abſent, Sieur .... ſon Procureur fondé de   Acceptation du
Seigneur.
ſa Procuration ſpéciale quant à ce , à ce préſent
& acceptant pour ledit Seigneur à cauſe de ſadite
Seigneurie, de . . . . . .

C'EST A SÇAVOIR , du Bail à Cens fait   Enonciation des
Titres anciens.
par .... Seigneur dudit lieu, à .... le .... de-
vant .... Notaire, & après de la Déclaration &
Reconnoiſſance faite par .... au Terrier de ladite Seigneurie, ſigné .... le .... fol..... art.....
de ſadite Reconnoiſſance.

Une maiſon haute & baſſe, grenier, cave , cour,   Deſcription.
jardin & aiſances, ſituée en la Ville de .... Paroiſſe de. ... rue de .... où pend pour enſeigne
le . ... joignant la maiſon & jardin de .... qui
furent de .... de cette Directe d'Orient, ladite
rue de .... de midi , la maiſon & jardin de ...;
qui fut de .... auſſi de cette Cenſive d'Occident,
& le verger de .... qui fut de.... du Cens de
la Commenderie de .... de Biſe , ou Septentrion.

Sous le Cens de 4 deniers, & une coupe de fro-   Cenſ.
ment meſure de . . . .

ITEM, de ladite Déclaration, art. . . . :

Une Terre labourée & cultivée, ſituée en ladite Paroiſſe de .... Juſtice & Dixmerie dudit
Seigneur au Terroir de .... contenant une quartelée ou environ , joignant.... &c.

Sous le devoir de Taille doublant & tierçant

en Août de 10 fols tournois , quatre coupes de feigle & une geline, avec la dixme des fruits, à raifon de la onziéme partie d'iceux : lefquels héritages ledit Confeffant a déclaré avoir acquis de . . . . par Contrat paffé devant . . . . Notaire, le . . . . qu'il a repréfenté, dûement infinué à . . . . au bas duquel eft la quittance des lods & ventes de ladite acquifition & enfaifinement dudit Contrat du . . . . figné dudit Seigneur.

Mention de la Dixme, lorfqu'elle eft dûe.

Enonciation des Contrats rapportés.

Lefdits Cens & Devoirs payables, portables, rendus & mefurés dans les greniers du Château dudit Seigneur , à . . . . annuellement & perpétuellement à chacun jour de S. Julien, iceux Cens, Tailles & Devoirs portant lods & ventes à raifon de 3 f. 4 d. pour livre pour ce qui eft en Cenfive, & du tiers Denier pour ce qui eft taillable, retenuë & prélation, Déclaration & nouvelle Reconnoiffance commife pour ce qui eft taillable, en cas de vente , échange , partage , donation ou tranfport fans congé dudit Seigneur , marciage fuivant la Coûtume de la Châtellenie de . . . . Reconnoiffance à chaque mutation , aux frais du nouveau poffeffeur, & tous autres Droits Seigneuriaux réels , perfonnels & mixtes, felon la Coûtume de . . . . . & celle de ladite Seigneurie de . . . . .

Termes des Cens, & énonciation des Droits de la Directe.

Obligations du Cenfitaire.

Lefquels Cens, Droits & Devoirs ledit Confeffant fera tenu, promet & s'oblige pour lui, fes fucceffeurs & ayans-caufe , de payer & continuer à l'avenir audit Seigneur, fes fucceffeurs, & ayant droit annuellement & perpétuellement , tant &

ſi longtems que lui & ſes ſucceſſeurs, hoirs &
ayans-cauſes, ſeront détempteurs, propriétaires
& poſſeſſeurs deſdits héritages, ou de partie &
portion d'iceux, même les arrérages deſdits Droits
& Devoirs échus du paſſé juſqu'à hui, en deniers
ou quittances, & à cet effet repréſenter & communiquer audit Seigneur les Titres, Actes & Contrats de ſa teneur & poſſeſſion, le tout à ſa requiſition, à peine de tous dommages & intérêts, s'il
ne les a pas repréſentés, affirmant ledit Conſeſſant la préſente Déclaration ſincére & véritable,
ſous les peines de Droit.

Et donnera ledit. . . . . Conſeſſant à ſes frais,
expédition des préſentes audit Seigneur : Pour
ſûreté & entretenement, ledit Jourdain a obligé
tous & chacuns ſes biens préſens & à venir, meubles & immeubles ſpécialement, les héritages ſus-
confinés, & fruits d'iceux, ſans que l'une des obligations déroge à l'autre, les ſoumettant à toutes
Cours, renonçant à toutes choſes à ce contraires.

Ce qui a été accepté par ledit Sieur pour ledit
Seigneur, ſous les proteſtations qu'il fait audit
nom, que ſi ledit Conſeſſant a omis & recellé, de
déclarer devant ledit Commiſſaire aucuns de ſes
héritages qu'il tient & porte dudit Seigneur de
. . . . conformément auſdites Lettres de Terrier,
ſoit que leſdits héritages ſoient de condition taillable, ou en ſimple Cenſive, d'avoir recours ſur
iceux, & les faire déclarer commis au profit dudit Seigneur, ſans laquelle clauſe la préſente

*Clauſe d'accep-
tation qui ſe trou-
ve ſouvent dans
les anciens Ter-
riers, & fort peu
dans les nou-
veaux.*

Déclaration n'eût été reçue, ni acceptée.

Clause pour les Vignes qui sont à la perciere, ou portion de fruits.

Sous le Cens de la cinquiéme partie des fruits croissans en ladite vigne, avec la Dixme, à raison de la onziéme partie, le tout portable au Pressoir de la Seigneurie de . . . . au tems des vendanges, après avoir averti toutefois ledit Seigneur ou ses Préposés pour le compte & partage desdits fruits, & à la charge par le Confessant, ses successeurs, ou ayans-causes, propriétaires de ladite vigne, de l'entretenir en nature de vigne, & de la bien & dûement cultiver & façonner de toutes les façons convenables nécessaires & ordinaires par chacun an, & faute de quoi, & en cas de non culture pendant trois ans, pourra & sera loisible audit Seigneur, ses hoirs & ayans-causes Seigneurs de . . . . de s'en mettre en possession, sans forme, ni figure de Procès.

Clause pour le rapport des Titres.

Et a été déclaré par le Confessant que les héritages ci-dessus lui sont avenus par le décès de . . . . son pere, dont il est héritier, suivant le partage qu'il en a fait avec ses freres & sœurs, lequel partage il a représenté en date du . . . . signé . . . . Notaire Royal, contrôlé & insinué au Bureau de . . . .

Autre

Autre.

Et a été déclaré par ledit Confeſſant que les héritages ci-deſſus lui appartiennent, comme héritier de ſes pere & mere décédés depuis longues années, qu'il les a trouvés dans leur ſucceſſion, mais n'en a trouvé aucuns Titres de propriété ; ce qu'il a préſentement affirmé devant le Notaire Royal Commiſſaire, & en préſence des Témoins, dont il a requis Acte à lui octroyé.

Clauſe pour le payement de la Reconnoiſſance.

Et attendu que ledit Confeſſant n'a moyen pour le préſent de payer la préſente Déclaration & Reconnoiſſance, elle a été payée audit Notaire par ledit Sieur . . . . à ſa requiſition, & pour ce la ſomme de . . . . ſuivant qu'il eſt réglé & porté par l'Arrêt du Conſeil d'Etat du 19. Juin 1736. pour minutte, papier, contrôle, ſceau & groſſe au Terrier dudit Seigneur, laquelle ſomme de . . . . ledit Confeſſant ſera tenu, promet & s'oblige de payer audit Sieur . . . . . à ſa volonté & requête, à peine, &c.

QUESTION HUITIE'ME.

Si la clauſe d'acceptation énoncée dans le modéle ci-devant, doit avoir ſon effet, & ſi effectivement un Cenſitaire qui recelle & obmet de déclarer ſes héritages, peut encourir la peine de la commiſe des héritages non déclarés ?

Il ſemble que l'on doit traiter cette Queſtion

S ſ

de la même maniere que celle du defaveu en fait
de Fief ; car c'eft defavouer fon Seigneur Direct,
que de ne lui pas déclarer les héritages que l'on
ne tient que de fa libéralité, ce qui eft une ingratitude marquée qui doit emporter la commife de
la chofe recellée : c'eft le fentiment de Me Guyot
dans fon Traité des Fiefs, Tome 4. du Droit de
Commife en Emphitéofe, chap. unique, fect. 2.
nomb. 4. après avoir rapporté les fentimens de la
Rocheflavin, Graverol & de Depeiffes, où il dit,
fuivant la Roche, chapitre 19. des Droits Seigneuriaux, article 3. » Que le commis a lieu
» non - feulement pour déni de l'Emphitéote ;
» mais auffi en cas de dol & fraude par lui com-
» mis par le Contrat d'achat, comme fi pour fruf-
» trer le Seigneur des lods, il avoit fait mettre
» au Contrat moindre prix qu'il n'en paye, ayant
» fait promeffe privée à part, s'il avoit voulu dé-
» rober ou faire perdre les Titres & Reconnoif-
» fances, ou icelles altérer ou falfifier, fi en l'ac-
» quifition par dol, il avoit fait mettre les biens
» vendus, être de la Directe d'un autre Seigneur,
» ou caché & diffimulé, la quotité des Cens dûs
» fur l'héritage vendu, fi étant condamné à recon-
» noître il refufe de le faire ; enfin s'il avoit incité
» les autres Cenfitaires à ne point payer & à plai-
» der, & dans tous ces, cas ces Auteurs foutien-
» nent que la commife des héritages cenfuels doit
» avoir lieu au profit du Seigneur. M. Papon,
dans fon Recueil fur les Droits Seigneuriaux, en
rapporte un Arrêt du 2. Mars 1566. qui confirme

Le Cenfitaire doit faire Décla-ration de tous fes héritages à fon Seigneur, à peine de commife.

Autorités qui le decident.

une Sentence du Bailly de Forêts rendu au profit
de M. l'Archevêque de Lyon, contre Antoine &
Laurent Peiret, Pierre Gardelle & autres, qui les
condamnent à donner par Déclaration jurée les
héritages qu'ils tiennent en la Jurifdiction dudit
lieu, leurs contenances, tenans & aboutiffans,
& à quels Titres; quels Cens, Droits & Devoirs
ils en doivent & en ont accoûtumé payer, & ce
dans trois femaines à peine de faififfement. Il en
rapporte un autre du même Parlement de Paris,
du 26. Octobre 1540. au nombre 14. qui condamne un Cenfitaire à donner au Notaire Commiffaire prépofé déclaration des fonds qu'il tient
de la rente de fon Seigneur, qui feront à cet effet
faifis, & après une feconde contumace fe les approprier, & ajoûte qu'un Emphiteote refufant fut
condamné par Arrêt, que fi dans deux mois il ne
fatisfaifoit audit Dénombrement, fes biens étoient
confifqués.

Or dans la queftion préfente, non-feulement
les Loix & l'efprit de juftice & d'équité fur lefquelles elles font fondées, veulent que l'Emphitéote & Cenfitaire déclare fincérement & avec
fidélité tous les héritages qu'ils poffédent, en la
directe Seigneurie du Seigneur Haut-Jufticier;
mais la volonté du Prince l'ordonne par les Lettres Patentes qu'il a accordées au Seigneur, la
Sentence d'enregiftrement d'icelles du Juge Royal
le preferit, les Publications faites d'icelles à la
Meffe de Paroiffe lui fixent le tems & les lieux;
le refus & le recelé qu'il fait font donc de mauvaife

foi, c'eft une ingratitude, une defobéiffance au Roi & à Juftice, & un mépris puniffable, & dont la peine ne peut être moindre que le commis des héritages non déclarés.

Il eft vrai, dira-t-on, que ce Cenfitaire a obmis de déclarer quelques-uns des héritages qu'il poffède; mais c'eft qu'il a crû qu'ils ne relevoient pas en cenfive dudit Seigneur, mais d'un autre Seigneur; en ce cas, il fe pourroit faire qu'il eût moins de tort, mais il en aura toûjours en ce qu'il doit déclarer à fon Seigneur Haut-Jufticier tous ces héritages conformément à ces Arrêts, foit qu'ils foient portés de fa Cenfive, ou qu'ils n'en foient pas, foit même qu'ils foient en franc-alleu; c'eft ce qui lui eft prefcrit par les Lettres de Terrier & Sentence d'enregiftrement, & pour n'y avoir fatisfait, il doit au moins fubir la peine d'une amende.

PARAGRAPHE VI.

Des Minuttes & Actes des Terriers.

QUESTION PREMIERE.

Quelles fortes d'Actes compofent ordinairement un Terrier?

IL ne faut que rapporter la claufe ordinaire des Lettres de Chancellerie pour la confection d'un Terrier, pour fçavoir ce que contient & doit contenir un Terrier, & par conféquent les Actes qui doivent le compofer ; elle eft conçuë en ces termes : » Pour du tout être fait par ledit Notaire » Regiſtre & Papier Terrier , dans lequel feront » tranſcrits les Hommages , Aveus & Dénombre- » mens, Déclarations des Cens, Rentes , Tailles, » Corvées, & généralement tous les Droits & » Devoirs dûs à l'Expoſant, &c.

Or l'expérience nous apprend que cette clau- fe, ſi elle n'eſt pas obſervée à la lettre générale- ment dans tous les Terriers, c'eſt-à-dire que tous les Actes qui concernent tous les Droits de la Seigneurie n'y ſoient pas tranſcrits & renfermés ; elle le doit être, & l'eſt dans un très-grand nom- bre de Terriers, fur-tout dans ceux faits fur la fin du quatorziéme ſiécle , & dans ceux du quinziéme ſiécle pour les grandes Seigneuries, où j'ai vû que quoiqu'il ſemble qu'un Terrier ne ſoit qu'une ré- novation des Actes qui l'ont précédé, cependant l'on y a inféré non-ſeulement les Reconnoiſſan- ces & Déclarations de la Cenſive , mais encore les Baux à Cens , Reconnoiſſances générales des Juſticiables , Traités & Tranſactions paſſées en- tre le Seigneur, les Habitans , Vaſſaux , Cenſitai- res & Juſticiables de la Seigneurie , pour les Droits de Taille, Mainmorte , Bannalité , Corvée , Foua- ge , Dixme , Pêche , Chaſſe , & tous autres Droits généraux & particuliers , même les Procès-ver- baux & Actes qui conſtatent les limites des juſti- ces & Dixmeries , & autres qui intéreſſent les Curés & Seigneurs voiſins paſſés avec eux , en- forte que l'on trouve dans les Terriers bien faits

Un Terrier doit contenir tous les Actes qui établiſ- ſent les Droits de la Seigneurie.

tous les Actes qui établissent les Droits d'une Seigneurie en quoi qu'ils consistent, comme il est
prescrit par les Lettres de Chancellerie.

QUESTION DEUXIE'ME.

Les Reconnoissances ou Déclarations qui se font à un
Terrier, doivent-elles rester en minutte chez le No-
taire, ou peuvent-elles se remettre au Seigneur com-
me un Brevet?

Pour résoudre cette Question, il n'y a qu'à con-
sidérer si cet Acte doit être regardé comme un
Acte synallagmatique, ou simplement comme un
Acte qui n'oblige que le Censitaire, & non le
Seigneur. Or nous avons fait voir à la Question
10. du Paragraphe 1. de cette Section, que cet

Une Déclaration Acte est synallagmatique & obligatoire de part &
à Terrier est un d'autre. En effet, le Seigneur y est obligé de ga-
Acte synallagma- rantir le Censitaire de deux choses ; l'une, que
tique. l'héritage sur lequel il a établi un Cens est libre &
franc de toutes charges envers tout autre Seigneur ;
& l'autre que les limites de l'héritage sur lequel le
Cens est affecté, s'étendent jusqu'aux héritages &
Obligations du termes qui lui servent de confins, tels qu'ils sont
Seigneur. énoncés & décrits dans cette Reconnoissance, &
dont le Censitaire doit jouir de toute la contenuë
qu'ils renferment contre les voisins de cet héritage, fut-ce le Seigneur même, & à ces obligations & garantie sont affectés & hypotéqués tout
le Fief & la Seigneurie.

Quant aux obligations de l'Emphitéote ou

Cenſitaire, elles ſe renferment à payer le Cens annuel, & les Droits de Caſualités qui arrivent par les mutations de l'héritage qui eſt affecté à tous ces devoirs. Voilà les obligations reſpecti-ves des Parties. Peut-être, dira-t-on, que cela n'eſt bon que dans l'Acte de Bail à Cens, mais non pas dans une Déclaration à Terrier, qui n'en eſt que la renovation & le Titre nouvel; mais à cela deux réponſes. 1°. C'eſt qu'il n'y a guéres d'Archives de Seigneurie où l'on ne trouve des Terriers du ſiécle de 1400. renouvellés par deux ou trois autres Terriers poſtérieurs, leſquels ne contiennent tous que des Déclarations relatives à celles du premier Terrier, ou de leur auteur. Or il faut poſer pour certain qu'aucun des Cenſitai-res n'a de Bail à Cens de ſon héritage, puiſque ſouvent d'un Terrier ancien qui contiendra quel-quefois 4000 Articles, il ne s'en trouvera pas un dont le Bail à Cens ſoit dans les Archives du Sei-gneur ; par conſéquent, tous les Actes & Décla-rations de ce Terrier doivent être conſidérés com-me le Bail à Cens même, & en opérer les effets comme le ſeul Acte exiſtant qui le repréſente, & qui en renferme toutes les clauſes, charges & con-ditions.

2°. C'eſt que cet Acte ſert très-ſouvent de Ti- tre de propriété au Cenſitaire, qui quelquefois n'a que cette ſeule piéce pour en juſtifier ; ce qui fait qu'une Déclaration à Terrier n'eſt pas moins utile & intéreſſante pour le Cenſitaire que pour le Sei-gneur, & ce n'eſt que ſur ces principes que tous

les Docteurs Feudiftes ont qualifié un Terrier de
Titre commun entre le Seigneur & ſes Cenſitaires ; & feroit-il poſſible d'appeller un Titre commun la Déclaration d'un Cenſitaire qui feroit entre les mains de ſon Seigneur , & dont le Cenſitaire ne pourroit s'aider contre un voiſin, ou contre le Seigneur même, pour juftifier des limites &
étenduë de ſon héritage , ce qui répugne à ſa qualité de Titre commun? En un mot, un Titre commun eſt un Titre dont la minutte ne peut être entre les mains d'aucune des Parties.

QUESTION TROISIE'ME.

Si un Seigneur vouloit avoir pardevers lui les minuttes
de ſon Terrier , le Notaire pourroit-il déférer à ſa
volonté ?

Un Terrier eſt
un Titre commun,
dont la minutte
doit reſter ès
mains du Notaire.

Le Notaire doit ſçavoir qu'un Terrier n'appartient pas au Seigneur ſeul, mais qu'il appartient
également aux Cenſitaires, étant un Titre commun entr'eux, ainſi que nous venons de le démontrer en la Queſtion précédente ; que c'eſt un
Acte ſynallagmatique que les Ordonnances défendent de remettre à l'une ou à l'autre des Parties ; à quoi l'on peut ajoûter, que dans les Déclarations & Reconnoiſſances qui ſont paſſées par
les Cenſitaires dans un Terrier, les Procureurs
des Seigneurs qui acceptent ces Actes, n'oublient
jamais d'y faire inſérer, qu'il en ſera donné expédition en forme au Seigneur aux frais du Cenſitaire ; ce qui eſt conforme aux Arrêts du Parlement

ment que nous avons rapportés à la Question I.
du Paragraphe V. de la Section II. du Chapitre IV. *supra*, laquelle clause décide seule que cet
Acte doit rester en dépôt chez le Notaire ; & la
prétention d'un Seigneur qui voudroit avoir ces
minuttes feroit d'autant plus suspecte, qu'elle feroit contraire à ses propres intérêts, qui requierent qu'il y ait une minutte en dépôt de son Terrier, pour qu'en cas d'accident, il puisse en tous
les tems en avoir des grosses, & trouver ses Droits
assurés & établis par cette minutte ; par conséquent, il n'y auroit que le dessein seul d'en mal
user qui pourroit lui inspirer l'envie d'avoir en sa
possession les minuttes des Actes qui concernent
ses Droits & ceux de ses Vassaux & Censitaires,
soit en les souftrayant, pour faire revivre dans son
ancien Terrier des Droits & redevances éteints
ou réduits par le nouveau, en en altérant les clauses & dispositions, ou autrement. Telle déplacée
que soit cette demande, elle m'a été faite à l'é-
gard du Terrier d'une grande Seigneurie, & après
n'avoir pû faire revenir le Seigneur de cette idée,
quoique sur des raisons bien solides, je le priai
de consulter des Avocats, & l'assurai que je me
conformerois à leur décision : il envoya le Mémoire que je dressai dans une Ville de Province ;
j'en envoyai un pareil aux Piliers des Consulta-
tions à Paris, & nous reçûmes aussi-tôt l'un que
l'autre nos avis qui se trouverent conformes, qui
furent, que la prétention du Seigneur n'étoit pas
raisonnable, & qu'un Notaire ne pouvoit remet-

Danger des Cen-
sitaires, si le Sei-
gneur avoit les
minuttes de son
Terrier.

T t

tre au Seigneur la minutte de fon Terrier, parce
qu'il en étoit dépofitaire. L'avis de Paris eft du
18. Décembre 1726. figné de M^cs Berroyer &
de Soucanye : il fera rapporté ci-après. Ainfi un
Notaire dont l'Office eft d'être Garde des nottes
& minuttes des Actes qu'il paffe, ne peut, contre fon devoir & fa confcience, remettre fes minuttes à un Seigneur. L'Article 173. de l'Ordonnance de 1539. le chargeant précifément de les
garder en ces termes : *& ic lles garder diligemment,
pour y avoir recours quand il fera requis & néceffaire.*
C'eft un dépôt pour la confervation duquel, &
en éviter les rifques, Henri III. par fon Edit du
mois de May 1575. portant création des Notaires Royaux de tout le Royaume, les exempta
& affranchit du logement de Gens de guerre.
L'article 177. de la même Ordonnance défend
même aux Notaires de communiquer leurs minuttes à d'autres qu'aux contractans, leurs héritiers
& ayans-droits, à peine de privation de leurs Offices, & d'être punis comme fauffaires, fuivant
l'article 179. Les Edits du mois de Novembre
1637. Déclaration d'Octobre 1646. & Edit de
Décembre 1691. article 9. fur les matieres Béné-
ficiales veulent que des minuttes qui font entre
les mains des Parties foient regardées comme
fauffes & nulles ; par conféquent, celles d'un Terrier doivent être très-infructueufes à un Seigneur,
lorfqu'il les a en fes mains, & qu'il a d'autant
moins de droit de prétendre, qu'il n'y a aucun
Traité entre un Seigneur & un Notaire Commif-

faire aux Droits Seigneuriaux pour la rénovation d'un Terrier, qu'il ne soit ftipulé que le Commif-faire lui délivrera *une groffe en forme de fon Terrier*; ce qui répugne à une pareille prétention, & leve tous les doutes, n'étant pas poffible de prétendre d'avoir la groffe d'un Acte, que la minutte ne refte dans le dépôt public.

M E M O I R E.

UN Seigneur d'une Terre confidérable du Bourbonnois a fait procéder au renouvel-lement & à la confection d'un nouveau Ter-rier.

Lors du commencement de ces nouvelles Re-connoiffances il fut convenu verbalement avec ce Seigneur qu'elles feroient fignées de deux Notai-res, & que Titius, l'un de ces Notaires, auroit les minuttes.

Par un Acte du 5. Juillet **1719.** il fut convenu & ftipulé que Titius garderoit les minuttes defdi-tes Reconnoiffances.

Pour de certaines raifons, ce Seigneur fut obligé de changer Mœvius, qui fignoit en fecond, com-me Notaire, les minuttes de ce nouveau Terrier, & de paffer Tranfaction fur une Inftance qui étoit entr'eux le . . . . . . devant Notaire. Par cette Tranfaction Titius y eft intervenu, que l'on a chargé par une claufe expreffe defdites minuttes, & qu'elles refteroient en fa poffeffion comme dé-pofitaire.   T t ij

Ce Seigneur demande aujourd'hui à Titius, qui a figné deux groffes de ce Terrier, de lui remettre les minuttes, parce, dit-il, qu'elles doivent être jointes à la groffe de fon Terrier.

Titius lui oppofe les Actes ci-deffus, que l'on ne peut éteindre, étant des Actes publics; que d'ailleurs les Actes qui compofent ce Terrier font des Actes fynallagmatiques, & qu'il eft défendu aux Notaires de rendre aucuns Contrats & Actes perpétuels en minutte aux Parties.

Que la plûpart de ces nouvelles Reconnoiffances font en forme de Tranfactions fur Procès au fujet des Droits & redevances, qui demeurent réduites & modérées par le fait du Seigneur, au profit des Emphitéotes.

Qu'autre partie de ces Reconnoiffances faites fur des Terriers de plus de deux cens ans, ont eu des changemens, foit pour la condition des héritages, foit pour la nature de la redevance, & autrement; lefquels changemens n'ont été faits que fur le rapport qui a été fait par les Reconnoiffans des Actes, que l'on a fait dépofer & joindre à la minutte de ces Reconnoiffances, article intéreffant pour le Public, & la fûreté de ceux qui ont fait ce rapport.

Qu'au furplus, de près de deux cens Reconnoiffances dont ce Terrier eft compofé, il y en a cinquante qui font des Tranfactions qui portent obligation contre les Reconnoiffans, de payer les dépens des Procès qu'elles terminent, qui les en déchargent, qui portent main-levée d'oppofitions, qui portent ceſſion, au profit dudit Seigneur, d'autres devoirs pour demeurer quitte & déchargé envers ce Seigneur des redevances à lui dûes, & portent quittance de la remiſe de leurs Titres.

Et qu'enfin ceux qui ont rapporté des Titres, & les ont joints aux minuttes de leurs Reconnoiſſances, ou délivrés audit Seigneur, ne l'auroient pas fait, s'ils n'avoient connu la probité du Notaire Titius, qui détruiroit ſon honneur & ſa réputation, en remettant ces minuttes au Seigneur ; d'ailleurs Titius, qui a ſigné les groſſes de ce nouveau Terrier, & plus de cinquante expéditions délivrées aux Cenſitaires, y a fait mention que les minuttes ſont en ſa poſſeſſion, ce qui l'engage perpétuellement à les repréſenter.

Il demande toutefois au Conſeil, s'il peut remettre à ce Seigneur les minuttes en queſtion, & s'il en peut valablement être déchargé envers les Cenſitaires, par la décharge que le Seigneur lui donnera.

LE Conſeil ſouſſigné, qui a vû le Mémoire, eſt d'avis que la prétention du Seigneur, qui demande les minuttes dont il s'agit, pour être jointes à ſon Terrier, n'eſt pas raiſonnable.

1°. Parce que les Articles 2. & 3. du Mémoire ſont contraires, & directement oppoſés à ſes prétentions.

2°. Parce que l'Article 4. du même Mémoire, & la Tranſaction dont la date eſt en blanc, &

dans laquelle Mœvius & Titius font Parties, ré-
fifte pareillement à la prétention du Seigneur,
attendu que la Tranſaction porte que Titius, en
qualité de Notaire, reſtera dépoſitaire des minuttes.

3°. Parce que les Reconnoiſſances dont le Terrier eſt compoſé, ſont des Actes qui obligent le
Seigneur & les Cenſitaires reſpectivement, &
par conſéquent leurs minuttes doivent reſter entre les mains de Titius, pour en aider les Parties
toutefois qu'elles l'en requereront, de maniere
que ſi le Notaire mettoit hors de ſes mains les minuttes dont il s'agit, pour les remettre au Seigneur, il dépendroit du Seigneur d'en mal uſer,
& de les ſouſtraire, au préjudice du Cenſitaire,
qui a voulu que les minuttes de ſes Reconnoiſſances reſtaſſent entre les mains du Notaire, pour en
être aidé dans les occaſions & les conteſtations
qui pourroient ſurvenir.

4°. Parce que les Reconnoiſſances nouvelles
renfermant pour partie des Tranſactions, entre
le Seigneur & les Cenſitaires, ils doivent l'un &
l'autre reſpectivement trouver les Actes qu'ils ont
paſſés, pour leur ſervir de régle, & qu'ils ont pris
la précaution de laiſſer entre les mains du Notaire, avec d'autant plus de raiſon, que le préſent
Mémoire aſſure, que ces Tranſactions portent
des réductions par le Seigneur au profit de ſes
Emphitéotes.

5°. Parce que partie de ces Reconnoiſſances
renferment des changemens conſidérables, par

rapport aux anciennes, qu'il y a des affranchiemens de plufieurs Taillables & fimples Cenfitaires, des diminutions de deniers, lefquels changemens n'ont été faits qu'en conféquence du rapport de piéces, que les Parties ont fait joindre à ces Reconnoiffances.

Outre qu'il y a des expéditions en nombre, qui ont été délivrées de fes Reconnoiffances aux Cenfitaires, par lefquelles il eft fait mention que les minuttes en font entre les mains du Notaire.

D'où l'on conclud que tous ces Cenfitaires font en droit de recourir au Notaire dans les occafions qui fe préfenteront, & qu'il feroit tenu de leurs dommages & intérêts, & peut-être même de quelque chofe de plus, & par conféquent, qu'il n'y a point de fûreté à fon égard dans la remife de ces minuttes entre les mains du Seigneur, qui ne peut répondre que de fa droiture, & non pas de celle de fes héritiers.

Délibéré à Paris, ce 18. Décembre 1726.

BERROYER, DE SOUCANYE.

QUESTION QUATRIEME.

Si, à supposer que ce Notaire ne sçût pas tout ce qu'il convient à son Ministere à ce sujet, & qu'il crût pouvoir donner à son Seigneur les minuttes de son Terrier, pourroit-il les lui remettre, s'il avoit signé & donné une grosse de son Terrier au Seigneur, même délivré des expéditions aux Censitaires de leurs Déclarations ?

Nous venons de faire voir que des minuttes d'un Terrier sont des Actes synallagmatiques, qui ne peuvent être remis, ni à l'une, ni à l'autre des Parties. Mais si le Notaire avoit donné une grosse de ces mêmes minuttes au Seigneur, il pourroit encore bien moins s'en dessaisir ; cette grosse seroit une charge de sa part, qui l'obligeroit doublement & dans tous les tems à conserver dans son dépôt les minuttes de cette grosse : les seules expéditions qu'il auroit délivrées à quelques Censitaires opéreroient le même effet ; l'exemple s'en tire de ce qui se pratique à l'égard d'une obligation pure & simple que le Notaire rend en brevet au Créancier, lequel ne peut la faire mettre à exécution qu'elle ne soit expédiée en parchemin, & à cet effet est obligé de la rapporter au Notaire qui l'a passée pour la mettre en parchemin, & la sceller, lequel Notaire, en délivrant cette expédition, garde le brevet comme une minutte qu'il ne peut plus remettre au Créancier, parce qu'il en est chargé comme d'un dépôt ;

c'est

Un Notaire qui a délivré la grosse d'un Terrier, ou d'un Acte, doit rester dépositaire de la minutte.

c'eſt ce qui eſt expreſſément porté par l'Arrêt du Conſeil d'Etat du 7. Septembre 1720. qui défend aux Notaires de remettre leurs minuttes aux Parties, ſous les peines d'interdiction pour toûjours des fonctions de leurs Charges & Offices, & d'être condamnés comme fauſſaires ſur *les groſſes & expéditions* par eux délivrées d'Actes ou Contrats, dont ils ne pourront repréſenter les minuttes.

Peines qu'encourcroit un Notaire, qui remettroit la minutte d'un Terrier.

QUESTION CINQUIE'ME.

Si cependant ce Notaire avoit remis les minuttes d'un Terrier au Seigneur, quel inconvénient pourroit-il en réſulter pour le Notaire & pour le Cenſitaire ?

Ces inconvéniens ſeroient infinis ; ils ne paroîtront point conſidérables dans la Coûtume de Paris, & autres, où la maxime *nulle Terre ſans Seigneur* a lieu, parce que le Seigneur eſt fondé dans un droit général ſur tout le Territoire de ſa Cenſive, en ſorte que ſoit que les minuttes reſtent en dépôt chez le Notaire, ou ſoit qu'elles ſe trouvent ès mains du Seigneur, elles ne peuvent faire un grand tort aux Cenſitaires pour les ſurcharges de leurs Cens, qui ſont preſque tous uniformes dans l'étenduë de leurs Seigneuries. Mais ils peuvent cependant leur préjudicier, en ce que la déclaration de leurs héritages dans un Terrier étant faite avéc leur Seigneur, & ſur le rapport de leurs titres de proprieté, leur ſert de titre pour

V u

la contenuë de leurs fonds, & même pour la propriété, n'en ayant souvent pas d'autres, & ce, tant vis-à-vis leur Seigneur, que leurs voisins.

Mais dans le Pays de Droit Ecrit & des Coûtumes de Bourgogne, Nivernois, Auvergne, Bourbonnois & autres, dans lesquelles se trouvent des héritages chargés de différentes servitudes, telles que Mainmorte, Bordelage, Taille, Mortaille, Marciage, Droit de Plaid, & autres, si les minuttes d'un Terrier étoient en la possession d'un Seigneur, il pourroit aisément ruiner ses Censitaires, & leur ôter leur bien, en ce qu'en supposant, comme il m'est arrivé en nombre de Terriers, qu'en en renouvellant un de 1515. en la Coûtume de Bourbonnois, & demandant à un Particulier la Reconnoissance de sa maison, sous la condition de Taille, il me rapportoit un Acte d'affranchissement de cette servitude, faite par les anciens Seigneurs dès l'année 1595. par lequel ils avoient réduit à simple Cens cette maison, & souvent même à une redevance moins forte qu'elle n'étoit dans le Terrier de 1515. en sorte que cet Acte ne se trouvant pas dans les archives du Seigneur, j'étois obligé, pour la sûreté du Censitaire, de lui faire déposer & joindre ce titre à la minutte de sa Reconnoissance, pour servir d'autorité à sa Déclaration, différente de celle de 1515. Or l'inconvénient, en ce cas, est que si ce Seigneur avoit la minutte de son Terrier, il auroit, par conséquent, cet affranchissement, &

Inconvéniens dangereux qu'un Seigneur ait la minutte de son Terrier.

feroit le maître de fupprimer cette Reconnoiffance, & après la mort de ce Particulier, décédé fans
enfans ou héritiers demeurans avec lui, faire déclarer la Commife ouverte de cette maifon Taillable, fuivant fon Terrier de 1515. & aux termes
de l'article 492. de la Coûtume de Bourbonnois,
& fe la faire adjuger, aucuns des héritiers ne pouvant lui juftifier de l'affranchiffement de cette
condition ; ce qui feroit ôter le bien à des héritiers
légitimes.

Il y a plus, c'eft que depuis 1515. il étoit arrivé nombre de maifons & héritages au Seigneur,
par Commife, ou autrement, lefquels héritages
les Seigneurs avoient donnés à Bail à Cens, fous
des redevances toutes autres que celles portées
par le Terrier de 1515. dont les propriétaires
ont rapporté les Baux, qui ont pareillement été
joints aux minuttes de leurs Reconnoiffances :
fi le Seigneur a les minuttes de fon Terrier,
eft-il vrai qu'il lui eft loifible de les fupprimer, & de fe faire payer les premieres & anciennes charges & fervitudes portées par fon Terrier de 1515 ? Enfin il arrive fouvent, & je l'ai vû
fous mes yeux, qu'un Seigneur, qui fçait qu'un
Notaire défunt avoit les minuttes de fon Terrier
de 1602. paffées devant fon prédéceffeur, & nombre d'autres Titres & Actes concernant fa Terre,
achette des héritiers de ce Notaire, fous le nom
d'une perfonne à lui dévouée, l'Office & les minuttes & protocoles de ce défunt, lequel Seigneur, après s'être emparé des minuttes de fon

Vu ij

Terrier de 1602. des Baux à Cens, & autres Actes qui concernent fa Seigneurie, il laiffe le furplus à celui fous le nom duquel il a acquis cet
Office, qui s'en fait pourvoir comme bon lui femble. Ainfi dès ce moment avenu, les Cenfitaires
ne peuvent retrouver, non-feulement les anciennes Déclarations de leurs auteurs du Terrier de
1602. mais encore les affranchiffemens, Baux à
Cens, & autres Titres, qui font des réductions de
leurs fervitudes, en forte que le Seigneur peut aifément faire revivre les droits, charges & fervitudes portées par fon ancien Terrier, fans
que les Cenfitaires puiffent s'en parer ; il réfulte donc de ces exemples, & d'une infinité
d'autres cas que l'on ne rapportera point ici, qu'il
eft d'une dangereufe conféquence que les minuttes d'un Terrier foient entre les mains d'un Seigneur, qui ne peut les défirer que dans la feule
vûe d'en mal ufer, en ce qu'elles ne peuvent lui
être d'aucune utilité, & qu'il eft même de fon interêt qu'elles foient dans le dépôt public, où il
peut, en cas de perte de la groffe de fon Terrier,
toûjours les retrouver ; ainfi c'eft avec une équité
des plus épurées, que les Lettres que l'on accor-

Claufe des Let- de pour la rénovation des Terriers, portent que
tres de Terrier, le Notaire délivrera des groffes & expéditions de
qui décide que le
Notaire doit gar- toutes les Déclarations & Actes qui compoferont
der la minutte le Terrier, & ces Actes ne fe réduifent pas aux
d'un Terrier. fimples Déclarations de la Cenfive ; mais l'on y
infére les Reconnoiffances générales de tous les
Droits de la Terre, tant honorifiques qu'utiles,

tels que les Bannalités de Fours, Moulins, Preffoirs, Banvin, Corvées, Chaffes, Pêches, Blairies, Fouage, vaines Pâtures, Paccages, prifes
de Bois, & autres Droits, qui font fondés fouvent
fur des Titres d'affranchiffemens envers les Jufticiables, de certains Droits onéreux qui font rapportés lors des rénovations, & qui font dattés &
énoncés dans fes Reconnoiffances, qui fervent
fouvent de priviléges à ces Jufticiables ; on y infére pareillement des Traités & Tranfactions,
foit fur ces Droits généraux, foit fur les limites
des Juftices & Dixmeries ; enfin un Terrier eft le
Cartulaire de tous les Droits d'une Seigneurie,
par conféquent l'affemblage de tous les Actes
qui en contiennent l'établiffement & la rénovation ; ce qui étant confidéré, il n'y a perfonne qui
puiffe raifonnablement penfer que les minuttes
d'un Terrier puiffent être remifes ès mains d'un
Seigneur par les conféquences qui peuvent en
réfulter contre les Emphitéotes, Cenfitaires &
Jufticiables.

A l'égard des inconvéniens qui peuvent concerner le Notaire, nous avons détaillé dans les
Queftions précédentes combien il lui eft enjoint
par les Ordonnances de garder avec foin les minuttes des Actes qu'il paffe en cette qualité, &
les peines qu'il peut encourir, s'il s'en écarte.

QUESTION SIXIE'ME.

Si le Notaire de Province qui a reçu les minuttes d'un Terrier, les avoit vendues au Seigneur, ce Seigneur n'auroit-il pas pû les dépoſer chez un Notaire du Châtelet comme lui appartenans, ou même en faire le dépôt au Greffe de ſa Juſtice, ou les garder dans ſes Archives ?

Cette Queſtion comprend quatre objets, qui forment autant de queſtions. Sur la premiere, on conviendra que les minuttes d'un Notaire lui appartiennent comme ſon patrimoine ; mais qu'il n'a pas pour cela la liberté de les vendre à une Partie ſans lui vendre ſon Office. Sur la ſeconde, à ſuppoſer que le Seigneur eût acquis l'Office & les minuttes d'un Notaire, il ne pourroit en dé-

On ne peut dé-poſer les minuttes d'un Notaire, que chez un Notaire des lieux.

poſer les Actes & le Protocole, qui eſt indiviſible par lui-même, que chez un Notaire des lieux ; car s'il alloit tranſporter un pareil dépôt à 50. lieues, il feroit le tort le plus conſidérable au Pu-

Tort irréparable qui s'en enſui-vroit, s'il étoit autrement.

blic, qui auroit beſoin d'Actes & de Titres qu'il ne pourroit trouver, ce qui feroit la ruine d'une infinité de familles, le Miniſtere public ſeroit en droit de revendiquer ces minuttes, pour être re-miſes aux Notaires des lieux : ainſi il ne ſeroit pas libre à un Seigneur éloigné de Paris & hors de la Banlieue, de dépoſer ces minuttes ès mains d'un Notaire du Châtelet de Paris.

Sur la troiſiéme, on dira qu'il ne pourroit pas en faire le dépôt au Greffe de ſa Juſtice, pas même dans celui d'une Justice Royale. L'Arrêt du Parlement en forme de Réglement du 22. Août 1742. rendu entre les Notaires Royaux de Vitry-le-François & les Officiers du Bailliage du même lieu, veut que tous les dépôts de minuttes & Actes soient faits ès mains des Notaires, comme dépositaires & garde-nottes publics, pour en délivrer seuls des expéditions ; fait défenses à ces Officiers d'ordonner aucuns dépôts d'Actes en leurs Greffes, à peine de tous dépens, dommages & intérêts : cet Arrêt fait une loi qu'il faut suivre.

Enfin sur la quatriéme, l'on a fait voir par toutes les Questions précédentes, que les minuttes d'un Terrier sont des Actes communs, qui ne peuvent être gardés ni retenus par aucunes des Parties, n'y ayant que le seul Notaire commis & choisi pour la rénovation qui ait droit de les garder : ainsi un Seigneur ne pourroit pas mettre de pareilles minuttes dans ses Archives, il faut qu'elles soient dans un dépôt public où les Censitaires & Justiciables puissent librement aller voir & retirer des expéditions des Actes qu'ils y ont passés.

QUESTION SEPTIE'ME.

Si un Seigneur avoit déposé les minuttes de son Terrier ès mains d'un Notaire du Châtelet de Paris, & fait signer par ce Notaire une grosse de son Terrier, & sceller du sceau de cette Jurisdiction ; ce Seigneur pourroit-il se faire payer des Cens & Droits sur ses

Cenſitaires en vertu de cette groſſe, & n'y auroit-il
point de difficulté?

Cette Queſtion eſt toute ſimple. Les Cenſitaires ſeroient bien fondés à refuſer les Droits ſur
une pareille groſſe, par pluſieurs raiſons également ſolides. 1°. Parce qu'ils ne ſe font point
obligés devant ce Notaire du Châtelet, qu'ils
n'ont jamais vû. 2°. C'eſt que l'on ne pourroit regarder cette groſſe que comme une copie collationnée de celui reçu par le Notaire Royal des
lieux ; laquelle collation étant faite, ſans Partie appellée, eſt entierement nulle & ſuſpecte.
3°. C'eſt que les Actes de ce Terrier ne pouvant
être mis à exécution ſans être ſcellés, ils ne le ſeroient pas du ſceau Royal de la Juriſdiction du
Notaire qui auroit paſſé les minuttes, qui ſeul a la
force de lui donner autorité, celui du Châtelet,
quoiqu'exécutoire par tout le Royaume, n'ayant
pas la puiſſance de donner l'exécution à un Acte
qui n'eſt point paſſé par un Notaire du Châtelet.
4°. C'eſt que le prétendu dépôt des minuttes de
ce Terrier fait par le Seigneur ſeul eſt nul, &
contre le droit des gens, en ce qu'un Terrier
étant un titre commun entre le Seigneur & les
Cenſitaires ; ce dépôt ne pouvoit ſe faire ſans néceſſité, & ſans y appeller tous les Cenſitaires &
Juſticiables de la Seigneurie. Et 5°. c'eſt que les
Lettres Patentes du Prince, qui commettent le
Notaire, ſur la nomination du Seigneur, pour
paſſer

Le dépôt des mi-
nuttes d'un Ter-
rier fait par un
Seigneur, ſans
Partie appellée,
eſt nul.

paſſer & recevoir ces minuttes, l'en rendent le
dépoſitaire, ce qui rend nul tout dépôt qui en
auroit pû être fait, fût-il même du conſentement
du Notaire, par conſéquent la collation du Notaire du Châtelet ; en ſorte que bien loin que la
rétention de ces minuttes, leur dépôt, & la groſſe
ſignée par collation d'un Notaire du Châtelet,
pût être utile au Seigneur, elle lui deviendroit
infructueuſe à un degré qu'il ne pourroit jamais
ſe ſervir de ſon Terrier, qu'il ne fût remis ès
mains du Notaire qui en a reçu & paſſé les Actes,
& qu'il n'en eût des groſſes & expéditions par lui
ſignées.

QUESTION HUITIE'ME.

*Ne trouve-t-on pas cependant quelquefois dans les
Archives des Seigneurs des Terriers en minuttes ?*

Oui. J'en ai trouvé dans pluſieurs Archives ;
mais ces minuttes n'y ont été miſes qu'après la
mort du Notaire qui les a paſſées, & peut-être
encore très-long tems après, par des héritiers qui
les ont vendues aux Seigneurs, comptant n'en
être plus chargés : la preuve de ce fait eſt que ces
minuttes ſont toûjours accompagnées de la groſſe
d'icelles, ſignée du Notaire, & en bonne forme ;
ce qui prouve que ce n'eſt pas le Notaire qui les a
remiſes au Seigneur, parce qu'il ne peut jamais
être ſoupçonné d'avoir délivré une groſſe & en
même-tems la minutte, ainſi que nous l'avons
fait voir à la Queſtion IV. du préſent Paragraphe

X x

par les conféquences & les peines prononcées
par les Ordonnances que ce Notaire auroit en-
courues, en forte que les minuttes d'anciens Terriers, qui fe trouvent dans des Archives ne fervent pas d'autorité à un Seigneur, pour exiger
d'un Notaire la remife de celles de fon nouveau
Terrier.

De la clôture & vérification des Terriers.

QUESTION NEUVIE'ME.

Que faut-il faire pour parvenir à faire clôre un Terrier?

De la clôture
d'un Terrier.

Avant de faire cette clôture, il convient
de fçavoir fi le Terrier eft entierement renouvellé, & s'il n'y a point d'articles obmis &
en fouffrance, parce que s'il y en avoit, ce Terrier ne feroit pas complet & parfait.

Comme il faut
vérifier fi un Ter-
rier eft complet.

Cette vérification eft tout ce qu'il y a de plus
effentiel & de plus interreffant pour un Seigneur,
& l'expérience m'a fait voir, fur-tout dans les Terriers du fiécle de 1600. qui ont été faits en Bourbonnois & dans le voifinage par des ignorans, &
qui n'étoient nullement verfés dans la pratique
de la rénovation, qui eft une fcience qui demande
des attentions ; que ces Rénovateurs n'avoient
point cette fcience, ce qui faifoit qu'après avoir fait
reconnoître ce qui étoit de plus aifé, & par les
Cenfitaires de meilleure volonté, ils faifoient
faire la groffe de leurs Terriers, & les remettoient

au Seigneur, auquel ils perſuadoient qu'ils étoient complets, & qu'il n'y avoit rien à ajoûter, enſorte que je n'ai vû aucuns de ces Terriers, qu'il n'y manquât une très-grande partie des articles de l'ancien, ſur lequel il avoit été renouvellé, & la raiſon eſt que l'on n'en avoit pas fait la vérification, en ſorte que cette partie obmiſe occaſionne des Procès ruineux, tant aux Seigneurs qu'aux Cenſitaires, par l'obſcurité qu'elle jette, & qui naît des anciens Terriers du ſiécle de 1500. ſur leſquels il faut fonder les demandes pour rétablir ces omiſſions ; & outre ce les preſcriptions que l'on oppoſe contre ces Reconnoiſſances dans les Provinces où elle a lieu.

QUESTION DIXIE'ME.

Comment faut-il faire pour parvenir à cette verification ?

C'eſt la choſe du monde la plus aiſée, mais que la plûpart des Commiſſaires ne veulent point enſeigner, ni faire voir quand ils le ſçavent, parce que comme il eſt toûjours très-difficile de faire une rénovation bien complette, ils ſe gardent bien de prouver eux-mêmes que tous les articles de l'ancien Terrier ne ſont pas reconnus ; ce qu'il n'y a cependant aucun Seigneur qui ne puiſſe vérifier par lui-même, s'il en veut prendre la peine, & voici cette maniere qui eſt des plus ſimples.

Les Commiſſaires qui ſçavent la maniere de faire cette vérification ne veulent point l'enſeigner.

Le Commiſſaire à Terriers aura articulé tout ſon ancien Terrier, c'eſt-à-dire, tous les héritages

Maniere de faire cette vérification.

confinés dans ce Terrier, depuis le premier article du premier Reconnoiffant, jufqu'au dernier article du dernier Reconnoiffant en chiffres, depuis 1. 2. 3. jufqu'à 2000. & plus, s'il y en a, la groffe du nouveau Terrier fera articulée dans le même ordre ; on fera une Table en grand papier qui aura cinq colonnes, l'on commencera par la feconde, & l'on y mettra les articles de l'ancien Terrier par ordre ; dans la premiere l'on mettra les Cens qui feront fur un ou plufieurs articles ; dans la troifiéme, l'on mettra les articles du nouveau Terrier, qui renouvelleront l'ancien ; dans la quatriéme, l'on mettra la divifion des Cens ; & dans la cinquiéme la totalité, qui fe rapportera précifément au Cens de l'ancien Terrier, mis à la colonne premiere, fans quoi il y auroit ou du plus, ou du moins ; le tout en cette maniere.

TABLE DE VERIFICATION,

OU PARANGON DES ANCIENS
& nouveaux Terriers d'une Seigneurie.

CENS de l'ancien Terrier.	Articles de l'ancien Terrier.	Articles du nouveau Terrier.	Division des Cens.	TOTAL des Cens.
Argent, 1 f. 6 d. Froment, 2 boiff. Seigle, 3 boiff.	1.	17.	Argent, 0 f. 6 d. From. $\frac{2}{3}$ boiff. Seigle, 1 boiff.	Arg. 1 f. 6 d. From. 2 boiff. Seigle, 3 boiff.
	2.	32.	Argent, 1 f. Fr. 1 boiff. $\frac{1}{3}$ Seigle, 2 boiff.	
Argent, 2 f. 4 d. Avoine, 2 boiff. Gelines, 3.	3.	204.	. . .	Arg. 2 f. 4 d. Avoine, 2 b. Gelines, 3.
Geline 1.	4.	8 / 30	. . .	Geline, $\frac{1}{4}$ Geline, $\frac{3}{4}$

OBSERVATION.

Par ce Tableau il eft aifé de vérifier fi le Terrier nouveau eft rempli, en ce que tous les articles de l'ancien Terrier étant de fuite & par ordre, il ne peut en échaper aucun. L'on voit que l'Article 1. & 2. de l'ancien Terrier, font deux corps d'héritages, fur lefquels eft affecté un Cens

Explication du Tableau.

de 1 fol 6 deniers, 2 boiffeaux de froment & 3
boiffeaux de feigle ; que dans le nouveau Terrier
l'Article 1er eft le 17e, & le 2e le 32e, lefquels
étant à deux différens Particuliers, dont le premier héritage eft évalué valoir le tiers des deux ;
ce qui a fait que par la divifion du Cens, on ne
l'a tiré en argent que pour 6 deniers, qui eft le
tiers d'un fol 6 deniers en froment, que pour deux
tiers de boiffeau, qui fait le tiers de deux boiffeaux,
& en feigle un boiffeau, qui eft le tiers de trois.
Le deuxiéme article eft le 32 du nouveau, dont
le Cens divifé fait les deux tiers du devoir entier,
lefquelles Parties raffemblées dans la cinquiéme
colonne, font la totalité & en même-tems l'éga-
lité de la première.

Le 3e Article n'eft point divifé & appartient à
un feul, qui eft l'Article 204. du nouveau, dont
le devoir eft tiré à la cinquiéme colonne, lequel
eft femblable au Cens de l'Article 3. mis à la premiere colonne.

Le quatriéme eft divifé en deux, & fe trouve
aux 8. & 30e Articles du nouveau, l'Article 8. eft
pris pour le quart & le 30e pour les trois quarts,
& qui fait la totalité, en forte que le total tiré à
la cinquiéme colonne eft pareil au Cens tiré à la
premiere.

Il eft aifé, comme on le voit, de vérifier fi un
Terrier eft entierement renouvellé, & s'il n'en eft
échapé aucuns articles ; c'eft au Commiffaire à repréfenter cette Table, qu'il eft néceffaire qu'il
faffe pour lui-même, c'eft-à-dire, pour fe rendre

compte de fon ouvrage & de fa perfection, enforte que ce Tableau ainfi fait, avec la repréfentation des deux Terriers, il n'y a point de Seigneur qui ait le loifir d'en prendre le tems, qui
ne puiffe voir par lui-même fi cet ouvrage eft
bien fait, & s'il eft complet ; les Intendans &
Gens d'affaires des grands & hauts Seigneurs, qui
ne fçavent rien de la rénovation des Terriers, &
qui la regardent comme un Grimoire, s'arrêtant à
ce qui leur en eft dit par la plûpart des Commiffaires, lefquels leur font accroire ce qu'ils veulent, & fouvent qu'il ne s'agit d'autre chofe que
de calculer le montant des Cens de l'ancien Terrier & celui du nouveau, & d'en faire une comparaifon, & au moyen de ce ils fe difpenfent de
cette vérification fcrupuleufe, & ces Gens d'affaires paffent, après ce calcul, ces nouveaux Terriers, comme parfaitement renouvellés, en quoi
ils fe trouvent groffierement trompés. 1°. Le calcul d'un Terrier qui monte fouvent en fa valeur
en 5. à 6000. liv. a bien des parties pour le calcul, il faut une infinité d'opérations pour parvenir
à un total jufte, & lefquelles fouvent peuvent être
fautives. 2°. C'eft qu'en renouvellant un Terrier
ancien, le Commiffaire renouvelle & fait reconnoître les Baux à Cens faits poftérieurement
au nouveau Terrier, & qui n'y font pas compris,
lefquels font de nouveaux Cens & une augmentation que ce Commiffaire confond dans fa totalité, & qu'il ne perd de vûe que pour l'effacer,
à celle de cet homme d'affaire, & lui perfuader

que tout fon miniftere eft confommé , tandis
qu'il peut en manquer une bonne partie , qui ne
feroit pas renouvellée , fans que cet homme d'affaire s'en apperçoive.

Mais par la comparaifon de chaque article de
l'ancien Terrier, & des Cens féparés d'icelui,
avec le nouveau , rien n'eft plus aifé que de voir
d'un coup d'œil s'ils font femblables.

QUESTION ONZIE'ME.

Si par cette vérification ou Parangon, il fe trouve des
articles de Terrier obmis à faire reconnoître, le Com-
miffaire ne fera-t-il pas tenu d'en faire la recherche ,
& de les faire reconnoître, ou du moins fournir au
Seigneur des demandes en Juftice contre ceux qui les
poffédent ?

Il n'y a pas de doute que le Commiffaire qui
s'eft engagé à faire la rénovation d'un Terrier ,
ne doive donner au Seigneur la groffe de toutes les Déclarations & Reconnoiffances des différens articles de devoirs de cens du Terrier dont
il eft chargé ; fans quoi il ne peut efpérer fon
payement, n'ayant pas rempli fon miniftere dans
fon entier. Il y a cependant des cas où il n'en feroit pas abfolument tenu. Par exemple, je fuppofe être chargé d'un Terrier de l'année 1602.
dont les articles & héritages qui en compofent la
Directe s'étendent en quinze ou feize Paroiffes ,
(ainfi que font les Terriers des Communautés
Eccléfiaftiques & des Commandeurs de Malthe
dans

dans différentes Provinces, parce que ces Cenſives & Directes ne ſont faites & compoſées que
d'héritages qu'on leur a donnés anciennement
par aumônes, & dont ils ont fait une Directe en
la donnant à Cens,) & qu'il y ait nombre d'héritages qui n'ont aucuns confins perpétuels dans ce
Terrier, & dont les Cens & preſtations de Devoirs ont été négligés & non payés depuis long-
tems, en ſorte que ne m'ayant été remis aucunes
Recettes, Cueilloirs ou Liéves qui puiſſent m'indiquer & m'apprendre dans quelles mains ces héritages ont paſſé depuis cent quarante ans, non
plus que des Contrats inveſtis, Mémoires, & autres adminicules qui pourroient me conduire à la
découverte des nouveaux poſſeſſeurs, je n'ai pû
apprendre les poſſeſſeurs actuels ; or ces héritages
ſe trouvant être en petites parcelles, telles que
de deux, trois ou quatre œuvres de vignes aſſiſes
dans un continent de vignes, qui en compoſe
plus de 2000 œuvres, ou dans une prairie, où
ſe trouve un ou deux œuvres de Pré, ou dans une
Plaine extrêmement grande, où il y a quelques
coupées ou boiſſelées de Terres, ſans aucuns confins immuables ; il n'y auroit pas d'équité à rendre
un Commiſſaire reſponſable de ce qu'il n'auroit
pû deviner les nouveaux poſſeſſeurs de ces articles de Terrier, & ne les auroit pas fait reconnoître ; il ne ſuffiſoit même pas qu'il pût les découvrir bien certainement ; il faudroit toûjours
qu'il trouvât dans les titres du Seigneur de quoi
convaincre les poſſeſſeurs que ce ſont les mêmes

Un Commiſſaire n'eſt pas tenu de faire reconnoître des Articles d'un Terrier qui n'ont aucuns confins immuables qui ſont épars, & dont il n'a aucunes adminicules, & on ne peut l'en rendre reſponſable.

Y y

héritages portés & confinés dans fon Terrier, &
cela par les confins des héritages voifins qui fervent de limites à ces objets, fans quoi toute fa
préfomption s'évanouiroit ; en un mot, c'eft au
Seigneur à fournir les Titres néceffaires pour pouvoir avec juftefle affeoir un devoir fur un héritage, ainfi qu'à adminiftrer à un Commiffaire de
bons indicateurs anciens & capables de bien enfeigner les nouveaux poffeffeurs , & en même-
tems de qui ils ont acquis leurs biens, & quelles
perfonnes ils repréfentent.

QUESTION DOUZIE'ME.

Cette vérification faite, le Seigneur pourra donc faire
clore fon Terrier ? quelle formalité fera-t-il obligé
de faire pour cela ?

Le Seigneur, qui eft parvenu à la vérification
de fon nouveau Terrier, doit le faire clore par le
Juge Royal qui a entheriné les Lettres Patentes,
& à cet effet, il doit préfenter Requête en cette
forme :

Modéle de Requête pour faire clore un Terrier.

A MONSIEUR LE SENECHAL de . . . .
ou M. fon LIEUTENANT GENERAL à . . . . .

SUPPLIE humblement . . . . Comte de . . . .
DISANT, que Sa Majefté lui ayant accordé des
Lettres Patentes pour la rénovation du Terrier de

la Seigneurie de . . . . le . . . . elles auroient été
entherinées par votre Sentence du . . . . & en conféquence des Proclamats par Vous ordonnés, les
Déclarations & Reconnoiffances des Cenfitaires,
Foys & Hommages, Aveux & Dénombremens,
& autres Actes portant rénovation des Droits Seigneuriaux de ladite Seigneurie ont été faits &
paffés devant le Notaire Royal Commiffaire à la
rénovation dudit Terrier, lefquelles Déclarations
ont été faites fans difcontinuation depuis le commencement jufqu'à la derniere, qui eft du . . . .
& comme il eft néceffaire pour que ce Titre foit
en forme, qu'il foit clos par Vous, MONSIEUR,
le Suppiant a recours . . . . .

A ce qu'il vous plaife, MONSIEUR, vû ledit Terrier figné . . . . Notaire Royal Commis,
dans lequel font inférées lefdites Lettres Patentes,
enfemble votre fufdite Sentence du . . . . les Déclarations des Cenfitaires, commençant par celle
de fieur . . . . . du . . . . . & finiffant par celle de
fieur . . . . du . . . . clore ledit Terrier, & ordonner, conformément aufdites Lettres Patentes,
qu'il fera exécuté felon fa forme & teneur ; & ferez bien.

Sur cette Requête le Juge rend un Jugement
au bas d'icelle, où il met le vû de ladite Requête
& des piéces y énoncées, & enfuite ordonne que
ledit Terrier demeurera clos, & en conféquence
qu'il fera exécuté felon fa forme & teneur.

QUESTION TREIZIE'ME.

Eſt-ce-là la derniere choſe à faire pour remplir toute
la formalité d'un Terrier ?

Non : il faut remettre cette Requête, avec le
Jugement qui eſt au bas, ès mains du Notaire dépoſitaire, tant des Lettres Patentes, Sentences
d'enregiſtrement, Proclamats, que des Déclarations, Reconnoiſſances, Aveux & Dénombremens, & autres Actes qui compoſent ledit Terrier, afin qu'ils les joignent aux minuttes, & les
mettent en groſſe à la fin du Terrier, & à cet effet il faut en faire un Acte de dépôt, en ces termes :

Modéle d'Acte de Dépôt de la Sentence de clôture
d'un Terrier.

AUJOURD'HUI...... eſt comparu
pardevant le Notaire Royal de la Ville
de.... Commiſſaire aux Droits Seigneuriaux, &
en cette partie, fouſſigné, Sieur..... Agent des
affaires de haut & puiſſant Seigneur Meſſire....
Seigneur de.... & ſon Procureur ſpécial & général, quant à ce, où étant, & en préſence des
Témoins ci-après nommés, il a dépoſé ès mains
dudit Notaire la Requête préſentée par ledit Seigneur de.... & le Jugement au bas de M. le
Sénéchal de cette Province, du.... portant la
clôture du Terrier nouveau de ladite Seigneurie.

de . . . . pour être mife au nombre de fes minuttes
& de celles dudit Terrier par lui recues, & en être
délivré audit Seigneur toutes groffes & expéditions néceffaires, dont il a requis Acte, à lui octroyé, pour lui fervir ainfi qu'il appartiendra. Fait,
lû & paffé, &c.

Cet Acte contrôlé, le Notaire fera groffoyer,
après la derniere Reconnoiffance du Terrier, la
Requête, le Jugement qui eft au bas, & l'Acte
de dépôt que le Notaire fignera, & ce fera la clôture dudit Terrier.

QUESTION QUATORZIE'ME.

Le Terrier ainfi clos, & les Reconnoiffances des
Cenfitaires faites, s'il eft dû plufieurs années d'arré-
rages des Cens au Seigneur, ou à fon Fermier,
comment fera-t-il pour fe les faire payer?

Il faut diftinguer : s'il n'eft dû que de l'argent, il
peut, en vertu de là Reconnoiffance du Cenfitaire, faire faire un Commandement au débiteur de
lui payer tant d'années d'arrérages de Cens à lui
dûs, montant par chacun an à . . . . . & au total
à . . . . & ce conformément à la Déclaration &
Reconnoiffance que ledit Cenfitaire en a faite au
Terrier dudit Seigneur le . . . . (dont on lui donnera copie) finon & à faute de ce, protefter qu'il
y fera contraint, &c. & s'il ne paye le Seigneur,
ou le Fermier, ils pourront le faire faifir en fes
meubles, & les faire vendre comme pour toutes
autres dettes liquides.

Mais si avec de l'argent il est dû des grains, tels que froment, seigle, orge, avoine & autres, le Seigneur ne pouvant exiger que la derniere année en espéces, sera obligé de présenter Requête, sous le nom de son Procureur Fiscal, au Juge de la Seigneurie qui est compétent pour cette liquidation, en cette forme :

Modéle de Requête, pour parvenir à faire liquider les arrérages des Cens dus en grains.

A MONSIEUR LE JUGE de . . . . . .

VOUS remontre le Procureur Fiscal, que P . . . . . a passé Reconnoissance & Déclaration au Terrier de cette Seigneurie devant . . . . Notaire Royal, le . . . . par laquelle, pour raison des héritages qu'il porte en la Censive de ladite Seigneurie, il a reconnu devoir 34 s. en argent, 3 boisseaux de froment, 6 boisseaux de seigle, 4 boisseaux d'avoine, mesure de . . . . . & une geline, qu'il s'est obligé de payer annuellement, même les arrérages échus dudit Cens jusqu'au jour de ladite Reconnoissance, & comme il en est dû nombre d'années, il recourt.

Ce considéré, MONSIEUR, il vous plaise, vû ladite Reconnoissance susdatée, permettre au Suppliant de faire assigner pardevant Vous en votre Hôtel, à jour & heure précise, ledit P . . . . . . pour y rapporter ses quittances des 29 & 10 dernieres années (a), échues au jour de Saint Martin d'Hyver 1743. & voir liquider les grains des années qu'il n'aura pas satisfaites, sur le plus haut prix qu'ils auront valu chaque année au jour du marché de la Ville de .... comme plus prochain des lieux, & de celui des marchés les plus près de ladite échéance, & être ledit P..... condamné au payement de la somme à laquelle se trouvera monter ladite liquidation, avec intérêts, & aux dépens, sans préjudice à l'année derniere, échue audit jour de Saint Martin 1744. que ledit P..... sera tenu de payer audit Seigneur en grains & espéces portées par ladite Reconnoissance, & ferez bien.

OBSERVATION.

La derniere année, qui est exigible en espéces, peut être demandée par un Commandement en vertu de la Reconnoissance, & à défaut de payement, l'on peut faire saisir, comme on l'a dit, pour les Cens en argent, sans aucune Requête.

Sur la Requête ci-dessus, le Juge mettra son Ordonnance, en cette forme :

VEU la Reconnoissance énoncée, Nous avons permis d'assigner ledit P..... pardevant Nous en notre Hôtel, à jour & heure précise, aux fins de ladite Requête. Fait ....

On fera ensuite assigner le débiteur en ces termes :

(a) Suivant l'usage des lieux.

Modéle d'Affignation.

L'An .... à la requête de M^e .... Procureur Fifcal de la Juftice & Seigneurie de ...... pourfuite & diligence de N. .... Fermier de ladite Seigneurie, pour lequel domicile eft élû en fa maifon audit lieu; j'ai .... Sergent .... fouffigné, me fuis tranfporté en la Paroiffe de .... où étant, & au domicile de P..... où étant, & parlant à .... par vertu de l'Ordonnance de M. le Juge de .... en marge de Requête du .... je lui ai donné affignation à comparoir jeudi prochain 13. du courant, à deux heures de relevée, en l'Hôtel & pardevant M. le Juge dudit lieu, pour procéder, & fe voir condamner aux fins de ladite Requête, avec intérêts & dépens, & ainfi que de raifon, & à ce que ledit P..... n'en ignore, je lui ai, en parlant comme deffus, laiffé copie, tant de ladite Requête, Ordonnance fur icelle, Reconnoiffance dudit P. .... énoncée en ladite Requête, & du préfent Exploit.

Il faut obferver, que fi c'eft le Seigneur auquel il foit dû les arrérages, il peut demander les 29. ou 10. années, felon l'ufage des lieux; mais que fi c'eft le Fermier feul, il ne peut les demander que pour les années du cours de fon Bail.

Le Fermier peut bien faire faire cette liquidation fans le Procureur Fifcal, & en ce cas il eft obligé de donner copie de fon Bail pour établir fa qualité; mais le Procureur Fifcal, qui eft l'homme

me du Seigneur pour tous les Droits de la Seigneurie , doit se prêter pour les faire payer , soit
au Seigneur, soit à son Fermier, & lorsqu'il est
en qualité, il n'est pas nécessaire que le Fermier
donne copie de son Bail.

QUESTION QUINZIE'ME.

*Si les héritages sur lesquels les arrérages de Cens
demandés sont dus , étoient situés dans une autre Province que celle du lieu où est le plus prochain marché, le Censitaire ne seroit-il pas fondé à soutenir que
le prix doit se régler sur le plus prochain marché de son
Ressort , & que la liquidation doit être faite sur les
mercuriales d'icelui , & non sur celui d'une Province
étrangere?*

Cette Question se présente souvent sur les limites des Provinces ; mais elle n'y est opposée
que par des chicaneurs & mauvais payeurs, en ce
que la régle générale établie est qu'il faut suivre
le prix des grains du plus prochain marché , par
la raison que la cherté ou le bon marché de ces
grains est toûjours plus certaine sur les lieux, &
au plus près marché que dans un plus éloigné ,
où ils peuvent être plus ou moins chers , ce qui
seroit toûjours préjudiciable à l'une des deux Parties. Il n'y a qu'à opposer à cette objection les
Réglemens du Conseil & de la Cour , ils sont en
grand nombre : le Réglement général des grands
Jours tenus à Clermont le 9. Janvier 1666. article 3. y est formel, les Déclarations du Roy des

Les arrérages des Cens se liquident sur les mercuria-les du plus pro-chain marché.

Ordonnances & Réglemens qui l'ordonnent.

Z z

11. Juin & 8. Octobre 1709. les Arrêts de la
Cour des 4. Janvier 1710. & 30. Janvier 1713.
& la Déclaration du Roy du 6. Octobre 1740. y
font toutes précifes, & ne font aucune diftinction de Provinces : ainfi l'on ne peut s'éloigner
de ces fages Réglemens.

QUESTION SEIZIE'ME.

Si la mefure du plus prochain marché n'étoit pas la
n'ême que celle des Cens dûs, & fi elle étoit différente
de celle du plus près marché du Reffort, cela ne fa-
voriferoit-il pas la prétention du Cenfitaire?

Non, par la raifon que la plûpart des Seigneurs
ont droit de mefure, lefquelles font ordinairement différentes de celle du prochain marché ;
mais tous ceux du voifinage font toûjours informés de la différence, foit d'un dixiéme, d'un
douziéme plus ou moins, enforte que fi la mefure
du marché eft d'un dixiéme de plus ou de moins
que celle de la Seigneurie, on fera la liquidation
fur le pied de la mefure du marché, & on retran-
chera enfuite, où on ajoûtera à la fomme liquidée
le dixiéme, ce qui fera conforme au prix qui doit
être réglé pour la mefure de la Seigneurie. Les
Juges aufquels on s'adreffe pour ces fortes de liquidations les laiffent fouvent faire à leurs Greffiers, que les Procureurs ou les Fermiers mettent
dans leurs intérèts, enforte qu'il arrive fréquemment qu'un pauvre & ignare Cenfitaire eft la dupe
des mauvais calculs qui le ruinent, un Juge ne

devant jamais confier ces fortes de liquidations à
d'autres qu'à lui-même ; il est vrai qu'elles sont
pénibles & vétilleuses, à cause des différentes
parties qu'elles contiennent, & par cette raison
demandent beaucoup d'attention ; mais l'on n'en
peut trop avoir pour faire son devoir, & empêcher que le pauvre ne soit opprimé.

QUESTION DIX-SEPTIE'ME.

*Le Juge qui fait une liquidation, ne doit-il pas spécifier
le prix de chaque grain, année par année ? ou peut-il
se contenter d'en faire un total où seront compris tous
les grains d'une année, ou même le total de toutes les
années ensemble.*

Il est de son devoir de se faire représenter, **Devoir du Juge**
avec la Requête qui lui aura été présentée, l'As- **lors de la liquida-**
signation, la Reconnoissance du Censitaire, & **tion.**
l'Extrait des Mercuriales du plus prochain marché, qu'il visera dans son Procès-verbal, & spé-
cifiera la quantité de grains & leurs différentes
espéces pour chaque année, qu'il fixera année par
année, & en fera un total à chacune d'icelles : cette précision est essentielle ; autrement, l'on ne
pourroit connoître si l'on a suivi le taux des Mercuriales ou non : ce qui est intéressant pour le Juge
même, parce qu'il est défendu par l'Arrêt des
Grands Jours de 1666. article 10. que nous avons **Il est défendu**
rapporté *suprà*, à tous Juges & autres, de taxer le **aux Juges de ta-**
xer les grains à
prix des grains à plus haute valeur que celle des **plus haut prix**
que celui des mer-
Mercuriales, à peine de répétition du surplus **curiales.**

contr'eux. Nous donnerons ici le modéle de ce
Procès-verbal, y ayant dans la Campagne bien
des Juges de Seigneuries peu au fait de ces fortes
de liquidations.

Modele de Procès-verbal de liquidation de grains.

CEjourd'hui .... heure de deux de relevée
pardevant nous.... L.... Juge de la Ville,
Terre & Seigneurie de .... féant en notre Hôtel
audit lieu, affifté de notre Greffier ordinaire, eft
comparu Me. ... Procureur Fifcal de ladite Juftice, qui a dit qu'il eft dû au Seigneur de cette
Seigneurie plufieurs années d'arrérages du Cens
de 34 fols argent, trois boiffeaux de Froment;
6. boiffeaux de Seigle, 4. boiffeaux d'Avoine,
mefure dudit lieu, & une Geline par .... P....
fuivant fa reconnoiffance paffée au Terrier de cette Seigneurie, devant .... Notaire Royal, le....
pour fe faire payer defquels arrérages il a été obligé de nous donner fa Requête expofitive de ces
faits, & en conféquence de notre Ordonnance
fur icelle du .... il a fait affigner pardevant nous
ledit P.... à cejourd'hui, lieu & heure, par Exploit de .... Sergent de cette Juftice du ... contrôlé au Bureau de cette Ville, le.... par....
Commis, aux fins de rapporter fes Quittances
des 28 ou 9 années dernieres, (*a*) échûës au
jour de Saint Martin d'Hyver 1743. & voir liquider les grains des années qu'il n'aura pas fatif-
fait fur le plus haut prix qu'ils auront valu cha-

(*a*) Suivant l'ufage des lieux.

que année, au jour du marché de.... comme plus prochain des lieux, & de celui des marchés le plus près de ladite échéance , & être condamné ledit P.... au payement de la fomme à laquelle fe trouvera monter ladite liquidation & aux intérêts d'icelle avec dépens , fans préjudice à l'année derniere échûë audit jour de Saint Martin 1744. que ledit P... . fera tenu de payer audit Seigneur en grains & efpéces portée par ladite reconnoiffance, & à cet effet a ledit Procureur Fifcal repréfenté la reconnoiffance dudit P. ...fignée .... Notaire, par laquelle il s'eft obligé de payer à ladite Seigneurie le fufdit Cens annuel, & les arrérages d'icelui échû du paffé jufqu'au jour de ladite reconnoif-fance, l'extrait des Mercuriales du marché de .... plus prochain marché de cette Ville , figné .... Greffier, requerant qu'il foit préfentement procedé à ladite liquidation fur lefdites Mercuriales, & fes conclufions adjugées avec dépens & a figné.

A l'inftant eft comparu ledit .... P.... affifté de.... fon Procureur, qui a repréfenté les Quittances dudit Cens jufques & compris l'année échûë au jour de Saint Martin 1738. enforte qu'il ne refte à liquider que fept années qu'il confent qui foient liquidées à la maniere ordinaire & accoutumée dont il a requis acte , & s'eft fouffigné avec ledit .... fon Procureur.

Defquelles comparutions , dires, repréfentations requifitions & confentement nous avons donné & octroyé Acte, & ordonné qu'il fera préfentement procedé à ladite liquidation , ce fait

avons iłquidé ledit Cens de 34 fols, trois boiſ-
feaux Froment, fix boiſſeaux de Seigle , quatre
boiſſeaux d'Avoine meſure de . ... & une Geline,
ainſi qu'il enſuit. Sçavoir ; des 34. f. pour les ſept
années 1739, 40, 41, 42 & 1743 , à onze livres
dix-huit fols, ci.   - - - 11 l. 18 f.

La Geline pour leſdites ſept années à raiſon
de ſept fols piéce, à la ſomme de quarante-neuf
fols, ci- - - - - - 2 l. 9 f.

Les 3. boiſſeaux de froment à raiſon de quinze
fols le boiſſeau qu'a valu le plus beau grain le
marché du .... Novembre 1739. plus prochain
de l'échéance , & pour leſdits trois boiſſeaux la
ſomme de quarante-cinq fols : ci- - 2 l. 5 f.

Les ſix boiſſeaux de Seigle à raiſon de douze
fols le boiſſeau qu'il a valu audit jour de marché
& pour leſdits ſix boiſſeaux la ſomme de trois
livres douze fols, ci- - - - 3 l. 12 f.

Et les quatre boiſſeaux d'Avoine a raiſon de
neuf fols le boiſſeau , & pour leſdits quatre boiſ-
feaux la ſomme de trente-ſix fols, ci- 1 l. 16 f.

Les trois boiſſeaux de Froment pour l'année
1740 à raiſon de vingt-deux fols le boiſſeau qu'il
a valu le premier jour de marché du mois de Janvier audit an , ſuivant & conformément à ce qui
eſt preſcrit par la Déclaration du Roi du 26 Octobre 1740. & pour leſdits trois boiſſeaux la ſomme de trois livres ſix fols , ci- - 3 l. 6 f.

Le Seigle pour ladite année à raiſon de dix-ſept
fols le boiſſeau qu'il a valu au même jour de marché , & pour les ſix boiſſeaux , la ſomme de cinq

livres deux fols, ci- - - - 5 l. 2 f.

L'Avoine à raifon de treize fols le boiffeau, &
pour lefdits quatre boiffeaux d'Avoine cinquante-
deux fols , ci- - - - 2 l. 12 f.

Le Froment pour l'année 1741. à raifon de dix-
huit fols le boiffeau qu'il a valu le .... 1741. plus
près marché de l'échéance , & pour lefdits trois
boiffeaux cinquante-quatre fols , ci- - 2 l. 14 f.

Le Seigle , &c. *Le tout de la même maniere jufqu'à
l'année 1743. comprife , & enfuite on expliquera.*

Toutes lefquelles fommes montent & reviennent à celle de .... au payement de laquelle nous
avons condamné ledit ... P.... avec interêts de
cejourd'hui , & aux dépens que nous avons
fommairement taxés à .... non-compris la levée
des Préfentes qui feront exécutées par provifion,
nonobftant oppofition ou appellation quelconques & fans y préjudicier, à la forme de l'Ordonnance & comme pour matiere fommaire. Fait les
jours & an fufdits.

OBSERVATION.

S'il y a conteftation fur les Quittances de payemens, & fur ce qui fe trouvera avoir été payé par
le Cenfitaire au Seigneur ou au Fermier qui auront
refufé de donner Quittance , & que le tout foit
juftifié , le Juge déchargera le Cenfitaire du double de ce qu'il juftifiera avoir payé fans Quittance,
conformement à l'Art. 13. de l'Arrêt des Grands
Jours de 1666. qui défend à tous Seigneurs , Fermiers & receveurs de recevoir aucun Cens fans

Il eft défendu aux Seigneurs & Fermiers de rece-voir aucuns Cens fans donner quit-tance.

donner Quittance à peine du double de ce qui fera justifié avoir été reçû, qui tournera au profit du débiteur.

QUESTION DIX-HUITIE'ME.

Le Seigneur ou son Fermier ne pourroient-ils pas faire faire cette liquidation devant le Notaire-Commissaire, qui auroit fait le Terrier & passé la reconnoissance du Censitaire?

Ces liquidations peuvent se faire devant Notaires.

Il n'est pas douteux qu'il le peut, cette liquidation n'étant qu'un compte à faire entre le Seigneur & le censitaire, & une suite de la reconnoissance du censitaire, qui étant obligé par cet Acte de payer les Cens arrérages, peut s'obliger d'en payer le montant devant le même Notaire, ce qui ne fait qu'une seule obligation, & en ce cas, il doit se conformer à ce qui vient d'être rapporté. Il est même d'usage en différentes Jurisdictions de renvoyer ces sortes de liquidations devant le premier Notaire ; c'est ce qui se pratique coutumierement dans les Chambres du Domaine du Roi.

QUESTION

QUESTION DIX-NEUVIE'ME.

Comment fera le Seigneur ou le Fermier pour faire faire cette liquidation devant Notaire?

Il fera donner copie au cenfitaire de fa reconnoiſſance, & lui fera une ſommation en ces termes :

L'A N.... à la requête de M^e.... Procureur Fiſcal de la Juſtice de... pourſuite de... Fermier de ladite Seigneurie, demeurant à.... je.... Sergent.... ſouſſigné, me ſuis tranſporté en ladite Paroiſſe de.... & au domicile de P..... où étant & parlant à.... j'ai dûement ſignifié audit.... P.... la reconnoiſſance par lui faite au Terrier de ladite Seigneurie de.... ſignée....du.... & en conſéquence l'ai ſommé de ſe trouver jeudy prochain 15. du préſent mois, heure de huit du matin, en l'Etude & pardevant M^e.... Notaire Royal demeurant audit lieu, pour y rapporter ſes Quittances des Cens portés par ladite reconnoiſſance des 28. ou 9 années dernieres (*a*) échuës au jour de S. Martin 1743. en voir liquider les grains des années qu'il n'aura pas payées ſur le plus haut prix qu'ils ont valu chaque année au jour de marché de.... plus prochain des lieux, & de celui des marchés les plus près dudit terme, ſans préjudice à l'année derniere échuë audit jour de Saint Martin 1744.

Modele de Sommation devant Notaires pour liquidation de Cens.

(*a*) Suivant l'uſage des lieux.

que ledit .... P .... fera tenu de payer audit ... :̇
Fermier de ladite Seigneurie, en eſpéces de grains
portées par ladite recconnoiſſance ; & afin que
ledit .... P .... n'en ignore je lui ai laiſſé en parlant comme deſſus copie tant de ladite reconnoiſſance que du préſent Exploit , dont Acte.

L'on ne conclut point à la condamnation , ni
aux intérêts , parce que le Notaire ne les peut
prononcer ni adjuger.

Il faut qu'il y ait au moins trois jours d'intervale entre la ſommation & l'échéance , le Notaire au ſurplus ſe conformera pour ſon Procès-
verbal au Modele ci-devant fait devant un Juge ,
& après avoir fait ſon total , ſi le cenſitaire com-
Obligation du débiteur de payer la ſomme liqui-dée. pare & convient de devoir ladite ſomme , il
mettra , laquelle ſomme de ..... ledit .....
P .... ſera tenu , promet & s'oblige de payer audit .... Fermier de ladite Seigneurie inceſſamment à peine de frais & intérêts , & pour ſûreté ledit .... P .... a obligé ſpecialement , &c.
Fait

QUESTION VINGTIE'ME.

La liquidation des grains doit-elle ſe faire du plus beau
bled ou grain , ou du médiocre ou du plus bas
prix qui s'eſt vendu au marché?

Le Cenſitaire eſt tenu payer ſes Cens du plus beau grain. S'il eſt conſtant, comme il eſt vrai, que le cenſitaire eſt tenu de payer les Cens au plus beau
grain, qui ſe recueille dans le pays & dans ſes
héritages , qui doit être bien criblé, & parfaite-

ment de recette, il eſt donc des régles, que la liquidation ſe doit faire ſur le plus haut prix de chaque eſpece; c'eſt l'eſprit des Arrêts de la Cour, ils ſont uniformes en ce genre, il y en a un du Grand Conſeil, rendu au profit du ſieur Prieur de Droiturier du 23. Juillet 1674. qui condamne François des Champs Sieur de Feytieres, à lui payer les arrérages de Cens à lui dûs au plus haut prix que les grains ont valu, ſuivant les Mercuriales du marché le plus prochain, ce qui détermine que c'eſt du plus beau. Il faut cependant faire une obſervation ſur l'Avoine, qui ne croît pas groſſe en tous les pays, & qu'à ſuppoſer qu'il s'agit de liquider cette eſpéce de grains, il faut examiner ſi dans le pays où ſont dus les Cens, la groſſe Avoine y croît communément, ou s'il n'y croît que de la petite Avoine appellée Pied de Mouche, au premier cas on ſuivra le prix de la belle Avoine; mais au ſecond on la réglera au tiers ou à un quart de moins, qui eſt ce qu'elle a coutume de valoir.

Arrêt qui juge que la liquidation des grains de Cens doit ſe faire au plus haut prix.

Difference de l'Avoine pour les pays où il n'en croît pas de la groſſe.

QUESTION VINGT-UNIE'ME.

La liquidation des arrérages de Cens doit-elle ſe faire, ſur le prix des grains du jour de l'écheance, ou du prix commun des quatre ſaiſons de l'année.

Il n'y a pas de doute que la liquidation des arrérages doit ſe faire, au terme de l'échéance du Cens, c'eſt-à-dire, au prix que les grains auront valu au plus près marché, ſoit devant ou après

La liquidation des grains doit se faire sur le prix des grains au jour du terme & de l'échéance.

l'échéance; c'est une régle, que la raison & l'usage ont introduite dans tous les pays , ce qui est autorisé par les Réglemens de la Cour des Grands Jours de 1666. Art. 3. 4. & 5. de la Déclaration du Roi du 11. Juin 1709. Art. 11. de celle du 8. Octobre audit an , Art. 4. Arrêt de Réglement du Parlement du 18. Janvier 1710. Arrêt de Réglement du Parlement de Dijon du 24. Janvier 1710. Arrêt de la Cour du 30. Janvier 1713. & Déclaration du Roi du 26. Octobre 1740. Art. 4.

Ordonnances & Réglemens qui l'ordonnent.

Il y a même nombre de Coûtumes qui fixent que cette liquidation doit se faire au jour de l'échéance, & au plus haut prix que les grains ont valu , l'Art. 128. de la Coûtume de Bourbonnois, porte » *quand aucun doit Cens, Tailles & autres* » *devoirs annuels de Bled, Vin, Huile & autres choses* » *qui gissent en poids, mesures & mutation , & qu'il est* » *convenu , pour aucuns arrérages , il n'est tenu d'en* » *payer , sinon à raison qu'elles ont valu au plus haut* » *prix des années desquelles ils doivent lesdits arrérages,* » *aussi est tenu de les payer audit plus haut prix , sans* » *qu'il soit besoin d'en faire aucune autre appréciation.*

Il est vrai que Me Auroux dernier Commentateur de cette Coûtume sur cet Article est d'avis contraire , & dit que ces arrérages de Cens ne sont dûs qu'au prix commun de chacune année, qu'il est vrai, que cet Article de la Coûtume veut, que ces arrérages soient payés au plus haut prix de chaque année ; mais qu'il y a été dérogé par les Ordonnances de 1539. & de 1667. Tit. 30. Art. premier ; mais il y a erreur dans son sentiment,

ces décifions de l'Ordonnance ne font que pour
la condamnation de reftitution des fruits, par Sentence , Jugement & Arrêt , & ne peuvent être
appliqués à la liquidation des grains dûs pour
Cens , qui doivent être toujours du plus beau
grain , bien vanné , criblé & nettoyé , ce qui fait
que les grains de Cens , tiennent le premier rang
dans tous les grains ; il n'en eft pas de même de
la reftitution des fruits , d'un ou de plufieurs héritages , defquels il faut rendre compte , qui ne
doivent être payés & reftitués que comme ils fe
font recueillis , ce qui ne peut jamais faire le plus
beau bled , puifque l'on ne peut exiger de celui
qui eft condamné à la reftitution , que du grain tel
qu'il eft provenu dans l'héritage , fans être criblé
& nettoyé ainfi que le doit être celui du Cens ,
ce qui en fait une difference totale , & c'eft par
cette raifon que les Ordonnances ont déterminé
pour ces fortes de reftitutions de fruits , qu'elles
fe feroient pour les années qui en feroient dûës ,
fur le prix commun de chacune année , qui n'eft
ni le plus haut prix ni le plus bas , & c'eft en quoi
elle diffère du privilège des Cens ; d'ailleurs
c'eft que le Cenfitaire pourroit fouffrir beaucoup,
fi on pouvoit l'obliger à payer à autre terme que
celui de fon échéance , y ayant des tems où les
grains font communément plus chers qu'à celui
du terme des Cens , qui eft coutumierement la
Saint Jullien , la Saint Michel , la Saint Remy &
la Saint Martin , qui fe trouvent après la recolte
dans une faifon qui eft toujours la moins rigou-

*Difference de
Cens à la reftitu-
tion de fruits,*

reufe ; Me Auroux s'eſt donc trompé en ſa déciſion qu'il étaye cependant de l'Art. 330. de la
Coutume de Melun quoique cet Article diſe
préciſément » Toutes aprétiations de Bleds, Vins,
» Bois , & autres pareilles choſes doivent être fai-
» tes ſur le Regiſtre du rapport, &c. Et ſelon l'eſ-
» timation commune que leſdits Grains , Vins,
» &c. auront été vendus en l'année qu'elles
» étoient dûës, *toutefois les Moiſons, Cens, Rentes
» foncieres en grains dûës à certain jour, & lieu, ſeront
» apréciez au plus haut prix qu'elles auront valu dans
» l'an , à compter du jour que payement a dû en être
» fait.* Cet Article fait une juſte diſtinction des
Cens , de la reſtitution des fruits, ce qui prouve
que l'on doit faire la liquidation des grains, pour
Cens, ſur le pied du plus prochain marché des
lieux au jour de l'échéance , du plus beau grain,
conformément aux Arrêts & Réglemens, & non
ſur le commun prix.

QUESTION VINGT-DEUXIE'ME.

*Comment calcule-t-on le prix des grains pour en faire
un prix commun, & qu'eſt-ce que l'on appelle Mercuriale ?*

Ce que c'eſt que
Mercuriale.

L'on appelle Mercuriale le Regiſtre que tient le
Greffier de la Juſtice du lieu où il y a marché, para-
phé par le Juge, par premier & dernier feuillet, &
deſtiné à ce ſeul uſage, ſur lequel le Greffier écrit à
chaque jour de marché & de foire, le prix de chaque eſpece de grains, & s'il s'en vend à differens

prix, il les met tous, c'est-à-dire, s'il s'est vendu du froment à 20 f. 22 f. & 25 f. le boisseau, il met ces trois prix differens à chaque espéce, & comme il y a coutumierement au moins un marché par semaine, ce sont quatre marchés par mois, l'on prend pour faire un prix commun, ce qu'a valu un boisseau, de l'espéce de grains, que l'on veut liquider, non du plus haut prix ni du plus bas, mais du médiocre, & de tous les marchés & jours de foire d'un mois, en supposant qu'il y a eu quatre marchés & une foire, ce qui fait cinq prix, quelquefois tous differens, l'on en fait un calcul du total, & l'on en tire le cinquiéme qui est le prix commun de ce mois-là, l'on en fait autant des deux & troisiéme mois de la premiere saison, & l'on fait un total de ces trois prix, dont l'on prend le tiers, qui est le prix commun des trois premiers mois, l'on en use de même, pour chacun des trois autres saisons, qui fait l'année entiere, & de ces quatre prix differens, l'on en fait un total, dont l'on tire le quart qui est le prix commun de l'année, dont l'on se sert pour liquider les grains ordinaires.

Comment l'on fait un prix commun des grains.

QUESTION VINGT-TROISIE'ME.

Si un Seigneur ou un Fermier avoient fait passer des Obligations devant Notaires sans spécifier la quantité de grains & leurs prix pour chaque année, encoureroient-ils quelques peines ?

L'Arrêt des grands jours de 1666. Art. 11. &

Comment doivent fe faire les Obligations pour arrérages de Cens.

12. fait défenfes à tous Seigneurs leurs Fermiers, Receveurs & autres de fe faire paſſer des Obligations pour arrérages de Cens de plus grandes ſommes que la valeur des grains, & qu'à cette fin il fera ſtipulé, dans leſdites Obligations, la qualité & quantité de grains & autres choſes dues, & le prix de chacun d'elles année par année, ainſi que les frais & dépens; fait défenfes à tous Notaires de recevoir leſdites Obligations, ſi le tout n'y eſt particuliérement ſpecifié, à peine de nullité deſdites Obligations, perte des ſommes y contenues au profit des Débiteurs, & de tous dépens, dommages & intéréts contre les Parties, qui auront ſtipulé a leur profit dans leſdites Obligations en

Peines contre les Notaires.

gros, & ſans ſpécification particuliere, & de 200 liv. d'amende contre les Notaires qui les auront paſſées.

QUESTION VINGT-QUATRIE'ME.

Si le Seigneur n'avoit point de nouveau Terrier, c'eſt-à-dire, de nouvelle Reconnoiſſance, pourroit-on faire faire une même liquidation ſur ſon ancien Terrier ?

Non, il ne le peut qu'après une Sentence qui lui adjuge les Cens qui lui ſont dus, pour parvenir à laquelle il doit faire aſſigner le Cenſitaire dans les délais preſcrits par l'Ordonnance, pour ſe voir condamner à lui payer les cens & devoirs dus ſur les héritages par lui poſſédés conformément aux anciennes Reconnoiſſances, dont il lui donneroit copie avec celles des nouveaux confins

fins de ces héritages, comme nous le dirons au Chapitre fuivant.

QUESTION VINGT-CINQUIE'ME.

Si au préjudice des liquidations & évaluations un Sei-
gneur ou fon Fermier, fe faifoit payer, les Cens en
grains & autres denrées à plus haut prix, que celles
portées par lefdites liquidations & mercuriales, n'en-
coureroit-il pas des peines ?

Oui, l'Arrêt des grands jours de 1666. Art. 7. fait expreffes déffenfes à tous Seigneurs & autres de faire payer les Cens en grains & autres denrées à autre valeur que celle portée par lefdites évaluations, fous les peines de reftitution du quadruple de ce qu'ils auront éxigé, applicable, moitié à l'Hôpital des Lieux ou de la Ville la plus prochaine, & l'autre moitié au Dénonciateur, & en cas de recidive, de femblable peine ; & outre ce, de punition corporelle.

Peines contre les Seigneurs & Fermiers qui fe font payer les Cens à plus haut prix que les mercurialles.

QUESTION VINGT-SIXIE'ME.

Eft-ce un Privilege au Seigneur de fe faire payer la
derniere année de fon Cens en grains, en efpeces, &
les Cenfitaires n'ont-ils pas la même faculté de payer
cette même année auffi en efpeces, fans que le Seigneur
puiffe le refufer ?

Il n'eft pas douteux que le droit que les Seigneurs de Fiefs ont de fe faire payer la derniere année des Cens à eux dus en efpeces, ne foit un

Privilege du Seigneur de fe faire payer la derniere année en efpeces.

Privilege; ce qui le determine, est qu'il n'a pas la même liberté pour les années qui précedent la derniere, par la raison que le Seigneur qui a laissé arrérager differentes années de devoirs en grains, est présumé n'en avoir pas eu un besoin préssant; c'est pourquoi la Jurisprudence a fixé qu'ils ne pourront être payés qu'en argent, sur le prix des mercuriales pour les années précedant la derniere; mais comme il pourroit se faire que ce Seigneur eut réellement besoin de ses grains l'année après le terme echû, qu'il y a lieu de le présumer, & que d'ailleurs c'est qu'il lui est du des grains & non de l'argent, les Arrêts ont jugé qu'il convenoit que le Seigneur ou son Fermier fussent payés en especes pour cette derniere année; il n'en est pas de même du Censitaire qui n'a eu la faculté de

Le Censitaire n'a cette faculté qu'au jour du terme.

payer son Seigneur en especes qu'au jour du terme echû, passé lequel, le Privilege est pour le Seigneur qui a le droit de recevoir pendant toute l'année & jusqu'au prochain terme exclusivement ces Cens en especes, c'est l'esprit des Arrêts que nous avons rapporté a la question 21e. du présent Paragraphe.

QUESTION VINGT-SEPTIE'ME.

Mais à supposer que le Seigneur ne voulut recevoir à la fin de l'année ces grains en especes pour les Cens de la précédente & derniere année, sur quel pied seront-ils liquidés, ou s'en fera-t-il payer, sera-ce ou du jour de l'échéance ou du dernier marché avant le terme de l'année courante ?

Le Seigneur qui a le droit de se faire payer en grains par Privilege pour la derniere année, est incontestablement le maître de les recevoir en argent, mais pour ce payement il faut cependant distinguer la différence des saisons, & des prix des grains qui varient quelquefois considérablement dans le cours d'une année : par exemple, les grains sont coutumiérement plus chers depuis le commencement de l'année jusqu'aux mois de Juin & de Juillet, & ensuite diminuent après la récolte ; or en supposant que le prix d'une quarte de froment valut au mois de Juin 10. livres, & le 8ᵉ. ou 9ᵉ. de Novembre cette même mesure ne valut que 6 livres, seroit-il juste que ce Seigneur ou son Fermier qui par tolerance & par bonté n'auroit pas pressé son Censitaire, perdit ce qu'il auroit pû avoir dans le temps de la plus haute valeur des grains? il semble que non & qu'il seroit fondé à en éxiger le prix au plus haut qu'il auroit été porté pendant le cours de l'année : ce doit être la peine que merite le Censitaire de n'avoir pas payé au jour de son terme.

QUESTION VINGT-HUITIE'ME.

Si le Seigneur veut être payé d'un Censitaire quelques mois après le terme, qu'il soit obligé pour cela de contraindre en Justice le Débiteur, & que ce Débiteur n'ait aucuns grains, sur quel pied les liquidera-t-on, sera-ce du jour du terme échû ou du jour de la demande ?

Ce doit être du jour de la demande & non de celui du terme, parce que le Seigneur est en droit d'exiger du grain en espece, à moins que le prix des grains ne fût plus fort au jour de l'échéance qu'à celui de la demande, parce que le Seigneur ne doit pas souffrir de la négligence de son Débiteur.

Il faut observer que ces regles ne font que pour les Cens qui font portables, & non pour ceux qui son querables de la part du Seigneur.

QUESTION VINGT-NEUVIE'ME.

Si après la Publication des Lettres de Terrier les Censitaires ne se présentent pas pour faire leurs Déclarations que fera le Seigneur ?

Il formera demande devant le Juge Royal, & fera assigner les Censitaires pour se voir condamnez à lui passer Déclaration & Reconnoissance conformément ausdites Lettres & rélativement à ses Titres & Terriers: & comme c'est une procédure qui a ses difficultés nous les mettrons au Chapitre suivant.

OBSERVATION.

Comme les Cens font remplis de plufieurs parties reftants des entiers qu'il faut accumuler enfemble, pour les apprécier & les liquider, il eft néceffaire de fçavoir comment raffembler toutes ces parties pour en faire des entiers & un total fixe & certain. Nous donnerons à cet effet des Tables de divifion qui ferviront à ces calculs; & pour les rendre plus aifés, il convient, & c'eft la méthode la plus facile & la plus ordinaire, de divifer un entier en douziémes; par exemple, un boiffeau, coupe, ou autre mefure, en douze parties égales, dont la moitié eft de fix, le tiers de quatre, le quart de trois, le fixiéme de deux, & le douziéme d'un, comme font les parties d'un fol en deniers.

TABLE de divifion en douze parties égales.	Marques de toutes ces parties.	Entier.	Douziémes.
Douze douziémes font . . .	un entier, ci	1.	
Onze 12es font deux tiers & un quart, ci . .	$\frac{2}{3}$ & $\frac{1}{4}$ ou .		11.
Dix 12es font une moitié & un tiers, ci . .	$\frac{1}{2}$ & $\frac{1}{3}$ ou .		10.
Neuf 12es font trois quarts, ci . . .	$\frac{3}{4}$ ou . .		9.
Huit 12es font deux tiers, ci . . .	$\frac{2}{3}$ ou . .		8.
Sept 12es font un tiers & un quart, ci . .	$\frac{1}{3}$ & $\frac{1}{4}$ ou		7.
Six 12es font une moitié, ci . . .	$\frac{1}{2}$ ou . .		6.
Cinq 12es font un quart & un fixiéme, ci . .	$\frac{1}{4}$ & $\frac{1}{6}$ ou		5.
Quatre 12es font un tiers, ci . . .	$\frac{1}{3}$ ou . .		4.
Trois 12es font un quart, ci . . .	$\frac{1}{4}$ ou . .		3.
Deux 12es font un fixiéme, ci . .	$\frac{1}{6}$ ou . .		2.
Un 12e fait deux vingt-quatriémes, ci . .	$\frac{2}{24}$ ou . .		1.

Division en huit parties.	Marques de toutes les parties.	En-tier.	Douziémes.
Huit huitiémes font . . .	un entier, ci	1.	
Sept 8es font trois quarts & un huitiéme, ci	$\frac{3}{4}$ & $\frac{1}{9}$ ou		9 & $\frac{1}{9}$
Six 8es font trois quarts, ci . . .	$\frac{3}{4}$ ou . .		9.
Cinq 8es font la moitié & un huitiéme, ci	$\frac{1}{2}$ & $\frac{1}{8}$ ou .		6 & $\frac{1}{8}$
Quatre 8es font la moitié, ci . .	$\frac{1}{2}$ ou . .		6.
Trois 8es font un quart & un huitiéme, ci .	$\frac{1}{4}$ & $\frac{1}{8}$ ou		3 & $\frac{1}{8}$
Deux 8es font un quart, ci . .	$\frac{1}{4}$ ou . .		3.
Un 8e fait deux seiziémes, ci . .	$\frac{2}{16}$ ou . .		1 ou $\frac{1}{16}$

Division en seize parties.	Marques des fractions, ou des parties.	En-tier.	Douziémes.
Seize seiziémes font . . .	un entier, ci	1.	
Quinze 16es font trois quarts & trois 16es, ci	— & $\frac{3}{16}$ ou		9 & $\frac{3}{16}$
Quatorze 16es font trois quarts & un 8e, ci	— & $\frac{1}{8}$ ou		9 & $\frac{1}{8}$
Treize 16es font trois quarts & un 16e, ci	— & $\frac{1}{16}$ ou		9 & $\frac{1}{16}$
Douze 16es font trois quarts, ci . .	— ou .		9.
Onze 16es font la moitié & trois 16es, ci .	— & $\frac{3}{16}$ ou		6 & $\frac{3}{16}$
Dix 16es font la moitié & un huitiéme, ci .	$\frac{1}{2}$ & $\frac{1}{8}$ ou		6 & $\frac{1}{8}$
Neuf 16es font la moitié & un seiziéme, ci	$\frac{1}{2}$ & $\frac{1}{16}$ ou		6 & $\frac{1}{16}$
Huit 16es font la moitié, ci . .	— ou . . .		6.
Sept 16es font le quart & trois seiziémes, ci	$\frac{1}{4}$ & $\frac{3}{16}$ ou		3 & $\frac{3}{16}$
Six 16es font le quart & un huitiéme, ci .	$\frac{1}{4}$ & $\frac{1}{8}$ ou		3 & $\frac{1}{8}$
Cinq 16es font un quart & un seiziéme, ci . .	$\frac{1}{4}$ & $\frac{1}{16}$ ou		3 & $\frac{1}{16}$
Quatre 16es font un quart, ci . .	— ou . . .		3.
Trois 16es font un huitiéme & un seiziéme, ci	$\frac{1}{8}$ & $\frac{1}{16}$		
Deux 16es font un huitiéme, ci . . .	$\frac{1}{8}$ ou . .		1 & $\frac{1}{24}$
Un 16e fait deux trente deuxiémes, ci .	$\frac{2}{32}$.		

Maniere de liquider & apprécier les grains & autres denrées, utile aux Juges, Notaires, Seigneurs & Fermiers.

Ces Tables serviront, non-seulement aux Juges & aux Notaires, pour faire leurs liquidations, mais aussi aux Seigneurs, aux Régisseurs & Fermiers, pour apprécier les parties de grains qui se trouvent coutumierement dans les Terriers, en

plufieurs Reconnoiffances poffédées par un feul
Particulier, avec lefquels ils font des comptes de
plufieurs années ; toute l'attention de leur part eft
de bien connoître ces parties, afin de les porter
en douziéme, après la colomne des entiers, pour
les additionner enfemble, & à chaque douzaine,
les porter à la colomne des entiers, ainfi qu'il
fe pratique pour les deniers en fols, & ce qui
reftera au par-deffus fera les parties à mettre à
prix, qu'il faudra proportionner fur celui de chaque entier à proportion de la partie de l'entier.

Ces Tables ferviront auffi pour régler le prix
des parties d'autres denrées ou charges impofées
par le Terrier fur des héritages, tels que des Pou-
les, Gelines, Chapons, Corvées Manœuvres,
& toutes autres chofes qui giffent en parties &
divifions ; par exemple, il reftera dû $\frac{1}{12}$ de boif-
feaux de Froment, $\frac{2}{12}$ de Gelines, $\frac{3}{12}$ & $\frac{1}{8}$ de Corvée ; en fuppofant le Froment fur le pied de 15.
fols le boiffeau, il faudra prendre en premier lieu
pour $\frac{1}{12}$ qui eft le quart qui fera de 3. f. 9. d. &
pour les $\frac{2}{12}$ reftans qui font un fixiéme, 2. f. 6. d.
cela montera à 4. fols 3. deniers.

La Geline qui s'évalue coûtumierement à 6. f.
la piéce on en prendra le tiers qui eft $\frac{4}{12}$ pour 2. f.
& le quart reftant pour un fol 6. d. cela fera 3. f.
6. d.

La Corvée qui eft réglée communement à 20. f.
fera fixée pour les $\frac{3}{12}$ ou le quart à 5. f. & pour
le huitiéme reftant à 2. f. 6. d. & qui montera
à 7. f. 6. d.

Et comme il se trouve dans plusieurs Terriers des Cens en argent de differentes Monnoyes, il est de même essentiel pour la liquidation d'en sçavoir la valeur, j'en rapporterai ici les plus usitées des Provinces de mon voisinage qui se trouvent exprimées dans les Terriers.

Differentes Monnoyes qui se trouvent dans les Terriers & leur valeur.

Le sol Tournois ordinaire qui a cours actuellement est de douze deniers.

Le sol Tournois, forte Monnoye, est de vingt deniers.

Le sol Parisis ordinaire est de quinze deniers Tournois.

Le sol Parisis fort vaut vingt deniers.

Le sol Viennois vaut vingt deniers.

Le sol Clunisois vaut vingt deniers.

Le sol Bourbonnois qui valoit douze deniers n'en valloit que dix Tournois.

Trois Niquets vallent cinq deniers Tournois.

Un Blanc vaut cinq deniers.

Une Maille vaut deux deniers.

Un Denier vaut deux oboles.

Une Obole vaut deux pites.

Une Pite vaut deux semi-pites.

CHAPITRE

CHAPITRE V.

De la demande en Reconnoiſſance & en arrérages de Cens, & de la procedure ſur icelle.

SECTION UNIQUE.

NOus avons fait voir dans le Chapitre précédent ce que c'étoit qu'une Déclaration ou Reconnoiſſance à un Terrier, la maniere de la faire, ce qu'elle doit contenir, quelles perſonnes peuvent la faire, à quoi elle doit ſe reſtraindre, aux frais de qui elle doit être paſſée, les droits qui ſont dûs pour cet Acte, & les droits des Seigneurs qui y peuvent être compris. Nous allons faire voir en ce Chapitre la maniere de contraindre les Cenſitaires, Emphiteotes & Juſticiables à paſſer leurs Reconnoiſſances, lorſqu'ils refuſent de la faire volontairement.

QUESTION PREMIERE.

Qu'eſt-ce qu'une demande en Reconnoiſſance à Terrier ?

C'eſt une interpellation que le Seigneur direct fait à ſon Cenſitaire de venir lui paſſer déclaration des héritages qu'il tient & poſſede en ſa Cenſive, & de reconnoître les Cens & devoirs impoſez ſur iceux, ſuivant & conformément à ſes Terriers, & s'obliger de les lui payer.

C c c

QUESTION DEUXIE'ME.

Le Juge du Seigneur peut-il connoiſtre de cette demande?

Le Juge du Seigneur eſt compeſant pour connoiſtre de la reconnoiſſance au Terſier de la Seigneuſie,

L'Ordonnance de 1667. au Titre. 24. Art. 11. porte : » N'entendons néanmoins exclure les Juges des Seigneurs de connoître de tout ce qui » concerne les Domaines, Droits & Revenus » ordinaires ou caſuels, tant en Fiefs que Rotures » de la Terre, même des Baux, ſous-Baux & » jouiſſances, circonſtances & dépendances, ſoit » que l'affaire ſoit pourſuivie ſous le nom du Sei- » gneur ou du Procureur Fiſcal ; & à l'égard des » autres actions où le Seigneur ſera Partie ou inte- » reſſé, le Juge n'en pourra connoître.

Suivant cette Ordonnance les Juges des Seigneurs ont le droit de connoître de tous les droits de Directe de la Seigneurie, tant annuels que caſuels, par conſéquent de la Reconnoiſſance d'iceux, parce que le Juge qui peut condamner au payement des droits établis par un Titre, peut ordonner à celui qu'il condamne d'en paſſer Reconnoiſſance & Titre nouvel, ce ſont deux choſes unies & indiviſibles en elles-mêmes ; il eſt vrai que M^e. Bornier dans ſa Conférence des Ordonnances ſur cet article eſt de ſentiment que les Juges des Seigneurs ne peuvent connoître de cette Reconnoiſſance, & dit qu'elle appartient en premiere inſtance aux Sénéchaux entre perſonnes Nobles & Roturieres, ſuivant l'Edit de Cremieu ; mais ce ſentiment eſt unique & ſolitaire & n'a

pour fondement que l'Edit de Cremieu; il ne s'a-
git donc que d'examiner si cet Edit établit une
Loi qui prive les Seigneurs de pouvoir porter la
demande en reconnoissance de leurs droits Seigneuriaux devant leurs Juges, & les obligent de
la porter devant les Baillis & Sénéchaux.

Les Art. 5. & 8. décident de ce fait : l'Art. 5.
porte : » Connoîtront aussi nosdits Juges ressortis-
» sans en notredite Cour, sans moyen de toutes
» les causes & matieres Civiles personnelles &
» possessoires des Nobles vivans noblement tant
» en demandant qu'en deffendant, &c.

L'Art. 8. porte » & quant aux matieres réelles
» pour raison d'héritages Roturiers & non Nobles,
» nosdits Baillifs & autres Juges Présidiaux n'en
» prendront connoissance en premiere instance ;
» mais appartiendra à nosdits Prevôts & autres Ju-
» ges Subalternes, soit que les Parties contendan-
» tes soit Nobles ou Roturieres.

Cet Edit est du 19. Juin 1536. lequel ayant été
porté au Parlement, il y eut opposition à l'enré-
gistrement de la part des Seigneurs Hauts-Justi-
ciers, en ce qu'il sembloit que l'Art. 5. attribuoit
toutes les causes des Nobles en premiere instance
aux Baillifs & Sénéchaux, & les privoit de cette
reconnoissance pour ceux qui se trouvoient leurs
justiciables ; ce qui donna lieu à la Déclaration
du Roi du 24 Fevrier 1537. laquelle porte : » Vou-
» lons & nous plaît que tous & chacuns nos Vas-
» saux ayans Justice l'exercent & fasse exercer
» entre toutes personnes Nobles & Plébées, & de

(marginal note) Les Juges Subalternes doivent connoître des causes des Nobles, & matieres réelles en premiere instances.

C c c ij

» toutes caufes & matieres dont la connoiſſance
» leur a appartenu & appartient, le tout ainſi
» qu'ils ont fait & pû faire auparavant noſdites
» Ordonnance & Edit. » Enfuite de laquelle Déclaration cet Edit & ladite Déclaration furent en-
régiſtrés au Parlement les 16 & 23. Avril 1537.
Or l'on voit 1°. Que cette Déclaration a laiſſé les
choſes en l'état où elles étoient avant cet Edit, &
que par conféquent les Juges des Seigneurs Hauts-
Juſticiers ont droit de connoître en premiere inſtance de toutes actions qui peuvent naître entre
les Nobles; c'eſt la remarque qu'a fait Néron ſur
l'Art. 5. de cet Edit, en difant: les Nobles Juſticiables des Hauts-Juſticiers n'ont leur renvoi devant les Baillifs Royaux, ains faut qu'ils répon-
dent pardevant leſdits Seigneurs Hauts-Juſticiers,
à la charge toutes fois que leſdits Seigneurs auront
Juges, & qu'il a été jugé ainſi en faveur du ſieur
de Louvilliers, contre d'autres Vaſſaux tenans
arriers-Fiefs de lui par Arrêt du Parlement du 7.
Mars 1563. plaidant Chauvelin contre Villecoq.

Le ſentiment de Bornier n'eſt donc pas fondé, ſi l'on conſidere l'article 5 détruit par la Déclaration ſur icelui, il l'eſt encore moins ſi l'on
prend lecture de l'article 8. de cet Edit, puiſqu'il
défend aux Baillifs, Sénéchaux & Préſidiaux d'en
connoître en premiere inſtance, & ordonne que
cette connoiſſance appartiendra aux Prevôts
Royaux & autres Juges Subalternes, ſoit que les
Parties ſoient Nobles ou Roturieres. Or il eſt certain que la demande en Reconnoiſſance de Cen-

sive est purement réelle, par conséquent dans le cas d'être portée en premiere instance devant le Juge du Seigneur. Bornier se contredit lui-même dans son sentiment sur le même article, puisqu'il rapporte que conformément à cet article la demande de M. l'Evêque de Montpellier en prétation d'hommage contre le sieur de Roman, fut renvoyée pardevant le Juge dudit sieur Evêque par Arrêt du Parlement de Toulouse du 24 Mars 1670. donc il auroit dû conclure que son sentiment étoit proscrit. C'est même l'esprit de l'Arrêt des grands jours de Clermont de 1666. art. 10. pour éviter les frais aux Censitaires.

Ce sentiment-là ne laisse pas de déranger beaucoup les Justices des Seigneurs, & d'entraîner nombre d'affaires aux Bailliages & Sénéchaussées sous ce prétexte, & de l'art. 5. de l'Edit de Cremieu, quoique le Parlement où ces causes sont portées ne le souffre pas, comme il est arrivé dans celle de Jacques Query, sieur de la Goupilliere, Appellant de deni de Renvoi d'une Sentence de la Sénéchaussée de Poitiers du 2. May 1712. contre Dame Marie de la Boucherie, où le Parlement par son Arrêt du 28. Avril 1713. a renvoyé les Parties devant le Juge de la Baronnie des Essarts. L'Arrêt de la Cour du 11. May 1713. rendu entre les Officiers de Beauvais, & les Maire & habitans dudit lieu, fait déffenses aux Officiers du Bailliage & Siege Présidial de Beauvais de prendre connoissance en premiere instance des Causes des justiciables de la Prevôté de Mondidier,

Les Baillifs & Sénéchaux s'atribuent autant qu'ils peuvent les causes dévolues aux Juges Subalternes.

à peine de tous dépens, dommages & intérêts, leur enjoint de renvoyer les Caufes qui feront portées devant eux, & qui ne fe trouveront de leur compétence, fans qu'il foit befoin que le Subftitut du Procureur Général en ladite Prevôté de Mondidier les révendique. Cet Arrêt Juge donc que les Baillifs & Sénéchaux ne font pas compétans pour connoître en premiere inftance des caufes qui doivent être portées devant les Juges Subalternes, l'Arrêt du 6. Avril 1716. rendu au rapport de Monfieur Menguy entre Dame Anne - Marie de Vinciel, Dame de la Seigneurie de Valfogne, Théodore le Roy, Ecuyer fieur d'Agueft., & les Officiers du Bailliage & Siége Préfidial de Soiffons, juge la même queftion, & a maintenu & gardé les Officiers de la Juftice de Salogne, dans le droit de Juftice, Haute, Moyenne & Baffe, fur tous les Sujets de ladite Terre & Juftice, Nobles & Roturiers de Jurifdiction, appofition & levée des Scellez, & confection d'inventaire; fait deffenfes aufdits Officiers du Bailliage de Soiffons de les y troubler, le condamne à rendre & payer aufdits Officiers de Salfongne, les droits & émolumens qu'ils ont perçûs dudit le Roy pour la levée des Scellés & Inventaires faits après le décès de Madelaine Delfaut fon Epoufe; condamne ledit le Roy & les Officiers dudit Bailliage en tous les dépens des Caufes principales, d'appel, intervention & demandes, &c.

Me. Auroux dans les additions à fon Commen-

Marginal notes:

Il leur eft enjoint de renvoyer ces caufes devant les Juges Subalternes, fans qu'il foit befoin de révendication. Arrêt qui l'ordonne.

Ils font incompétans pour connoître des caufes qui doivent être portées devant les Juges Subalternes.

taire sur l'art. 2. de la Coûtume de Bourbonnois en
rapporte outre l'Arrêt du 28. Avril 1713 ; encore
un autre précédent de 1701. en faveur du sieur
de Ligneville, pour prouver la Jurisprudence de
la Cour à cet égard, & assure que l'on pratique le
contraire en la Sénéchaussée de Moulins, & que
les Causes des Nobles y sont portées indistinctement, & non devant les Juges des Seigneurs,
cet usage étant contre les Ordonnances & les
Reglemens de la Cour, est abusif, si vrai qu'il vient
d'être jugé par Arrêt de la Grand'Chambre du 9.
Août 1737. sur les Conclusions de M. Gilbert A-
vocat Général, en faveur de M. le Président Duret
Seigneur de Mainiere, contre la Dame de Vau-
dricourt, qu'il avoit pû porter une demande en
Garde Seigneuriale devant le Juge de sa Seigneurie, que la Dame d'Audricourt soutenoit être in-
competant ; cet Arrêt est rapporté dans le Recueil
des Arrêts & Reglemens Notables de Me. Rous-
seau de la Combe, Chap. 14.

Il résulte donc que les Baillifs, Sénéchaux & Présidiaux, sont naturellement incompétans, pour connoître en premiere instance des Causes des justiciables des Justices Subalternes, soit qu'ils soient
Nobles ou Roturiers, sur tout en matieres réelles,
conformément à l'art. 8. de l'Edit de Cremieu :
j'ai même vû une singularité à ce sujet, qui mérite d'être rapportée. Un particulier auquel il é-
toit dû une somme par un Justiciable d'une Justice Subalterne, près de Cluny en Mâconnois,
présenta Requête au Lieutenant-Général du Bail-

Singularité à cette occasion, d'un Juge Subalterne.

liage de Mâcon, & demanda permiſſion de faire aſſigner ſon Débiteur devant lui, aux fins de ſe voir condamner au payement de la ſomme à lui due, ce qui lui fut accordé; & ayant fait aſſigner ce particulier en ce Bailliage, le déffendeur ayant porté ſa copie au Procureur Fiſcal de ſa Juſtice, cet Officier donna ſa Requête au Juge du lieu en forme de plainte de la diſtraction de Reſſort, tant contre le demandeur que le Procureur qui avoit ſigné la Requête, & l'Huiſſier Royal qui l'avoit miſe en éxécution, ſur laquelle le Juge décreta la Partie, le Procureur du Bailliage de Mâcon, & l'Huiſſier Royal de décret d'ajournement perſonnel. Ces deux Officiers ayant recû la copie de ce Décret qui les interdiſoit de leurs fonctions, l'un & l'autre ſe retirerent près de Me. Colin Avocat du Roi en très-grande réputation pour ſon Erudition & ſon intégrité: je me trouvai dans ſon Cabinet pour lors, & après les avoir au long entendus ſur leurs idées (que celui qui peut faire le plus, peut faire le moins;) il leur dit que chacun étoit Maître chez ſoi, & que le Juge Subalterne avoit pû les décreter; qu'ils n'avoient d'autre parti à prendre que d'aller ſubir leur interrogatoire, pour ſe faire relever de leur interdiction & d'accommoder cette affaire.

Ces exemples, & les Arrêts & Reglemens de la Cour rapportés ci-deſſus, prouvent donc ſenſiblement l'incompétance des Bailliages & Sénéchauſſées, pour connoître en première inſtance des Cauſes qui doivent être portées devant les premiers

miers Juges Subalternes, fur tout en matieres
réelles; il arrive même très-fouvent que les Officiers de ces Bailliages & Sénéchauffées s'attri-
buent encore la connoiffance des Appels d'incompétence, qui ne font dévolus qu'à la Grand'-
Chambre du Parlement feule, il convient d'en
rapporter ici un Arrêt, qui en établiffant que les
premiers Juges font compétens pour connoître de
la reconnoiffance des Cenfives, fait deffenfes
aux Officiers de la Sénéchauffée de Moulins, de
connoître des appellations d'incompétence.

ARREST DU PARLEMENT,

Qui juge que lorfque l'on appelle tant de Juge
incompétent qu'autrement, les Officiers des
Bailliages & Sénéchauffées n'en peuvent
connoître, qu'il faut porter cet appel au
Parlement.

Du 15. Mars 1730.

LOUIS par la grace de Dieu, Roi de France
& de Navare; au premier Huiffier fur ce requis, fçavoir faifons qu'entre Pierre Bazin l'aîné,
Procureur à Moulins au nom & comme Tuteur
de Jean Parchot fils mineur de deffunt Louis-Char-
les Parchot, & Demoifeile Marie Montana fes
pere & mere, ayant repris en leur lieu appellant
de deux Sentences rendues par le Sénéchal de
Moulins en Bourbonnois le 15. May 1720. & 19.

Mars 1721. La premiere confirmative d'une Sentence de debouté de renvoi renduë par le Juge de faint Geran-Devaux, le 4. Mai 1719. & l'autre qui déclare l'appel interjetté de ladite Sentence du 15. Mai 1720. nulle & defert, faute d'avoir été relevé dans le temps de l'Ordonnance, d'une part, Et Jean-Baptiste Boyart, Fermier de la Terre de Saint Geran-Devaux, Intimé, d'autre; Et entre ledit Boyard, demandeur en Requête du 26. Juillet 1729. tendant à ce qu'il plaife à la Cour le recevoir oppofant à l'exécution de l'Arrêt par défaut du 13 dudit mois ; & au principal ordonner que les Parties en viendront au premier jour d'une part ; Et ledit Jean-Baptiste Boyard, défendeur d'autre : Après que Sonnois, Avocat de Boyart, a demandé la réception de l'Apointement avifé contradictoirement au Parquet avec Bajot Avocat de Bazin préfence de Gilbert pour le Procureur Genéral du Roi : La Cour ordonne que l'appointement fera reçu, & fuivant icelui a reçu la Partie de Bajot oppofante à l'Arrêt par défaut, au principal, a mis & met l'appellation, & ce dont a été appellé au néant ; émandant, déclare la Procédure faite à Moulins, fur l'appel de la Sentence de Saint Geran, nulle & faifant droit fur ledit appel, a mis & met l'appellation & ce dont a été appellé au néant ; émandant, ayant égard aux exceptions déclinatoires de la Partie de Bajot, renvoye les Parties en la Sénéchauffée de Moulins, pour y procéder fur la demande de la Partie du Sonnois du 28. Février

1719. dépens réfervés ainfi que ceux de la Procédure déclarée nulle, faifant droit fur les Conclufions du Procureur Général du Roi, fait défenfe aux Officiers de ladite Sénéchauffée de Moulins de connoître des appellations d'incompétence. Fait en Parlement le quinze Mars mil fept cens trente. Et de notre Regne le 15. Signé, Par la Chambre. Ifabeau. Collationné & figné, Cavelin, Scellé le 22. Mars 1730. Signé, Gautier.

Il eft même d'une fi grande régle que le Juge du Seigneur peut connoître de la demande en reconnoiffance de Cens, qu'il arrive fouvent que les Lettres de Terrier que l'on obtient en Chancellerie font envoyées aux Juges des lieux ; c'eft-à-dire, elles font adreffées au Baillif ou Sénéchal de la Province, auquel le Roi permet de fubdéleguer le Juge de la Terre & Seigneurie, j'en ai vû nombre de cet efpéce, & entr'autres celles obtenuës par M. le Prince de Montbazon pour fa Terre de Montaigu du 29 Août 1716.

La Confection d'un Terrier eft fouvent renvoyée devant le Juge de la Seigneurie.

QUESTION TROISIE'ME.

Cette demande peut-elle être portée devant M^rs des Requêtes du Palais ou de l'Hôtel.

Il faut diftinguer fi le Seigneur forme fa demande en déclaration & reconnoiffance à fon Terrier fimplement, en ce cas il ne pourra la porter devant M^rs des Requêtes du Palais, parce que cette demande eft purement réelle & que ces Cours ne peuvent connoître des matieres pure-

Cas où une demande en reconnoiffance peut être portée aux Requêtes du Palais & de l'Hôtel.

D d d ij

ment réelles, fuivant l'Art. 24. du Tit. 4. de l'Ordonnance du mois d'Août 1669. mais fi le Seigneur demande outre ce , que le Cenfitaire fera
tenu de déclarer s'il eft poffeffeur de l'héritage &
à quel titre , & que faute par lui d'en faire déclaration & rapporter fes titres de propriété, il en
fera réputé poffeffeur & propriétaire ; & comme
tel condamné à payer les arrérages des Cens &
Devoirs, Lods & autres droits Seigneuriaux , &c.
Il pourra porter cette demande aux Requêtes
du Palais & de l'Hôtel , parce que ces déclarations , & rapport font perfonnelles au Cenfitaire,
& qu'étant jointes à celle de la nouvelle reconnoiffance elle fait une demande mixte dont ces
Cours ont la liberté de connoitre , ce qui leur
eft attribué , parce que l'action perfonnelle eft
plus noble que la réelle , & qu'elle attire l'autre
fuivant la maxime , *actor fequitur forum rei*. Ce qui
eft déterminé par l'article premier de ladite Ordonnance ; & c'eft fur ce principe que François
Mercier Bourgeois de la Paliffe, affigné pour pareille demande aux Requêtes du Palais à la requête de M. d'Evry Maitre des Requêtes , fut débouté de fa demande en renvoi à la Sénéchauffée
de Moulins par Sentence des Requêtes du Palais du 23. Avril 1721. de laquelle Mercier
ayant interjetté appel, intervint Arrêt du Parlement du 2. Mars 1725. malgré la revendication
que fit le Procureur du Roi de la Sénéchauff e
de Moulins , qui confirma ladite Sentence & ordonna que les Parties procéderoient aux Requêtes

du Palais, condamna Mercier aux dépens.

Il faut observer cependant que les Princes du Sang, les Chevaliers de l'Orde du Roi & les Secretaires du Roi de la Grande Chancellerie, ont le privilége de faire assigner & porter leur Cause quoique purement réelles aux Requêtes de l'Hôtel & du Palais, par conséquent la demande en déclaration & reconnoissance en Censives.

QUESTION QUATRIE'ME.

La demande en arrérages de Cens simplement, a-t-elle les mêmes formalités que celle en Reconnoissance ?

Oui, elles ne différent en rien l'une de l'autre, parce qu'elles ne peuvent être fondées & établies que sur les mêmes titres.

QUESTION CINQUIE'ME.

De quoi est tenu le Seigneur qui fait une demande en Reconnoissance ?

De donner copie de la Reconnoissance de son Terrier, qui établit sa demande, pour satisfaire à à l'Article 5. du Titre 2. de l'Ordonnance de 1667. & des nouveaux confins des héritages sur lesquels il demande les Cens & la Reconnoissance & déclarer dans l'Exploit, le Bourg, Village ou Hameau, le Terroir & la Contrée où l'héritage est situé, sa consistance, ses nouveaux tenans & aboutissans du côté du Septentrion,

Midy, Orient & Occident, fa nature au tems de
fa demande, fi c'eft Terre labourée, Prez, Bois,
Vignes ou d'autres qualités, enforte que le Défendeur ne puiffe ignorer pour quel héritage il
eft affigné, & ce pour fatisfaire à l'Article 3. du
Titre 9. à peine de nullité.

QUESTION SIXIE'ME.

Le Seigneur eft-il obligé de donner Copie en entier des
Reconnoiffances qui établiffent fa demande, ou peut-
il les donner fimplement par extrait?

L'Ordonnance de 1667. Tit. 2. Art. 5. enjoint
aux Demandeurs de donner copie des piéces fur
lefquelles la demande eft fondée, ou des extraits
fi elles font trop longues ; autrement les copies
qui en feront données dans le cours de l'Inftance
n'entreront en taxe, & les réponfes qui y feront
faites, feront à leurs dépens & fans répétition ;
mais cette Ordonnance n'a pu avoir lieu pour les
demandes en Cenfive, par la raifon qu'une Déclaration à Terrier eft un Acte fimple dont toutes les
parties font effentielles pour inftruire le Cenfitaire, tant de la nature, contenuë de l'héritage,
confins, que des charges affectées fur icelui, autrement le Demandeur ne pourroit fatisfaire à ce
qu'il lui eft prefcrit par les Art. de l'Ordonnance
rapportée à la Queftion précédente. En ce qu'il ne
lui feroit pas poffible de faire la relation des nouveaux confins, tenans & aboutiffans, fur les anciens qui font écrits & portés par les Déclarations

& Reconnoiffances qui établiroient fa Demande, ainfi il y a lieu de décider qu'il eft néceffaire que le Demandeur en Cenfive donne copie en entier de la Reconnoiffance fur laquelle il fonde fa Demande, cette décifion cependant , ne peut être que dans le cas que le Cenfitaire poffédât & fût affigné pour tous les héritages compris dans une Reconnoiffance, car fi cette Reconnoiffance étoit compofée de dix articles ou plus , dont le Cens fût divifé fur chacun héritage ou article , & que le Cenfitaire à qui l'on demande la Reconnoiffance n'en poffedât qu'un ou deux, en ce cas le Seigneur pourroit & lui fera loifible d'extraire de cette Reconnoiffance les articles poffedés par le Défendeur fans lui donner copie des autres articles qui ne l'intéreffent point, & c'eft le cas où l'Ordonnance a permis d'extraire les piéces néceffaires à donner copie ; mais l'on ne peut à la faveur de cet article, s'éviter de donner copie en entier de toute la Reconnoiffance , lorfqu'elle eft compofée de 10 , 20 30. articles , fous un Cens folidaire & indivis entr'eux, quoique l'on ne fît demander à un particulier que pour un ou deux articles, parce qu'il eft effentiel à cet Emphiteote qu'il reconnoiffe tous les héritages fujets au Cens qui lui eft demandé , dont le Seigneur eft tenu fuivant que nous venons de dire, de lui donner les noms des nouveaux poffeffeurs de chaque article , avec leurs nouveaux confins, afin qu'il puiffe les faire appeller pour payer les devoirs & la Reconnoiffance ; mais un extrait de cette Reconnoiffance fuffiroit , fi les ar-

Le Seigneur eft-il obligé de donner copie en entier de la Reconnoiffance fur laquelle il fonde fa demande.

Exception.

ticles dont l'on voudroit demander le payement
du devoir ou la Reconnoiſſance étoient ſous un
Cens particulier ; car il ſeroit pour lors inutile de
donner copie de toute cette Reconnoiſſance ; car
c'eſt éviter des frais conſidérables, & entrer dans
l'eſprit de l'Ordonnance , que de ne point multiplier les Ecritures ſans néceſſité en ne ſouſ-
trayant des copies , que les choſes inutiles dans
la conteſtation.

La demande ne
ſeroit pas nulle ſi
le Seigneur n'avoit
pas donné copie
de ſon Titre.

Au ſurplus , ſi le Seigneur ne donnoit aucune
copie de ſon Terrier en aſſignant le Cenſitaire ,
l'Exploit de demande ne ſeroit pas nul pour cela,
comme le dit Bornier ſur ledit Art. 5. du Tit. 2.
il n'encoureroit que les peines qui ſont prononcées par le Texte de cet Article , qui ſont que
les copies, qu'il ſeroit obligé d'en donner dans
le cours de l'Inſtance n'entreroient en taxe, &
les réponſes qui y ſeroient faites , ſeroient à ſes
frais ſans répétition.

QUESTION SEPTIE'ME·

Le Seigneur peut-il fonder ſa demande ſur des Recon-
noiſſances de ſon ancien Terrier , ou doit-il abſolu-
ment l'établir ſur celles de ſon nouveau Terrier ?

Il ſemble qu'il eſt aſſez indifferent au Seigneur de ſe ſervir de ſes anciennes ou de ſes
nouvelles reconnoiſſances , lorſqu'elles ſont ſemblables & ne different en rien l'une de l'autre ,
cependant cela ne peut être bon que dans les
pays d'impreſcription du Cens, encore pourroit-
il

il arriver de la part du Cenſitaire, que ſur cette demande il pourroit demander au Seigneur avant de fournir de défenſes, qu'il eût à lui donner copie du nouveau Terrier pour examiner de ſa patr, ſi la nouvelle Reconnoiſſance eſt relative & conforme à celle de l'ancien Terrier, dont il auroit eu copie; mais en pays où le Cens eſt preſcriptible, comme en Bourbonnois, Auvergne, Breſſe & autres, le Cenſitaire pourroit prétendre que l'ancienne Reconnoiſſance ſeroit preſcrite, ce qui mettroit le Seigneur dans la néceſſité de relever cette oppoſition en juſtifiant par Titre, que cette ancienne Reconnoiſſance a été ſuivie de preſtations de payemens, même de juſtifier de la nouvelle Reconnoiſſance faite à ſon Terrier moderne, dont il faut conclure qu'il convient toûjours beaucoup mieux de ſe ſervir des Reconnoiſſances du nouveau Terrier, que de fonder ſa demande ſur celles de l'ancien Terrier, parce qu'elle ne peut ſervir en ce cas, que pour embaraſſer un Cenſitaire, donner lieu à un chicaneur de faire des procédures fatiguantes, & faire préſumer, tant au Défendeur qu'aux Juges mêmes, qu'il y a de l'affectation & de la ſuſpicion au préjudice du Cenſitaire.

Le Cenſitaire peut demander copie du nouveau Terrier.

Il convient mieux de former demande ſur un Terrier moderne que ſur un ancien.

QUESTION HUITIE'ME.

Le Seigneur qui fait une demande en Cenfive fondé fur un ancien Terrier, eft-il obligé de faire fceller la Déclaration fur laquelle il a établi fon Droit?

Il eft fans contredit qu'il le doit, fans quoi fa demande feroit nulle ; mais comme l'on eft dans l'ufage de les faire fans cette formalité, & que l'on n'y fait même aucune attention, il convient d'en prévoir les conféquences, parce qu'elles peuvent être d'une telle confidération, qu'après une longue fuite de procédures, le Cenfitaire pourroit être confeillé d'oppofer la nullité de la demande qu'aucune procédure ne pourroit couvrir, en forte que le Demandeur courroit rifque d'en payer les frais, & qu'au furplus une Inftance qui fouvent ne feroit commencée, que pour empêcher le cours de la prefcription, fe trouveroit totalement prefcrite dans l'efpace du tems, dans laquelle on auroit plaidé, ce qui fait que nous allons faire voir les obligations étroites dans lefquelles font les Seigneurs, Fermiers & Regiffeurs de faire fceller les Déclarations & Reconnoiffances fur lefquelles ils fondent leurs demandes, foit en reconnoiffances nouvelles, foit en payemens des Cens, Lots, Ventes, & autres droits Seigneuriaux, & pour quel efpace de tems cette formalité eft de rigueur.

Le Scel Royal eft tellement néceffaire aux Actes de Juftice, que s'il n'y eft appofé, ils ne peuvent être mis à exécution ; pour le rendre fenfible , nous voyons que les Arrêts du Confeil d'Etat , quoique le Tribunal le plus fuprême , ne peuvent être mis à exécution , qu'ils ne foient fcellés du grand Sceau , à moins que ce ne foit un Huiffier du Confeil qui les mette à exécution ; il en eft de même des Arrêts du Grand Confeil , lefquels quoique exécutoires par tout le Royaume , ne peuvent être mis à exécution fans être fcellez , à moins que ce ne foit par un Huiffier de ce Tribunal , les Arrêts de tous les Parlemens ne peuvent pareillement être mis à exécution que dans cette forme ; or fi les Arrêts des Cours auffi fupérieures & auffi fouveraines que celles dénommées ci-deffus , ne peuvent être mis à exécution fans être fcellez ; peut-on penfer que les Actes des Notaires Royaux puiffent être mis à exécution fans être fcellez , fur-tout fi l'on fait attention qu'ils ne doivent être revêtus de cette marque, que parce qu'elle imprime la puiffance & l'autorité Royale , fans laquelle ces Actes de Juftice font dénuez de tous caractéres ; c'eft la marque publique qui fait connoître que le Contrat n'eft pas faux & fuppofé ; car on peut ne pas connoître la fignature du Notaire ou autres perfonnes publiques ; mais tout le monde connoît les Sceaux où font imprimés les Armes du Roi : cela eft fi bien établi que dès 1319. & 1320. Philippe V. dit le Long , ordonna que le Sceau Royal feroit appofé aux Arrêts, Sentences & Actes des Notaires Royaux, fans pouvoir être mis à exécution, fans

Néceffité du Scel Royal pour l'exécution des Actes.

Edits & Ordonnances qui prefcrivent cette formalité.

cette marque authentique ; ces Ordonnances ont
été renouvellées par nombre d'Edits & Déclaration, & entr'autres par ceux des mois de Decembre 1557. Juin 1668. Février 1571. & 1595.
Mars 1618. Mars 1619. May & Août 1620. May
1633. May & Decembre 1639. Juin 1640. &
enfin l'Edit du mois de Novembre 1696. a renouvellé toutes ces Ordonnances & prescrit la nécessité de faire sceller tous les Actes de Justice & de
Notaire, ainsi qu'ils y sont specifiés , & fait défenses à tous Greffiers, Notaires & Tabellions
de délivrer aucunes Sentences, Ordonnances ,
Contrats, Obligations & autres Actes sujets au
Petit Scel, qu'ils n'ayent été scellés, à peine de
nullité & de 100 liv. d'Amende contre chacun
des contrevenans pour chaque contravention.

Il est pareillement défendu aux Parties de s'en
aider, à tous Procureurs & autres, de les produire
dans les Procès & Instances , & à tous Huissiers
& Sergens de les signifier ni mettre à exécution
sous pareille peine , & aux Juges d'y avoir égard;
les Déclarations des 3. & 17. Septembre 1697.
& 6. May 1698, en ont renouvellé & prescrit
les dispositions sous les mêmes peines.

Et comme Sa Majesté avoit par cet Edit de 1696.
créé des Offices de Garde-Scel dans toutes les Jurisdictions du Royaume , elle jugea convenable au
bien de l'Etat de supprimer ces Offices & de décharger ses Sujets des Droits qu'elle leur avoit attribués , ce qu'elle fit par son Edit du mois d'Août
1706. & étant absolument nécessaire que les Ac-

tes des Notaires & Tabellions Royaux fuſſent
ſcellés, elle y pourvut par ſon Edit du mois de
Novembre ſuivant, & rétablit par icelui ledit Scel
ès mains des Notaires Royaux, pour par eux ſceller les Contrats & Actes qu'ils auroient paſſés depuis le premier Octobre précédent, & ceux
qu'ils paſſeroient à l'avenir, avant qu'ils puſſent
être mis à exécution, & attribua à chacun deſdits
Notaires & Tabellions Royaux, la faculté d'avoir
un Sceau aux Armes de Sa Majeſté pour l'appoſer ſur leurs Contrats & Actes, lors que beſoin
ſeroit, auſquels elle permit de percevoir un ſol
pour l'appoſition dudit Sceau, & par cet Edit Sa
Majeſté a fait défenſes de mettre ou faire mettre
à exécution leſdits Contrats & Actes des Notaires & Tabellions Royaux, qu'ils n'ayent été
préalablement revêtus du Sceau de ſes Armes,
à peine de 100 liv. d'amende pour chacune contravention.

Enſorte que ſi les Déclarations & Reconnoiſſances ſur leſquelles ſeront fondées les demandes
en Cenſive & Reconnoiſſance nouvelle, ſont poſtérieures au premier Octobre 1706. elles ſeront
ou doivent être ſcellées par les Notaires qui les
auront paſſées ; mais pour celles qui ſont antérieures à cette époque, & poſtérieures à l'Edit de
1696. elles doivent être ſcellées aux Bureaux établis à cet effet ſur les lieux ; & quant à celles qui
ſont antérieures à cet Edit, elles ſont cenſées ſcellées & en forme par la ſeule ſignature des Notaires, qui étoient Notaires & Gardes-Scels de leurs

Tems auquel il
eſt néceſſaire de
faire ſceller les
Reconnoiſſances.

Contrats, ainfi qu'il réfulte des réunions des Offices des Tabellions, qui étoient Gardes-Scels aux Offices de Notaires, ce qui s'eft fait par Henri IV. en 1597. & autres Rois ; ainfi les Déclarations à Terrier de ces tems éloignés, étant fignées des Notaires qui les ont reçues, ont toute la forme que l'ufage demandoit pour lors, ce qui s'eft communément enfuivi jufqu'à l'Edit de 1696. il eft vrai que le Tarif du 10. Novembre 1699. porte que pour les Actes paffés avant l'Edit de Novembre 1696. ne payeront que moitié defdits Droits ; mais ce Tarif n'eft point un Edit enregiftré, qui puiffe avoir un effet rétroactif, fur-tout pour des tems auffi éloignés que le font des Terriers de 1515. & autres dates poftérieures & antérieures, en forte qu'il faut conclure que les nullités que l'on peut objecter contre les Reconnoiffances à Terrier, fur lefquelles on fonde des demandes en cenfive, nouvelles Reconnoiffances, payemens de lods & ventes, & autres Droits réfultans des Actes d'un Terrier, fe réduifent aux feuls Actes & Déclarations paffées depuis l'Edit de 1696. jufqu'au premier Octobre 1706. inclufivement. C'eft même ce qui eft prefcrit à tous les Commis des Bureaux de Contrôles qui fcellent ces fortes d'Actes.

QUESTION NEUVIE'ME.

La demande en Cenſive dans un Pays où le Cens eſt preſcriptible, peut-elle être différente de celle faite en Pays où il eſt impreſcriptible?

Elle n'eſt point & ne peut être différente, ſoit par rapport aux conclusions, ſoit par rapport aux Titres ſur leſquels elles peuvent être établies l'une & l'autre; mais en Pays preſcriptible, elle peut toutefois être diſſemblable, parçe qu'il ſemble qu'il n'eſt pas ſuffiſant au Demandeur de donner ſimplement copie de la Reconnoiſſance du Terrier, & des nouveaux confins pour l'établiſſement de ſa demande, en ce que ſi cette Reconnoiſſance eſt au-delà du tems fixé pour la preſcription, elle doit être accompagnée des Reçus & Aĉtes de preſtations de payements qui l'ont ſuivi, & qui en ont empêché la preſcription; ce qui neſt point, néceſſaire en Pays d'impreſcription.

QUESTION DIXIE'ME.

Si le Demandeur en Cenſive n'avoit point ſatisfait à donner copie, ſoit des preſtations de payemens, ſoit des Titres qui ont empêché le cours de la preſcription, cette demande ſeroit-elle nulle?

Non, le Demandeur ſeroit toûjours en état de fournir & donner copie de ces piéces dans le cours de toute l'Inſtance.

QUESTION ONZIE'ME.

Le Seigneur, qui fait affigner l'héritier de celui qui a reconnu à fon nouveau Terrier, eft-il tenu des mêmes formalités que fi c'étoit un tiers Détempteur?

Gafpard Bailly, dans fon Traité des Servis & Droits Seigneuriaux, imprimé à Dijon en 1710. réfout cette queftion par les principes, & dit qu'il faut fçavoir pour quelle part il eft héritier : *Præfertim fi perfonnali agatur alioqui non poteft aut tanquam hæres aut tanquam poffeffor ftatim condemnari nec fi filius emphiteutæ proponatur.* Qu'il ne fert de rien, quoi qu'il ne foit qu'héritier par bénéfice d'inventaire, parce que ce bénéfice n'a rien de commun avec le droit du Seigneur, & décide que le Seigneur n'eft point obligé d'indiquer le poffeffeur qui a reconnu, ou fon héritier.

Nous croyons cependant que s'il étoit arrivé des changemens extrêmes depuis cette Reconnoiffance, tels qu'au lieu d'un Pré rappellé pour confins d'Orient dans cette Déclaration, & que ce fût une vigne lors de la demande ; que d'un autre côté ce fût une Terre ou depuis eût été édifiée une maifon, & enfin que les héritages dans lefquels étoit celui reconnu, & qui lui fervoient de confins euffent totalement changé, il femble que malgré cette décifion & les raifons qui l'établiffent, ce ne feroit point fatisfaire à l'article 5. du Titre 9. de l'Ordonnance de 1667. que l'on ne peut éluder, lequel veut que l'on déclare les nouveaux

veaux confins, enforte que le Défendeur ne puiſſe ignorer, pour quel héritage il eſt aſſigné, & ce à peine de nullité ; & comme cette Ordonnance eſt préciſe & fondée en équité, en ce qu'un héritier ſouvent éloigné de cent lieues, ne ſeroit point inſ-truit des héritages de la ſucceſſion qu'il recueille, & qu'il n'eſt point excepté de la régle par cette Ordonnance, on doit l'exécuter à la rigueur, à peine de nullité, tant contre l'héritier que contre tout autre tiers détempteur.

Le Seigneur doit obſerver les mê-mes formalités à l'égard d'un héri-tier de celui qui a reconnu, qu'en-vers un autre.

QUESTION DOUZIE'ME.

Si le Seigneur ne pouvoit ſçavoir préciſément les confins nouveaux des héritages énoncés dans ſon Terrier, pourroit-il ſe mettre à couvert de la nullité prononcée par l'Ordonnance, en déclarant dans ſon Exploit de demande, qu'il employe les anciens confins de la Re-connoiſſance, qui établit ſa demande pour les nou-veaux ?

Nous avons dit, & fait voir *ſuprà*, à la Queſ-tion VI. que ſi le Demandeur en Cenſive, ne donne pas copie des piéces ſur leſquelles il éta-blit ſa demande, qu'elle n'eſt pas nulle par cette omiſſion, qu'il peut réparer dans le cours de l'Inſ-tance, parce que l'Ordonnance ne le preſcrit pas, à peine de nullité, & qu'on ne peut ſuppléer une peine qui n'eſt point prononcée par le Légiſlateur ; mais quant aux nouveaux confins, tenants & abou-tiſſans, l'on ne peut employer les anciens pour nouveaux, que lorſqu'il n'y a aucun changement ;

Ce n'eſt pas ſa-tisfaire à l'Ordon-nance, que d'em-ployer les anciens confins pour les nouveaux, & l'Exploit eſt nul.

Fff

c'est-à-dire que la Reconnoissance est si nouvelle,
que les héritages voisins n'ont point changé de
nature, ni de propriétaires, ou lorsque les confins
sont immuables & perpétuels, tels qu'une riviere,
un ruisseau, un chemin, un Bois, & autres choses
non sujettes à changemens, ce qui se rencontre
quelquefois ; mais hors ces deux cas, tout Demandeur en Censive est tenu & obligé de déclarer les
héritages qui joignent ceux sur lesquels il établit
sa Censive, en désignant la nature actuelle, & les
noms de leurs possesseurs, sous la peine de nullité
prononcée par l'article 3. du Titre 9. de l'Ordonnance de 1667. qu'aucun Juge ne peut éluder.

QUESTION TREIZIE'ME.

Si l'héritage sur lequel on demanderoit le Cens avoit
deux confins perpétuels, que le Demandeur en Censive
employât pour nouveaux confins, sans en donner au-
cun autre, cela pourroit-il suffire pour mettre le De-
mandeur à couvert de la peine de nullité ?

L'on croit qu'il faudroit distinguer, par exemple, s'il s'agissoit d'un Pré, qui eût pour confins
un ruisseau du côté d'Orient, & un chemin du
côté d'Occident, il est certain que ces deux con-
fins-là ne suffiroient pas, parce qu'ils ne seroient
pas suffisans pour instruire le Censitaire, en ce que
ce ruisseau ayant un long cours, de même que le
chemin, il n'est pas possible d'y déterminer précisément les endroits où cet héritage les touche-
roit, le Censitaire ne seroit point assez instruit pour

y reconnoître du coup d'œil son héritage, comme le désire l'Ordonnance ; mais autre chose seroit si un héritage avoit pour confins d'Orient un
ruisseau ou autre limite perpétuelle, & un chemin
du côté de Midi, il sembleroit que le Censitaire
devroit y reconnoître son héritage, & que cela
pourroit suffire, parce qu'ils formeroient un angle
que rien ne peut altérer, ni détruire, qu'il est fort
aisé de vérifier, & d'y reconnoître l'héritage ; mais
quoique ces angles fussent précis, & semblassent
suffisans, il pourroit se faire aussi qu'ils ne le seroient pas, par la raison qu'il peut y avoir deux
chemins qui conduisent à un même lieu, & que
les Terriers rappellent du même nom ; ce qui feroit une erreur qui prouve l'insuffisance de ces
deux confins, quoique les plus réguliers, en sorte
qu'il faut convenir que la sagesse des Magistrats
qui ont rédigé cet Article de l'Ordonnance, ont
prévu tous les cas pourquoi ils ont astraint le Demandeur à donner de nouveaux tenans & aboutissans, des quatre confins de Septentrion, Midi,
Orient & Occident, à quoi il faut se soumettre, à
peine de nullité.

QUESTION QUATORZIE'ME.

*Si la Reconnoissance sur laquelle le Seigneur fonde sa
demande, établit une solidité de dix, vingt, ou plus
grand nombre d'Articles sous un même Cens, & que
le Particulier à qui l'on veut faire demande n'en posséde qu'une petite partie, le Seigneur est obligé de donner au Censitaire les nouveaux confins de tous les héritages de cette Reconnoissance qu'il ne posséde pas, &
d'indiquer & nommer tous les differens possesseurs de
ces Articles au tems de l'Exploit?*

Le Seigneur est
obligé de donner
les nouveaux con-
fins de tous les
héritages de la
Reconnoissance,
sur laquelle il fon-
de sa demande.

Il n'y a pas à douter un moment que le Seigneur ne soit obligé de donner les nouveaux confins de tous les héritages spécifiés dans la Reconnoissance qui sert de fondement à sa demande,
& de nommer dans l'Exploit tous les Co-détempteurs du Censitaire assigné, par la raison que comme cette demande est faite conjointement avec
celle des arrérages, ce Censitaire ne peut sçavoir
pour quelle portion il en est tenu qu'en dénon-
çant à l'un des Censitaires, ou à chacun d'eux,
cette demande, pour faire conjointement entr'eux
la division desdits Cens, & une liquidation de
ce dont chacun peut en être tenu, eu égard à
leurs possessions, ce qu'il ne pourroit faire, s'il
ignoroit ses Codétempteurs, à moins qu'il ne fît
rechercher lui-même sur la Reconnoissance dont
on lui auroit donné copie, les nouveaux confins
des héritages qu'il ne posséderoit pas, & en même-tems le nom des possesseurs ; ce qui seroit

contre l'efprit de l'article 3. du Titre 9. de l'Ordonnance de 1667. qui veut que cette opération
foit faite de la part du Seigneur pour inftruire les
Cenfitaires.

QUESTION QUINZIE'ME.

Enfin le Seigneur qui veut faire demande en Reconnoif-
fance de Terrier à un Cenfitaire , eft-il toujours
obligé de la faire par une Affignation ?

Non , il a trois manieres pour s'y prendre , qui
font, 1o. De lui faire faire une fommation de comparoir devant le Notaire commis. 2°. De le faire
affigner devant le Juge Royal : Et 3°. de faire faifir l'héritage & les fruits , & y établir Commiffaires , & il ne doit même pas perdre de vûe la maxime de ne plaider que les mains garnies ; c'eft
ce qu'il peut faire de mieux pour avancer & finir
les Reconnoiffances de fon Terrier.

Par la premiere il ménagera fon Cenfitaire ,
en lui faifant faire une fommation , en ces termes :

Modéle de fommation à faire à un Cenfitaire , pour
faire fa Déclaration.

L'An 17 . . . . le . . . . à la requête de Meffire
. . . . . Seigneur de . . . . . demeurant en fon
Château de . . . . J'ai , Huiffier Royal fouffigné ,
immatriculé . . . . me fuis tranfporté au domicile
de N . . . . où étant , & parlant à . . . . j'ai fommé
ledit N . . . . de fe trouver Jeudi prochain 1o. du

courant au Château Seigneurial de . . . . à deux heures de relevée pardevant M. . . . . . Notaire Royal, Commiſſaire aux Droits Seigneuriaux & en cette partie, pour, conformément aux Lettres Patentes de Sa Majeſté, obtenues par ledit Seigneur le . . . . dûement enregiſtrées & publiées où beſoin a été, déclarer qu'il poſſéde une maiſon ſituée à . . . . joignant . . . . ſous le Cens envers ledit Seigneur de . . . . conformément à la Déclaration portée au Terrier de ladite Seigneurie de . . . . ſigné. . . . . fol. . . . . dont ledit N. . . . . prendra communication, ſi bon lui ſemble, & autres héritages par lui poſſédés, qu'il déclarera devant ledit Commiſſaire, ainſi qu'il lui eſt preſcrit par leſdites Lettres Patentes & Sentence d'enregiſtrement, ſinon & à faute de ce faire, ſe pourvoyera ledit Seigneur ainſi qu'il aviſera, & à ce que ledit N . . . . n'en ignore, je lui ai laiſſé copie, &c.

OBSERVATION.

Il faut, dans cette ſommation, un délai de trois jours pour conſtituer le Cenſitaire en retard, & obſerver que ſi le Cenſitaire comparoît, & fait ſa Déclaration, il ne doit point les frais de cette ſommation ; mais s'il ne comparoît pas, le Commiſſaire dreſſera ſon Procès-verbal, en ces termes :

Modéle de Procès-verbal de défaut de comparution d'un Cenfitaire devant le Commiffaire à Terriers.

AUjourd'hui dixiéme jour du mois de . . . .
17 . . . fur l'heure de deux de relevée , eft
comparu devant le Notaire Royal, Commiffaire
aux Droits Seigneuriaux , & en cette partie , féant
au Château de . . . . fieur . . . . au nom & comme
fondé de Procuration fpéciale & générale de Meffire . . . . Seigneur de . . . . où étant , & en préfence des Témoins ci-après nommés , il a dit que ledit Seigneur de . . . . ayant obtenu des Lettres Patentes de Sa Majefté en forme de Terrier, le . . . .
adreffées à M. le Sénéchal du Bourbonnois , qui
auroit rendu Sentence le . . . . & par icelle ordonné l'exécution defdites Lettres , & en conféquence que tous les Cenfitaires , Vaffaux , Emphitéotes & Jufticiables de ladite Seigneurie fe
préfenteroient dans la quinzaine de la Publication
d'icelles devant ledit Commiffaire , pour y faire
leurs Déclarations & Reconnoiffances au Terrier
de ladite Seigneurie , lefquelles Publications ont
été faites dès le . . . . en ladite Paroiffe de . . . . fans
que N . . . . ait daigné fe préfenter , & fatisfaire à
ce qui lui eft prefcrit ; ce qui a obligé ledit Seigneur de lui faire faire fommation , par Exploit
de . . . . Sergent Royal , du . . . . contrôlé au Bureau de . . . . le . . . . aux fins de comparoir devant
Nous ledit Notaire , à cejourd'hui , lieu & heure ,
pour y prendre communication , fi bon lui fem-

ble , du Terrier de ladite Seigneurie , & enfuite
faire & paffer fa Déclaration & Reconnoiffance au
nouveau Terrier de ladite Seigneurie, qui fe fait
en vertu & de l'autorité defdites Lettres Patentes,
requerant ledit .... audit nom , Acte de fa comparution pour ledit Seigneur , & de la repréfentation qu'il fait de ladite fommation , fignée .....
Sergent , & défaut contre ledit .... non comparant , & que pour le profit d'icelui , les Parties
foient renvoyées devant M. le Sénéchal du Bourbonnois, pour leur être fait droit , & après avoir
attendu jufqu'à l'heure de cinq fonnée , & que ledit N. ... n'eft comparu, Nous, Notaire & Commiffaire fufdit, avons donné Acte audit fieur... ,
audit nom de fa comparution & défaut contre ledit N. ... non comparant , & pour le profit, avons
délaiffé ledit Seigneur de .... à fe pourvoir , fuivant & conformément aufdites Lettres Patentes ,
ainfi qu'il avifera. Fait, lû & paffé lefdits jour ,
lieu & heure fufdits, en préfence de .... Témoins
requis , & fouffignés avec ledit fieur ..... audit
nom.

OBSERVATION.

Après ce Procès-verbal , il refte au Seigneur
la liberté de faire affigner *recta* le Cenfitaire devant
le Juge Royal, ou de commencer par faire faifir
les héritages , en quoi qu'ils puiffent confifter, le
Seigneur ayant la liberté de ne plaider que les
mains garnies , excepté dans quelques Coûtumes
qui ont des difpofitions contraires. Cette faifie eft
dans

dans le même goût, que celle pour les Fiefs, à la différence feulement que le Seigneur ne fait pas les fruits fiens, comme en matiere féodale.

QUESTION SEIZIE'ME.

S'il n'y a aucuns fruits dans l'héritage, ou que ce foit des héritages, que l'on ne cultive point, tels que des maifons, bois, pâturaux, & autres, que fera le Seigneur?

Comme nous n'avons point de maxime plus certaine que celle que les profits de Fiefs font réels; c'eft-à-dire, que le Seigneur peut fe prendre à la chofe, pour être payé de fes droits, & fe les faire reconnoître; que c'eft la difpofition exprefle de prefque toutes les Coûtumes de France, & le fentiment de Dumoulin, §. 33. Gl. 1. n. 121. & feq. *Onera feudalia rem & poffefforem fequuntur etiam tempore præterito, ita ut teneantur de juribus debitis à poffefforibus;* même la difpofition exprefle de l'Edit de Charles IX. du mois de Novembre 1567. & de l'Arrêt général des Grands Jours tenus à Clermont, ci-devant rapporté, Article 9. Il pourra faire faifir domanialement les héritages, laquelle faifie eft d'une toute autre efpece que celle qui eft faite pour le payement d'une dette mobiliaire, pour lequel l'on ne peut que faifir les fruits pendants par racine, on l'appelle Saifie domaniale, parce que les fonds des héritages étoient anciennement du domaine de la Seigneurie, & qu'ils font encore indirectement

Le Seigneur peut faifir l'héritage domanialement, faute de Déclaration, & de payement de Droits.

Ggg

regardés pour tels, par la directe Seigneurie que le Seigneur s'est réservée, en les donnant à Cens, en sorte que le Seigneur peut faire saisir les fonds & les fruits, & y établir Commissaire, jusqu'à ce que le Censitaire ait satisfait de faire sa Déclaration au Terrier ; c'est ce qui lui est prescrit par les Lettres de Terrier, qui permettent, faute de ce, de saisir domanialement, & mettre sous la main du Roi les Hois, Terres, Prés, Vignes, Etangs, & autres possessions cultivées, ou non, ensemencées, ou non, même les Maisons & Bâtimens, & à iceux établir Commissaire qui régit, gouverne & perçoit les fruits & loyers, le tout pour démouvoir le Censitaire de sa possession, jusqu'à ce qu'il ait obéi à la volonté du Prince & à la justice qui lui prescrit.

Modéle de Saisie domaniale, pour Déclaration non faite au Terrier.

L'An 17.... le.... à la requête de Messire .... Seigneur de.... demeurant en son Château de.... Paroisse de.... où il fait élection de domicile, & encore en la Paroisse de.... Maison Curiale dudit lieu, pour vingt-quatre heures seulement, pour satisfaire à l'Ordonnance, & sans qu'aucune signification puisse y être faite, lequel constituë, en tant que besoin, Me.... Procureur en la Sénéchaussée de.... par vertu des Lettres Patentes, en forme de Lettres de Terrier, accordées audit Seigneur par Sa Majesté le.... &

de la Sentence d'enregiftrement d'icelles de la
Sénéchauffée de .... & Publications faites en conféquence en la Paroiffe de .... le .... dûement
en forme, des Déclarations faites au Terrier de
ladite Seigneurie de .... figné .... par .... le
.... d'autre fait par .... le .... & pour Déclaration & Reconnoiffance non faite au Terrier de
ladite Seigneurie de.... des héritages ci-après
confinés; j'ai .... Huiffier Royal .... fouffigné ,
& en préfence des Témoins ci-après nommés ,
me fuis exprès tranfporté en la Paroiffe de .... au
domicile de N.... où étant, & parlant à .... j'ai
déclaré audit N. ... que faute par lui d'avoir fatisfait aufdites Lettres Patentes fufdatées , & fait fa
Déclaration au Terriér de ladite Seigneurie de ....
en conféquence d'icelles, exhibé & communiqué
tous & chacun les Titres & Contrats de proprieté
en vertu defquels il jouit des héritages qui font en
la Cenfive dudit Seigneur, & d'avoir fatisfait à
l'une & à l'autre defdites chofes en particulier ,
envers ledit Seigneur de .... j'allois préfentement
faifir & me tranfporter à cet effet avec mes Affiftans , fur lefdits héritages , pour iceux faifir , &
mettre fous la main fouveraine de Sa Majefté ,
comme de fait, je me fuis tranfporté fur une piece
de Terre fituée en la Paroiffe de ....

ITEM , fur autre Terre .... .

Et étant en & fur lefdits héritages , j'ai les fonds,
fruits, & revenus d'iceux , faifis, brandonnés &
arrêtés, & le tout mis fous la main & puiffance
fouveraine du Roi, faute, comme dit eft, par

ledit N. . . . . d'avoir fatisfait à l'une & à l'autre
des chofes ci-deffus, au régime & gouvernement
defquels héritages faifis & brandonnés, j'ai commis & établi pour Commiffaire d'iceux la perfonne de M. . . . demeurant à . . . . Paroiffe de
. . . . au domicile duquel je me fuis, avec mes
Affiftans, tranfporté, où étant, & parlant à . . . .
j'ai chargé & enjoint de bien & fidélement, &
en bon Pere de famille, vacquer au fait de la préfente commiffion, pour en rendre compte quand
requis en fera, à peine d'en répondre en fon propre & privé nom, & d'y être contraint comme
dépofitaire de biens de Juftice, à la charge de fes
falaires raifonnables ; lequeldit M. . . . a volontairement accepté ladite commiffion, & a promis
& s'oblige d'agir, & l'exercer en bon Pere de
famille, & d'en rendre compte quand il appartiendra, à la charge de fes falaires raifonnables,
qui feront pris fur les chofes faifies, & a figné. . . . .
auquel M. . . . j'ai laiffé copie du préfent Procès-
verbal, ainfi qu'audit N. . . . en parlant comme
deffus, le tout en préfence & affifté de . . . . Témoins menés exprès avec moi, qui ont figné, tant
ledit préfent Procès-verbal original, que lefdites
copies, après avoir vacqué depuis l'heure de . . . .
du matin, jufqu'à celle de . . . . après midi, lefdits N. . . . & M. . . . ayant déclaré ne vouloir figner, quoiqu'interpellés.

QUESTION DIX-SEPTIE'ME.

Si le Commiſſaire ne vouloit accepter ladite commiſſion,
que fera l'Huiſſier ?

Il lui donnera Aſſignation par le même Exploit
en ces termes :

Auqueldit M. . . . . parlant a été d'accepter
ladite commiſſion refuſant, pour lequel refus, &
pour s'y voir condamner, & même par corps, &
procéder, ainſi que de raiſon, je lui ai donné Aſſignation, à comparoir d'hui en huitaine, franche
& prochaine, pardevant M. le Sénéchal de . . . .
& lui ai déclaré que je laiſſois dès-à-préſent, à ſes
riſques, périls & fortunes, dépens, dommages
& interêts, leſdites Maiſons, Terres, Près, Bois
& Héritages, fruits, & revenus d'iceux, requerant dépens, déclarant que Me . . . . . Procureur en ladite Sénéchauſſée de . . . . . occupera pour ledit Seigneur en la préſente Inſtance ;
& à ce que ledit Me . . . . n'en ignore, je lui ai,
parlant comme deſſus, laiſſé copie du préſent
Procès-verbal & Exploit, en préſence & aſſiſté
de . . . . demeurant . . . . Témoins qui ont vacqué
avec moi depuis . . . . heures du matin, juſqu'à
celle de . . . . après midi, leſquels ont ſigné, tant
ledit préſent Procès-verbal original, que leſdites
copies, & non leſdits N. . . . & M . . . pour ne
l'avoir voulu faire, quoique ſommés & interpellés.

QUESTION DIX-HUITIE'ME.

Que fera le Seigneur après cette saisie?

Il fera donner Affignation au Cenfitaire pardevant le Sénéchal ou Bailli, qui a enregiftré les
Lettres.

---

*Modéle d'Affignation & demande en Cenfive, après
la faifie domaniale des héritages, faute de
Déclaration non faite, ni Titres exhibés,
ni communiqués?*

L'An 17   le . . . à la requête de Meffire
. . . . Chevalier, Seigneur de . . . . demeurant à . . . . lequel fait élection de domicile en
fon Château de . . . . Paroiffe dudit lieu, & conftituë pour fon Procureur M^e . . . . Procureur en la
Sénéchauffée de . . . . j'ai, Huiffier foufligné, me
fuis exprès tranfporté en la Paroiffe de . . . . diftant
de ma demeure de . . . . lieues, où étant, & au
domicile de fieur N. . . . . en parlant à . . . . j'ai,
par vertu des Lettres Patentes de Sa Majefté, obtenues par ledit Seigneur, le . . . . & Sentence
d'enregiftrement d'icelles en ladite Sénéchauffée
du . . . . donné Affignation audit N. . . . à comparoir d'hui en huitaine franche & prochaine pardevant M. le Sénéchal de . . . . pour voir dire, que
faute par ledit N. . . . d'avoir fatisfait aufdites Lettres Patentes & Sentence d'enregiftrement fufdatées, dûement publiées, & fait en conféquence

fa Déclaration au Terrier de ladite Seigneurie de
.... devant le Notaire Royal Commiffaire nommé, exhibé & communiqué fes Titres & Contrats d'acquifition & de proprieté, la faifie domaniale faite par mon Procès-verbal & Exploit du
.... fera confirmée & déclarée bonne & valable, & en conféquence ledit N.... condamné à
fe préfenter, trois jours après la Sentence qui interviendra, audit Château de .... devant ledit
Notaire Royal Commiffaire fufdit, lui exhiber
& communiquer fes Titres de proprieté, & faire
fa Déclaration précife, par fins, bords, limites,
confins, tenans & aboutiffans nouveaux, referés
aux anciens, au nouveau Terrier de ladite Seigneurie de .... devant ledit Notaire, des Maifons, Terres, Prés, Héritages & poffeffions par
lui détenus & poffédés, fitués & affis dans la Juftice, Cenfive & Directe de ladite Seigneurie de
.... fous les charges, devoirs, preftations & redevances annuelles & cenfuelles portées par les
Terriers de ladite Seigneurie, ordinaires & ac-
coutumées envers ledit Seigneur ; notamment une
maifon haute & baffe, fituée au Bourg & Paroiffe
de .... joignant la maifon de .... d'Orient, celle
de ...... chargée envers ledit Seigneur de
..... conformément à la Déclaration & Reconnoiffance de .... faite au Terrier de ladite Seigneurie, figné .... folio .... fous la date du ....

ITEM, un Pré, &c. chargé ... &c.

Lefdits Cens, Droits & Devoirs portables,
rendus, mefurés & payés dans le Château de ....
à chacun jour de Saint ..... portant lods &

ventes, retenuë & prélation, marciage, felon la
Coûtume de . . . . & celle de ladite Seigneurie
de. . . . & déclarera ledit N. . . . s'il eft détempteur, propriétaire & poffeffeur defdits heritages
confinés ci-deffus, & à quel titre il en jouit, finon & à faute de comparoir à ladite affignation,
& de faire fa Déclaration que fon filence fera pris
pour aveux, qu'il eft propriétaire, & poffède lefdits heritages confinés, & en conféquence condamné à payer audit Seigneur les arrerages defdits Cens & Devoirs de fa teneur & de celle de
fes prédéceffeurs, propriétaires & poffeffeurs defdits heritages, pour lefquels arrerages ledit Seigneur Demandeur fe reftraint à . . . . années échues
audit jour de Saint . . . . dernier, le tout en deniers ou quittances, lefquels feront liquidés &
évalués fur les mercuriales & taux des gros fruits
à la maniere ordinaire & accoutumée, la derniere
en efpéce, enfemble les arrerages defdits Cens &
Devoirs qui échoiront à l'avenir, jufqu'au jour de
ladite Sentence qui interviendra, & liquidation,
comme encore faute par ledit N. . . . d'exhiber &
communiquer les Titres en vertu defquels il jouit
& poffède lefdits heritages, qu'il fera réputé nouvel Acquereur d'iceux, & comme tel, condamné à payer le Droit de Lods & doubles Lods, fuivant l'eftimation qui en fera faite par Experts,
convenus ou nommés d'office fur le pied de 3. f.
4. den. pour livre des fimples lods, & de pareille
fomme pour les doubles Lods, avec interêt de
çe à quoi ils fe trouveront monter, & de la
fomme

fomme à laquelle lefdits grains feront liquidés.

Voir pareillement dire & accorder qu'au payement defdits Droits & Devoirs Seigneuriaux ,
intérêts, frais & dépens , il fera permis audit Seigneur de fe mettre en poffeffion defdits héritages
fujets aufdits Cens , & d'en jouir , par droit d'hy-
potéque , jufqu'à ce qu'il foit entierement payé
de fon dû principal , intérêts & frais , ou de les
faire vendre , fous un fimple Placard , aux Audiences de ladite Sénéchauffée à la maniere ordinaire , pour les deniers en provenans lui être délivrés , en déduction de fon dû , fi fuffire peut , finon en diminution.

Et en outre voir ordonner que jufqu'à ce que ledit
N.... ait fatisfait en fon entier à ladite exhibition
& communication de Titres , fait fa Déclaration
& Reconnoiffance nouvelle au nouveau Terrier
devant ledit Notaire Commiffaire , fourni expédition d'icelle audit Seigneur , payé lefdits arrérages & lods & ventes demandés & échus , ladite
faifie domaniale tiendra , faifant défenfes de par
Sa Majefté audit. ... & à tous autres , de troubler
ledit M. ... Gardien & Commiffaire en fa commiffion , fur les peines portées par les Ordonnances , ledit N. ... condamné en tous les dépens ;
& à ce que ledit N. ... n'en ignore , je lui ai ,
en parlant comme deffus , laiffé copie , tant defdites Lettres Patentes , Sentence d'enregiftrement ,
Reconnoiffances de .... audit Terrier , figné ....
Procès-verbal de défaut , dudit jour .... que du
préfent Exploit , dont Acte.

Hhh

QUESTION DIX-NEUVIEME.

De combien d'années le Seigneur peut-il faire demande
pour les arrérages qui lui sont dûs ?

Il faut suivre en cela l'usage des lieux, & ce
qui est prescrit par les Coûtumes qui permettent,
les uns, de demander vingt-neuf années, & la
courante, telle que Paris, Pays de Droit Ecrit,
& autres ; les autres dix années, telle que Bourbonnois ; les autres cinq années, telle qu'Auvergne : ainsi c'est la Coûtume qui régit les lieux qu'il
faut suivre à la lettre.

QUESTION VINGTIEME.

Suivant ces principes, ne peut-on jamais demander plus
d'années d'arrérages, que ce qui est fixé par la
Coûtume, quoique réellement il en soit
dû d'avantage ?

L'on ne peut demander plus d'arrérages que la Coûtume ne le permet, quoiqu'il en soit dû davantage.

A l'exception, que si le Censitaire avoit prié de l'attendre, & qu'il ne se serviroit pas de la Loi, pourquoi on peut lui demander son serment.

Non, parce que la Coûtume décharge le débiteur des précédens arrérages, quand même ce
débiteur sçauroit par lui-même, & avoueroit de
n'avoir rien payé, il seroit toûjours en état de se
servir du bénéfice introduit par un Droit public
pour la tranquillité des débiteurs ; à l'exception
toutefois, que si dans des Coûtumes telles que
Bourbonnois & Auvergne, où l'on ne peut demander que dix & cinq années, le débiteur du
Cens avoit prié le Seigneur, ou son Fermier, de
ne le point faire assigner, sous la promesse de lui

payer les années qui pourroient s'écouler au-delà
des dix années, auquel cas le Seigneur pourroit
demander ces années, au-delà de celles permises
par la Coûtume ; mais si le Censitaire , malgré sa
promesse, se servoit de la Coûtume , pour dire
qu'elles sont prescrites, le Seigneur n'auroit, en
ce cas, que le serment à lui demander, il ne seroit même pas reçu à faire la preuve par témoins
de cette promesse , parce qu'elle seroit contre la
loi établie par la Coûtume ; cette question est
doctement traitée par Me Henris, tom. 1. liv. 4.
ch. 6. q. 74. c'est la remarque qu'a faite Me Auroux
dans son Commentaire, sur l'article 18. de la Coûtume de Bourbonnois, nomb. 9.

QUESTION VINGT-UNIE'ME.

Si, dans un nouveau Terrier, il y avoit à la fin d'une
Reconnoissance une protestation , sans préjudice aux
arrérages des Cens dûs au Seigneur , cette réserve
ne donneroit-elle pas lieu au Seigneur de demander
au Censitaire les arrérages que la Coutume permet
de demander au-delà de cette Reconnoissance , en
deniers ou quittances ?

Cette Question s'est presentée entre le sieur
Comte de Chenelette & le sieur Mathieu , Lieutenant-Général de Rouane : le premier trouva
dans son Terrier, que le pere de M. Mathieu y
avoit passé Reconnoissance, & que le feu Comte
de Chenelette y avoit stipulé, sans préjudice aux
arrérages à lui dûs desdits Cens par ledit sieur

Mathieu, qu'il avoit protefté de répéter ainfi qu'il aviferoit ; le Comte de Chenelette forma demande au fieur Mathieu des vingt années échues

depuis la Reconnoiffance du fieur fon pere , & des vingt-neuf années précédant icelles , ce qui faifoit quarante-neuf années, pour être payées en deniers, ou quittances, fondé fur cette réferve & proteftation : le fieur Mathieu foutint ne pouvoir être inquieté que pour vingt-neuf années , conformément au Droit Ecrit : l'affaire fut portée au Parlement , & fut débattue par d'habiles Avocats. J'ai fçu que le fieur Comte de Chenelette avoit confulté plufieurs Avocats , tant en Province qu'à Paris , qui étoient tous d'avis que fa demande étoit bien fondée ; cependant par Arrêt, il ne lui fut adjugé que les vingt-neuf années & la courante. J'ai pareillement fçu que le Comte de Chenelette n'ayant pû fçavoir la raifon de ce Jugement, en fut demander lui-même les motifs au Rapporteur, qu'il pria de la lui dire, perfuadé qu'ils étoient juftes ; lequel lui dit, que le *fans préjudice des arrérages* qui pouvoient être dûs, & les *proteftations de les recouvrer*, portées dans fon Terrier, n'étoient pas une *obligation* de la part du Cenfitaire, de les payer ; à quoi le Comte de Chenelette répliqua, qu'il avoit confulté nombre d'Avocats, & qu'aucun ne lui avoit dit cette raifon, qu'il reconnoiffoit infiniment jufte & équitable. Je ne puis cotter cet Arrêt ; je fçai feulement la certitude de ces faits , qui en prouve l'équité & la juftice , & nous apprend que de fimples réferves

& proteftations ne font obligatoires, qu'autant que le Cenfitaire s'oblige de les payer.

QUESTION VINGT-DEUXIE'ME.

Si la Reconnoiffance à Terrier étoit de peu d'années, & que le Seigneur n'y euft fait aucunes réferves, pourroit-il demander les Cens des années précédant cette Reconnoiffance ?

L'on a fait voir à la Queftion premiere de la Section 3. du chap. 4. ce que c'étoit qu'une Reconnoiffance à Terrier, qui n'eft autre chofe qu'une Déclaration, de la part du Cenfitaire, des héritages qu'il poffede en la Directe du Seigneur, & des Cens & Droits impofés fur iceux ; cette Déclaration vaut inveftiture, à la verité, de la part du Seigneur en faveur du Cenfitaire ; mais comme cet Acte eft cenfé le propre ouvrage du Reconnoiffant, il ne peut pas operer une quittance finale en fa faveur, il feroit néceffaire pour cet effet, que le Seigneur eût accepté cette Déclaration, & qu'il fût ftipulé précifément que le Seigneur le tient quitte des arrérages échus, fans quoi le défaut de réferves, ne peut le priver de ce qui peut lui être dû fur les heritages déclarés & reconnus. *L. Emptor.* 47. §. 1. *de Pact. L.* 29. *de Oblig. & Act. & L.* 31. *Si decertare,* C. *de Tranfact.* Maynard, *L.* 8. ch. 39.

Une Reconnoiffance ne peut fervir de quittance générale au Cenfitaire, parce que c'eft fon ouvrage.

QUESTION VINGT-TROISIE'ME.

*Le Seigneur , auquel il eſt dû pluſieurs annéec
d'arrérages de Cens en grains , peut-il les
demander toutes en eſpéces ?*

Le Seigneur ne
peut demander
que la dernicre
année en eſpéce.

Non ; il ne peut demander que la derniere année en eſpece , & les autres au prix qu'ils auront
valu, ſuivant les mercuriales des lieux, ou du
plus prochain Marché ; ainſi qu'il eſt porté par la
diſpoſition de l'Arrêt des Grands Jours tenus à
Clermont , portant Réglement pour les Droits
Seigneuriaux, du 9. Janvier 1666. la Déclaration
du Roy du 11. Juin 1709. art. 11. & celle du 26.
Octobre 1740. art. 5.

QUESTION VINGT-QUATRIE'ME.

*Si le Cenſitaire avoit vendu à locaterie perpétuelle ſous
une rente , l'héritage ſujet au Cens, le Seigneur
pourroit-il faire demande en Reconnoiſſance au Cenſitaire même , quoiqu'il ne poſſéde plus cet héritage ?*

Le Seigneur peut
faire reconnoître
le Locateur & le
Locataire à ſon
Terrier, pour une
locaterie perpé-
tuelle.

Ce Locataire ne poſſéde point, *animo domini* ;
c'eſt la diſpoſition de la Loi 13. *de uſurp. & uſucap.
pignori rem aceptam uſu non capimus quia pro alieno
poſſidemus* ; ainſi, dans ce cas, il eſt libre au Seigneur de s'en prendre au Cenſitaire , qui eſt le
Locateur, ou à celui qui jouit de la choſe, qui en
eſt le Locataire , & le Seigneur a le droit de demander Déclaration à ſon Terrier, pour les De-

voirs à lui dûs à tous les deux, en ce que fi la rente qui n'eſt que le prix du loyer de l'heritage ſe vend, il lui eſt dû des lods, de même que pour la vente de l'heritage, en ſorte qu'ils ſont tous deux ſes Cenſitaires, qui ne peuvent refuſer leur Reconnoiſſance à leur Seigneur, qui n'eſt que l'aveu de ce qu'ils tiennent de lui. Dolive, liv. 2. chap. 15.

QUESTION VINGT-CINQUIE'ME.

Le Cenſitaire aſſigné pour reconnoiſtre, que pourra-t-il oppoſer contre cette demande?

La premiere choſe eſt, de faire verifier par Commiſſaire, ou gens à ce connoiſſans, s'il poſſéde l'heritage ſur lequel on lui demande le Cens, ou non, parce qu'il doit avouer ou deſavouer le poſſéder, ainſi que pour toutes autres actions.

Ce que doit faire un Cenſitaire aſſigné.

Et comme cette verification dépendra du Commiſſaire, dont le tems pourroit conſommer au-delà des délais de l'Aſſignation, le Cenſitaire, pour n'être point condamné par défaut, fera examiner s'il n'y a aucunes nullités dans l'Exploit de demande, afin de les oppoſer par forme d'exception, pour lui donner le tems de s'aſſurer s'il eſt véritablement propriétaire & poſſeſſeur de l'heritage contentieux.

Ces nullités ne peuvent réſulter que de l'inobſervation des Articles 1. 2. 3. & 7. du Titre 2. de l'Ordonnance de 1667. c'eſt ce qu'il obſervera.

Nullité d'un Exploit de demande en Cenſive, d'où peut réſulter.

QUESTION VINGT-SIXIE'ME.

Si le Cenſitaire prétend que la Reconnoiſſance ſur laquelle le Seigneur fonde ſa demande n'eſt pas ſuffiſante, & requiert que le Seigneur ſoit tenu de lui donner copie de ſes anciens Terriers, pourra-t-il obliger le Demandeur à la lui donner ?

Le Seigneur ne peut être obligé que de donner copie de ſes Terriers modernes, & non des anciens.

Cette Queſtion n'eſt, & ne peut être occaſionnée que par un eſprit de chicanne pour fatiguer le Seigneur, & éloigner le Jugement que le Cenſitaire a lieu de craindre, qui n'eſt tenu qu'à donner la ſimple copie de ſon Terrier moderne, & non des plus anciens ; cela le conſtitueroit en dépenſe, en ouvrage & en ſoins, qu'on ne peut exiger de lui ; il ſeroit même ſouvent très-difficile, non-ſeulement aux Seigneurs, mais à ſes gens d'affaires, de trouver dans un ancien Terrier les Reconnoiſſances qui ont ſervi à la rénovation du Terrier nouveau, les folio ou Articles n'étant point marqués en d'autres termes, ſouvent qu'en diſant leſquels heritages furent de la confeſſion de tel, & tel même n'y déſignant pas le nom des Terriers ; cependant pour ſatisfaire à une demande de cette eſpece, il faudroit que le Seigneur

Difficultés d'y ſatisfaire.

fit examiner ces nouveaux & anciens Terriers, pour chercher la relation des uns aux autres ; ce qui ne ſe conſommeroit pas aiſément, avec d'autant plus de difficulté, qu'il y a des Terriers anciens qui ont fait autant de Reconnoiſſances pour un ſeul particulier, qu'il poſſédoit d'articles diviſés

fés & féparés, en forte que j'en ai vû jufqu'à
foixante & quatre-vingt Reconnoiffances differentes pour une feule perfonne ; or s'il ne fe trouve
point de défignation dans le Terrier moderne,
il faudra parcourir l'une après l'autre ces foixante
ou quatre-vingt Reconnoiffances differentes, pour
trouver celle dont on a befoin, d'où l'on peut
juger de l'ouvrage.

Mais cependant comme il faut de l'équité &
de la juftice, & que les Terriers d'une Seigneurie
font des Titres communs entre le Seigneur & les
Cenfitaires, le Seigneur, auquel l'on aura fait
pareille objection & demande, pourra offrir de
communiquer fon ancien Terrier à fon Cenfitaire, pour, par lui, y faire les examens & vérif-
cations qu'il jugera néceffaires, même en prendre tels extraits qu'il avifera, au moyen defquelles offres le Cenfitaire doit être débouté de fa
demande.

Un Terrier étant un titre commun, le Seigneur doit en offrir la communication.

Pareille queftion a été objectée par le fieur
Martel, Archivifte de Meffieurs les Comtes de
Lyon, contre M. le Sénéchal de ladite Ville,
qui avoit fait affigner ledit Martel & fes belles-
fœurs, pour lui paffer nouvelle Déclaration &
Reconnoiffance, & en payemens de Droits Seigneuriaux ; les Défendeurs foutinrent que le fieur
Demandeur devoit leur donner copie des Reconnoiffances de fon ancien Terrier, que celles du
moderne n'étoient pas fuffifantes ; quoique ce Seigneur ne fût point tenu de déferer à cette requifition, il leur en fit donner copie par extrait ; ils

I i i

Le Seigneur qui a offert de communiquer son Terrier, n'est pas tenu de déférer à la demande qu'on lui fait de le déposer.

Prétendirent que ces extraits n'étoient pas suffisans, le Demandeur fit à l'instant offre de représenter en l'Etude d'un Notaire, ses anciens Terriers où les Défendeurs pourroient les examiner, & en prendre à leurs frais copie des Reconnoissances qui le concerneroient, en présence des gens & préposés de sa part, & cependant un tems suffisant, en consignant au préalable par les Défendeurs ès mains du Notaire, les frais de la représentation & du dépôt, avant toute remise & exhibition, & conclut contre les Défendeurs aux dépens de l'Incident ; ce qui fut ordonné par une

Sentence qui l'a jugé ainsi, & qui a été confirmée par Arrêt.

première Sentence, & par la définitive du 18. Juin 1715. les conclusions de M. le Sénéchal de Lyon furent adjugées avec dépens, desquelles Sentences, tant préparatoire que définitive, lesdits Martel & Micolier, Défendeurs, s'étant rendus Appellans au Parlement, intervint Arrêt du 13. Fevrier 1719. au rapport de M l'Abbé Lorenchet, en la premiere Chambre des Enquêtes, qui a confirmé lesdites deux Sentences.

Cet Arrêt juge donc que le Seigneur ne peut être tenu de donner de copie des Reconnoissances de son ancien Terrier, & qu'en offrant par lui de déposer son Terrier chez un Officier public, en consignant par les Défendeurs, les frais, cela est suffisant.

QUESTION VINGT-SEPTIE'ME.

Le Cenfitaire ne peut-il rien oppofer fur les Titres dont on lui aura donné copie ?

Il peut avoir beaucoup d'objections à y for-mer ; mais comme il ne peut pas folidement les faire fur fa copie , il pourra demander qu'avant qu'il puiffe défendre folidement au fond , les Ti-tres feront collationnés à leurs originaux.

Le Cenfitaire peut demander la collation des Ter-riers fur la copie qui lui a été don-née.

QUESTION VINGT-HUITIE'ME.

Devant qui fe fera cette collation ?

Régulierement cette demande étant faite de-vant le Juge où l'Affignation eft portée , il fem-ble qu'elle doit être faite par lui.

Cependant fi les Parties , ou plutôt le Château & les Archives du Seigneur, fe trouvoient à 12. ou 15. lieues de la Juftice , les frais de cette col-lation feroient bien confidérables , parce qu'in-dépendamment de cet éloignement , le Seigneur qui n'a fouvent pour tout titre que le feul Terrier, duquel il a fait donner copie , ne rifqueroit pas de l'envoyer legerement par un homme d'affai-res , ou un fimple valet, dans la crainte du vol d'un Titre qui lui affure tous fes droits.

Difficultés de faire collationner les Titres devant le Juge Royal.

Iii ij

QUESTION VINGT-NEUVIE'ME.

Si les Archives du Château du Seigneur étoient dans cet Eloignement de la Justice, le Seigneur seroit-il obligé de déférer à cette demande & de faire porter son Terrier devant ce Juge ?

Comme cette demande ne tend qu'à éclaircir le Censitaire sur ce qui lui est demandé, & que c'est l'esprit de l'art. 3. du Titre 9. de l'Ordonnance de 1667. qu'il soit instruit, le Seigneur ne peut refuser cette collation, par conséquent la représentation de son Titre, mais il ne peut être tenu de faire transporter son Terrier hors de ses Archives, par les risques qu'il peut courir ; il offrira seulement par un Acte de procédure, de le représenter devant tel Notaire Royal requis pour être fait collation de la Copie qui a été donnée au Défendeur, & sommera le Défendeur de se présenter dans le délai qu'il lui prescrira, passé lequel tems, protestera qu'il en sera déchu, & qu'il sera passé outre, &c.

Le Seigneur ne peut refuser cette collation, mais il peut la faire faire devant le Notaire Commissaire pour son Terrier.

QUESTION TRENTIE'ME.

Si le Seigneur a des Lettres de Terrier qui porte Compulsoire, ne pourra-t-il pas s'en servir pour faire faire cette collation ?

Le Seigneur peut se servir du compulsoire de ses Lettres de Terrier.

Oui, il lui sera libre de le faire, en faisant assigner le Censitaire à comparoir dans son Château, à

jour & heure précise par vertu defdites Lettres ,
& pardevant le Notaire Royal, Commiſſaire
pour la renovation dudit Terrier , avec ſommation d'y rapporter ladite copie.

QUESTION TRENTE-UNIEME.

Celui qui provoque la collation n'en doit-il pas avan-
cer les frais ?

Celui qui pro-
voque la collation
doit en avancer
les frais.

Cela eſt de régle, ſauf la répétition s'il y échoit.

QUESTION TRENTE-DEUXIEME.

Si la Copie dont le Cenſitaire requiert la collation , à
l'Original ſe trouve fidele ?

La Collation ſera à ſes frais ſans répétition , il
eſt même tenu d'en conſigner les frais, ſauf la répétition s'il y échoit.

QUESTION TRENTE-TROISIEME.

Si le Cenſitaire ne demande point de collation des
Titres , le Seigneur ne ſera-t'il pas obligé pour faire
juger cette Inſtance de produire lui-même une copie
collationnée de ſon Titre ?

Quand le Sei-
eſt obligé de faire
faire cette colla-
tion ,

Il eſt ſans contredit qu'il eſt dans cette obligation, quand même le Deffendeur ne ſe préſen-
teroit pas & qu'il pourroit avoir une Sentence
par deffaut, parce qu'il eſt néceſſaire qu'il vérifie

fa demande qui ne peut l'être que par la produc-
tion de fes Titres fuivant l'art 3. du Titre 5. de
l'Ordonnance de 1667.& il fuffit de produire des
copies collationnées au lieu des Originaux, qu'il
eft toujours rifquable de déplacer des Archives
du Seigneur, qui ne peut jamais être tenu &
obligé de les produire.

QUESTION TRENTE-QUATRIE'ME.

*Si le Cenfitaire dans la Collation qui fera faite croit
voir quelque défeétuofité dans le Terrier du Seigneur, ou foupçonne qu'il peut y en avoir dont il a
intérêt de s'éclaircir, ne peut-il pas demander que ce
Terrier fera dépofé chez un Notaire Royal pendant
un certain tems pour en prendre communication, &
le Seigneur pourra-t'il le refufer ?*

Nous avons fait voir au chap. 4. Seét. 3. queft.
1e. ci-devant, que le Terrier d'une Seigneurie
étoit un titre commun entre le Seigneur & les
Vaffaux Cenfitaires emphitéotes & jufticiables
de la Seigneurie, & nous en avons établi la preu-

Un Terrier étant un Titre commun, le Seigneur n'en peut refufer la communication.

ve; cela étant dans les principes, il eft des regles que le Seigneur ne peut refufer la communication de fes Terriers à fes Cenfitaires, quand
il y a des difficultés entr'eux, qui dérivent de ces
mêmes Terriers: toutes les fois que cette queftion s'eft préfentée, elle a toujours été décidée
en faveur des Cenfitaires, par nombre d'Arrêts,
& entr'autre; par Arrêt du Parlement de Paris du

13. Août 1681. entre le fieur de Confey d'Or-
giny & René Baflore ; & par autre Arrêt du 31.
Mars 1703 entre le fieur Marquis d'Albon & les
Habitans de Saint Roman de Propre , confirmatif d'une Sentence de la Sénéchauffée de Lyon ,
du 10. Juillet 1700. ce dernier Arrêt eft rapporté dans les Obfervations de Mr le Bretonnier fur
la queftion 18. du ch. 3. du Titre 3. de Mr Henris, ainfi c'eft une chofe jugée que le Seigneur
ne peut pas refufer ce dépôt chez un Officier public , à moins qu'il n'offre de le communiquer
pendant tout le tems convenable , & pour en
prendre par le Cenfitaire telles copies qu'il jugera néceffaires ; c'eft fur ces principes & de pareilles offres , que l'Arrêt du Parlement de Dijon
du 22. Août 1740. rendu au profit de Mr d'An-
guy , Seigneur de la Pape , n'a point eu d'égard
à la demande des nommés Dupont & Moulin en
dépôt de fes Terriers au Greffe du Parlement , &
les a condamnés aux dépens.

QUESTION TRENTE - CINQUIE'ME.

*Quel tems les Cenfitaires peuvent-ils demander pour ce
dépôt.*

L'Arrêt du 31. Mars 1703. rendu contre le Sr
Marquis d'Albon confirme la Sentence qui avoit
ordonné qu'il dépoferoit des Terriers chez un Notaire, pour y demeurer pendant un mois afin d'en
prendre communication, depuis huit heures juf-

Arrêt qui or-
donne le dépôt
d'un Terrier pen-
dant un mois.

qu'à midy , & depuis deux heures de relevée jusqu'à six du soir , ainsi cette décision doit servir
de regle , le tems d'un mois étant un espace suffisant pour prendre tous les éclaircissemens nécessaires.

QUESTION TRENTE-SIXIE'ME.

*Le Seigneur qui croiroit risquer ses Terriers s'il les
déposoit chez quelque Notaire suspect, soit de la
Seigneurie, ou soit de la plus prochaine Ville, ne
pourroit - il pas demander qu'ils fussent déposés au
Greffe de sa Justice aux mêmes fins.*

Cette question s'est présentée entre Louis de
Larras Seigneur de Pollionay & Jean Bonnefond ,
Apoticaire de Lyon : ce dernier avoit obtenu
Sentence de la Sénéchaussée de cette Ville du
15. Janvier 1721. qui en déboutant ledit de Larras de ses offres de déposer ses Terriers au Greffe de sa Justice, ordonnoit que ledit sieur de Larras remettroit ses Terriers chez un Notaire de la
Ville de Lyon , pour y rester pendant un mois ,
de laquelle ayant été appellé par led. Seigneur de
Polionay , intervint Arrêt le 27. Juillet suivant ,
par lequel » après que Gondin Avocat de Larras
» & Lordellot Avocat de Bonnefont ont été ouys,
» la Cour a mis & met l'Appellation & ce dont
» a été appellé au néant , en ce qu'il a été or-
» donné que la Partie de Gondin déposeroit son
» Terrier chez un Notaire à Lyon , ordonne que
» ladite Partie de Gondin déposera au Greffe de
» sa

» sa Justice pendant un mois le Terrier dont est
» question, pendant lequel tems, la Partie de
» Lordellot en prendra communication avec tel
» Notaire qu'elle jugera à propos, même des co-
» pies ; la Sentence au surplus fortissant effet. Cette décision juge que l'on ne peut contraindre un
Seigneur à sortir ses Titres hors de sa Seigneurie ;
& qu'il peut suspecter un Notaire de sa Seigneurie même par les conséquences, & même le peu
de sûreté qu'il pourroit y avoir dans le dépôt d'un
Titre, qui est souvent le fondement & l'établissement de tous ses droits.

Arrêt qui permet au Seigneur de déposer son Terrier au Greffe de sa Justice.

On ne peut contraindre un Seigneur à sortir son Terrier de sa Seigneurie.

QUESTION TRENTE-SEPTIE'ME.

Aux frais de qui se doit faire ce dépôt ?

Si le Seigneur auquel est demandé par un
Censitaire le dépôt de son Terrier, a sur cette demande fait des offres de le communiquer dans
son Château, & d'en laisser prendre telles copies
qu'il seroit jugé nécessaire au Censitaire, il n'est
pas douteux que les frais du dépôt ne soient aux
frais du Censitaire, il peut même refuser ce dépôt jusqu'à ce que le Censitaire ait consigné les
frais nécessaires, comme il a été jugé par l'Arrêt du 13. Février 1719. que nous avons rapporté à la Question 26. *suprà*.

Les frais du dépôt sont à la charge du Censitaire qui le requiert.

Kkk

QUESTION TRENTE-HUITIE'ME.

Quelle précaution prendra le Seigneur pour conftater l'état de fon Terrier, afin qu'il ne foit point alteré dans ce dépôt?

Si-tôt que le dépôt fera arrêté entre les Parties, le Seigneur fera fignifier au Cenfitaire un Acte par lequel il lui déclarera qu'il fera remettre & dépofer ès mains de tel.... Notaire Royal ou de tel Greffier de fa Juftice, le Terrier de la Seigneurie, le fommant de fe trouver chez ledit... tel jour & à telle heure, pour être préfent & y voir faire ledit dépôt, enfemble être préfent au Procès Verbal qui fera dreffé de l'état dudit Terrier, par tel Notaire Royal, Commiffaire à la renovation dudit Terrier ainfi qu'il appartiendra, aux proteftationsqu'il n'en fera fai taucune remife ni dépôt qu'en fa préfence.

Acte qui doit être fignifié pour indiquer le dépôt.

QUESTION TRENTE-NEUVIE'ME.

Cet Acte fignifié à la Partie, que fera le Seigneur?

Il fera porter fon Terrier au lieu du dépôt, au jour & heure indiqué, & le Notaire Commiffaire à la renovation y dreffera le Procès Verbal de l'état où fe trouvera ce Terrier, en préfence de la Partie requérante le dépôt, en ces termes :

Modéle de Procès Verbal de dépôt de Terrier.

Ujourd'hui .... par devant Nous .... Notaire, Garde-Notte & Garde-Scel Royal, résidant à ..... & en préfence des témoins ci-après nommés, eft comparu fieur .... Agent des affaires & Procureur Général & Spécial de Haut & Puiffant Seigneur .... , Seigneur de .... qui a dit que ledit Seigneur de .... ayant fait affigner en la Sénéchauffée de .... fieur .... tel ... Bourgeois dudit lieu par Exploit de .... du .... aux fins d'y déclarer s'il eft Propriétaire détempteur & poffeffeur, & à quel titre, des héritages confinés audit Exploit, & en conféquence fe voir condamner à en paffer Déclaration & Reconnoiffance au Terrier de ladite Seigneurie au profit dudit Seigneur, enfuite de laquelle, icelui fieur de .... Défendeur auroit requis que le Terrier de ladite Seigneurie de .... feroit remis & dépofé ès mains de M^e..... Notaire Royal ou Greffier de ladite Seigneurie de .... ce qui auroit été ordonné du confentement des Parties, par Sentence du .... pour à laquelle fatisfaire ledit Sr. .... audit nom, auroit fait donner affignation audit... Défendeur à fe trouver & comparoir chez ledit M^e.... pour y voir faire & être préfent audit dépôt, & ce par Exploit de .... Sergent Royal du .... Controllé au Bureau de .... qu'il nous a remis ès mains & nous a requis ledit Notaire de nous tranfporter en la maifon dudit M^e...

Notaire Royal ou Greffier pour y faire ledit dépôt, à quoi adherant, nous serions avec lesdits
témoins transportés chez ledit Me.... où étant,
& en présence dudit S.... Défendeur qui s'y est
trouvé, ledit S.... audit nom a présentement remis & déposé ès mains dudit Me.... à ce présent
un livre *in-folio*. grand papier, couvert de veau,
sur le dos duquel est inscrit: Terrier de la Seigneurie de.... & au premier feuillet écrit, c'est
le Terrier de la Seigneurie de.... appartenant à
Haut & Puissant Seigneur.... fait & renouvellé
par.... Notaire Royal, ledit Terrier signé enfin
de chaque Acte dudit.... Notaire Royal contenant tant.... de feuillets écrits & non écrits,
cottés au haut & sur le Recto de chaque Rolle,
par premier & dernier, au commencement duquel
est la table de tous les Actes & Reconnoissances
contenues en icelui, lesquels visités l'un après
l'autre se sont trouvés sans rature, renvois ni in-
terlignes, & tous signés, à la reserve de la Reconnoissance de.... qui ne s'est trouvée signée dudit Notaire, dont ledit sieur.... audit nom nous
a requis Acte pour servir audit Seigneur & qu'il
appartiendra, aux protestations que fait ledit sieur
audit nom, pour ledit Seigneur, que ledit Terrier
& tous les évenemens qui peuvent arriver dudit
dépôt, seront aux risques, périls & fortunes dudit.... Défendeur, attendu les offres dudit Seigneur de les lui communiquer en son Château,
ainsi & de même que chez ledit Notaire : & de la
part dudit Défendeur, a été fait protestation con-

traire , même de répeter les frais du préfent Procès Verbal , dont nous avons octroyé Acte, & nous fommes fouffignés avec ledit fieur.... audit nom , ledit fieur.... Défendeur , ledit Me.... Notaire Royal &....témoins requis & fouffignés.

QUESTION QUARANTIE'ME.

Si la Partie requerante le dépôt ne s'y trouve pas , le Seigneur fera-t'il toujours ce dépôt?

Il femble que non , parce que ce dépôt étant ou pouvant être tout le bien d'un Seigneur , qui pourroit n'avoir d'autre Titre que celui-là pour tous les revenus de fa Seigneurie , pourroit courir de grands rifques , tant prévus qu'imprévus , de fa perte , foit de l'altération par le feu ou autres accidens. Comme ils font occafionnés par celui qui n'a pas voulu prendre communication de ce Terrier chez le Seigneur, il eft jufte & de l'intérêt de ce Seigneur que la Partie qui provoque & demande ce dépôt, y foit préfente ; car il n'eft pas douteux que s'il arrivoit quelque accident fâcheux à ce Terrier, celui qui auroit requis le dépôt en feroit réellement refponfable , fauf fon recours contre le dépofitaire , ainfi qu'il aviferoit, en forte que fi le Provoquant ce dépôt, ne s'y trouvoit pas , après avoir attendu jufqu'à fix heures du foir, le Seigneur feroit fondé à faire dreffer fon Procès Verbal , par lequel il finiroit.

Et après avoir attendu jufqu'à l'heure de fix

Rifque que le Seigneur court par le dépôt de font Terrier.

Celui qui requiert le dépôt doit être préfent.

Procès Verbal d'offre de dépofer un Terrier.

heures du foir , & que ledit fieur.... Défendeur
n'eft comparu ni perfonne de fa part, icelui fieur
.... audit nom, nous a requis deffaut contre ledit fieur.... non comparant , & que pour le profit , il lui fut donné Acte de la repréfentation qu'il
fait dudit Terrier & des offres de le remettre préfentement en préfence dudit .... Défendeur ès
mains dudit Me.... & en conféquence du refus
qu'il fait de .... le dépofer , qu'après que l'état &
vérification d'icelui auront été faits & conftatés en
la perfonne dudit .... Défendeur , des proteſtations qu'il fait pour ledit Seigneur de le faire remporter dans le Château dudit Seigneur même de
faire décheoir ledit fieur .... Défendeur de fa
demande en dépôt, aux offres qu'il réïtere cependant de lui repréfenter &communiquer dans ledit
Château & non ailleurs , toutes fois & quantes
qu'il le requerera , proteftant de repeter en tems
& lieu , tous frais, dépens, dommages & intérêts ,
même ceux du préfent Procès Verbal , defquelles
comparutions , offres , requifitions & proteftations
nous avons donné acte & défaut contre led. ...
Défendeur non comparant , pour fervir aud. Seigneur , ainfi qu'il appartiendra , & de ce que ledit fieur .... audit nom a remporté ledit Terrier,
dont ledit .... Notaire demeure déchargé , &
nous fommes fouffignés avec ledit fieur .... aud.
nom, ledit Me.... & de... témoins requis &
fouffignés.

QUESTION QUARANTE - UNIE'ME.

Le mois expiré , le Seigneur retirera-t'il son Terrier du dépôt sans y appeller le Censitaire , & y a-t'il quelque formalité à observer ?

Dans la rigueur , le Seigneur présentera Requête au Juge qui a ordonné le dépôt du Terrier, y énoncera en bref le sujet de la contestation & la Sentence qui a ordonné le dépôt, ensemble le Procès Verbal du dépôt qu'il joindra à sa Requête , & conclura à ce que vû lesdites piéces, il lui soit permis de retirer ledit Terrier, mais que comme le sieur .... Défendeur est garant de son Terrier & de tous les évenemens qui peuvent lui arriver, puisque c'est lui qui a provoqué ledit dépôt, que ledit Seigneur n'a fait qu'aux risques , périls & fortunes dudit sieur .... Défendeur, il lui sera de même permis de l'assigner à jour & heure précise à se trouver chez ledit Me. ... Notaire dépositaire dudit Terrier , pour être présent à la remise qui lui en sera faite, ensemble à la vérification de son état, conformément au Procès Verbal de dépôt du .... le tout sous toutes dûes & pertinentes protestations , & sauf audit Suppliant, en cas d'altération & de défectuosité dudit Terrier, d'en faire dresser Procès Verbal par le Notaire Royal , Commissaire à la renovation dudit Terrier , & de se pourvoir contre &

Ce que doit faire un Seigneur pour retirer son Terrier du dépôt.

ainſi qu'il aviſera , & ferez bien.

En conſéquence de cette Requête & de l'Ordonnance au bas, il faudra faire donner aſſignation audit ... Deffendeur , à ſe trouver à un jour
& heure préfix chez led. Notaire , & pareille aſſignation aud. Me ... Notaire, aux fins de ſe trouver
chez lui le dit jour , & à l'un & à l'autre leur donner copie de cette Requête.

QUESTION QUARANTE-DEUXIE'ME.

S'il s'y trouvoit quelques ratures , manque de feuillets ;
ou autre défectuoſité , que feroit le Seigneur ?

Il en feroit dreſſer Procès Verbal par le Notaire Commiſſaire , par lequel il fera toutes ſes proteſtations ; s'il n'y a point de défectuoſité , il faudra toujours dreſſer un Procès Verbal , par lequel
l'on énoncera que le Terrier a été remis & retiré par ledit Seigneur , dont ledit .... Défendeur
& ledit Me ... Notaire , dépoſitaire demeurent
déchargés.

QUESTION QUARANTE-TROISIE'ME.

Comme toute cette Procédure n'eſt point aux frais du
Seigneur , à moins qu'il ne ſe trouvât des défectuoſi-
tés par rapport à la copie qui en auroit été donnée au
Défendeur , comment le Seigneur fera-t'il pour être
rembourſé de tous ſes frais s'il les a avancés.

Il préſentera Requête au Juge Royal , en ces
termes :

Modéle

Modéle de Requête pour être payé par le Seigneur des frais du dépôt de son Terrier.

A M. LE SE'NE'CHAL DE...

SUpplie humblement .... Chevalier Seigneur de .... disant qu'ayant été obligé de faire assigner devant vous .... aux fins de passer sa déclaration au Terrier de sadite Seigneurie de ... pour les héritages qu'il possede en icelle, icelui sieur .... auroit demandé que le Suppliant eût à lui communiquer le Terrier ancien de ladite Seigneurie, signé .... & à cet effet, le déposer pendant un mois ès mains de Me. .... Notaire à .... sur laquelle demande le Suppliant lui auroit fait offres de lui donner communication dudit Terrier en son Château, même de souffrir qu'il en prît telles copies que bon lui sembleroit, à quoi n'ayant voulu adherer, & au contraire persisté dans sa demande de déposer icelui, vous auriez, Monsieur, ordonné par votre Sentence du .... que le Suppliant remettroit & déposeroit sondit ancien Terrier ès mains de Me. .... Notaire Royal, à quoi le Suppliant a satisfait, ainsi qu'il paroît par les Procès Verbaux des .... & comme le dépôt doit être fait aux dépens de celui qui le requiert, & que le Suppliant en a avancé tous les frais, il recourt C. C. M. I. V. P. vû ladite Sentence, ensemble lesdits Procès Verbaux des .... Requêtes & Exploit d'assignation ci-joints, ordonner que

L l l

ledit .... payera au Suppliant les sommes frayées & déboursées par lui, telles & ainsi que les Reçus qui sont au bas en font soi, & à cet effet lui décerner Exécutoire de la somme de .... à laquelle ils se montent, à ce faire qu'il y sera contraint par toutes voyes dûes & raisonnables ; & ferez bien.

Sur cette Requête le Juge peut donner Executoire, s'il ne le fait pas, il renvoyera les Parties à l'Audiance pour être ouyes.

QUESTION QUARANTE-QUATRIE'ME.

Si après cette communication & la vérification que le Censitaire aura faite, par un Commissaire, il reconnoist posseder les héritages dont on lui demande la Reconnoissance, & nie de posseder ceux confinés dans la Reconnoissance ancienne, que fera le Seigneur ?

Il y a quelques Jurisdictions Royales où les Procureurs peu au fait de ces matieres, & encore moins interessés pour leurs Parties, demandent sur ces sortes de dénégations, que les Parties soient reglées par Enquêtes & Descentes & engagent très-légerement les affaires dans cette procedure qui est infiniment couteuse, & qui ne sert à quoi que ce soit pour la décision de la question, en ce que la présence des Juges & Officiers qui ne sont nullement connoisseurs en ces matieres, n'operent jamais la parfaite décision de ces

[marginal note:] Légereté des Sentences qui ordonnent Enquête & descente.

queftions qui ne peuvent être réfolues que par des Commiffaires à Terrier, feuls capables de difcerner le placement d'un ou plufieurs articles de Terrier, en ce qu'il faut la relation des Titres & Reconnoiffances voifines de celles que l'on demande, pour y trouver quelques confins immuables pour la fuite de la Directe, afin de pouvoir déterminer fi réellement l'article de la Reconnoiffance ancienne fe place fur l'héritage contentieux, ce qui fe fait avec le fecours des Liéves, Contrats & autres adminicules que des Commiffaires recherchent & examinent fcrupuleufement, & qui fervent à leurs décifions, & ce qui ne peut fe faire par le Juge Royal, qui fe prête fouvent indifcretement à ces fortes de demandes, au préjudice de ce qui eft ordonné & prefcrit par l'Article 1. du Titre 21. de l'Ordonnance de 1667. qui défend de faire defcente fur les lieux, en ces termes :

C'eft le miniftere des Commiffaires à Terrier de faire des vérifications.

» Ne pourrront faire defcente fur les lieux dans » les matieres où il n'échet qu'un fimple rapport » d'Experts, s'ils n'en font requis par écrit par » l'une ou par l'autre des Parties, à peine de nul- » lité, de reftitution de ce qu'ils auront recû pour » leurs vacations, & de tous dépens, dommages » & intérêts. »

L'Ordonnance deffend de faire defcente où il n'échet qu'un fimple rapport d'Experts.

Bornier expliquant cet article, dit qu'il faut en ce cas que la Partie qui fait procéder à cette vérification, demande par Requête la defcente du Commiffaire, laquelle Requête doit être communiquée à la Partie, & mife entre les mains du Rapporteur, s'il y en a, ou s'il n'y en a point entre les mains d'un des autres Juges, parce qu'en cela la préfence du Juge n'eft que pour autorifer les Experts en la liberté de leurs opinions & de leurs fentimens, ce qui n'eft point exécuté, puifque fur ces fimples dénégations, les Procureurs & Avocats font ordonner une defcente en laquelle ils font des verbaux ennuyeux, par la proxilité des raifons pour & contre, pour confommer du tems, & faire des vacations, ainfi que j'ai vû dans un fait que je vais rapporter.

a De S. Loup en Bourbonnois.
b. M. Orry.
c. De la Sénéchauffée de Moulins.

Un Curé *a* déniant de poffeder une terre fur laquelle fon Seigneur *b* lui demandoit un Cens, fon Avocat fit prononcer qu'il feroit fait Enquête & Defcente, l'on en exécuta la Sentence, *c.* le Procès Verbal confomma trois journées, & couta feul 509. liv. 14. f. 9. d. fur lequel intervint Sentence le 3. Mai 1740. qui condamna ce Curé à payer à fon Seigneur le cens & l'indemnité demandée, lequel en paffa Reconnoiffance le 14. Décembre 1741. en laquelle cette terre ne fut eftimée en fa totalité feulement que la fomme de 6. livres; cet exemple fait fentir la conféquence ruineufe qu'il y a à ne fe pas conformer à l'Ordonnance de 1667. & de faire ordonner une Enquête & Defcente, où il n'écheroit qu'un fimple rapport d'Experts, la préfence des Juges n'opérant rien à l'éclairciffement de ces fortes de difficultés, à moins qu'il ne s'agit d'une dénégation de poffeffion de l'héritage relatif à la Reconnoiffance impofée fur icelui, pour lors ce feroit le

cas de faire une Enquête, ce qui feroit du miniftere du Juge, pour prouver que le Défendeur
poffede réellement & de fait l'héritage fur lequel
eft affecté le Cens demandé, & qui n'eft point
contefté par le Défendeur, parce qu'autre chofe
eft de convenir de poffeder l'héritage confiné par
nouveaux confins,& de nier que la Reconnoiffance fur laquelle eft fondée la demande, ne s'y place pas ; & autre chofe eft de nier qu'il ne poffede
point l'héritage défigné par nouveaux confins ;
ce font deux chofes differentes ; dans le premier
cas, c'eft l'ouvrage des Experts, Commiffaires
à Terrier de le décider ; dans le fecond, il s'agit
de faire une Enquête pour en faire preuve, ce
qui eft l'ouvrage du Juge.

QUESTION QUARANTE-QUATRIE'ME. *Bis.*

Comment faudra-t'il faire pour parvenir à cette nomi-
nation d'Experts ?

Il faudra porter la Caufe à l'Audiance, & faire
rendre Sentence qui déclarera les Parties contraires en fait, en les expliquant dans le Jugement
chacun à fon régard, & ordonnera que pour la
vérification d'iceux, elles conviendront d'Experts, Commiffaires à Terrier dans tel délai, finon qu'il en fera pris & nommé d'Office, fuivant
l'Article 16. du même Titre 21. de l'Ordonnance
de 1667 & fe conformer au furplus à ce qu'elle
prefcrit pour la Procédure.

Ce que doit con-
tenir la Sentence
qui nommera les
Experts.

QUESTION QUARANTE-CINQUIE'ME.

La nomination faite de ces Experts , feront-ils leur
Rapport ?

Inftructions des
Parties aux Ex-
perts.

Cette nomination faite, leur preftation de ferment de même fuivant l'Ordonnance, il leur fera remis la Sentence qui déclare les Parties
contraires en faits , & qui les explique ; enfemble de la part du Seigneur , la copie des Reconnoiffances fur lefquelles il a établi fa demande , &
de la part du Cenfitaire, la copie defdites Reconnoiffances qui lui ont été données par l'Exploit
de demande : enfuite de quoi les Parties leur donneront des indicateurs pour leur montrer & faire
voir les héritages contentieux, ils pourront même aller avec eux fur les lieux & leur faire voir les
héritages, même leur dire refpectivement leurs
raifons, enfuite de laquelle viiite, ces Experts fe
retireront & feront entr'eux leur Rapport dans lequel ils énonceront les piéces qui leur auront été
remifes, leur tranfport & vifite des lieux, & leur
fentiment, & le remettront au Greffe en Minutte,
conformément à l'Article 21 dudit Titre.

QUESTION QUARANTE-SIXIE'ME.

Si les Experts font contraires dans leur fentiment, qui
fera le Juge ?

Il nommera d'Office un tiers, lequel après ferment par lui prêté, se fera assister des deux premiers Experts en la visite & vérification des Reconnoissances & Héritages ; & s'ils sont d'un même avis , ils ne feront qu'un même Rapport, sinon ils donneront chacun leur avis , suivant l'arti-20. dudit titre 21.

QUESTION QUARANTE-SEPTIEME.

Le Juge n'ordonne-t'il pas quelquefois une Descente
& une Enquête respective sur les lieux ?

Il est des regles que lorsque l'Inspection des lieux, & la communication des Titres ne sont pas suffisantes pour instruire la religion des Experts, le Juge ordonne qu'il sera fait descente sur les lieux, & Enquête respective par les Parties , en sorte que chacune d'elles administre des Témoins, pour être ouis sur les faits portés par la Sentence qui ordonne l'Enquête & Descente.

Des descentes sur les lieux & Enquêtes.

QUESTION QUARANTE-HUITIE'ME.

Toutes sortes de témoins sont-ils admis à déposer dans
ces sortes d'Enquêtes ?

L'Article 11. du tit. 22. de l'Ordonnance de 1667 veut que les parens & alliés des Parties, jusqu'aux enfans des Cousins issus de germains inclusivement , ne puissent être témoins en matiere civile, pour déposer en leur faveur, ou contr'eux,

Témoins qui ne peuvent déposer pour ou contre leur Seigneur.

& ordonne que leurs dépofitions foient rejettées ; cette difpofition eft fuivie & on doit y ajouter dans ce cas cy, celle de l'article 18. du tit. 9. de la Coûtume de Bourgogne qui porte : » Gens de » condition, main-mortables, traitables, haut & » bas corveables, à volonté jufticiables en toutes » Juftices, ne font point reçus en témoignage » pour le Seigneur duquel ils font hommes & fu- » jets des deffufdites conditions, ou des trois ou » des deux d'icelles. »

Cette difpofition, qui eft fondée fur la Loi 6. au Digefte *de Teftibus*, qui veut que ceux fur lef- quels on a de l'autorité & à qui on peut comman- der de porter témoignage, ne font pas témoins légitimes : *idonei non videntur effe teftes quibus impe- rari poteft, ut teftes fiant*, eft jufte, & eft fuivie en cette Coûtume, ce qui fait que des témoins de ce genre de condition, ne peuvent faire foi, la fu- périorité du Seigneur fur fon homme étant un ob- ftacle perpétuel à fa dépofition, & par la même raifon le Seigneur ne peut être témoin en la caufe de fon jufticiable, ainfi qu'il réfulte de la Loi 4. au Digefte *de teftibus*, fuivant laquelle le Patron & l'af- franchi ne peuvent être contrains de rendre té- moignage dans la caufe l'un de l'autre, par la rai- fon que l'affranchi doit le refpect à fon Patron, & que le Patron doit fa protection à fon affranchi : *ut ne Patroni & Patronæ adverfus libertos*, dit cette Loi, *neque liberti adverfus Patronos cogantur teftimo- nium dicere*. L'art. 101. du titre des Mainmortes de la Coûtume du Comté de Bourgogne a une même difpofition

difpofition que la Coûtume du Duché, celle de Nivernois a une difpofition contraire & permet aux gens de fervile condition de porter témoignage pour ou contre leur Seigneur, fauf en matiere criminelle, ainfi qu'il réfulte de l'art. 21. du chap. 8, de ladite Coûtume, au moyen de quoi il faut fe conformer à l'ufage & à la Loi obfervée en chaque Coûtume.

QUESTION QUARANTE-NEUVIE'ME.

Les Parties ne font-elles pas quelquefois faire des Cartes de Terriers, même des plans des lieux pour éclaircir leurs differens ?

Cela arrive fouvent, & ces fortes de cartes & de plans, font très-inftructifs, le défendeur y fait mettre les anciens Contrats & Titres de fa propriété qui font de differens tems, & contribuent à rendre claires les queftions obfcures, le Seigneur y fait joindre les articles de fon Terrier qui fe rapporte à celui de fa demande; en ce cas les Parties font fignifier les plans & cartes à Procureur avec fommation d'en convenir, & y joignent la copie de toutes les piéces contenues dans leurs cartes, enfuite de quoi l'on remet refpectivement aux Experts ces piéces avec la Sentence & piéces énoncées en la queftion 44. *fuprà*.

M m m

QUSTION CINQUANTIE'ME.

*Si le Cenfitaire nioit que celui qui a reconnu au Ter-
rier ancien dont on lui a donné copie , fut propriétaire de l'héritage confiné en fa Reconnoiſſance , le
Seigneur feroit-il obligé de faire cette preuve ?*

Toute ridicule & dénuée de raiſon qu'eſt cette
propoſition , elle a été adoptée par Guypape en
ſes déciſions, queſt. 272. qui la ſoutient comme
une choſe indiſpenſable de la part du Seigneur ;
mais ſon ſentiment n'a pas été canoniſé comme l'a
remarqué Expilly dans ſon Recueil d'Arrêts , &

Arrêt qui juge
que le Seigneur
n'eſt tenu de faire
la preuve à ce-
lui qui a reconnu
qu'il étoit pro-
priétaire.

qui rapporte que cette queſtion ayant été élevée ,
fondée ſur la Doctrine de Guypape , la Cour par
ſon Arrêt du 8. Mai 1618. rendu de l'avis des
Chambres , au Rapport de M. Louis du Farre ,
Conſeiller , déclara que le Seigneur direct n'é-
toit tenu à cette preuve ; en effet , ce feroit réduire les choſes à l'impoſſible , car quelle apparence qu'un Seigneur qui fondera ſa demande ſouvent ſur un Terrier anterieur de plus de 100. &
quelquefois de 150. ans puiſſe faire la preuve que
le reconnoiſſant étoit propriétaire de l'héritage
en queſtion , cela ne peut tomber ſous les ſens ;
mais l'Ordonnance de 1667. pour obvier à de
pareilles queſtions, a ſtatué dans l'art. 2. du titre 20,
de cette Ordonnance: *qu'il ne ſera reçû aucune preuve
par témoins contre & outre le contenu aux Actes. Et ſi*

cette proposition avoit lieu, ce seroit précisément contrevenir à ce qui est écrit solemnellement dans un Acte passé devant Notaires, pour l'annuler dans son entier.

Ne peut être reçu aucunes preuves par témoins contre le contenu aux Actes.

QUESTION CINQUANTE-UNIE'ME.

Le Censitaire ne pourroit-il pas demander que le Seigneur rapportât le Bail à Cens, pour voir si la Reconnoissance qui a suivie y est conforme ?

Il pourroit le demander, mais il pourroit se faire que le Seigneur ne seroit pas en état de satisfaire à cette demande , parce que ce Bail pourroit être si ancien qu'il ne le trouveroit pas aisément dans ses Archives , surtout si c'est un Ecclésiastique ; ces sortes de Baux se trouvant dans des Cartulaires & Registres avec plusieurs autres Titres & Actes antiques & non visités , depuis des siécles entiers , & que d'ailleurs il ignoreroit totalement s'il l'a ou s'il ne l'a pas , à moins qu'il n'eût fait faire un bon & fidele Inventaire , tel que celui que nous avons enseigné chap. 2. section 1. quest. 6. parce qu'en ce cas il lui seroit aisé de sçavoir s'il a ce Bail ou s'il ne l'a pas , & pour lors s'il étoit en sa possession , il seroit tenu de le représenter ou d'affirmer qu'il ne l'a pas.

Le Seigneur ne peut être tenu de rapporter le Bail à Cens.

QUESTION CINQUANTE-DEUXIE'ME.

Si le Cenſitaire a défendu au fonds, pourra-t il oppoſer des nullités, s'il s'en trouve, dans l'Exploit de demande ?

Quand on a défendu au fonds, l'on ne peut plus propoſer de nullités contre la demande.

Il eſt des régles les mieux établies, que ſi le Défendeur a fourni de défenſes au fonds à la demande qui lui a été formée, il ne pourra plus oppoſer aucuns moyens de nullité contre l'Exploit de demande, parce qu'il a dû les propoſer *in limine litis*, faute de quoi il eſt déchu de ſes exceptions ; ſes défenſes ayant couvert toutes les nullités qui pourroient s'être trouvées dans la demande, étant préalable de juger la forme avant le fonds, par conſéquent, d'y faire avant toutes choſes ſes objeċtions ; c'eſt ce qui eſt décidé par l'Article 5. du Titre 5. de l'Ordonnance de 1667.

QUESTION CINQUANTE-TROISIE'ME.

Si dans le cours de l'Inſtance, le Cenſitaire s'échappe en invectives & injures contre ſon Seigneur Haut-Juſticier, quelle peine encourera-t-il ?

Toutes les Loix & les Coûtumes du Royaume ſont uniformes ſur ce chef, & impoſent les plus grandes peines à un Vaſſal Juſticiable & Cenſitaire qui injurie ſon Seigneur, ſur-tout ſi les injures ſont graves. Un Cenſitaire & Juſticiable, qui loin de ſe contenir dans les bornes d'une défenſe reſpectueuſe, s'échappe au degré d'inſulter ſon

Seigneur par des épithétes graves , mérite une punition exemplaire M. Henris , tom. 1. liv. 3.
queft. 4. dit, que le Vaſſal ne peut s'élever contre ſon Seigneur Haut-Juſticier , que l'excès n'en
ſoit puniſſable d'une grande peine ; M. Papon ,
dans ſes Arrêts, liv. 23. tit. 5. Maſuer, tit. des
Fiefs, tit. 25. & 26. la Rocheflavin , tit. 32. Brodeau , ſur l'article 43. de la Coûtume de Paris ,
Baſmaiſon , ſur les articles **17**. & **18**, du tit. **17**.
de la Coûtume d'Auvergne, Deſpeiſſes , tit. 3.
art. 5. les Aſſiſes de Jeruſalem de Beaumanoir ,
par la Thaumaſſiere, chap. 201. Mᵉ Charles Dumoulin, § 43. *gl.* 1. *num.* 136. *ad conſ. Par.* admet
cinq cauſes de félonie, pour leſquelles un Vaſſal
doit être privé de ſon Fief, la premiere deſquelles eſt une injure grave ; les Coûtumes de Paris,
art. 43. Bar-le-Duc, art. 20. Vitry, 40. Reims,
126. Châlons, 199. Sens, 214. Meaux, 185. &
pluſieurs autres y ſont uniformes ; Delaître , ſur
la Coûtume de Chaumont, art. 24. dit, que ces
cauſes de Commiſes ſont fondées, parce qu'anciennement ces Fiefs n'étoient qu'à vie , pourquoi
on les appelloit Bénéfices, que la ſuite des tems
les a rendus héréditaires & patimoniaux ; mais
que ce n'eſt qu'à la charge que les Vaſſaux reconnoîtroient toûjours qu'ils les tenoient de la libéralité des Seigneurs, & ne s'oublieroient pas au
point de les deſavouer ou injurier ; faute dequoi il
ſeroit permis aux Seigneurs de réunir à leur domaine les choſes concédées ; que ces motifs ſe
ſont toûjours conſervés dans nos Coûtumes , &

Peines que mé-
ritent un Vaſſal
& un Cenſitaire
qui injurie ſon
Seigneur.

quoique les Fiefs ſoient aujourd'hui patrimoniaux, comme les autres biens, on les regarde néanmoins comme des donations & bienfaits du Seigneur, & que toutes les fois qu'un Vaſſal eſt prouvé & avéré ingrat à l'égard de ſon Seigneur, on prononce contre lui les mêmes peines que celles que les Loix infligent contre les Donataires convaincus d'ingratitude envers leurs Donataires ; enfin tous les Docteurs Feudiſtes concourent tous à la commiſe du Fief du Vaſſal, ou des heritages roturiers du Cenſitaire, c'eſt la Juriſprudence des Parlemens ; ainſi qu'il a été jugé par Arrêt du Parlement de Paris, en la cinquiéme Chambre des Enquêtes du premier Juin 1726. qui a ordonné au profit de M. Bigot, Conſeiller au Parlement de Rouen, la confiſcation des heritages tenus en roture contre le ſieur Frontin, Ecuyer, ſieur Dutot, ordonne que trois Mémoires injurieux donnés par le ſieur Dutot, ſeront lacerés par l'Huiſſier de ſervice, & le condamne à 4000. livres de dommages & intérêts ; ordonne que l'Arrêt ſera publié & affiché, &c. Cet Arrêt ne laiſſe pas à douter que le Cenſitaire qui injurie ſon Seigneur en plaidant, n'encoure la commiſe de ſes heritages roturiers.

Arrêt qui adjuge la commiſe des héritages cenſivables, pour injures dites au Seigneur.

QUESTION CINQUANTE-QUATRIE'ME.

*Si le Cenfitaire affigné ne comparoift pas , & que le
Juge foit obligé de juger fur les pieces de la demande,
fi la Reconnoiffance fur laquelle elle eft fondée lui
paroift prefcrite , peut-il fuppléer cette prefcription ,
& débouter le Seigneur de fa demande ?*

Il y a tant d'exceptions à la prefcription , &
de caufes qui en empêchent les effets , comme
nous les rapporterons dans la Section fuivante ,
que quand il feroit vrai qu'il fût du devoir du Juge
de fuppléer la prefcription fur un Titre ancien ,
qu'il ne pourroit le faire fans rifquer de bleffer fa
confcience ; mais il n'y a rien moins du côté du
Juge que cette obligation , parce qu'outre les caufes qui feront rapportées dans la Section fuivante , & dont le Défendeur peut avoir pardevers
lui une parfaite connoiffance ; ce même Défendeur peut avoir des raifons pour ne pas comparoir , ni contredire la demande , fçachant *in foro
confcientiæ* , que le Cens n'eft pas prefcrit ; d'où
l'on doit conclure que la prefcription doit être
oppofée , & que le Juge n'a pas droit de la fuppléer : la remarque qu'a faite Me Auroux , en fon
Commentaire fur l'article 3. de la Coûtume de
Bourbonnois , nomb. 7. & 8. que l'on peut renoncer à la prefcription , ne peut être admife en
fait de Cenfive ; les autorités qu'il en donne ne
peuvent concerner que des chofes appartenantes
au propriétaire , & dont il eft le Maître de s'af-

Le Juge ne peut jamais fuppléer la prefcription , il faut qu'elle foit oppofée.

L'on ne peut valablement re-noncer à la pref-cription , quand elle eft acquife.

franchir ou de se charger, mais non pas d'un droit qui ne peut regarder qu'un tiers, comme nous le prouverons à la Question 3. du Paragraphe 4. de la Section 5. du présent Chapitre *infrà*, en sorte qu'aucun Juge n'est en droit *ex officio*, de suppléer la prescription apparente.

QUESTION CINQUANTE-CINQUIE'ME.

Si le Censitaire assigné paye à un autre Seigneur le Cens demandé, quelles défenses fournira-t il?

Concurrence; ce que fera le Censitaire.

Il demandera de mettre en cause le Seigneur, auquel il paye pour faire cesser la demande qui lui est faite, & ensuite il dénoncera l'Assignation à lui donnée à ce Seigneur, avec Assignation devant le même Juge, & conclura à ce qu'il soit tenu prendre son fait & cause, & le faire décharger de la demande qui lui est faite, & pour ses défenses, il fera signifier de Procureur à Procureur la mise en cause de l'autre Seigneur, avec protestation de ne payer qu'à celui des deux qui instruira le mieux de son droit.

QUESTION CINQUANTE-SIXIE'ME.

Si le Seigneur appellé en cause par le Censitaire rapporte des Titres qui se placent & couvrent réellement l'héritage demandé par le Demandeur originaire, que fera ce dernier?

Examen s'il y a concurrence.

Il examinera sa position, c'est-à-dire, ses Titres & sa qualité : si ces Titres sont antérieurs ou

postérieurs

poſtérieurs à ceux du Seigneur appellé en cauſe, & s'il eſt en preſtations de payemens ou non : toutes ces choſes ſont eſſentielles, en commençant toutefois par faire vérifier ſi véritablement les Titres rapportés par le nouveau Seigneur, forment une concurrence avec les ſiens.

QUESTION CINQUANTE-SEPTIE'ME.

Cette concurrence une fois établie & vérifiée, qui pourra, des deux Seigneurs, prétendre la Directe, & que décidera le Juge?

Le Juge, en cette poſition, a pluſieurs choſes à examiner.

1°. Si la concurrence eſt entre un Seigneur Eccléſiaſtique & un Laïque.

2°. Si la concurrence eſt réellement bien établie & bien certaine : ſi c'eſt bien le même héritage, même ſurface de terrain, même contenue, même terroir, mêmes redevances, même propriétaire, qui l'a reconnue aux deux Terriers ; toutes ces circonſtances ou leurs différences étant eſſentielles, pour diſcerner la verité du concours.

3°. Si les Titres rapportés reſpectivement par les deux Seigneurs, ſont auſſi anciens l'un que l'autre.

4°. Si ces Titres ſont auſſi autentiques les uns que les autres ; c'eſt-à dire, revêtus de toutes les formalités preſcrites par les Ordonnances, & l'uſage des anciens tems.

5o. S'ils font tous les deux de l'écriture du tems & du fiécle, où ils feront dattés & fignés de Notaires qui vécuffent pour lors, ce qu'il eft facile de prouver par plufieurs Archives d'un même Pàys.

6o. Si ces Titres anciens font tous les deux des Déclarations & Reconnoiffances, & fi la redevance y eft qualifiée, Cens ou Servis, Rentes ou Redevances, fi elles font uniformes dans leurs expreffions.

7o. Si elles portent toutes les deux & uniformement lods & ventes, parceque s'il n'y en avoit qu'une qui portât lods, il feroit cenfé que l'autre ne feroit qu'une rente fonciere & un furcens aufquels les Reconnoiffances poftérieures qui l'auroient fuivies auroient ajoûté & fpécifié, avec lods & ventes par erreur & furcharge.

8o. Si ces Reconnoiffances font faites aux noms & en faveur de deux Fiefs différens, des Seigneurs du même nom, & fi les Cens & redevances font portables toutes les deux, ou au même lieu, ou à deux différens endroits.

9°. Si l'un des deux rapportoit le Bail à Cens, intrage ou abenevis de conceffion qui fût ancien, ce Titre-là devroit l'emporter fur des Reconnoiffances anciennes ou nouvelles, comme le Titre primitif qui auroit concédé le fonds.

10°. Il examinera, s'il n'y a point eu d'anciennes divifions, difcuffions & procès entre ces deux Seigneurs pour raifon du même Cens, & s'il y a eu des Jugemens qui les ayent reglés.

11°. Si ces deux Seigneurs relevent du Roi, &

si dans leurs anciens Aveux & Dénombremens de leurs Fiefs, ils ont porté ce Cens dans leurs Aveux, & en quels termes.

12°. Si l'un des Terriers n'est pas un démembrement de l'autre, & s'ils ne viennent pas tous deux de la même source.

13°. Si la division est entre un Ecclesiastique & un Laïque ; s'il n'y a pas eu quelques donations faites de la part des auteurs du Seigneur du lieu à cette Eglise ; si les auteurs du Laïque n'en sont pas les bienfaicteurs ; s'il n'y a point de pariage entr'eux.

14°. S'il y a des prestations de payemens respectives, & fort anciennes, en voir les Recettes, Registres & Liéves.

15°. S'il n'y a point eu de bouleversement dans la famille de l'un des deux Seigneurs, tels que félonie envers le Roi, confiscations, sequestrat, longues minorités & substitutions, & saisies réelles, pendant lesquelles le Seigneur voisin s'est pû agrandir.

16°. Si l'un deux a resté un siécle, ou plus ou moins sans prestations, & sans avoir été servis du Cens.

17°. Si c'est dans une Coûtume de prescription, si l'un d'eux a resté dans l'inaction un tems capable de faire prescrire l'autre Seigneur contre lui.

18°. Si l'un d'eux a des Reconnoissances nouvelles, & l'autre n'en a que de fort anciennes.

19°. Si le Censitaire rapporte des anciens Con-

trats de vente, ou partage du fonds, qui charge
l'Acquereur de payer les Cens & Droits Seigneuriaux à l'un des Seigneurs, & non à l'autre, & de
qui font inveftis ces Contrats.

20°. S'il n'y a point eu de Procès contre lui,
ou fes auteurs, de la part de l'un des Seigneurs,
pour le payement des Droits Seigneuriaux.

21°. Si les deux Seigneurs font tous les deux
en preftation de payemens actuelle, ou s'il n'y
en a qu'un, & à cet effet en faire rapporter les
lievés & Actes d'inveftiture & de receptions
des lods.

Avec de femblables obfervations, qui doivent
avoir été toutes faites par les Commiffaires à Terriers des deux Seigneurs, avant que l'Inftance foit
en état d'être produite, il fera aifé de juger, fi
l'un des Terriers n'a pas pris une fauffe dérivation,
fi c'eft un furcens qui doit être réduit à fa premiere nature, fi la queftion ayant été anciennement
agitée, a été décidée entre les deux Seigneurs ; fi
ce font des articles provenus d'une même rente
& même fource ; fi elle provient des bienfaits des
auteurs du Seigneur Laïque envers l'Eglife, ou
de l'Eglife en pariage, pour avoir la protection
du Seigneur Laïque ; fi le defaftre de l'une des familles de ces Seigneurs n'a pas donné lieu à l'u-
furpation de l'autre ; enfin il fera aifé de ne pas
prendre le change, & d'adjuger la Directe au
véritable propriétaire.

QUESTION CINQUANTE-HUITIE'ME.

Si l'un des deux Seigneurs avoit un ancien Terrier qu'il
ne voulût pas rapporter, & que l'autre Contendant
demandât d'en faire preuve, cette preuve pourroit-
elle être admise & ordonnée?

Nous avons fait voir en différens endroits ;
que les Terriers font des Titres communs entre
un Seigneur & fes Vaffaux, Cenfitaires & Jufticiables, il eft établi qu'il ne les peut fouftraire ;
mais à l'égard d'un Seigneur voifin, ce Titre n'eft
nullement commun avec lui : par conféquent, le
Seigneur étranger ne peut obliger l'autre de lui
communiquer fon Terrier pour lui fervir de Titre
& de preuves en fa faveur ; c'eft à lui d'avoir fes
Titres pour établir fes droits, d'ailleurs c'eft que
la preuve demandée eft précifément contre l'efprit de l'Ordonnance de 1667. Tit. 20. art. 2. qui
rejette la preuve teftimoniale pour chofes au-deffus de la valeur de la fomme de 100. livres ; ainfi
la preuve demandée blefferoit abfolument l'Ordonnance, puifqu'elle tendroit à faire la preuve
d'une Directe, qui eft certainement infiniment
au-deffus de la valeur de 100. livres : au furplus,
quand il feroit vrai (ce qui peut être incertain)
que ce Seigneur eût réellement un Terrier ancien,
& qu'il ne voulût pas le faire voir, l'on ne pourroit l'obliger à le communiquer, par la maxime
certaine, *Nemo tenetur edere contra fe*, qu'il ne peut
être obligé de produire des Titres contre lui, &

On ne peut faire de preuves teftimoniales au def-fus de la valeur de 100 liv.

Nul n'eft tenu-de produire des Titres contre foi.

d'établir, pour ainsi dire lui-même, le droit de sa Partie adverse ; ce qui résiste à la régle de Droit, *Nimis grave est urgeri partem diversam ad exhibitionem per quæ sibi negotium fiat*, sur tout entre deux Seigneurs totalement, indépendans l'un de l'autre.

QUESTION CINQUANTE-NEUVIE'ME.

Si le Censitaire reconnoit posseder l'héritage sur lequel est assis le Cens qu'on lui demande, & que la demande soit dans les régles, ne pourra-t-il pas opposer la prescription, si la Reconnoissance sur laquelle elle est fondée est ancienne, & s'il est dans une Coutume prescriptible ?

Il y a sur cette question des considerations à faire qui demandent toutes une grande prudence : il y a quelquefois des Conseils qui sont très-inconsidérés sur l'objet de la prescription & sont cause de la ruine d'un Censitaire, parce qu'à l'aspect d'un Terrier ancien, ils décident qu'il est prescrit, & qu'il faut de ce moyen en former les défenses du Censitaire, sans faire attention que

Danger où s'expose un Censitaire qui oppose à son Seigneur la prescription de ses Titres.

cet objet peut faire la matiere d'un Procès immense & très-couteux, & que le Seigneur qui ne trouvera pas dans le moment toutes les piéces pour faire voir qu'il n'y a eu aucune prescription acquise, ne les recouvrera qu'après une grande suite de tems & de procédures, & souvent même en cause d'appel, ce qui occasionne la perte du bien du Censitaire, tant par les frais, que par les

arrérages des Cens demandés & les intérêts ; j'ai
vû des perfonnes affez, prudentes pour ne pas vouloir l'oppofer fur une demande faite fur un faux
placement, qui pouvoit pour fon éclairciffement
faire une grande matiere , & dont la prefcription
certaine & précife vis-à-vis du Défendeur l'auroit
fait renvoyer de la demande, par la raifon qu'il
faut fe défier des exceptions à la prefcription qui
font en grand nombre comme il fe verra au Chapitre fuivant, fur tout dans les Terres qui ont appartenu à de grands Seigneurs & Gens de condition , foit par les minorités , fubftitutions, faifies réelles & nombre d'autres empêchemens; auffi un Cenfitaite doit bien prendre garde à cette
démarche avant de s'y jetter

1º. Le Cenfitaire examinera à quel Titre il poffede , & fi l'héritage dont il peut être queftion
n'a point été par lui acquis , foit à titre de franchife & de Franc-Alleu , ou à la charge de payer
les Cens au Seigneur direct.

Examen que
doit faire le Cen-
fitaire avant d'op-
pofer la prefcrip-
tion.

2º. Si le Cens demandé n'eft point un Cens en
Franc-Alleu qui ne dépend ni ne fait partie d'aucun Fief.

3º. Si ce Cens fait partie d'un Fief mouvant
du Roi , ou de l'un de fes Vaffaux.

Au premier cas , fi le Cenfitaire a acquis fon
héritage franc de tous Cens & Devoirs & en
Franc-Alleu, il doit mettre en caufe fon vendeur, ou fes héritiers, pour le garantir du Cens demandé & de la directe établie fur fon héritage.

Si au contraire il a acquis à la charge de payer

Censitaire qui a acquis à la charge de payer le Cens ne peut oppoler la prescription.

le Cens au Seigneur qui le lui demande, ou même simplement au Seigneur direct dudit héritage, ce titre qui est celui de la possession est un obstacle insurmontable à la prescription qu'il pourroit croire avoir lieu à l'aspect d'une ancienne Reconnoissance de Terrier, en ce qu'il ne seroit pas de bonne foi, & on ne peut prescrire aucun droit sans la bonne foi, ce Titre d'ailleurs fait par son vendeur qui ne lui a transmis son héritage qu'à la charge d'acquitter un Cens qu'il sçavoit n'être pas prescrit, est une Reconnoissance expresse en faveur du Seigneur du Cens ; Reconnoissance d'autant plus parfaite, qu'elle se trouve conforme à ce qui est prescrit par les anciennes

Vendeurs tenus de déclarer les charges de leurs héritages, Ordonnances qui les prescrivent tous lapeine de nullité.

& les nouvelles Ordonnances qui veulent que les vendeurs soient tenus de déclarer dans les Contrats & Transports d'héritages, les Fiefs & Censives dont ils font mouvans, c'est ce qui est prescrit par celle du mois d'Août 1539. de Décembre 1540. May 1579. & Janvier 1629. l'Arrêt du Conseil du 26. Avril 1712. porte la peine de 100 liv. contre les Notaires qui ne feront point mention dans tous les Actes translatifs de propriété, d'où les heritages relevent en Fief ou en rotures, & leurs charges envers les Seigneurs dont ils font mouvans, les dispositions ont été renouvellées par autre Arrêt du 29. Août 1721. lequel enjoint aux Notaires & aux Parties contractantes, de faire mention de la nature des biens vendus, s'ils font en Fiefs ou en Rotures, & d'y désigner le Fief d'où il eleve, & les charges

&c

& Cens defdits biens à peine *de nullité defdits Actes*, & de 300. liv. d'Amende pour chacune contravention, tant contre les Parties contractantes que contre les Notaires ; or ces Ordonnances authorifent donc ces Déclarations qui deviennent des Reconnoiffances expreffes en faveur des Seigneurs de Fief ; nombre de Coûtumes prefcrivent de même ces obligations, en forte qu'un Cenfitaire qui a acquis fon héritage à la charge de payer le Cens en directe Seigneurie au Seigneur, ne peut oppofer la prefcription, quoiqu'apparente, par le titre de la demande à lui faite, par deux raifons. 1º. Parce que fon Contrat eft fon propre Titre, contre lequel il ne peut reclamer. 2º. C'eft qu'il ne peut lui même changer fa condition, comme nous le ferons voir ci-après.

Au fecond cas, fi le Cens eft en pur & franc-alleu, & ne fait partie d'aucun corps de Fief, le Cenfitaire pourra feul oppofer la prefcription du Cens, & contredire les Titres du Seigneur qui le demande, parcequ'il a un intérêt perfonnel d'affranchir fon héritage de toutes charges & redevances, & n'a befoin pour le foutenir d'aucun autre fecours, parce qu'il ne fe peut faire en cela aucun changement en fa perfonne.

Le Cenfitaire d'un Cens en franc-alleu, peut feul oppofer la prefcription.

Au troifiéme cas, fi le Cens à lui demandé fait partie d'un Fief relevant du Roi, ou de l'un de fes Vaffaux, il doit confidérer que toutes les parties d'un Fief font indivifibles, au refpect du Seigneur dominant & du Seigneur fuzerain ; qu'ainfi à fuppofer que la prefcription apparente

Toutes les parties d'un Fief font indivifibles, au refpect du Seigneur dominant.

pût être par lui opposée au Seigneur du Cens, &
qu'il la crût justement acquise ; en ce cas, il doit

La prescription du Cens rend l'héritage noble, & le Censitaire Vassal.

sçavoir qu'au moment de cette prescription acquise, son héritage roturier a repris sa premiere condition noble du Fief dont il fait partie, ainsi que
nous l'avons démontré au chap. 4. sect. 2. paragraphe 1. quest. 7. *suprà*, & qu'à ce moyen par
une conséquence nécessaire, sa condition de Censitaire s'est transmuée en celle de Vassal servant
du Fief dominant, qu'il se trouve, à la vérité,
affranchi par cette prescription des Cens, lods &
ventes, & de tous Droits de Directe Seigneurie,
mais en même-tems il doit considérer que le changement de condition, tant de son héritage, que

Charges des Fiefs different de celles des rotures.

de sa personne, l'assujettit à des devoirs & des
services peut-être plus onéreux & plus à charge
que le Cens dont il désire l'affranchissement, lequel souvent est une redevance modique qui lui
est peu à charge, au lieu que le Droit des Fiefs
l'assujettit à la saisie féodale, faute de foy & hommage, à la perte des fruits de son héritage, jusqu'à ce qu'il ait satisfait aux frais de la foi &
hommage au Roi, devant les Officiers Royaux souvent éloignés; qu'il faut que cette foi & hommage
soit faite en personne. A autre saisie feodale, faute
d'aveu & dénombrement donné dans le tems prescrit, aux frais d'un aveu & dénombrement dont
il faut trois expeditions en parchemin, l'une pour
la Chambre du Domaine ou Tréforiers de France
de la Province, une autre pour la Chambre des
Comptes, & l'autre pour le Vassal, aux publications

qu'il eſt néceſſaire qui ſoient faites par trois dimanches conſécutifs, aux Prônes des meſſes de la Paroiſſe, à celles qui doivent être faites par trois audiances à la Chatellenie ou Juſtice Royale, d'où
releve le Fief dominant, & enfin aux trois publications qui doivent être faites de ce dénombrement
aux Audiances du Domaine ou des Tréſoriers de
France de la Province, à la reception dudit aveu &
dénombrement ſur les concluſions du Procureur
du Roi, qui peut blamer cet aveu & dénombrement, qui d'ailleurs peut être ſuſceptible d'oppoſition, ſoit pour les limites, bornes, & confins
des héritages & autrement, & enfin aux Droits de
franc Fiefs dûs par les Roturiers, avec les frais
qu'ils entraînent, & autres ſervices que preſcrivent
les Loix des Fiefs & les Coûtumes : toutes ces formalités abſolument eſſentielles & les dépenſes &
frais qui les ſuivent, ſi elles ſont conſidérées par
un Cenſitaire prudent, il ne ſe livrera pas aiſément
à oppoſer la preſcription à ſon Seigneur, quoique
très apparente par les titres, ſur-tout s'il conſidére
que les Actes d'Interruption à la preſcription, ſont
en ſi grand nombre, comme nous le ferons voir
dans le Chapitre ſuivant, qu'il y en a réellement
bien peu de parfaite, & qui entraîne d'ailleurs des
procès, longs, ruineux & incertains

QUESTION SOIXANTIE'ME.

S'il est vrai que la prescription d'un Cens fasse le Changement détaillé ci-dessus , & que le Censitaire devienne Vassal du Roi pourra-t-il pour défenses à la demande de son Seigneur lui opposer lui seul la prescription sans justifier qu'il est entré en foi , & sans appeller le Procureur du Roi.

Suivant les principes établis par tous les Auteurs, il se fait au moment de la prescription une interversion de possession qui change la condition de l'héritage & celle du proprietaire;& l'extinction qui se fait du Cens remet dans cet instant l'héritage en sa premiere condition noble, tout ainsi qu'il étoit avant le Bail à Cens, or de ce changement naît la conséquence qui change la qualité du proprietaire , qui de simple Censitaire devient Vassal du Roi, qui étoit Seigneur Suserain du Cens, & qui devient par ce changement Seigneur dominant de cet héritage. Dans cet état, ce Censitaire ne peut pas opposer la prescription à son Seigneur qu'il ne lui donne des preuves qu'il n'est plus son Censitaire, & qu'il a acquis la Noblesse de son héritage, & pour cet effet qu'il est entré en foi vers le Roi, jusques là, il est sans droit pour changer lui seul la cause de sa possession, qui ne peut être déterminée qu'avec le Procureur du Roi du Domaine de sa Majesté, & s'il n'est point entré en foi, lors de la demande du Cens, il doit dénoncer cette demande au Procureur du Roi du Domaine, lui appren-

Censitaire ne peut opposer la prescription à son Seigneur qui ne lui donne des preuves qu'il a acquis la Noblesse de son héritage, & est entré en foi.

Il ne peut changer la cause de sa possession qui ne peut être déterminée qu'avec le Procureur du Domaine du Roi.

dre la preſcription du Cens, & lui offrir d'entrer
en foi envers le Roi & ſous le Bénéfice de ſes offres l'appeller en cauſe pour contredire & faire
ceſſer la demande du Seigneur du Cens, ſans quoi
il ne peut être écouté, & toutes les raiſons qu'il
peut dire contre ſon Seigneur, ne peuvent operer
le moindre effet, en ce qu'en contrediſant les Titres de ſon Seigneur, il excipe des Droits du Roi
qui ſont compromis en ſa perſonne, & qui ne peuvent être légitimement ſoutenus que par ſon Procureur; autrement, il pourroit ſe faire des colluſions
entre le Seigneur & le Cenſitaire qui préjudicie-
roient aux intérêts du Roi.

Il excipe des Droits du Roi, lorſqu'il oppoſe ſeul la preſcription à ſon Seigneur.

L'exemple que l'on peut donner de cette régle,
eſt que, lorſqu'un Seigneur fait demande à un Cenſitaire d'un Cens à lui dû, ſi ce Cenſitaire pay
ſur le même héritage, un pareil à un autre Seigneur,
il dénonce à ce dernier la demande qui lui eſt faite,
l'Appelle pour prendre ſon fait & cauſe, & faire
ceſſer cette demande, & proteſte de ne payer qu'à
celui qui inſtruira le mieux, & auquel la directe
ſera adjugée, pour lors c'eſt l'affaire des deux
Seigneurs de diſcuter leurs Titres. Or dans le cas
de preſcription, le Cenſitaire qui l'oppoſe excipe
du Droit d'un tiers, qui eſt le Roi ou l'un de ſes
Vaſſaux qui ſont ſeuls capables de critiquer les
Titres du Seigneur du Cens, s'il en étoit autrement
une Sentence & même un Arrêt rendus ſimplement entre un Seigneur du Cens, & un Cenſitaire,
& qui auroit admis la preſcription, ne pourroient
ſe ſoutenir parce qu'ils ne ſeroient pas rendus avec

Exemple.

un legitime contradicteur, ainfi qu'il arriveroit à
un Cenfitaire qui fans appeller le Seigneur, poffeffeur & joüiffant du Cens de fon héritage, fe feroit avifé de foutenir le procès contre un Seigneur
qui lui auroit fait pareille demande, & que ce Seigneur eut obtenu une Sentence, même un Arrêt
de condamnation contre ce Cenfitaire, lequel ne
pourroit jamais préjudicier au Seigneur qui
n'auroit pas été appellé & mis en caufe. De ces
principes l'on doit conclure, qu'un Cenfitaire ne
peut valablement oppofer la prefcription du Cens
à lui demandé, qu'il n'ait fait la foi & hommage au
Roi, ou appellé le Procureur du Roi, pour la
faire juger.

Nous voyons cependant journellement que dans
prefque toutes les Coûtumes où le Cens eft prefcriptible, telles que Bourbonnois, Auvergne,
Bourgogne, Breffe & autres, l'on fouffre qu'un
Cenfitaire oppofe la prefcription d'un Cens qui
lui eft demandé, & que l'on en juge la queftion
fans y appeller le Procureur du Roi, qui eft le
legitime contradicteur, le Cenfitaire ne pouvant
de lui même changer la caufe de fa poffeffion fuivant la maxime, *nemo poteft mutare caufam poffeffionis fuæ*, & encore moins exciper des Droits du Roi,
fa Majefté étant toujours interreffée aux Jugemens
qui font rendus fur ces matiéres, puifque leurs
decifions fixe l'état & condition des héritages, &
celles des proprietaires ; & au moïen de ces Jugemens, perfonne ne reclamant pour le Roi, les Fiefs
déterminés par les Sentences qui admettent la pre-

fcription, les proprietaires fe donnent bien garde
d'en faire la foi & hommage au Roi, dans la crainte
qu'on ne leur faffe payer les Droits de franc-Fief,
& regardent ces fortes d'héritages affranchis par la
preſcription, comme des Allodiaux, ſi vrai que M.
Auroux dernier Commentateur de la Coûtume du
Bourbonnois, a poſé ce principe comme inconteſ- Erreur du Com-
table ſur l'Art. 388. de cette Coûtume, en blamant Bourbonnois ſur
M. Guiyot, d'avoir dans ſon Traité des Fiefs ſou- cription,
tenu le contraire, ce qui a mérité à ce Commentateur une refutation de la part de ce ſçavant &
judicieux Auteur, dans ſon 3ᵉ. Vol. *in fine*, par laquelle il a prouvé par principes que M. Auroux
avoit erré, ce qui eſt d'ailleurs ſi bien établi &
décidé par tant d'Auteurs & d'Arrêts, que ce n'eſt
plus une queſtion, les agitations qu'elle cauſa cependant, ſur l'Edit du mois de Mars 1672. au ſu- Déciſion du
jet des francs-Fiefs en differentes Provinces, en oc- ſur l'Edit de 1672.
caſionna nombre de déciſions uniformes, & en-
tr'autres en la Province de Languedoc, où elle fut
plus controverſée qu'ailleurs, en ce que les héritages non-nobles & tenus en cenſive, ſont impoſés
à la Taille par le Cadaſtre, comme héritages Roturiers, & qu'arrivant la réunion de ces héritages
au principal Fief par l'acquiſition du Cens faite par
le Seigneur, ils ſe trouvoient conſolidés au Fief
dont ils faiſoient partie, ou par l'acquiſition du
Cens & de la directe par le proprietaire utile, ce
qui faiſoit reprendre la premiere qualité de noble
à ces héritages comme du Fief, dont il faiſoient
partie, la queſtion de la nobleſſe des héritages &

de cette réunion au principe, n'étoit point difpu-
tée , mais les propriétaires prétendoient que ces
héritages étant affujettis à la Taille , & étant affranchis de la Roture , ils ne devoient pas être fujets aux Droits de francs-Fiefs , & en même tems
à la Taille, étant deux Droits oppofés & fi contraires , ne pouvant être Nobles pour payer les Droits
de francs-Fiefs , & être Roturiers pour payer la
Taille , deux caufes lucratives oppofées entr'elles,
ne pouvant fubfifter fur un même héritage.

Le Procureur du Roi de la commiffion foutenoit que par la confolidation , l'héritage quittoit
naturellement & fans violence fa qualité roturiere
pour reprendre la Feodale , qu'il avoit lorfqu'il
étoit forti de la main du Seigneur de Fief; que
fe faifant par là une confufion de la roture avec le
Fief, la qualité la plus excellente prévaloit , & ce
n'étoit plus qu'un feul corps de Fief. Que cet héritage ne pourroit plus être cenfuel, puifqu'il n'étoit
plus chargé de Cenfive ; qu'il n'étoit pas auffi Al-
lodial , puifque l'Allodialité ne fe conftitue point
fans Titre , qu'il falloit donc qu'il fut Noble &
Feodal , comme il avoit été dès fon origine; que
la charge de la Taille qui fubfifte, nonobftant la
confolidation, ne pouvoit être tirée à conféquence
pour la roture , parce que la Taille n'eft qu'une
qualité accidentelle & extrinfeque qui n'influe pas
fur la nature des biens qui y font affujettis, & qu'il
defignoit & marquoit plutôt la qualité roturiere
de ces biens, qu'elle n'en étoit la caufe, qu'ainfi
elle n'empêchoit pas qu'ils ne repriffent par la réunion

L'Allodialité
ne fe conftitue pas
fans Titre.

nion à leur principe, la Feodalité qu'ils avoient
perdue par la défunion. Que cette maxime avoit
été tenue pour conftante dans les précédentes recherches, ou ces fortes de biens confolidés que
l'on appelle abufivement Allodiaux dans la Province, avoient toujours été taxés fur le pied de
leurs revenus à la deduction du prix de la Taille,
à laquelle ils étoient cottifés.

Ces Mémoires ayant été envoyés au Confeil,
la décifion fut, que la confolidation fe faifant dans
l'efpéce propofée, les biens confolidés reprennent
leur première qualité de Nobles, nonobftant la
charge de la Taille, à laquelle ils demeurent affujettis, parce qu'elle n'eft qu'accidentelle, & ne
change rien à leur nature, & que par conféquent
ils étoient fujets aux Droits de francs-Fiefs; ces décifions qui font conformes au Droit commun des
Fiefs, ont toujours été jugées de même par tous
les Arrêts des Cours Souveraines où elles fe font
préfentées, & même en dernier lieu par Arrêt du
Parlement de Paris du.... Juillet 1726. entre le
Seigneur de la Palifle qui avoit fait demande à
François Mercier de differens Droits de Cens, ce
dernier ayant rapporté plufieurs contracts par lefquels il avoit racheté le Cens & la directe, dont
il demeura affranchi; mais comme il ne juftifia pas
qu'il en eut entré en foi envers le Roi, la Cour
ordonna qu'il en feroit inceffamment foi & hommage au Roi, cet Arrêt rendu en la Coûtume de
Bourbonnois, prouve bien évidemment que le
fentiment folitaire de M. Auroux eft contre tous

Arrêt qui juge qu'un Cens af-franchi fans reten-tion de foi, l'Ac-quereur en doit faire la foi & hommage au Roi.

P p p

les principes, parce que tout ce qui fait partie d'un corps de Fief n'en peut être defuni au préjudice du Seigneur dominant, ni même du Seigneur Sufe-rain, & comme M^{rs}. les Procureurs du Roi du Domaine, des Tréforiers de France & autres Cours prépofées pour la confervation du Domaine de fa Majefté, ne font pas toujours informés des procès & inftances, qui fe pourfuivent dans les Bailliages, Sénéchauffées & autres Jurifdictions Royales, en demande de Cenfives, où les Cenfitaires oppofent la prefcription aux Seigneurs Feodaux, il fe fait une multitude de biens qu'ils prétendent Allodiaux, parce que le Seigneur des Cens, ayant perdu fa directe par la prefcription, & le Procureur du Roi ne reclamant pas le Fief, ils les regardent comme des vrais Alleus affranchis, tant du Fief que de la Directe, ce qui fait tort au Domaine du Roi, 1°. parce que cela diminue le Fief dominant, & 2°. parce que cela fait perdre au Roi les Droits de francs-Fiefs fur tous ces héritages, qui font en très grand nombre, dans les Provinces où la prefcription du Cens a lieu.

Les Droits de francs-Fiefs fe perdent par la négligence des Procureurs du Roi.

QUESTION SOIXANTE-UNIE'ME.

Si un Cens qui paroiſt entierement preſcrit, étoit demandé à un Cenſitaire qui le payât, & le reconnût à ſon Terrier, & que le Seigneur demandeur en eut joüi pendant plus de 30 à 40. ans, l'Acquereur de l'héritage ſujet à ce Cens ne pourroit-il pas refuſer de payer & de reconnoiſtre ce Cens fondé ſur ce que lors de la reconnoiſſance de ſon autheur, le Cens étoit preſcrit, & même prendre des Lettres de reſciſion contre la reconnoiſſance de ſon Vendeur.

La reſolution de cette Queſtion eſt ſimple. 1°. Le Vendeur aura chargé l'Acquereur de payer le Cens dû ſur l'héritage vendu & par lui reconnû, ou 2°. il l'aura vendu en franc-alleu, & comme ne devant aucun Cens.

Au premier cas l'Acquereur eſt tenu des faits de ſon Vendeur, & ne peut exciper de preſcription comme il ſera démontré Queſtion 6. du paragraphe 5. du chapitre ſuivant *infrà.*

Acquereur eſt tenu des faits de ſon Vendeur

Au ſecond cas cet Acquereur mettra en cauſe ſon Vendeur, & conclura à ſes dommages & intérêts, & s'il abandonnoit ce moyen & vouloit prendre des Lettres de reſciſion contre la reconnoiſſance de ſon Vendeur, il y ſeroit mal fondé, n'y ayant que le Reconnoiſſant qui auroit été ſeduit & violenté pour faire ſa reconnoiſſance, qui puiſſe le faire, encore faudroit-il que le Dol, la ſéduction ou les violences fuſſent prouvées claires comme le jour.

L'Acquereur pourroit même demander la nullité de son contract fondé sur la disposition des Ordonnances d'Août 1539, de Décembre 1540, Mai 1579 & Janvier 1629, & les Arrêts du Conseil des 26 Avril 1712 & 29 Août 1721, qui prononcent la peine de nullité du Contract faite par le Vendeur, de designer les charges de l'héritage ou le Fief, dont est il mouvant comme il sera expliqué à la Question 7. du Paragraphe 5. du Chapitre 6. *infrà*, cette Déclaration de franchise feroit même une fraude puniſſable, ainſi qu'il eſt portée par les Art. 79. & 80. de la Coûtume de Bourbonnois.

QUESTION SOIXANTE-DEUXIE'ME.

Si un Cenſitaire avoit reconnu, & payé un Cens qui étoit réellement preſcrit, lors de cette reconnoiſſance, & que le Seigneur du Cens en eut joüi pendant 20. 30 ou 40 ans, le Seigneur Suſerain du Cens, pourroit il faire caſſer cette reconnoiſſance, comme n'ayant pu ſe faire au préjudice de la Feodalité qui lui étoit ouverte au jour de la preſcription acquiſe.

Si le Seigneur du Cens en avoit joüi pendant 30 ou 40 ans après la reconnoiſſance du proprietaire, quoique faite ſur une reconnoiſſance preſcrite lors d'icelle, ou avoit été payé regulierement de ſon Cens pendant tout ce tems, l'on ne doute pas un moment que le Seigneur ne fut maintenu dans la proprieté de ſon Cens, par la raiſon, que l'on acquiert dans les coûtumes preſcriptibles,

On acquiert par preſcription le Cens comme on le perd.

le Cens en la même maniere qu'on le perd, (a)
ainfi le Seigneur du Cens auroit prefcrit contre
fon Seigneur dominant, le Fief de cet héritage,
quoiqu'ouvert lors de la prefcription du Cens,
ce feroit au Seigneur dominant à s'imputer la faute
de n'avoir pas veillé à fe faire rendre fes Droits
lors de l'ouverture, & l'héritage feroit cenfé être
rentré dans fon premier état, mais fi c'étoit le Roi
qui fut le Seigneur dominant, contre lequel nul
ne peut prefcrire, l'on ne fçait s'il n'en feroit pas
autrement.

Quant à la Queftion s'il n'avoit joüi que pendant 10 ou 20 ans, ou autre tems incapable de lui
acquerir prefcription, cela feroit une difference,
& l'on penfe que le Seigneur dominant feroit bien
fondé à faire valoir fes Droits, & à faire annuller
la reconnoiffance que le proprietaire auroit pû faire
à fon préjudice au Terrier de fon Vaffal, parce
qu'il avoit un Droit certein fur l'héritage, au moment de la prefcription une fois acquife.

(a) Coûtume du Bourbonnois Art. . . . 3.

CHAPITRE VI.

SECTION UNIQUE.

PARAGRAPHE PREMIER.

De la Preſcription des Directes ?

IL y a pluſieurs Coûtumes ou le Cens & la Seigneurie Directe ſe preſcrivent, telles ſont les Coûtumes de Bourbonnois, art. 22. Auvergne tit. 17. art. 2. la Marche art. 91. Tours art. 209. Lodunois chap. 20. art. 3. & quelques autres.

Nous ne traiterons point ici à fonds de cette preſcription, il ſuffit qu'elle ſoit établie par ces Coûtumes pour s'y conformer. Il ne ſera queſtion en cette Section que de la maniere de preſcrire, & des cauſes qui operent la preſcription Légale ; & dans la ſuivante nous traiterons des cauſes qui empêchent l'effet de la preſcription, dont un Commiſſaire à Terriers doit abſolument être inſtruit, autrement il pourroit rejetter des Titres, & même des Terriers qui lui paroîtroient preſcrits, & qu'il mettroit au rebut, quoique cette preſcription imaginée par le ſeul aſpect d'un Titre, ne fût pas encore entamée, par les obſtacles qui s'y peuvent rencontrer.

Nous avons prouvé au commencement de ce Livre qu'il n'eſt pas poſſible à un Seigneur de fai-

re faire une bonne renovation, s'il ne fait faire un
Inventaire général de tous les Titres de sa Seigneurie, cet Inventaire fait comme nous l'avons
enseigné, sera d'un grand secours au Commissaire
pour l'instruire des substitutions, minoritez, puissance maritale, saisies réelles, doüaires, usu-
fruits, interdits & autres changemens dans les
proprietaires, de cette Seigneurie, qui seront pendant la durée de leurs époques, autant d'obsta-
cles & d'empêchemens à la prescription introduite par la Coûtume.

Nécessité d'un
Inventaire génée
ral, des Titres
d'une Seigneurie.

QUESTION PREMIERE.

Y a-t-il plusieurs sortes de prescriptions ?

Nous en admettons trois principales en France. La Légale établie par la Loi, la Statutaire ou
Coûtumiere établie par la Coûtume, & la Conventionnelle qui vient de la convention des
Parties.

QUESTION DEUXIE'ME.

Quels sont les effets de la Prescription ?

C'est 1°. D'acquerir au possesseur le droit de
proprieté de ce qu'il possede; ce que nous appellons Prescription active. Et 2°. De faire perdre
un Droit tel qu'un Cens faute de l'exiger dans le
temps, & par ce moyen affranchir son héritage de

la fervitude, ce qui eft appellé Prefcription paffive.

QUESTION TROISIE'ME.

Quelles chofes font néceffaires pour opérer une Prefcrip-
tion légitime ?

Tous les Docteurs qui ont écrit fur cette matiere demandent quatre chofe. 1°. Que la chofe
foit prefcriptible. 2°. Un jufte titre. 3°. Que ce
titre foit accompagné de la bonne foi; & 4°. Une
poffeffion paifible univoque & fans interruption,
pendant le tems requis.

QUESTION QUATRIE'ME.

Quelles chofes font fujettes à la Prefcription ?

Nous ne traitons ici que de la Prefcription des
directes, & des arrérages des Cens & Droits Seigneuriaux pour les lieux, Coûtumes & Provinces où ils fe prefcrivent, & non pour toutes autres chofes prefcriptibles.

QUESTION CINQUIE'ME.

Qu'eft-ce que l'on appelle un jufte Titre & la bonne
foi, pour prefcrire un Cens & la directe Sei-
gneurie ?

Les art. 113. 114. de la Coûtume de Paris,
requierent

requierent un juſte titre & la bonne foi, pour
preſcrire; un juſte titre tel que le définiſſent les
Auteurs, n'eſt autre choſe qu'un titre fait ſelon Ce que c'eſt qu'un juſte titre pour preſcrire.
les Loix, c'eſt-à-dire, un contrat authentique, fait
dans les formes preſcrites par les Ordonnances,
paſſé entre perſonnes habiles à contracter; telle
qu'une donation faite entre perſonnes capables
de donner & de recevoir, qu'elle ſoit acceptée
dans le temps, contrôlée, inſinuée & publiée; ſi
c'eſt un contrat de vente, qu'il ait toutes les formes & qualités de ce contrat, & requiert pour
ſa perfection la bonne foi que cette Coûtume
requiert, & que l'Acquereur ou Donataire ſache ou croye parfaitement que la choſe donnée
ou vendue, appartient au vendeur ou au donateur.

La diſpoſition de cette Coûtume eſt générale en
France, & quoiqu'il ſemble qu'elle ne parle que
des choſes vendues; cependant elle s'étend aux
Charges inherentes aux héritages acquis, tels que
les Cens qui les ſuivent & qui y ſont attachez,
dont un Acquereur doit néceſſairement être informé, tant par ſon contrat que par les titres de
propriété que le vendeur eſt obligé de lui remettre, ce qui ne lui doit laiſſer aucun doute, enſorte
que ſi ce contrat porte que l'héritage qu'il acquiert
ne doit aucuns Cens à quelque Seigneur que ce Mauvaiſe foi a-vec laquelle on ne peut preſcrire.
ſoit, ni aucuns Droits Seigneuriaux, cet acque-
reur peut aſſurer qu'il a un juſte titre, & a par devers lui toute la bonne foi requiſe: ſi au contraire cet Acquereur avoit éxigé que ſon vendeur ne

fit point faire mention des Cens & Droits Seigneuriaux dus fur cet héritage par lui acquis ,
quoiqu'il lui eut remis des Actes , contrats &
quittances qui lui prouvoient la mouvance du
Seigneur ; il eft certain que cet Acquereur ne
pourroit pas prefcrire , parce que fa mauvaife foi
feroit un obftacle infurmontable , le chap. 5. aux

Celui qui a une connoiffance certaine qu'il poffede le bien d'autrui ne peut prefcrire.

Décretales titre *de prefcriptionib.* dit que la connoiffance qu'un homme a , qu'il poffede le bien
d'autrui, lui eft un obftacle perpetuel pour la prefcription. C'eft ce qui eft expreffement porté par
ces paroles du 41. Canon du Concile de Latran
fous Innocent III. *Quoniam omne quod non eft ex fide,*
peccatum eft , fynodali judicio definimus ut nulla valeat
abfque bona fide , præfcriptio tam Canonica quam ci-
vilis , cum generaliter fit omni conftitutioni atque con-
fuetudini derogandum , quæ abfque mortali peccato non
poteft obfervari : unde oportet ut qui præfcribit in nullâ
temporis parte , rei habeat confcientiam alienæ. D'où
il réfulte que toutes Prefcriptions Légales ne fervent de rien fans la bonne foi, M. Chaffeneux
fur la Coûtume du Duché de Bourgogne , & fur
le tit. de la Prefcription, N. 14. & nombre d'Auteurs décident qu'il faut fuivre cette Regle, &
qu'on ne peut jamais prefcrire , quand la Prefcription commence en mauvaife foi : par le Droit
Romain il fuffifoit que l'Acquereur fut en bonne
foi dans le tems du contrat , & de la tradition ,
la mauvaife foi qui furvenoit après cela n'étoit
comptée pour rien , mais la France n'a point
adopté cette maxime, & notre ufage qui eft con-

forme au Droit Canon, requiert que la bonne foi dure autant que la poſſeſſion.

Cette énonciation de vente franche de Cens & Droits Seigneuriaux , ne feroit d'aucune conſidération contre un Seigneur dans les Coûtumes où la maxime, nulle terre ſans Seigneur a lieu , parce qu'elle ne pourroit détruire la Loi portée par la Coûtume dont un Acquereur eſt toûjours cenſé être informé, elle n'opereroit ſimplement en ſa faveur qu'un recours de garantie contre ſon vendeur, pour lui faire valoir cette clauſe.

Mais dans le Pays de Droit-Ecrit, & dans les Coûtumes allodiales , cette énonciation feroit differente , parce que ſi cet Acquereur jouiſſoit en conſéquence de ſon contrat, de l'héritage vendu pendant le temps requis pour preſcrire, ſans que le Seigneur Direct lui fît aucune demande, il feroit à couvert de toutes ſervitudes Seigneuriales,

QUESTION SIXIE'ME.

Quelle eſt la poſſeſſion paiſible requiſe pour preſcrire légitimement la Directe Seigneurie?

Il ne faut pas moins de bonne foi dans cette poſſeſſion que dans le Titre ; il faut avoir joui paiſiblement ſans trouble pendant tout le temps requis, avec une bonne foi , pleine & entiere , ſans avoir été inquiété par aucunes demandes, même verbale accompagnée de la communica-

Avec la poffef-
fion paifible il faut
la bonne foy.

tion des Terriers du Seigneur, que ce Cenfitaire
n'ait point empêché le Seigneur ou fes Fermiers
de lui faire une demande, fous le prétexte d'é-
xamen, & de prendre avec lui des arrangemens,
en lui promettant de lui payer, qu'il n'ait vû
dans aucuns de fes Titres de propriété, aucune
chofe qui lui ait prouvé la Directe Seigneurie
établie fur fon héritage, non plus que des quittances données a fes Auteurs, des Cens, Lods &
ventes, & autres droits cafuels, enforte qu'il ait
totalement ignoré, & eût lieu de croire que fon
héritage étoit franc & libre de toutes charges &
fervitudes, parce que s'il y a eu aucune des chofes ci-deffus, & que par fon fait il ait empêché
le Seigneur de lui faire action, c'eft autant d'empêchemens à la prefcription & à fa poffeffion,
qu'il ne peut pas appeller paifible.

QUESTION SEPTIE'ME.

Le Cens & la Directe font-ils prefcriptibles ?

Coûtumes où le
Cens fe prefcrit.

Dans le général des Coûtumes de France &
du Pays de Droit-Ecrit, l'on regarde le Cens &
la Seigneurie Directe, comme imprefcriptibles,
à l'exception des Coûtumes de Bourbonnois,
Auvergne, la Marche, Tours, Laudunois & quelques autres, Bourgogne, & Breffe, pour les Cenfives des Fiefs fans juftice feulement, Grand Perche & autres.

QUESTION HUITIE'ME.

Cette prescription à-t-elle son effet contre toutes sortes de personnes indistinctement ?

Non, elle n'a & ne peut avoir son effet que contre ceux qui ont pouvoir & faculté de poursuivre leurs Droits en Jugement & ailleurs, parce que pour ceux qui n'ont pas le pouvoir ni la faculté de poursuivre leurs droits, la prescription ne peut courir & avoir aucun effet contr'eux, c'est ce que nous démontrerons dans la Section suivante.

QUESTION NEUVIE'ME

Dans les Pays de Droit-Ecrit & Coûtumier où le Cens & la Directe sont imprescriptibles, ne peuvent - ils jamais s'y prescrire ?

Si, ils peuvent s'y prescrire, parce que les choses les plus imprescriptibles, se prescrivent, *à die contradictionis ;* or est-il que si un Seigneur en Pays de Droit-Ecrit ou en la Coûtume de Paris, avoit fait demande en Justice d'un Cens à un Emphiteote, & que ce Censitaire eut pour deffenses soutenu que son héritage ne lui en doit point, parce qu'il est franc, & que ce Seigneur eut resté dans l'inaction pendant trente années sans faire juger cette instance, ce Censitaire se seroit af-

Dans les Coûtumes & Pays où le Cens est imprescriptible, il peut s'y prescrire par la contradiction.

franchi du Cens & de la Directe, parce que du jour de la contradiction il se fait de la part du Censitaire une interversion de possession, qui acquiert la prescription au Proprietaire, & lui donne droit de jouir de son héritage comme il a fait jusques-là.

L'usage de plusieurs Provinces, notamment de celle de Bourgogne, est que pour que cette contradiction ait lieu contre un Seigneur Haut-Justicier, il faut qu'il y ait cent ans d'intervale ; voyez les cahiers sur la Coûtume de ce Duché art. 118.

QUESTION DIXIE'ME.

De quelle maniere faut-il que cette contradiction soit faite ?

Elle ne peut-être reçue & admise qu'elle ne soit faite en Justice dans une instance où le Seigneur auroit fait demande à un Censitaire d'un Cens, & que cet emphitéote soutint judiciairement qu'il ne doit aucuns Cens sur son héritage, ce seroit du jour de la signification de cet Acte que commenceroit la prescription, si le Seigneur négligeoit d'établir son Cens, & de faire juger cette instance ; mais il faut nécessairement un Acte judiciaire pour operer cet effet, ainsi qu'il a été jugé par Arrêt du 19. Juillet. 1655. au profit de M. l'Evêque de Rhodez, con-

tre le fieur de Lefcure, Baron de Vabre, rapporté par Catelan L. 3. Chap. 30.

QUESTION ONZIE'ME

La quotité du Cens ne fe prefcrit-telle pas tant en Pays
de Droit-Ecrit qu'en Pays Coûtumier ?

Cette queftion eft fans difficulté, & tous les
Auteurs font d'avis que fi un Cenfitaire chargé
de deux fols de Cens, s'il a demeuré 30. ou 40
ans fans payer qu'un fol, il a prefcrit la quotité,
quelques titres que le Seigneur puiffe avoir ; mais
il faut que les quittances des 30. ou 40. ans ne
foient point différentes, ni équivoques, c'eft-à-
dire, qu'il faut qu'il foit dit, j'ai reçû d'un tel
un fol pour le Cens qu'il me doit pour l'année
derniere, parce que s'il y avoit, j'ai reçû fur les
Cens qu'il me doit ou à compte des Cens qu'il
me doit, fans préjudice de plus, ces quittances
ne pouroient operer aucunes prefcriptions. M.
Dumoulin fur la Coûtume d'Auvergne tit. 17.
art. 6. dit : *Solutione partis Cenfus uniformiter facta*
per triginta annos, refiduum ejufdem cenfus præfcribitur,
fcilicet quando folvitur nomine totius, tanquam non plus
debens, fecus fi fub commemoratione majoris cenfus,
quia tunc totum confervatur ; ces quittances au contraire conferveroient le Cens en fon entier ; mais
fi les quittances & preftations de payemens font
uniformes, la prefcription de la quotité eft acquife ; telle eft la difpofition de l'art. 124. de

Quotité du cens fe prefcrit en tous Pays,

la Coûtume de Paris, & de l'art. 7. du tit, 17. de
la Coûtume d'Auvergne, de l'art. 2. du chap. 36.
de Nivernois, de l'art. 12. du tit. 12. de Berry, de
l'art. 3. du chap. 17. de Montargis, & c'eſt le
ſentiment de nombre d'Auteurs, & la juriſprudence établie à cet égard, pourvû que la preſta-
tion ſoit faite comme de tout un Cens, & non
pas comme une partie d'un Cens ainſi que l'enſeigne M^c. Dunod dans ſon Traité des preſcriptions, part. 3. ch. 10. *Si ſoluta fuerit pars ut totum,*
& ſine commemoratione majoris cenſus. Charond. ſur
l'art. 124. de Paris. Maſuer tit. des preſcrit.

QUESTION DOUZIE'ME.

Comme il y a differentes ſortes de Cens, ſont - ils tous
impreſcriptibles en Pays de Droit-Ecrit, & Coû-
tumes ſemblables?

Nous ne traitons dans cette Section que des
Cens emportans directe Seigneurie, ainſi nous
ne parlerons point ici des differens autres Cens.
Nous avons fait voir a la Queſtion 9 de cette Section, que le Cens dans un Pays où il n'eſt pas
preſcriptible en général, peut ſe preſcrire en particulier par la contradiction, & nous dirons ſur
cette queſtion qu'en Bourgogne Duché, où le
Cens Seigneurial eſt impreſcriptible, les Cens
emphitéotiques qui ne dépendent ni de Fief ni
de Juſtice, s'y preſcrivent par cent ans, & en
Breſſe les Cens emphitéotiques qui dépendent
d'un

d'un Fief fans juftice y font auffi prefcriptible par même temps ; mais il faut obferver que c'eft le tiers acquereur qui commence par la prefcription, parce que ni celui qui a reconnu, ni fes héritiers ne peuvent prefcrire, ainfi que Taiffand laffure en fon Commentaire fur l'art. 1. du tit. 11. Dans la Coûtume du grand Perche art. 213. le Cens qui n'eft pas le chef Cens eft prefcriptible par 40. ans.

Le tiers acquereur peut commencer à prefcrire & non l'héritier de celui qui a reconnu.

PARAGRAPHE II.

Des tems pendant lefquels il n'y a point de Prefcription contre le Seigneur, d'une Terre ayant Cenfive & Directe Seigneurie.

LEs tems de troubles, d'hoftilités & de guerres interrompent toute prefcription, comme il eft porté en la Loi : *Ab hoftibus, quod quibus non objicitur longi temporis præfcriptio.* L'Ordonnance de Louis XIII. du mois de Mai 1616. art. 41. en eft une preuve, puifqu'il eft porté en termes exprès : que le tems qui a couru depuis le premier Juillet précédent jufqu'à ladite Ordonnance ne coureroit aucune peremption d'Inftance, prefcription Coûtumiere, légale ni conventionnelle, l'art. 59. de l'Edit du mois d'Avril 1598. avoit pareillement ordonné même fufpenfion de prefcription ; les art. 50. de l'Ordonnance de Blois & 29. de l'Edit de Melun y font de même formels ; la Coûtume de Bouillon, ch. 2. art. 4. veut que nulle prefcription ne courre en tems de guerre ; la

Trouble des Guerres.

R r r

Maxime 253. du ch. 3. de l'Hommeau porte : *le tems des troubles doit être déduit des prescriptions d'héritages & droits réels , non personnels & mobiliers.*

Subſtitution.

Une Terre & Seigneurie subſtituée , pendant & constant la subſtitution , ne peut courir aucune prescription pour les droits Seigneuriaux attachés à icelle , Mr Maynard dans ſes Queſtions Notables liv. 8. ch. 35. en rapporte un Arrêt du Parlement de Toulouse du mois de Mars 1567. qui a jugé que la ſubſtitution ne ſe preſcrivoit que du jour qu'elle étoit ouverte , *quia tunc demum cum effectu agere poteſt. L. cum noliſſimi §. illud quod de præſcrip: 30. vel 40. un.* tous les Auteurs ſont de ce ſentiment & c'eſt un axiome, que *contra non valentem agere non currit præſcriptio* ; en sorte que les biens ſubſtitués ſont impreſcriptibles & inaliénables , les ſubſtitués ne pouvant agir par eux-mêmes , leur droit eſt en ſuſpend juſqu'à la mort du dernier grevé , ou à la remiſe que ce dernier grevé ne peut faire qu'à l'héritier qui doit recueillir la ſubſtitution parce qu'il doit la lui faire & non à aucun autre , ainſi qu'il a été jugé par trois Arrêts des années 1542. 1543. & 1550. rapportés par Expilly partie 2. ch. 13. & en la Bibliotheque des Arrêts, *in verbo* Subſtitution , ſom. 12. parce qu'avant ce tems , les appellés à la ſubſtitution ne peuvent agir , d'ailleurs ils ne ſont ſouvent pas nés , ou ſont en bas âge , & ſous la puiſſance d'un Tuteur qui eſt fort tranquille ſur les intérêts de ſon pupille , contre & au préjudice duquel on ne peut rien faire de folide, avec d'autant plus de raifon, que s'il vouloit agir, on pourroit lui dire qu'il n'a aucune qualité, & n'en peut avoir qu'après la mort de celui qui jouit, & qu'il eſt poſſible qu'il meurt avant lui, & par conſéquent n'ait jamais droit à la choſe ; enfin c'eſt la volonté du Donateur de rendre incapables d'agir tous ceux qui font grevés de fubſtitution depuis le premier jufqu'au dernier, afin de conferver dans ſon entier ſon immeuble à ſa poſtérité, & de le mettre à l'abri de la plus légere aliénation, ce qui fait que pour ſa conſervation il le met ſous la main du Préteur : en un mot, celui qui ne poſſede point actuellement & naturellement, ne peut prefcrire, comme le dit M. Brodeau ſur l'art. 115. de la Coûtume de Paris. Mr Bretonnier dans ſes obſervations ſur Henris liv. 4. ch. 6. queſt. 19. propoſe la queſtion ſi la prefcription centenaire peut mettre à couvert les Acquereurs des biens ſubſtitués avant l'ouverture de la fubſtitution & décide avec Peregrinus, Fufarius & nombre d'autres Docteurs pour la négative, & dit que c'eſt une maxime triviale au Palais que les décrets ne purgent point les Douaires ni les fubſtitutions ; qu'ayant propoſé la queſtion au Pillier des Conſultations, tous les anciens Avocats furent d'avis que les droits de fubſtitués demeuroient toujours dans leur entier, ainſi cette Jurifprudence eſt ſuivie par le plus grand nombre des Docteurs, & par la Jurifprudence des Arrêts ; l'Auteur de ces obſervations cite les Arrêts de Mr Maynard liv. 7. ch. 63. & liv. 8. ch.

35. de Mr Catelan tit. 2. liv. 7. ch. 4. & dit que Charondas liv. 4. ch. 47. de ses réponses en rapporte un Arrêt du Parlement de Paris du 9. Avril 1500. qui a jugé la même chose. Enfin le grevé ne pouvant vendre ni aliener les choses substituées, ne peut les laisser prescrire n'y ayant pas de plus grande aliénation que la prescription. C'est l'art. 48. du tit. 1. liv. 3. du second tome de l'Institution Coûtumiere de Me. Claude de Ferriere, par la raison, dit-il, que les biens substitués sont réputés inaliénables, suivant la *L. hæres ad S. C. Trebellian & L. ult. C. de legat*. Me. Argou en son Institution au Droit François l. 2. ch. 10. est de même sentiment. La Rocheflavin en ses Arrêts Notables, *in verbo* Prescription, en rapporte 2. Arrêts du Parlement de Toulouse qui l'ont jugé de même contre des tiers possesseurs, l'un du mois de Janvier 1574. & l'autre du mois de Septembre 1585.

Usufruit.

Il en est de même d'une terre qui est en usufruit & dont jouit une douairiere ou une usufruitiere. M. de Cambolas l. 3. ch. 1. rapporte un Arrêt de l'année 1599. qui a jugé que la prescription ne court point contre le fils de famille pour raison des biens dont le pere a l'usufruit, suivant la décision expresse de la Loi 1. *quod de bon. mat. nullam poterit præscriptionem opponere filiis, quandocumque rem suam vindicantib.* Les plus célebres Avocats consultés sur cette question sont de sentiment uniforme qu'un usufruitier ne peut pas laisser prescrire les droits d'une Seigneurie dont il n'a que la

jouïſance, en ce que n'en pouvant aliener aucune partie, il peut encore moins par ſa négligence
ôter & faire perdre au vrai propriétaire, un bien
dont il n'a que les fruits.

C'eſt un axiome conſtant que la ſaiſie réelle
d'une Seigneurie en empêche entierement la preſcription des droits, ſurtout quand cette ſaiſie eſt
ſuivie de baux judiciaires, parce qu'en effet le propriétaire ſaiſi n'eſt plus en état d'agir, & ſi le Commiſſaire aux ſaiſies réelles ne ſait pas les diligences néceſſaires, il eſt certain que cette négligence
ne ſait aucun préjudice au véritable propriétaire,
ni à l'Acquereur, cela a été ainſi jugé par Sentence des Requêtes du Palais du 15. Octobre 1723.
rendu au profit du Seigneur de la Paliſſe contre
Touſſaint Papon ſieur des Places & François Mercier ſes Cenſitaires, confirmée par Arrêt du Parlement du 30. Juillet 1726. & par autre Sentence
du 15. Octobre 1723. rendue au profit du même Seigneur contre François le Fébvre & Con-
forts ſes Cenſitaires, laquelle Sentence fut confirmée par Arrêt rendu en la ſeconde Chambre
des Enquêtes au Rapport de Mr. Pineau de Viennay le 10. Janvier 1740. cette preſcription ſeroit
d'autant plus mal fondée, que le Commiſſaire aux
ſaiſies réelles n'a jamais les Terriers ni aucuns Titres d'une Seigneurie que le propriétaire ſaiſi, qui
ne peut agir par lui-même, garde toujours pardevers lui, enſorte qu'il évite même que le Fermier judiciaire n'en ait connoiſſance, pas même
des copies, de maniere que jamais les droits Sei-

Saiſie réelle.

Arrêts qui l'ont jugé ainſi.

gneuriaux ne se payent à ce Fermier judiciaire ,
que par ceux qui veulent bien liberer leur confcience en payant ce qu'ils croyent devoir jufte-
ment , & ce qu'ils avoient coûtume de payer avant
la faifie réelle.

Sequeftres.

Il y a des cas où des terres font féqueftrées ,
mis en œconomat ; telles furent les terres de la
Maifon de SaintGeran la Guiche après la mort du
fieur Comte de St. Geran , Gouverneur du Bourbonnois qui mourut en 1659. lequel avoit commencé le fameux procès du Rapt & Enlevement
de Bernard de la Guiche fon fils mort dernier
Comte de Saint Geran , après la mort duquel le
Roi fit mettre par Mr de Pommereu , Intendant de la Généralité de Moulins , fous fa main &
en fequeftre toutes lefdites terres , qui y refterent
jufqu'à l'Arrêt définitif du Parlement qui fut rendu en 1663. pendant lequel tems il ne put courir aucune prefcription des droits réels de ces Seigneuries ; l'on voit de ces exemples pour les Seigneuries qui dépendent des Evêchés , Abbayes &
Prieurés pendant leurs vacances, de même de
plufieurs terres qui font en direction de Créan-
ciers ; tous ces differens cas font des obftacles à la
prefcription, parce que comme dit le Grand fur
l'art. 23. de laCoûtume deTroyes, il eft néceffaire
que le prefcrivant foit fondé en titre valable& fuffifant pourtransferer la Seigneurie qu'il poffede,
pro fuo ut dig. tit. pro fuo : or les Economes, Sequeftres , Gardiens , Adjudicataires , Dépofitaires ,
Fermiers, Receveurs & autres femblables ne peu-

vent prefcrire ni acquérir aucune prefcription, quoique leur jouiffance ait été continuée par mille ans, lorfqu'il apparoît du titre & du fondement de leur poffeffion.

Il ne peut de même courir aucune prefcription en tems de contagion, c'eft une caufe qui empêche la communication, le commerce & toute fociété de Province à autre, c'eft la difpofition de l'art. 4. du ch. 23. de la Coûtume de Bouillon qui porte : » n'aura lieu prefcription en tems de guer- » re ou arrivant contagion, pour laquelle on feroit contraint de quitter le lieu. Nous avons vu celle qui affligea quelques Provinces de ce Royaume en 1721. qui caufa de grands empêchemens de communication des unes aux autres ; or ces empêchemens qui fufpendent la fociété, par une conféquence néceffaire empêchent le cours de la prefcription pendant le tems de leur durée.

Contagion.

PARAGRAPHE III.

Des Seigneurs contre lefquels il ne peut courir aucune
Prefcription.

LEs premiers font les Mineurs, contre lefquels, fuivant la maxime : *contra non valentem agere non currit præfcriptio* ; nul ne peut prefcrire contre eux, parce qu'ils n'ont ni capacité, ni pouvoir ni faculté pour pourfuivre leurs actions & pour efter en Jugement, la prefcription ne peut courir contre eux que du jour de leur pleine majori-

Mineurs.

té, celle qui a commencé contre ceux qu'ils repréſentent, ceſſe dans le moment qu'ils ſont en
poſſeſſion de la Seigneurie; M. Antoine Loiſel en
ſes Inſtitutes Coûtumieres liv. 5. tit 3. r. 7. dit :
*Preſcription de 10. ans, 20. ans, ni de 30. ans ne
court contre les pupilles, ni en effet contre les mineurs en
étant relevés tout auſſi-tôt qu'ils le requierent; melius
eſt enim intacta eorum jura ſervari, quam poſt læſam
cauſam, remedium quærere. L. fin. Cod. in quib. cauſ.
reſtit. in integ. non eſt neceſſ.* La maxime 261 de l'Ho-
meau liv. 3. porte : *aucune preſcription ne court contre mineurs, quand il y va de la perte de leurs droits
fors en matiere de retrait;* il a fait la même remarque
dans ſon Commentaire ſur la Coûtume d'Anjou,
ſur l'art. 457. qui porte : *preſcription ne peut commencer ſon cours contre mineurs furieux & inſenſés,
fors en matiere de retrait lignager.* l'art. 465. de celle
du Maine eſt en pareils termes. Metz. titre 16.
art. 3.

Femme en poſ-
ſeſſion de mari.

    Il en eſt de même de la femme en puiſſance de
mari, contre laquelle ne peut courir aucune preſcription, parce qu'elle ne peut agir elle-même,
& ſuivant l'Auteur du Traité des Majorités, ſect.
2. de la dot page 354. le bien dotal de la femme
ne peut être preſcrit pendant le mariage : *Si fundum quem Titius poſſidebat bonâ fide, longi temporis
poſſeſſione poterat ſibi quærere mulier ut ſuum marito de-
dit in dotem, eumque petere neglexerit vir cum id face-
re poſſet Rem periculi ſui fecit, nam licet Lex Julia quæ
vetat fundum dotalem alienari pertineat etiam ad hujuſmodi acquiſitionem non tamen interpellat eam poſſeſſio-
nem*

nem , quæ per longum tempus fit, fi antequam conftituere-
tur dotalis fundus , jam cœperat , l. 16. aux dig. de fun-
do dotal. Cet Auteur foutient que fur ce principe ,
dans le Pays de Droit-Ecrit, & dans les Coûtumes où la dot de la femme eft inaliénable, *etiam*
ex confenfu uxoris & autoritate mariti , l'on ne peut
acquérir de prefcription contre la femme pendant fon mariage , & page 153. & 154. il en rapporte un Arrêt du 27. Mai 1672. qui l'a jugé ainfi & eft inferé dans le Journal du Palais : la Coûtume du Bourbonnois , art. 28. porte en termes
précis : *prefcription ne court durant le mariage contre*
la femme, de fes biens dotaux ou paraphernaux , alienés
par fon mari , fans fon confentemens : & Me. Auroux
dans fon nouveau Commentaire fur cet art. nomb.
2. affure qu'aucune prefcription ne court contre
femme mariée quoique majeure , que telles font
les difpofitions des Coûtumes de Berry ch. 12.
art. 16. du Maine, art. 457. de Lodunois, ch. 20.
art. 7. du Grand Perche art. 215. & d'Anjou art.
445. par la raifon que ce feroit obliger la femme
à pourfuivre fes droits & à faire réfléchir des actions contre fon mari ; & au nombre 5. qu'arrivant le décès du mari , la prefcription prend fon
cours , ce qu'il confirme à l'art. 23. nombre 27.
& cependant au nombre 7. fur cet art. 28. il dit
que la prefcription court contre la femme pour
les actions qui lui appartiennent contre un tiers.
Dumoulin fur cet art. dit : *quia non habet mulier le-*
gitimam perfonam ftandi in judicio fine autoritate mari-
ti, qui etiam fructus fuos facit ; fecùs vero ergo à tempore

quo est bonis separata vel forte data , curatrix viro ut quandoque vidi; parce que dans ce cas ; la raison du recours cesse & que la femme peut agir en Jugement pour ses droits ; enfin ceux qui voudront s'instruire à fonds sur cette question souventcontroversée , peuvent voir le Commentaire de Mr de Ferriere sur l'art. 113. de Paris , & les Auteurs qu'il rapporte qui concourent à établir qu'il ne peut courir de prescription contre la femme , qu'en deux cas, le premier quand le mari est décedé , le second lorsque la femme est séparée d'avec son mari & autorisée par Justice à la poursuite de ses droits ; ainsi que l'assure Tronçon sur l'art. 117. de la même Coûtume.

Interdits en Curatelle.

La prescription n'a point de lieu contre les Interdits qui sont insensés , imbéciles , prodigues , furieux , sourds , muets , & autres affligés des sens qui ne leur permettent pas d'agir sainement à leurs propres affaires , pourquoi on leur donne un Curateur , ce qui fait qu'ils jouissent des mêmes priviléges des mineurs ; les Coûtumes du Maine art. 446. & d'Anjou art. 457. en ont des dispositions précises. M. d'Argentré sur l'ancienne Coûtume de Bretagne au titre des appropriances , art. 266. est de cet avis , & cela se juge ainsi dans les Parlemens du Droit-Ecrit , ainsi qu'il a été jugé par Arrêt du mois d'Août 1657. rapporté par Me. Catelan tome 2. l. 7. ch. 13. suivant la l. 7. §. 12. *quibus ex causf. in poss. rat. l.* 40. *de R.J.* la prescription étant une espéce d'aliénation, *l. alienationis de V. S.* par conséquent ces sortes de personnes affligées

Coût. de Lille ch. 6. article 3. celle de Douay & d'Orchies ch. des prescriptions art. 2. Ville & Chatell. de Furnes t. 36. art. 1. Coût. d'Ypres rubriq 12. art. 1. coût. de Gand rubriq. 13. art. 2.

ne peuvent point fouffrir la prefcription de leurs biens, c'eft la Jurifprudence actuellement établie, ainfi qu'il a été jugé par Arrêt du Grand Confeil du 23. Juin 1687. & qu'il eft attefté par Mr de Ferriere en fon Commentaire fur l'art. 114. de la Coûtume de Paris, Mr. Argou dans fon Inftitution au Droit François l. 2. ch. 10. eft de même fentiment.

Si le Seigneur qui fait renouveller fon Terrier eft affocié avec un autre Seigneur pour la même Seigneurie & même Directe, & que fon affocié ne lui ait rien payé de ce qu'il lui doit, ou fe foit emparé de la totalité du Cens, il ne pourra fe fervir contre lui d'aucune prefcription, parce qu'aucun affocié ne peut prefcrire contre l'autre, les droits poffédés en commun par quelque laps de tems que ce puiffe être, fuivant la Loi 3. *Cod. in quib. cauf. ceff.* Boerius, en fa décifion 38. rapporte un Arrêt du Parlement de Bordeaux qui l'a jugé de même, c'eft même la difpofition précife de la Coûtume de Bourbonnois, art. 26. qui porte : *quand aucunes chofes font tenues & poffedées en commun & par indivis, l'on ne peut acquérir ni prefcrire le droit l'un de l'autre, en pétitoire ou poffeffoire par quelque laps de tems que ce foit.*

Seigneurs affociés.

L'on tient communément en la Province de Bourbonnois, que deux Seigneurs qui fe doivent mutuellement à caufe de leurs Fiefs, des cens l'un à l'autre, que ne fe payant pas, il fe fait une compenfation légale qui empêche la prefcription, & c'eft une maxime qui paffe en ufage parmi les

Compenfation.

508   LA PRATIQUE UNIVERSELLE

Praticiens dans cette Coûtume, fondés fur l'art. 37. qui admet la compenfation de liquide à liquide ; cependant Buret dans fon Commentaire fur cet article eft de fentiment contraire, parce qu'il dit que le devoir d'emphiteofe ne confifte pas tant au payement du Cens, qu'à la reconnoiffance du Seigneur, & enfuite il convient cependant que la compenfation peut fe faire, & qu'elle vaudra, pourvû qu'elle foit alleguée, mais qu'elle n'eft pas de droit. Dumoulin fur l'ancienne Coûtume de Paris.nomb. 19.& fuivant, eft de fentiment que deux Cens quoique de même nature, ne peuvent pas fe compenfer, *mutuus Cenfus etiam fi fit ejufdem naturæ compenfari non poteft, ne monumenta Cenfus conturbentur.*

PARAGRAPHE IV.
Des interruptions de la prescription.

QUESTION PREMIERE.
Quels Actes interrompent la prescription.

LA Coûtume de Bourbonnois explique parfaitement tous les actes qui peuvent interrompre la prescription dans l'art. 34. qui porte : » toutes prescriptions sont interrompues, par in-» novations, obligations ou autres promesses, aussi » par ajournemens libellés, Exploits formels dé-» claratifs de la chose querellée, ou par demande » judiciaire, & ont effet lesdites interruptions, » combien que les exploits dessusdits, ne soient » poursuivis, ou que l'Instance sur ce commen-» cée soit périe.

Potier sur cet article rapporté, Labbé sur Berry, titre 2. art. 24. Tournet sur Paris art. 114. Fontanon sur Masuer titre des prescriptions n. 12. Louet L. P. n. 17. Brodeau sur la même Lettre n. 10. En effet une obligation qu'un Censitaire a consentie au profit du Seigneur de son Fermier, pour arrérages de Cens, est une interruption réelle à la prescription, qui emporte avec soi la reconnoissance du Cens & la certitude de sa légitimité ; une sommation de payement est une interpellation qui annonce au débiteur qu'il doit des Cens à son Seigneur, laquelle dèslors suspend & interrompt la bonne foi où il pourroit être, qu'il

Obligation d'un Censitaire.

Une sommation de payement.

ne devoit aucuns Cens fur fon héritage ; M. Dar-gentré fur Bretagne , art. 266. ch. 2. de interrupt. num. 10. dit : *effectus interruptionis eſt , quod per eam præfcriptionis curſus non folum ſiſtitur & impeditur cur-rere , ſed etiam quod ante interruptionem lapſum eſt ad initia revolvitur & in irritum recidit ſine ullo effectu, ac ſi nunquam cœpiſſet , nec ullum gradum aut numerum in computatione annorum facit ad inchoandam vel perficiendam præfcriptionem*; enfin une ſimple fommation ou commandement empêche la prefcription des arrérages d'une rente ; c'eſt la Jurifprudence des Arrêts , n'étant pas même fujets à peremption , ainſi que Mr le Bretonnier fur Henris, tome 1. l. 4. ch. 6. queſt. 74. l'affure , une affignation aux fins d'avoir payement de ce Cens , quand même elle ne feroit pas pourfuivie, feroit tombée en peremption , ou auroit été donnée devant un Juge incompétent , parce qu'elle ne peut avoir moins de force qu'une ſimple fommation & interpellation , en ce qu'elle empêche le cours de la bonne foi du Cenfitaire qui ne peut jamais prefcrire fans la bonne foi , quelque juſte titre qu'il puiſſe avoir , comme nous l'avons fait voir ci-devant ; Potier fur cet art. 34. ci-deffus rapporté , dit : » que la derniere partie de cet article eſt abolie par » l'Ordonnance de Rouffillon , art. 15. au fujet » de la peremption, fon fentiment doit avoir dautant moins lieu , qu'il eſt oppofé à deux chofes principales , 1°. à la bonne foi requife par toutes les Loix & les Coûtumes de France , pour pouvoir légitimement prefcrire , & cette bonne foi ,

Une affignation non pourfuivie , même périe.

Erreur de Potier fur l'Ordonnance de Rouffillon.

eſt d'avoir joui ſans trouble & ſans avoir été inquieté, pour le payement d'un Cens que l'on croyoit de bonne foi ne point devoir, 2°. c'eſt que l'Ordonnance de Rouſſillon n'a dérogé à aucunes Coûtumes; ce qui étoit abſolument néceſſaire, ſurtout à celles qui en ont fait une loi, telle que celle de Bourbonnois.

Les autres innovations dont entend parler cet article, ſont la charge qu'a impoſée le vendeur à l'acquereur dans ſon Contrat de vente, de payer le Cens, l'inveſtiture de ce Contrat, le payement des lods & ventes & autres preſtations, toutes leſquelles ſont des obſtacles & des empêchemens à la preſcription, & par conſéquent à la bonne foi ſans laquelle l'on ne peut légitimemént preſcrire.

Charge impoſée dans le Contrat.

Inveſtiſſon du Contrat.

Payemens de lods.

M. le P. P. de la Moignon dans ſes arrêtés art. 44. & nombre d'autres grands Auteurs ſont de ce ſentiment, qu'une ſimple ſommation interrompt la preſcription & la Juriſprudence à cet égard eſt uniforme, c'eſt celle de la Sénéchauſſée de Lyon qui l'a jugée de même par Sentence du 11. Septembre 1683. entre Claude de la Roche, Chatelain de Montrotier, Demandeur, & Philippe-des-Noyon Ponthus, Notaire à Lyon, Défendeur, de laquelle le ſieur de la Roche ayant appellé au Parlement de Paris où les Parties s'accommoderent ſur l'avis de leurs Avocats, & paſſerent tranſaction le 8. Décembre 1683. par laquelle le Défendeur conſentit que la Sentence fut exécutée, & qui aſſure inconteſtablement qu'une ſimple ſommation eſt ſuffiſante pour empêcher

Simple ſommation.

Sentence qui l'a jugé.

l'effet & continuité de la prescription ; enfin cette
question a été jugée par Arrêt de 1679. rapporté par Mr de Ferriere en son Institution Coûtumiere, au titre des Prescriptions, art. 65.

Quant à un ajournement non poursuivi & même nul de nullité radicale pour avoir été donné
devant un Juge incompétent, Basset en son Recueil d'Arrêts, liv. 2. titre 29. ch. 7. en rapporte qui ont jugé la question, Papon liv. 12. titre 3.
en rapporte un du 17. Juillet 1518. rendu contre le Seigneur de Rochechaudin en Anjou,
qui avoit été ajourné devant le Juge de Saumur,
duquel il n'étoit justiciable, en sorte que cet ajournement radicalement nul, fut déclaré valable
pour interrompre la prescription, par la raison qu'il
équipolloit au moins à une sommation ; c'est le
sentiment de Dumoulin sur cet Arrêt, rapporté
au stile du Parlement, p. 7. nomb. 102. sur lequel ce Docteur rapporte son sentiment en ces
termes : *adverti primo quod citatio erat libellata. Se-*
cundo non erat facta ad locum penitus extraneum sed sub
eadem Provincia, d'où l'on doit conclure que l'a-
journement donné devant un Juge incompétent
doit avoir l'effet d'une sommation libellée.

Les prestations de payemens portés par des
Cueilloirs, Recettes & Lieves, ainsi que les quittances, sont des actes que l'on ne peut contredire lorsqu'ils sont signés, affirmés, ou d'une personne décédée depuis long-tems ; ces sortes de
Recettes font foi & sont suffisantes pour interrompre toute prescription.

Les

Marginal notes:

Arrêt qui l'a jugé.

Ajournement donné devant un Juge incompétent.

Arrêts qui l'ont jugé.

Prestations de payemens.

Les publications & affiches de Lettres de Terrier accordées à un Seigneur font le même effet, parce qu'elles contiennent une interpellation authentique & générale à tous les Cenfitaires, qui les conftituent en mauvaife foi, & empêche de même toute prefcription jufqu'à la clôture du Terrier.

Publications & affiches de Lettres de Terrier.

QUESTION DEUZIE'ME.

Si le Cens dû au Seigneur étoit dû folidairement entre plufieurs Codétempteurs, la fommation qui feroit faite à un feul, interromperoit-elle la prefcription à l'egard de tous ?

C'eft l'efprit de la Loi derniere au Code *de duobus reis ftipulandis*, qui le porte précifément, il y a un Arrêt du 5. Mai 1625. rapporté par Dufrefne, liv. 1. ch. 53. qui l'a ainfi jugé, lequel eft cité par Me Brodeau fur Mr. Louet, Lett. P. Som. 2. n. 5. & 6. & fur lequel il tire deux conféquences, la premiere que tant qu'un des Coobligés perfonnellement à la folidité, reconnoît & paye les arrérages, les autres ne peuvent prefcrire, encore qu'ils foient demeurés pendant 30. & 40. ans fans être pourfuivis ni inquietés : Mr Bouguier dans fon recueil d'Arrêts, lettre E. Arrêt 2. rapporte un Arrêt rendu les Chambres affemblées, le 3. Juin 1614. au rapport de Mr Sanguin qui l'a ainfi jugé contre un tiers détempteur, dont le Cens avoit été payé par fon Codétempteur ; la feconde, que les Exploits de Comman-

Sommation faite à un des Codétempteurs, interrompt la prefcription pour tous.

T tt

dement, exécutions & autres pourſuites & interruptions faites contre un des Coobligés au payement d'une rente, interrompent le cours de la preſcription de cinq ans pour les arrérages à l'égard des autres Coobligés ; c'eſt même l'eſprit des articles 409 & 410. de la Coûtume du Bourbonnois, & le ſentiment de ſes Commentateurs, à quoi ſont conformes les Coûtumes de Nivernois, de Poitou, & nombre d'autres, ainſi que celle de Berry, tit. 12. art. 13. Enfin cette queſtion a été jugée en la première Chambre des Enquêtes par Arrêt du Mercredi 5. Février 1738. au rapport de M. Brayer pour une rente volante, infiniment moins privilégiée que le Cens, entre deux particuliers codébiteurs d'une rente conſtituée au profit d'un tiers, l'un deſquels avoit payé ſeul exactement les arrérages de cette rente pendant plus de quarante ans, ce qui faiſoit que l'autre oppoſoit la preſcription ſur le fondement qu'il n'avoit jamais rien payé ; cet Arrêt le condamne à payer & fournir moitié de la rente, fondé ſur ce que chaque payement fait au Créancier avoit interrompu la preſcription, cet Arrêt eſt rapporté dans le Recueil d'Arrêts & Reglemens notables de Me. Durouſſeaud de Lacombe, ch. 26.

Arrêt qui juge que tant que le Seigneur eſt payé le Codétempteur, qui ne paye rien ne peut preſcrire.

QUESTION TROISIE'ME.

Les simples liéves, recettes, cueilloirs & reçus d'un Fermier, qui sont suffisans pour empêcher la prescription, le sont-ils pour la relever ?

Cette question singuliere est traitée par M° Auroux dans son Commentaire sur l'Article 22. de la Coûtume du Bourbonnois, nombre 18. Il soutient que de simples reçus d'un Fermier affirmés en Justice, quoique suffisans pour interrompre la prescription, sont insuffisans pour relever une prescription acquise, la raison qu'il en apporte est si louche que l'on ne la peut discerner, à laquelle il ajoute » que quand le Cens est une fois éteint » par la prescription, il ne faut pas un moindre con- » sentement de la part du Proprietaire de l'héri- ,, tage, & moins constaté pour renouveller le ,, Cens, que pour l'établir ; qu'il faut par consé- ,, quent une convention en forme probante entre ,, le Seigneur du Cens & le Proprietaire de l'hé- ,, ritage, ou une confession expresse de la part de ,, ce proprietaire de l'héritage par un Acte signé ,, de lui, s'il sçait signer, si-non une confession ,, par devant Notaire ; d'où il conclud qu'un ,, simple reçu ne pouvant pas avoir la force d'un ,, tel Acte puisqu'il n'est pas signé du possesseur de ,, l'héritage, il est insuffisant pour renouveller un ,, Cens éteint par une prescription.

Et au nombre 19 il dit que cela fut jugé ainsi le 3°. Avril 1724. en la Sénéchaussée de Moulins, entre la Dame de Boucé Tutrice de ſes enfans contre Antoine Delaire.

Le grand raiſonnement que fait ce Commentateur, au nombre 18 ne tend qu'à inſinuer qu'il eſt néceſſaire d'un Acte paſſé devant Notaire, ou ſous ſeing privé par le Cenſitaire pour reconnoître un Cens preſcrit, une lieve que ce Cenſitaire n'a pas ſignée, ne pouvant operer cet effet ; mais il y a bien des choſes à dire contre cette idée qui eſt unique & ſolitaire, en ce qu'un Cens totalement preſcrit ne peut revivre par le ſeul fait du Cenſitaire même en renonçant par lui à la preſcription une fois acquiſe, (comme ce même Auteur a ſoutenu ſur le Titre 3. de cette Coûtume nombre 18. qu'il le pouvoit) pour prouver cette négative, il faut de néceſſité remettre les choſes dans leur principe & poſer en fait, que le Cens dont peut être queſtion, fait partie d'un Fief mouvant nuëment du Roi ou d'un arriere Fief, où il ſera en pur & franc alleu ; au premier & ſecond cas, il ne peut dépendre d'un Cenſitaire de faire revivre un Cens éteint par la preſcription & dont l'eſtinction, au moment qu'elle s'eſt faite a changé ſon héritage de condition ; & de roture qu'il étoit, la rendu Noble comme Fief ſervant, ou du Roi ou de l'un de ſes Vaſſaux : d'ailleurs le Seigneur du Cens a perdu, dans le moment de cette preſcription, tout ſon droit ſur la choſe, & ils ne peuvent l'un & l'autre reſſuſciter un droit entierement éteint, & où ils n'ont plus aucune part.

Si le Cens en queſtion étoit en franc alleu & ne

Un Cens totalement preſcrit ne peut revivre par le fait du Cenſitaire.

relevoit d'aucun Fief, l'héritage feroit affranchi de
fa fervitude, au moyen de quoi, il feroit toujours
un franc-alleu, mais libre de toutes fervitudes, il
fembleroit que dans cette pofition, il feroit libre
au proprietaire de reconnoître le même Cens prefcrit au profit de celui qui en étoit ci-devant poffeffeur, mais s'il le faifoit, & renonçoit à la prefcription, le Titre ne pourroit fe foutenir parce
qu'il feroit fans aucune caufe & pourroit dans tous
les tems être impugné de nullité avec raifon ;
n'ayant pû faire revivre un Droit éteint, *quod femel
extinctum eft non amplius revivifcere poteft* ni n'a pû renoncer pour la pofterité à une prefcription une fois
acquife. Les Loix ne permettant pas que ce qui eft
introduit pour le bien public, fouffre aucune at-
teinte du fait d'un particulier, *juri publico pactis
privatorum lædi non poteft*, *leg. 1. de ufu cap. & leg.
tamen, ubi gloffa ad Sen. Conf. Macedonian.*

Preuves que l'on
ne peut renoncer
à la prefcription
une fois acquife.

A l'égard de la queftion de fçavoir fi un Cenfitaire peut renoncer à la prefcription une fois acquife, l'on ne peut penfer qu'il le puiffe comme
M. Auroux l'a avancé, *loco citato*, parce que cette
renonciation contiendroit abfolument la vente
des Droits d'un tiers, qui feroit le Seigneur de
Fief d'où relevoit le Cens, ce qui repugne à l'é-
quité & aux principes dans lefquels il faut fe renfermer.

Quant à l'opinion qu'une lieve contenant des
reçus en forme, du payement d'un Cens, pendant
longues années fondée fur un Terrier ancien, de
l'intervalle duquel il pourroit paroître que ce Ter-

rier étoit preſcrit vis-à-vis la lieve rapportée, il ſemble que la Sentence de la Sénéchauſſée de Moulins rendue contre la Dame Comteſſe de la Motte, Dame de Boucé, n'eſt pas juridique, le fait de cette Sentence & de la Procedure eſt raporté à la fin de ſon Commentaire N°. 19, il eſt bon de le repéter pour en faire voir l'erreur.

La Dame de Boucé Tutrice de ſes enfans mineurs, à la pourſuite de ſon fermier fit aſſigner en 1724 Antoine Delaire pour lui payer un Cens, la demande étoit fondée ſur un Terrier de 1539 & appuyée des lieves & reçus d'un fermier de cette Seigneurie pour le même Cens des années 1677 juſques & compris 1689 & d'autres poſterieurs, le Sieur Delaire ne conteſtoit pas les preſtations de payemens depuis 1677 juſqu'au jour de la demande, ils étoient ſolides, il ſoutenoit ſeulement que de l'intervalle de la reconnoiſſance de 1539. à l'année 1677, il s'étoit écoulé pluſieurs preſcriptions, au moyen de quoi, les reçus poſtérieurs n'avoient pû faire revivre une preſcription acquiſe & un Cens totalement éteint, & ſur ce principe, n'ayant point été produit d'autres piéces, les Juges de Moulins dont M. Auroux étoit du nombre, débouterent la Dame de Boucé de ſa demande par Sentence du 3°. Avril 1724.

Les motifs de ce Jugement ont ſans doute été les raiſons rapportées par M. Auroux au nombre 18 qui ne ſont nullement ſolides, comme nous venons de le démontrer, s'il y avoit à ſuppléer c'étoit la bonne foi, & la prudence d'un Pere de famille que l'on doit toujours préfumer accompagner un Cenfitaire , qui paye & s'acquitte volontairement d'un Cens qu'il fçait devoir légitimement & n'être pas prefcrit , payement fait & continué par plufieurs Cenfitaires , puifque le Sieur Delaire ne trouvoit pas lieu d'oppofer la prefcription poftérieurement aux reçus de l'année 1689 , quoiqu'il y eut 35 ans d'écoulés , en forte que ce tems joint aux preftations rapportées compofoient 48 ans de preftations , ce qui affuroit une légitimité qui mettoit à couvert le Seigneur des objections du Sieur Delaire , & l'on ne pouvoit détourner fes regards fur ces payemens marqués au coin de la bonné foi , pour préfumer la mauvaife foi d'un Seigneur & d'un Fermier , en les accufant comme ce Jugement (le fuppofe) d'avoir fait revivre un Droit éteint.

Et pour prouver que ce Jugement eft mal-fondé, c'eft que M. le Comte de la Motte m'ayant fait l'honneur de me confier les Titres de fa Seigneurie de Boucé pour les examiner & en renouveller les Droits, j'ai vû des lieves & des recettes, à la vérité, bien mal en ordre, fans doute à caufe des faifies réelles & minorités , mais qui font prefque de tous tems , & voici les objets principaux fur lefquels les Juges pouvoient porter leurs vûes.

En premier lieu il eft des régles en cette Coûtume de Bourbonnois, comme il fera établi ci-après , que celui qui a reconnu ne prefcrit point de fon vivant , & que lorfque l'on ne prouve point fon decès, on ajoute à la datte de fa recon-

Marginal notes:

L'on doit toujours préfumer la bonne foi dans un Pere de Famille.

L'on ne peut préfumer la mauvaife foi fans indice.

Preuves que les Juges de Moulins ont mal jugé.

noiſſance 75 ans, pendant leſquels la preſcription n'a pû courir , parce que l'on ſuppoſe
qu'il a vécu cent ans, au moyen de quoi, comme
la reconnoiſſance étoit de 1539, cela continuoit
l'empêchement à la preſcription, juſques & compris l'année 1614, en ſorte qu'il ne reſtoit plus
que l'intervalle de 63 ans pour joindre 1677 premiere année des reçus qui étoient rapportés, or
indépendamment des reçus pendant les 75 ans,
dont nous venons de parler, il y avoit une con-
tinuation de Bail de la Seigneurie de Boucé , faite
à Gilbert Obeil qui n'a fini qu'en 1613, & lequel
Obeil a fait & donné ſes reçus des Cens & devoirs
de cette Terre ladite année 1613, dans leſquels
ſont ceux demandés au Sieur Delaire.

La même année 1614 cette Terre fut ſaiſie réellement,cette ſaiſie fut ſuivie & pourſuivie, en ſorte
que cette Seigneurie fut adjugée à M. Aléxandre
de S. Jullien & Dame Gabrielle de Thomaſſin,
par Decret du 22ᵉ. Août 1621, qui la revendi-
rent à M. Michel de Thomaſſin le dernier Mars
1623, par Contract reçus Chamerlat Notaire à
Montferrant pour le prix de 84000 liv. ſur lequel
Acquereur, elle fut ſaiſie réellement le 14ᵉ. May
1626, à la Requête de Jean Burelle, & de nouveau adjugée par Decret, le 3ᵉ. Juillet 1651, à
Antoine Dubuiſſon Ecuyer Seigneur de la Chaiſe,
lequel obtint des Lettres de Chancellerie, pour
la renovation du Terrier de Boucé le 17ᵉ. Octobre 1653, qui furent publiées, & en conſéquence
deſquelles, il fit proceder à la renovation dudit
Terrier,

Terrier, laquelle renovation a duré plusieurs années, *pendant lesquelles nulle prescription.*

En l'année 1657, cette Terre fut saisie réellement à la Requête des Dames Ursulines de Moulins
sur ledit Sieur Dubuisson, suivi de baux Judiciaires & adjugé à M. Pierre-Clapisson Dulin & à
Dame Marie Duvouldy sa femme le 31e. Août
1665, lesquels obtinrent des Lettres de Chancellerie pour la renovation du Terrier en 1675,
& firent renouveller le Terrier de cette Seigneurie
devant Ray Notaire, ce qui a duré jusqu'en l'année
1677 qu'elle fut saisie réellement de nouveau à
la Requête de Gilbert Cousin Sieur du Peage, &
adjugée par Sentence de la Sénéchaussée du 6e.
Juillet 1679 au Sieur Guillaud Seigneur de la
Motte, lequel décéda en 1684. & laissa Clement-
Eleodor Guillaud Comte de la Motte son fils mineur, mort au mois d'Octobre 1709 avant qu'il
eut ateint l'âge de majorité, qui laissa deux enfans
en très bas âge, sous la Tutelle de la Dame Com-
tesse de la Motte leur Mere, qui avoit formé la
demande au Sieur Delaire, sur laquelle est inter-
venue la Sentence du 3e. Avril 1724, en sorte
qu'il est sensible que ce Terrier de 1539 n'est pas
encore prescrit actuellement, n'y pouvant tout au
plus y avoüer que 15 à 16 ans de tems utile à la
prescription, par conféquent, il n'y en avoit aucune en 1676 qu'avoit commencé la premiere
année des reçus du nommé le Clerc, produits
en ladite instance, ce qui fait une preuve bien
complette de la bonne foi de ces reçus, & que ce

Vuu

n'eft point la mauvaife foi qui les a enfantés, dans
l'unique vue de relever une prefcription acquife,
& de faire revivre un droit éteint, comme l'a préfu-
mé cette Sentence du 3e. Avril 1724; préfomption

Caufe des Mi-
neurs toujours fa-
vorable.

d'autant moins favorable, que c'étoit la caufe des
mineurs, les intérêts defquels font toujours fous la
protection de la Juftice, furtout ces mineurs
étant reftés en très-bas âge au gouvernement d'une
Mere leur Tutrice, peu verfée dans les affaires,
& dont la crainte du divertiffement des Titres
fait fouvent que les affaires que ces Tutrices en-
treprennent périffent, faute de chercher & examiner à fonds des Titres & papiers fans ordre que
des Sailies réelles ont mis en confufion, n'étant
pas aifé de trouver de bons lecteurs & gens d'une
vraie confiance pour ces fortes de recherches, lefquels auroient trouvé dans ces archives les reçus
du même Receveur le Clerc des années 1674,
1675 & 1676 & nombre d'autres qui auroient
moins laiffé de tems apparent à la prefcription.

Cette préfomption eft fi fort des régles de l'équité,
qu'il a été jugé par nombre d'Arrêts en la même
Coûtume de Bourbonnois, que les fimples reçus
& preftations fuivies, ainfi que des reconnoiffances, faifoient préfumer que les Cens n'étoient pas
prefcrits, quoiqu'il y eût une intervalle confidérable entre la reconnoiffance primitive, & les reçus, plus que capable d'operer une jufte prefcription. L'Arrêt du 13 Août 1726, rendu au grand
Confeil, qui condamne le Sieur Thonier Subftitut
de M. le Procureur Général à Montluçon, à payer

dix années au Sieur Prieur de Notre - Dame de
Chappes, en eſt une preuve, en ce que le Défendeur oppoſoit que la preſcription étoit acquiſe
long-tems avant les reçus que le Prieur rapportoit;
la même queſtion avoit été jugée au même grand
Conſeil en faveur des Religieux de Souvigny,
de la même Province, contre le Sieur Dubois
Commiſſaire des guerres qui oppoſoit la preſcription à ces Religieux, qui l'écartoient par nombre
d'Actes poſtérieurs à l'année 1671, ſur leſquels
Dubois repliquoit que la preſcription étant une
fois acquiſe en 1671, tous les Actes poſtérieurs
rapportés étoient inutiles & infructueux. Enfin
par un dernier Arrêt de ce Tribunal du 8. May
1742, cette queſtion vient d'être jugée *in terminis*,
puiſque cet Arrêt condamne Gervais Baron à
payer à MeſſireLaurent-François de Montmorillon
Comte de Lyon, Prieur du Montez aux Moines
près de Moulins en Bourbonnois, les Cens portés
par les reconnoiſſances de 1506 ſur leſquelles la
demande étoit fondée, quoiqu'il n'y parût aucuns
Titres ni preſtations de payemens, depuis ce tems
juſqu'en 1641, raiſon pourquoi Baron oppoſoit la
preſcription qui paroiſſoit s'être écoulée dans cet
intervalle, ces Arrêts aſſurent donc que celui qui
paye & reconnoît un Titre ancien, qui à l'aſpect
de ſa datte paroit preſcrit, eſt cenſé le faire de
bonne foi, & avec connoiſſance que le Cens n'eſt
pas preſcrit.

Arrêt qui Ju-
ge que des preſ-
tations de paye-
ments, & recon-
noiſſances faites
plus de cent ans
après la recon-
noiſſance primiti-
ve aſſurent qu'el-
le n'eſt pas pre-
ſcrite.

PARAGRAPHE V.

Des Particuliers, Cenfitaires ne peuvent pre-
fcrire contre leur Seigneur.

QUESTION PREMIERE.

Qui font les perfonnes qui ne peuvent prefcrire le Cens.

Regiffeurs, Fermiers & Econo-mies ne peuvent prefcrire les Cens qu'ils doivent.

TOus ceux qui regiffent les Terres, pendant le cours de leur adminiftration, tels que les Fermiers, foit Judiciaires ou Conventionnels, Econdmes, Gardiens, Adjucataires des fruits, Receveurs Comptables, Dépofitaires, Sequeftres, Gardiens & généralement tous ceux qui regiffent & gouvernent, pour & au nom du Seigneur, ne peuvent oppofer aucune prefcription, pour les héritages qui font mouvans de la Seigneurie, dont ils ont l'adminiftration, pendant tout le tems de leur regie, parce qu'ils ne poffedent pas pour eux, & que quelque longue que puiffe être leur poffeffion, fut elle de mille ans, elle leur devient inutile à l'afpect du Titre qui les a établis.

QUESTION DEUXIE'ME.

N'y-a-t'il que ces fortes de Regiffeurs qui ne peuvent
prefcrire contre leur Seigneur?

Le Juge, Procureur Fifcal & homme d'affaire ne peuvent prefcrire.

L'on met encore dans ce nombre, les Officiers du Seigneur, tels que le Juge de la Seigneurie & le Procureur Fifcal, parce qu'ils ont une autorité,

une liaifon & des intelligences avec un Fermier
& un Regiffeur capables d'impreffion , d'ailleurs
la confidération finguliere que le Seigneur a pour
eux , peut obliger un Fermier à ne leur pas demander en Juftice ce qu'ils lui doivent , en forte
qu'ils reftent fouvent , pendant très-long tems ,
fans payer aucuns Cens , ou s'ils en payent, ce
n'eft fouvent qu'une très petite partie de ce qu'ils
doivent , pourquoi il faut diftraire du tems utile
à la prefcription , celui que ces Officiers auront
exercé leurs charges , l'Arrêt du Parlement du 28.
May 1683. rendu entre la Dame Abbeffe de Cupet
& le Sieur de la Chaife rapporté chap. 3. fect. 1.
queft. 13. fuprà en fait une preuve.

Les Tuteurs Cu-
rateurs & Inten-
dans , *idem.*

Il en doit être de même , des Tuteurs , Curateurs des Seigneurs des Intendans de leurs maifons , de leurs gens d'affaires & même du Commiffaire à Terriers , chargé de la renovation des
Terriers du Seigneur , s'ils ont du bien & des héritages dans la Directe , pendant tout le tems
qu'auront duré leurs fervices & la renovation des
Terriers.

QUESTION TROISIEME.

*Un Cenfitaire qui feroit le Vaffal d'un Seigneur pour
un Fief qu'il porteroit de lui, pourroit-il prefcrire les
Cens de fes héritages roturiers?*

Un Vaffal qui doit des Cens à fon Seigneur dominant dans une Coûtume , où le Cens eft pref-

Vaffal ne peut prefcrire pour les Cens qu'il doit à fon Seigneur.

criptible, ne peut pas lui oppofer la prefcription de fon fait, c'eft-à-dire du tems qu'il en a joui, à fuppofer qu'il en eût joui plus de trente ans fans payer aucun Cens, & l'on croit même que fi les héritages chargés de Cens étoient poffedés par le Vaffal qui l'a précedé comme faifant partie de fa Seigneurie, il ne pourroit validement oppofer la prefcription, il n'y auroit que le cas qu'il auroit acquis ces héritages des particuliers non vaffaux de fon Seigneur direct, où il pourroit oppofer la prefcription qui feroit acquife avant fon acquifition, parce qu'il y a une fi grande intimité entre le Seigneur & le Vaffal, qu'ils ne peuvent fe préjudicier l'un à l'autre.

QUESTION QUATRIE'ME.

Celui qui a été affranchi de la totalité ou de partie de fon Cens, ou de la condition dure de fon héritage par un titre vicieux, peut-il prefcrire ?

Un Titre vicieux empêche toute prefcription.

Tous les Auteurs conviennent qu'un titre vicieux ne peut autorifer aucune poffeffion, fut-elle de mille ans ; telle eft la Jurifprudence des Parlemens & du Grand Confeil qui jugent que quand le titre de la poffeffion eft vicieux & qu'il paroît, il empêche toute prefcription dans la perfonne de l'Acquereur & de fes héritiers, parce qu'il les met en mauvaife foi & s'éleve fans difcontinuation contre leur poffeffion : *perpetuo clamat.* Auzanet fur la Coûtume de Paris art. 118. les Notes

fur Dupleffis des prefcriptions, liv. 1. ch. 4. Arrêt du 20. Mars 1674. rapporté au Journal du Palais, Henris tom. 1. liv. 4. ch. 6. queft. 20. & tom.
2. liv. 4. queft. 48. en fait voir & établit la Jurifprudence & l'Equité.

QUESTION CINQUIE'ME.

Qu'eft-ce qu'un titre vicieux ?

C'eft un titre qui n'eft point revêtu des formalités prefcrites par les Loix & Ordonnances, foit
pour la forme de l'Acte, foit pour celle des objets qu'il comprend, telle que feroit une donation non acceptée, ni infinuée ; une aliénation
des biens de l'Eglife ou d'un mineur fans l'autorité de la Juftice ; le confentement du Supérieur
& des Parens, les publications requifes & autres
formalités ; il en feroit de même fi un grevé de
fubftitution avoit vendu & aliéné quelqu'héritage, s'il en avoit affranchi d'autres de la condition
de Taillable & de la Main-morte, diminué le Cens
ou vendu les Cens ; & autres difpofitions préjudiciables à l'héritier fubftitué, qui ne pourroient fubfifter par leur nullité.

Ce que c'eft
qu'un Titre vi-
cieux.

QUESTION SIXIE'ME.

Celui qui a acquis un héritage à la charge de payer le Cens au Seigneur peut-il prescrire?

Cette question se décide par la maxime ; nul ne prescrit contre son propre titre, cet acquereur n'a de titre primordial de sa possession, que son Contrat qui déclare son héritage censivable envers un tel Seigneur, & le charge de lui en payer les devoirs, n'est-ce pas le cas d'y appliquer encore cette autre maxime incontestable : *nemo potest mutare causam possessionis suæ*, qui veut que tous les actes de possession que cet Acquéreur renouvelle tous les jours par la jouissance, soient toujours censés conformes à son titre, ce sont autant d'actes qu'ils confirment, c'est le sentiment des Canonistes sur le ch. *vigilanti de prescript. cap. dudum ext. de decim. & cap. bonæ fidei de reg. juris in 6.* qui tiennent que *titulus requiritur ubicumque jus commune resistit præscribenti, quia tunc est præscriptio malæ fidei, mol. cap.* 1. *verbo petente de præsumpt. in 6. Idem Molin consil.* 10. *num* 14.

La Coûtume de Paris en fait une Loi précise en l'art. 123. en disant que le détempteur ne peut prescrire le Cens s'il a acquis l'héritage à la charge de le payer, c'est ce qui a été jugé par Arrêt du . . . . 1740. au rapport de Mr. de Viennes en faveur du sieur Comte de Chabannes, Seigneur

de

Celui qui a acquis à la charge de payer le Cens, ne peut pas prescrire.

de la Paliſſe en Bourbonnois, contre la veuve de
François le Febvre qui avoit acquis, *à la charge de*
payer les Cens & devoirs qui ſe trouveroient dûs ſur les
héritages vendus, laquelle oppoſoit la preſcription
dont elle fut déboutée ; cet Arrêt juge donc que
cet Acte opere une reconnoiſſance parfaite contre laquelle le Cenſitaire ne peut preſcrire.

QUESTION SEPTIE'ME.

Si par fraude entre l'Acquéreur d'un héritage & le
vendeur , l'ancien propriétaire payoit toujours le
Cens dû au Seigneur pendant aſſez de tems pour preſ-
crire , l'Acquéreur qui n'auroit point payé , pourroit-
il valablement oppoſer la preſcription ?

Deux choſes s'oppoſent à cette prétention, la
premiere , c'eſt que pour preſcrire , il faut que la
poſſeſſion ou la ceſſation de payement ſoit accompagnée de la bonne foi, ſans quoi elle ne peut
être oppoſée , ici la mauvaiſe foi eſt évidente , & *Mauvaiſe foi qui empéche la preſcription.*
le Vendeur n'a pu payer le Cens d'un héritage
qu'il ne poſſede plus, que d'intelligence & à la
priere de l'Acquéreur , qui mériteroit la peine de
la commiſe de ſon héritage au profit du Seigneur,
en punition du deſſein formel de preſcrire le
Cens & la Directe.

La ſeconde eſt que cette fraude n'eſt point to-
lerée, & qu'il a été ainſi jugé en la Coûtume de *Tant que le Sei-gneur eſt ſervion ne peut preſcrire contre lui.*
Nivernois : ſuivant l'art. 6. du c. 36. de cette Coû-
tume, par Arrêt rapporté par M. Louet, let. C. n.

X x x

21. lequel article porte : » Si aucun vend ou tranf-
» porte héritages ou chofes immuables par lui te-
» nues à cens , rente ou autre devoir d'aucun Sei-
» gneur , & tel aliénant , après ladite aliénation,
» continue le payement dudit devoir & char-
» ge dudit héritage ainfi vendu ; en ce cas ne court
» prefcription dudit devoir ou charge au profit
» de l'Acquéreur , ou autres ayant de lui caufe
» pour quelque laps de tems qu'il le poffede , juf-
» qu'à ce que le Seigneur direct foit dûement in-
» formé de ladite aliénation : Coquille au titre des
» Prefcriptions , en rend la raifon & dit que c'eft
» parce que le Seigneur direct jouiffant des droits
» à lui acquis fur tout le ténement , a confervé fa
» poffeffion fur fa totalité, & n'a interverti fondroit,
» qui ne peut l'être qu'il n'ait fçu la vente & le
» démembrement , l'art. 187. de la Coûtume
» d'Auxerre. »

L'art. 14. du ch. 12. de la Coûtume de Berry , & l'art. 32. de celle de Bourbonnois ont femblables difpofitions ; les articles s'expliquent &
doivent s'expliquer par les articles 79. & 80. de
la même Coûtume de Bourbonnois, qui veulent
que tous vendeurs d'héritages déclarent précifément , les Cens, Rentes & Charges dûs fur iceux ,
& que s'ils les vendent franchement & qu'elles
foient chargées des Cens & Rentes réelles , ils
foient punis comme fauffaires , c'eft donc la raifon de l'art. 32. qui veut que nulle prefcription ne
courre au profit de l'Acquéreur , ou de fes ayans

Raifons de dé-
cider en faveur du
Seigneur.

Vendeurs d'hé-
ritages qui décla-
rent dans le Con-
trat qu'ils font
francs & qui fe
trouvent chargés
de Cens , doivent
être punis com-
me fauffaires.

caufes, parce que ce n'eft que par collufion , & une intelligence criminelle & de mauvaife foi , que le Vendeur qui n'eft plus propriétaire , paye le Cens de la terre de fon acquéreur.

Cette obligation de la part du Vendeur eft fi étroite, & en même tems fi intéreffante pour le Roi , les Seigneurs & le public , qu'il en a été dans tous les tems , renouvellé la Loi qui les pref- crit , les Ordonnances du mois d'Août 1539. de Décembre 1540. Mai 1579. & Janvier 1629. en contiennent des difpofitions précifes ; l'Arrêt du Confeil du 26. Avril 1712. porte la peine de 100. liv. contre les Notaires qui ne feront point men- tion dans tous les Actes tranflatifs de propriété , d'où les héritages relevent en Fief ou en Rotu- res & leurs charges envers les Seigneurs dont ils font mouvans, & comme cette peine n'a pû ar- rêter la licence & la mauvaife foi des Vendeurs & Acquéreurs, Sa Majefté par fon Arrêt du 29. Août 1721. a renouvellé les difpofitions des an- ciennes Ordonnances, & a enjoint aux Notaires & aux parties contractantes , de faire mention de la nature des biens vendus , s'ils font en Fief ou en Roture , & d'y défigner le Fief d'où ils relevent, & les Charges & Cens defdits biens à peine *de nullité defdits Actes & de trois cens livres d'amende* pour chacune contravention , tant contre les par- ties contractantes , que contre les Notaires , fans que cette peine puiffe être remife , moderée , ni régardée comme comminatoire , & comme ces

X x x ij

Ordonnances qui prefcrivent aux vendeurs de déclarer les char- ges de leurs héri- tages.

Peines de nul- lité & d'amende.

Ordonnances quoiqu'infiniment juftes, ne font nullement obfervées furtout dans les Pays où la prefcription a lieu; il feroit à fouhaiter que cela fut plus exactement obfervé,& même fous la peine de commife de l'héritage vendu au profit du Roi ou du Seigneur direct, comme il eft ftatué par la Coûtume du Comté de Bourgogne, ch. 12. contre cette fraude, ainfi qu'il eft rapporté par Grivel, décif. 58. c'eft ce qui fut précifément ordonné par l'Edit des Infcriptions fait par le Duc Emmanuel-Philibert de Savoye l'an 1563. qui fe voit au Livre de *Stylus Regius* p. 152. par lequel ce Prince avoit ordonné, que tous ceux qui vendroient dorénavant ou remettroient des biens cenfuels ou emphiteuticaires, feroient tenus de déclarer dans les Contrats les Fiefs, cenfives directes, & emphitéofes, de laquelle ils font mouvans, à peine de *Commife*, à quoi font conformes les Arrêts des 26. Octobre 1540. & 2. Mars 1565, rapportés par Papon, & que nous avons cité queft. 8. du §. 5. de la fect. 3. du ch. 4. *fuprà*. avec même peine de 300. livres d'amende contre les Notaires qui ne fpécifieroient pas la cenfive d'où dépendent les héritages vendus, en ce qu'il y en a nombre, qui au lieu d'exciter les Vendeurs & Acquereurs à faire cette mention de bonne foi, font les premiers à les en empêcher, & à leur perfuader qu'il fuffit d'exprimer dans les Contrats, que *l'héritage eft chargé de Cens & Devoirs Seigneuriaux envers les Seigneurs qu'il appartiendra, que les Vendeurs n'ont pu déclarer pour ne le fçavoir*; ils y ajoutent mê-

Fautes que les Notaires de Province commettent à la paffation d'un Contrat de vente.

me : *si aucuns Cens sont dus & non prescrits pour n'en avoir jamais payé*, ce qui est une supercherie & une fraude punissable qui mériteroit des peines de commise, & au Notaire celle de l'amende prononcée par les Ordonnances rapportées, parce qu'indépendamment du tort que, cela fait aux Seigneurs, cela occasionne des procès entre les Censitaires Porteurs de Contrats, qui ont pareilles énonciations, à la faveur desquelles ils soutiennent opiniâtrement des procès qui les ruinent, & les consomment en frais, en opposant la prescription à leur Seigneur, ce qui est plus disgracieux & plus à charge pour eux-mêmes, que pour les Seigneurs.

Peines que mériteroit cette supercherie.

QUESTION HUITIE'ME.

Si celui, dont le Codétempteur paye régulierement le Cens au Seigneur & qui n'a rien payé pendant 30. ans n'a pas prescrit envers le Seigneur & son Codétempteur.

Cette question se décide par la précédente en ce que s'il est des maximes établies, ainsi que nous l'avons prouvé dans la quest. 2. du §. 4. de ce ch. que tant que le Seigneur est payé de son Cens entier, il ne peut courir aucune prescription contre lui ; il en faut tirer la conséquence, que ce particulier n'ayant pas prescrit envers son Seigneur, il n'a pas prescrit contre son Codétempteur : parce que la possession du Seigneur lui sert contre tous ; c'est le sentiment de Mr. Poquet de

Tant que le Seigneur est payé de son Cens, on ne peut prescrire contre lui.

Livoniere en son Traité des Fiefs livre 6. ch. 1.
sect. 3. n 12. qui établit sur les mêmes principes
que Me. Dunod, que le payement fait par l'un des
solidaires, ou les poursuites faites contre l'un d'eux,
empêchent la prescription des autres à l'égard du
Seigneur, selon la maxime : *factum corvei, nocet
corveo* : tirée de la Loi derniere au Cod. *de duobus
reis*. Les Auteurs distinguent en cette question si
le Seigneur a été payé de tout son Cens en entier,
ou simplement d'une partie, & sont de sentiment, que dans le dernier cas, le Codétempteur
qui n'a rien payé, pourroit avoir acquis prescription, par la raison que ce qui dépend du Cens,
que le Seigneur n'a pas reçu, peut être la partie
que devoit supporter l'héritage possedé par le Codétempteur qui n'a rien payé.

Distinction à l'égard des Co-détempteurs.

QUESTION NEUVIE'ME.

Comment se prescrit la division du Cens ?

De la division du Cens.

La prescription de la division du Cens n'a rien
de commun avec la prescription du Cens, comme le dit Basmaison sur l'art. 19. du tit. 21. de la
Coûtume d'Auvergne ; car dit-il celui qui des emphitéotes possesseurs de partie du fonds censier qui
ne paye aucun Cens par 30. ans, prescrit la liberté du fond, par l'art. 6. des prescriptions, si les
Coténanciers de la Pagésie n'ont fait payement
de tout le cens, & qu'audit art. 19. il est présup-
posé que tout le cens est payé par prestations par-

ticulieres qui ne font point de divifion du cens,
d'où réfulte la difference de ces deux articles;
l'un difpofant de la prefcription du cens, & l'autre de la divifion du cens.

Et fur l'art. 6. du tit. 17. il dit : de même, fi
par la quittance ou autre preuve, il paroît que le
payement de partie du cens eût été fait indétermi-
némént, à fçavoir en ces mots: (Reçû en déduction du cens, ou pour portion du cens, ou fur
les cens ou à compte des cens pour tel héritage)
fans autre détermination certaine, ce ne feroit pas
divifer le cens, quitter ni remettre ce que le cens
monte de plus que le contenu en l'acquit, & cette preftation conferve la totalité du cens par le
payement de partie d'icelui, d'autant que cette
preftation particuliere n'eft pas reftrainte, limitée
ni déterminée à un cens préfix, & en ce cas le
payement dudit cens n'opere pas une prefcription de l'autre partie ; foit que le cens foit dû pour
l'héritage certain, ou impofé fur un ténement pof-
fedé par divers Ténanciers, au contraire il ope-
rera au Seigneur la confervation de toute la
redevance cenfiere, tout ainfi que la cenfive & directe eft confervée en fon uniformité fur la totalité du ténement, par le payement fait de tout le
cens par un feul emphiteote propriétaire de la
moindre partie du ténement, fans que les Coténanciers qui n'ont rien payé pendant 30. ans puiffent alléguer aucune prefcription.

D'où il réfulte qu'il n'y a que le cas où le Seigneur n'eft pas payé de fon cens en entier partous

Lorfque le Sei-
gneur a reçu à
compte, le Cens
n'eft point divifé.

Nulle prefcri-
ption contre le
Seigneur qui eft
payé de fon Cens
entier.

les Cenfitaires, que l'un d'eux qui n'auroit rien payé puiſſe preſcrire la partie du même cens non payée, c'eſt ce qui eſt expliqué parM^e.Dunod en ſon Traité des preſcriptions en ces termes:

» Les devoirs peuvent être preſcrits en partie, » & la quotité diminuée par l'uſage, lorſqu'en » donnant quittance, l'on reçoit la partie comme » le tout, & non pas comme la partie du tout.

Exception pour la quotité.

QUESTION DIXIE'ME.

Celui qui a paſſé Déclaration & Reconnoiſſance au Terrier du Seigneur, peut-il preſcrire?

Celui qui a reconnu ne peut pas preſcrire.

Tous les Auteurs en général conviennent que celui qui a reconnu, ne peut pas preſcrire de ſon vivant, la difficulté ſe réduit à ſçavoir, en ne rapportant pas le Mortuaire du Reconnoiſſant, qu'elle eſpace de tems l'on doit donner à ſa vie & ſi ſon héritier peut commencer à preſcrire.

Durée de la vie de l'homme ſuivant la Coûtume de Bourbonnois.

A l'égard de la durée de la vie que l'on donne au Cenſitaire qui a reconnu, nulle Coûtume ne la fixe, lorſqu'elle eſt incertaine & n'eſt conſtatée par aucun Acte, en ce cas, il ſemble qu'en cette obſcurité il convient de ſuivre l'uſage de la Coûtume du Bourbonnois, appellée la ſage Coûtume, en ce qu'elle préſume que celui qui a reconnu, avoit l'âge de majorité accomplie, c'eſtà-dire, 25. ans lors de ſa Reconnoiſſance, & que comme l'âge de l'homme eſt déterminé à 100. ans, elle ajoute 75. ans après ſa Reconnoiſſance,

pendant

pendant lefquels elle admet toute ceffation de prefcription, mais auffi elle fait commencer la prefcription à l'héritier de celui qui a reconnu, ce qui n'eft point pratiqué dans les autres Coûtumes, ni en pays de Droit-Ecrit, où l'héritier de celui qui a reconnu, ne peut commencer à prefcrire, parce qu'il eft tenu des faits de celui qu'il repréfente, ce qui eft équitable, & ce n'eft fans doute que par la confidération que l'héritier commence à prefcrire, que l'ufage de cette Coûtume s'eft introduit, d'ajouter 75. ans après la date de la reconnoiffance de celui qui a reconnu.

En cette Coûtume l'héritier peut commencer à prefcrire.

Il en eft de même de celui qui a été condamné à payer le Cens, & tel eft l'ufage de la Coûtume de Bourbonnois fur l'art. 22. ainfi que l'attefte M^e. Auroux en fon Commentaire fur cet article nomb. 12. ce qui a été confirmé par plufieurs Arrêts, & entre autres par celui rendu au profit de la Dame Marquife de la Roche-Aimond contre les nommés Breton & Villette, le . . . . . 1734. & autres Arrêts au profit du fieur de Montgeorge.

Celui qui a été condamné ne prefcrit point.

Arrêts qui ont jugé que l'on ajoute 25. ans à la Reconnoiffance pour la vie du Reconnoiffant.

QUESTION ONZIE'ME.

Celui qui s'eft aggrandi dans l'héritage de fon voifin & qui a joui de cet aggrandiffement, peut-il le prefcrire s'il en a joui pendant un tems fuffifant?

Il y a des diftinctions à faire fur cette queftion: une premiere qui feule pourroit fuffire, eft de fçavoir fi lorfque celui dont l'héritage fe trouve aggrandi, cet aggrandissement est de son fait, ou si c'est par celui de son Métayer ou Fermier, au premier cas, il ne peut pas prescrire s'il est vrai, comme nous l'avons prouvé, qu'il faut que la possession soit accompagnée de la bonne foi qui ne pourroit se trouver chez lui; & sur laquelle, & sur les faits de cette usurpation, celui qui auroit lieu de se plaindre, pourroit lui demander son serment.

Usurpation faite sans la participation du Maire.

Au second cas, il pourroit s'être fait que l'usurpation se fût faite sans la participation du vrai propriétaire qui, au moyen de ce, auroit toute la bonne foi nécessaire pour prescrire, sur laquelle bonne foi, toutesfois le voisin auroit lieu de lui demander son serment ; mais s'il y avoit des bornes entre ces deux héritages qui eussent été couvertes & cachées pendant un long-tems, & qui se fussent retrouvées & dont l'apparence décidât qu'elles servoient de limites entr'eux, en ce cas, il n'a pu courir aucune prescription par l'occupation faite par celui qui s'est aggrandi sur son voisin, par la raison que les bornes sont des titres communs entre les propriétaires, & que nul ne

Les bornes sont des Titres communs qui empêchent toute prescription.

prescrit contre son propre titre suivant la Loi : *quinque pedum, Cod. fin. regund.* Potier sur l'art. 519. de Bourbonnois.

La Coûtume de la Salle-Chatellenie d'Ypre porte : « Quiconque seroit trouvé qu'il déplaçât » des bornes, les fît enfoncer, ou les obscurcît » par autres moyens, celui-là encoureroit l'amen-

Peines contre ceux qui déplacent les bornes.

» de de 60. liv. *Parisis* & par-dessus payeroit à la » Partie les dépens, dommages & intérêts à la

» difcrétion des Echevins , & fi le déplacement
» l'enfoncement ou l'obfcurciffement arrivoit
» pendant la nuit , il feroit puni pour crime , &
» pour le Civil , à difcrétion ; l'art. 5. de la Coûtume de la Ville & Châtellenie de Bailleul rubr.
29. porte : » quiconque ôte , change de fituation
» ou fait enfoncer par dol quelque borne , fera
» puni du foüet , du banniffement ou d'autre pu-
» nition arbitraire » Mᵉ. Henris a traité cette queftion très-doctement , tome 1. liv. 4. ch. 6. queft.
82. & la réfout avec le fentiment de Tronçon fur
la Coûtume de Paris , art. 118. & tient que les
bornes font des titres imprefcriptibles , M. Cho-
rier fur Guypape , liv. 5. fect. 4. art. 8. rapporte
un Arrêt du Parlement de Grenoble de 1666. qui
l'a jugé ainfi.

Arrêt qui en
détermine les pei-
nes.

 Romulus avoit ordonné que celui qui outre pafferoit fes bornes & limites , perdroit entierement
fon héritage , lequel pour punition de fon crime feroit adjugé à fon voifin ; cette Loi a été confirmée par l'Empereur Conftantin.

 Mr Dargentré fur l'art. 590. de la Coûtume
de Bretagne , s'éleve contre ces fortes d'entrepri-
fes avec beaucoup d'indignation & de févérité ,
& dit que c'eft un des plus grands crimes de la
focieté publique , que d'ôter & paffer les bornes ,
que cela étoit regardé par la Loi des douze Tables comme un crime très-confidérable. Bugnon
Loix abrogées liv. 2. fect. 146. Bouchel *verbo*
Bornes , Coûtume du Boulonnois, art. 30. Melun ,
art. 15. Saint Omer , art. 14. Bourb. art. 164. Ar-

tois 59. Amiens, 245. ont de pareilles difpofitions.

QUESTION DOUZIE'ME.

Dans ces deux premiers cas , que fera le Commiffaire
pour faire reconnoiftre ces héritages.

Ce fera de faire rapporter les Titres de l'Ufur-
pateur , & d'examiner d'où provient fon héritage,
s'il y eft confiné & déterminé à une certaine contenue , telle qu'un arpent , & qu'il s'en trouve poffeder un arpent & demi , ce qui eft au préjudice
de fon voifin , auquel cas , s'il eft reglé & décidé
que celui qui s'eft aggrandi , a prefcrit légitimement (& que fon Titre d'acquifition qui fpécifie
& fixe fa contenue , ne foit pas un empêchement
perpétuel pour prefcrire , étant fon propre Titre)
en ce cas , il lui fera paffer fa Reconnoiffance pour
fon héritage ancien , conformément à fes Contrats & au Terrier du Seigneur ; dans un article
féparé , & pour le furplus , il le fera reconnoître
avec celui qui a perdu partie de fon héritage , &
obliger folidairement entr'eux au payement du
cens , fauf à eux à fe divifer pour chacun leur portion.

Un titre d'ac-
quifition eft un
empêchement à
la prefcription
d'une plus grande
contenue qu'il
n'énonce.

QUESTION TREIZIE'ME.

Mais si celui qui aura prescrit la propriété de l'héritage par 30. ou 40. ans, & qui n'aura sans doute payé aucun Cens au Seigneur, par conséquent il aura prescrit & il ne voudra reconnoistre.

Nous avons fait voir à la question VII. du présent paragraphe *suprà*, qu'il suffit que le Seigneur soit payé de son Cens pour ne pouvoir prescrire ; or il n'y a nul doute que celui sur lequel s'est fait cette usurpation, n'ait toujours servi & payé le cens entier au Seigneur, au moins faut-il le présumer, en sorte que si ce fait est constant, il ne peut y avoir de prescription contre le Seigneur, qui a par devers lui son Terrier, sa liéve & les reçus qui prouvent que celui sur lequel s'est fait cette usurpation, & ses Auteurs ont toujours payé le Cens, ce qui a conservé ses droits, sur toutes les parties intégrantes de l'héritage, sans que la prescription ait été entamée.

QUESTION QUATORZIE'ME.

Celui qui s'est aggrandi sur une place vacante, & qui en a joui pendant un tems suffisant pour prescrire, peut-il se maintenir en sa possession ?

Comme les places vagues & hermes, sont & appartiennent au Seigneur Haut-Justicier, suivant le Droit François, il ne s'agit en cette question, que d'examiner s'il n'y a eu aucun empêchement à la prescription de la part du Seigneur, parce que s'il y en a eu de l'espece que nous avons détaillé ci-devant, ce particulier qui croit avoir acquis prescription par 30. ans de possession, n'aura acquis aucun droit.

Il faudra de plus observer, si le Seigneur Haut-Justicier a droit de lever & leve en effet un droit de blairie ou de vaine pâture sur ses justiciables, **Les places vaines & vagues où une Communauté a droit ne peuvent être prescrites.** auquel cas, comme ce droit est établi en faveur de tous les Justiciables, pour la permission de faire paître & paccager leurs bestiaux de toutes espéces dans les chemins & places vagues, il suivra de là que la communauté des Justiciables de la Seigneurie auroit droit à cette place vague, & par conséquent empêcheroit toute prescription, tant parce que c'est une chose publique, non prescriptible, que parce que dans une communauté il y a toujours des mineurs, aucune prescription ne peut courir contr'elle; l'ancienne Coûtume de Bourbonnois ch. 8. art. 1. dit: » que ne sont réputées terres hermes & vacantes les terres ou pâturaux dont aucunes Villes, Villages & autres Communautés jouissent, pour leur aisance, & sans préjudice des droits Seigneuriaux, blairies ou autres que les Seigneurs Justiciers ont accoûtumé prendre.»

QUESTION QUINZIE'ME.

Celui qui s'est étendu & a renfermé dans son entier une place commune, à la faveur d'un bois ou héritage voisin, & s'en est emparé, peut-il se maintenir en sa possession comme en ayant acquis la propriété?

Nous ne voyons ces sortes d'usurpations que dans des Seigneuries qui ont appartenu à des Hauts & Grands Seigneurs éloignés de leurs terres, occupés aux grandes charges de la Couronne & aux Armées du Roi, ou en minorité, ou dont les Seigneuries sont saisies réellement parce que ceux qui se sont trouvés à portée de s'emparer des communes qui joignoient quelques-uns de leurs héritages, n'ont profité de ces tems critiques pour se les approprier, & souvent nous trouvons que ces usurpations ont été tolerées par les Capitaines, Intendans & gens d'affaires du Seigneur, au vû & sçû desquels elles ont été faites, que parce que ces gens d'affaires, habitans des lieux, s'approprient eux-mêmes les biens & héritages du Domaine de la Seigneurie, en sorte que la premiere faute est souvent venue des Gens commis & préposés pour veiller aux intérêts du Seigneur, qui n'ont servi que d'exemple aux usurpateurs qui les ont imités.

Si pareille chose est arrivée, & que le Commissaire en cartant son Terrier, & ceux qu'il pourra y avoir joint, trouve que tous les differens hé-

Une place commune ne peut être prescrite par une Communauté.

ritages dont il aura rempli une carte, entourent & rappellent uniformement une place commune, laquelle place entourée de confins, la plûpart immuables, est au milieu de cette carte, & que par le plan nouveau qu'il aura levé, de tout ce canton, il trouve que cette place est possedée par un particulier, lequel à la faveur d'un bois qui étoit joignant cette place, s'est emparé insensiblement de la totalité de cette commune ; dans cet état, le Commissaire fera toutes les recherches convenables pour sçavoir depuis quel tems ce particulier s'est mis en possession de la commune, parce que quoique ces sortes d'héritages ne puissent se prescrire par aucun tems, il est toujours intéressant de sçavoir en quel tems a commencé cette entreprise, afin d'examiner si cela se trouve dans un temps critique, tel que de minorité, substitution, saisie réelle ou autres cas semblables.

Edits & Arrêts, qui le décident.

A l'égard de la prescription, nul particulier ne peut l'acquérir, parce qu'une place de cette espéce appartient au fisc & à la Communauté des Justiciables contre lesquels nul ne peut prescrire ; ce sont des faits décidés par l'Edit du mois de Mars 1644. déclaration des 20. Décembre 1658. le 22. Juin 1659 Edit du mois d'Avril 1667. 6. & 27. Novembre 1677. lesquels permettent aux Maires, Echevins, Manans & Habitans des Villes, Bourgs, Villages & Hameaux du Royaume, de rentrer dans leurs Communaux alienés & usurpés depuis l'année 1555. de plain droit & sans

aucune

aucune formalité de Juftice ; ces Ordonnances font conformes au Droit Romain & à la difpofition de la Loi, *quamvis faltus ff. de aquir. poffeff.* qui dit qu'encore que quelqu'un foit entré dans des bois & communaux dans le deffein d'y acquérir poffeffion, cela n'ôte aucun droit aux vrais Maîtres, parce qu'ils font toujours cenfés fe conferver non feulement leur droit, mais même leur poffeffion, *quandiu poffeffionem ab alio occupatam ignorant*, Guypape en fa décifion 573. & Ferrer. fur cette décifion, conviennent que ce droit ne peut s'acquérir par prefcription, fans doute parce qu'ils regardent ce droit comme étant de mere faculté, c'eft le fentiment de M. Dunod dans fon Traité des prefcriptions, partie 1. ch. 12. enfin il fuffit d'annoncer & de rapporter les Ordonnances de nos Rois qui permettent aux vrais propriétaires de ces fortes de places, de s'en mettre en poffeffion de plein droit fans formalité de Juftice pour lever tous les doutes.

QUESTION SEIZIE'ME.

Celui qui a renfermé dans fes héritages un chemin & fentier public, peut-il le prefcrire ?

Comme les chemins font au nombre des chofes publiques, ils font par conféquent au rang des chofes imprefcriptibles, ce font des termes, des bornes & des limites dont il n'eft permis à perfonne de s'emparer & qu'on ne peut détruire, c'eft un crime

Z zz

Les chemins &
voyes publiques
ne peuvent se pres-
crire.

d'arracher & ôter les termes & bornes des héritages, parce que c'est un vol que les Loix punis-
sent du foüet & du bannissement, & outre ce de
la condamnation des dommages & intérêts ; Moï-
se ce grand Législateur donnoit malédiction à celui qui ôteroit les bornes du lieu où elles avoient
été mises : *non assumes & transferes terminos proxi-*

Ceux qui les
usurpent méritent
de grandes puni-
tions.

mi tui , quos fixerunt priores in possessione tua , quam
Dominus Deus tuus dabit tibi in terra quam acceperis
possidendam : Deut. ch. 19. v. 14. ce qui est confirmé ch. 27. v. 17. Salom. Proverb. 22. v. 28. &
ch. 23. v. 10. l'Empereur Adrien au rapport de
Calistrate , condamnoit ceux qui avoient commis
une action si mauvaise , selon la qualité & condition des personnes ; sçavoir , les plus éminentes
en bannissement pour un tems , les autres au foüet
& aux galeres.

Conséquence du
tort que fait l'u-
surpation du che-
mins tant aux Sei-
gneurs qu'au Pu-
blic.

En effet , l'usurpation des chemins est d'une
conséquence infinie, il ne s'agit pas en cela d'une
simple borne qui ne divise souvent que deux
héritages des plus simples particuliers , mais il n'en
est pas de même d'un chemin qui indépendamment qu'il est établi pour le bien, la societé & le
commerce du public, fait encore le terme &
la limite , non seulement de nombre d'héritages
possedés par différens particuliers de l'un & l'autre
côté de ce chemin ; mais encore la division
& la limite de differentes directes & Censives , des fiefs , dîmes , & même des Justices , toutes lesquelles choses sont des plus
considérables & des plus interressantes au Roi ,

qui s'y trouve souvent interreffé, aux Seigneurs,
aux Curés & aux Vaffaux , & Seigneurs de Fief,
qui par la culture & l'effacement de ces chemins,
font réduits à faire des Enquêtes couteufes & fouvent incertaines , ce qui les entraîne dans les
plus grands procès , indépendemment des droits,
que cela leur fait perdre par l'obfcurité où cela
jette leurs Terriers, dont le terrain défiguré par
la rupture de ces chemins , ne peut aifément fe reconnoître ; toutes ces chofes confiderées , bien
éloigné que celui qui a détruit, enclos & renfermé un chemin public, ou empieté fur icelui puiffe en prefcrire l'occupation , il doit être condamné à le rétablir dans toute fon étendue avec les
peines que les Loix impofent pour ce crime.

QUESTION DIX-SEPTIE'ME.

Si un héritage qui ne contient qu'une certaine contenue
limitée , peut être aggrandi par des cas fortuits , tels
que par un accroiffement de Riviere, & fi le pro-
priétaire de cet héritage peut profiter & acquérir par
la poffeffion cet aggrandiffement ?

Il faut diftinguer trois chofes en cette queftion ;
la premiere , fi un héritage limité & fixé en contenuë peut être accru & augmenté par accident au
profit du propriétaire. La feconde , fi cet accroiffement s'eft fait tout à coup & fubitement , & la
troifiéme s'il ne s'eft fait que peu à peu & infenfiblement.

Z z zij

À l'égard de la premiere, elle fe décide par la Loi, *in agris limitatis*, & il ne s'agit que de fçavoir fi cette Loi eft ufitée & a lieu en France. M. Duperier dans fes queftions notables de Droit, liv. 2. queft. 3. agite cette queftion avec fa folidité ordinaire, & décide qu'elle ne doit pas avoir lieu en France, qu'il fonde fur differentes raifons, & la principale eft qu'il eft naturel que celui qui eft continuellement expofé aux irruptions & ravages d'une Riviere qui altere fon fonds, profite quelquefois d'un bénéfice que le hazard ne fait naître que bien rarement.

À l'égard de l'accroiffement fubit qui peut arriver par le cours rapide d'une riviere qu'on n'a pû prévoir en un mot, *vi fluminis* ; cet accroiffement ne peut appartenir au propriétaire parce qu'il doit faire le lit & emplacement de la riviere qui s'eft retirée tout à coup, or le lit de la riviere appartient au Seigneur Haut-Jufticier fans contredit, par conféquent il ne peut accroître à fon préjudice à un particulier riverain, par la raifon, que la riviere en fe détournant fubitement a pris un cours étranger à travers des autres terres de fa Juftice & directe qu'elle ruine, & diminue fes droits, & qu'il ne peut en être indemnifé que par l'emplacement de l'ancien lit de la riviere qui eft à lui de droit, n'étant pas jufte que ce propriétaire dont le champ eft limité, profitât d'une accruë au de-là de ce qui lui a été concedé originairement, & c'eft dans ce fens que l'on doit entendre la Loi, *in agris limitatis*, & non autrement, il eft vrai que

La Loi *in agris limitatis*, n'a pas lieu en France.

Le lit d'une Riviere appartient au Seigneur haut Jufticier.

si lors de l'accruë subite jointe à l'héritage, cet héritage n'avoit pas sa contenuë, pour avoir été al-
terée & partie emportée par la riviere ; il faudroit
faire prendre dans cette accruë tout ce qui manquoit de contenuë à cet héritage, & la faire conformément aux titres, le Seigneur ne pouvant
profiter que du surplus de cette contenuë.

Comme l'on doit entendre *in agris limitatis.*

Quant à l'accroissement qui s'est fait insensiblement & peu à peu par une véritable alluvion,
quæ est incrementum latens, la difficulté est plus grande, M. Duperier, *loco citato*, fait à ce sujet de
judicieuses distinctions, parce, dit-il, que nous
n'avons point de champ parmi nous qui n'ait été
acquis sous des bornes certaines, que les distinctions que M. Charles du Moulin & les autres Docteurs y apportent entre les bornes perpétuelles &
immuables, & celles qui se changent & s'alterent
facilement, n'ont point de raisons solides ; parce que l'alluvion ne peut jamais arriver qu'aux
champs bornés d'une riviere qui est une borne
perpétuelle & immuable, quoique son assiette soit
flotante & sujette à quelque changement & altération, & ne pourroit jamais avoir lieu, si tous les
champs bornés en étoient privés, & que de-là il
s'en suivroit une injustice insupportable, en ce que
ces champs bornés & limités pourroient recevoir
de la diminution & du dommage, par l'inondation, & ne pourroient jamais en être récompen-
sés par le bénéfice de l'alluvion, c'est la disposition de l'art. 212. du titre 15. de la Coûtume de
Bar ; ensorte que ce sentiment paroît devoir être

De l'alluvion & de ses effets.

suivi, ceux qui voudront s'inftruire plus ample-
ment fur cette matiere pourront voir Mr Duperier au lieu cité ; M. Charles du Moulin fur le §.
1. du titre des Fiefs de la Coûtume de Paris, Mr.
Henris, tome 2. liv. 3. queft. 30.

QUESTION DIX-HUITIE'ME.

Un particulier a une terre de 12. *arpens près des hé-*
ritages de fon Seigneur, une riviere entre deux, &
duquel héritage il paye le cens à ce Seigneur, la ri-
viere mange & détruit une grande partie de la Ter-
re du particulier, à un dégré qu'il ne lui en refte pas
plus d'un arpent, & laiffe de l'autre côté une gran-
de efpace de Terrain joint à l'héritage du Seigneur
qui en jouit comme du fien, l'on demande fi le Sei-
gneur peut prefcrire cette partie jointe à la fienne, &
fi le propriétaire n'eft pas en droit de reclamer le fur-
plus dont le Seigneur jouit?

**Motte-Ferme eft
confervatrice au
Propriétaire.**

La Coûtume de Bourbonnois art. 342. porte :
» Motte-Ferme eft confervatrice au Seigneur pro-
» priétaire, très-foncier en telle maniere que fi
» la riviere noye ou inonde une partie de l'héri-
» tage d'aucunSeigneur, la partie qui demeure en
» terre ferme & non inondée conferve droit au
» propriétaire de la partie inondée, tellement que
» fi la riviere par trait de tems, laiffe ladite partie
» inondée, le Seigneur propriétaire la reprendra
» & ne fera en ce cas au Seigneur Haut-Jufticier;
cet article eft prefque général en France, l'art.

212. de la Coûtume de Bar, réfout feul la queftion, il porte : » celui qui perd fon héritage ou partie » d'icelui par le moyen du cours de la riviere en » peut reprendre autant de l'autre côté , moyen- » nant que le voifin dudit côté ait ce qui lui appar- » tient, lefentiment de M. Charles du Moulin fur la » Coûtume locale de Vic en Auvergne , eft fem- » blable; il dit que riviere qui prend aucune poffef- » fion par inondations ou autrement petit à petit , » de-çà ou de-là l'eau , il eft permis à celui qui » perd , de fuivre fa poffeffion : *id eft, non eft locus Juris alluvionis, idem in Flumine dubii in fequanis, ut vidi & fic alluvio non eft Juris gentium proprie fump- ti , & in hoc impropriè loquitur , §. idem per alluvio- nem inftit. de rerum divifione.*

Ainfi il y a lieu de penfer que de quelque ma- niere que ce foit fait l'accroiffement à l'héritage du Seigneur , il n'eft qu'au détriment du particu- lier , qu'ainfi il ne peut prefcrire cet accroiffement par aucun tems , avec d'autant plus de raifon que fon Terrier en conféquence duquel il fait payer à ce particulier les cens de fon héritage ; reclame continuellement contre lui & lui annonce à cha- que quittance qu'il donne à ce Cenfitaire, qu'il lui fait payer un devoir tandis que lui Seigneur jouit de l'héritage & prend les fruits.

L'héritage accru au Seigneur , ne peut être par lui prefcrit.

Autre chofe feroit fi ce particulier ayant perdu partie de fon héritage , avoit fupplié le Seigneur de lui diminuer & réduire fon cens , eû égard à la partie qui reftoit de fon héritage , & que ce Sei- gneur eût réellement diminué le cens, pour lors

Exception.

il femble que le Cenfitaire auroit quitté & remis toute la partie du terrain dont il ne jouiffoit plus , & a abandonné toutes fes efpérances fur icelle, auquel cas il feroit hors d'état de reclamer aucune chofe contre le Seigneur , parce que pour conferver tous fes droits fur la partie de l'héritage qui étoit hors de fes mains , il falloit qu'il payât ledit cens dans fon entier fans ceffation.

Ces queftions fe préfentent fouvent fur les rivieres de Loire ; & d'allier qui font fujettes à changer de lit ; j'ai été arbitre dans plufieurs que nous avons toujours terminées, ainfi que le prefcrit l'art. 212. de la Coûtume de Bar. comme le plus convenable & le plus conforme à ces rivieres.

QUESTION DIX-NEUVI'EME.

Si l'héritage d'un particulier avoit été totalement inondé & refté fous les eaux ou en fable pendant long-tems, & que par la fuite, la riviere fe fût retirée, le propriétaire de cet héritage pourra-t il le reprendre & le mettre en fa poffeffion ?

La réfolution de cette queftion dépend de trois chofes , 1. de fçavoir fi l'héritage inondé en fa totalité foit fous les eaux ou en fable, a refté plufieurs années en cet état, fans que le propriétaire en ait joui ou pû jouir de fa totalité , ou même d'une partie ; 2. fi ce propriétaire a, pendant tout le tems qu'il n'a pas joui , payé les cens de l'héritage inondé, au Seigneur direct ; 3. s'il ne s'eft
point

point fait décharger du cens envers le Seigneur, lorſqu'il a vû ſon héritage inondé, parce qu'il l'a pû faire ſi-tôt que l'héritage a été inondé & hors de ſes mains.

Au premier cas, il n'eſt pas douteux que le propriétaire de cet héritage n'ait été entierement dépoſſedé parce que l'inondation a fait ceſſer ſa poſſeſſion, réelle & actuelle. Au ſecond cas, quoique ſa poſſeſſion réelle ait ceſſé, il a, par le payement qu'il a fait du cens au Seigneur direct, conſervé toute la poſſeſſion fictive qui lui étoit néceſſaire pour ſe maintenir dans la propriété de cet héritage & par conſéquent dans le droit de le reprendre dans tous les tems.

Caſ où le Propriétaire eſt dépoſſedé.

Le payement du Cens conſerve la poſſeſſion d'un héritage dont la force majeure empéche de jouir.

Au troiſiéme cas, ſi ce propriétaire s'eſt fait décharger du cens envers le Seigneur, il ne peut plus rien prétendre à cet héritage parce que s'étant fait rayer du nombre des Cenſitaires du Seigneur, il a abandonné à ſon Seigneur ſon héritage, & a pour ainſi dire, renoncé à tous droits de proprieté ſur icelui, au moyen de quoi il ne peut plus reprendre cet héritage, quoique M. Auroux dans ſon Commentaire ſur la Coûtume de Bourbonnois, art. 342. nomb. 9. ſoit d'avis que le propriétaire le peut reprendre & qu'il ne payera pas le cens pour l'année qu'il n'en aura pas joui, ce qui eſt contre tous les principes, en ce que le Seigneur, n'étant pas cauſe de l'inondation arrivée qui a dépoſſedé le propriétaire, n'en peut pas ſouffrir, & ſon cens doit toujours lui être payé, ſi vrai que c'eſt le ſeul moyen au propriétaire dépoſſedé par la for-

Si le Cenſitaire s'eſt fait décharger du Cens d'un héritage dont il ne peut jouir, il ne peut plus rien prétendre.

ce majeure , de se conserver la propriété d'un héritage , laquelle peut revivre ; que s'il refuse le
payement du cens & s'en fait décharger , c'est un
abandon & une renonciation de sa part à l'héritage duquel il ne peut plus jouir que par une nouvelle concession du Seigneur.

OBSERVATION ESSENTIELLE,

Pour les Cens demandés , & pour en faire la vérifica-
tion par soi-même ou personnes intelligentes , sans
avoir besoin de Commissaire à Terrier.

Il y a plusieurs Provinces qui sont fertiles en
Commissaires à Terrier habiles , & qui sont parfaitement instruits de la maniere de lever des
Plans, Carter des Titres & Terriers , par conséquent en état de résoudre & de développer les
questions les plus obscures par des plans, soit
Visuels ou Géometriques, parceque souvent,
le plan d'un Canton contentieux bien levé & reconnû est capable de former une décision solide,
telles sont les Provinces du Lyonnois, Forêts,
Beaujollois, Charollois, Bresse, Languedoc &
quelques autres, lesquelles à l'imitation de ceux
de la République des Suisses, se sont exercés par
une longue pratique à ces sortes d'opérations ;
mais il y a plusieurs Provinces de ce Royaume
où il y en a très-peu, & souvent point du tout,
& où quelques Notaires, qui s'imaginant que cet
Art est attaché à leur Office, s'ingerent de re-

Provinces où il y a des Commissai-ges à Terriers.

nouveller des Terriers, & de faire en cela une fonction qu'ils n'ont jamais étudiée n'y apprise ; en laquelle il faut faire preuve en la République des Suisses de trois années d'exercice sous des Maîtres Commissaires & Notaires habiles, avant que cet exercice puisse leur être permis par le Commissaire Général du Canton. a. Qui ne leur accorde ses Lettres que sur un examen qu'il fait subir à ces éleves, sur tous les points & principes de la commission qui sont en grand nombre, comme l'on peut en juger par les questions qui remplissent ce Volume, ce qui fait que le défaut de pratique de science & d'expérience de ceux qui s'érigent en Commissaires, fait commettre à ces sortes de gens nombre d'erreurs infiniment préjudiciables, non seulement aux Seigneurs ; mais encore aux Censitaires. Or dans le cas ou un particulier Bourgeois ou autre sera assigné pour reconnoître une ou plusieurs piéces d'héritages au Terrier de son Seigneur, & qui voudra vérifier par lui-même s'il possede l'héritage ou non, il se transportera sur les lieux contentieux, reconnoîtra 1°. Son héritage dont-il est en possession en s'orientant sur les quatre régions d'une maniere qu'il soit assuré des possesseurs actuels, qui touchent & joignent son héritage, voilà sa premiere opération.

Ce qui se pratique en Suisse pour former un Commissaire à Terrier.

Ce que peut faire un Bourgeois pour vérifier lui-même s'il possede.

a En chaque Canton de la République des Suisses, il y a un Commissaire Général ; pour parvenir auquel grade, il faut qu'il ait travaillé dix années de Commissariât en qualité de Substitut du Commissaire Général, l'une de ses fonctions est d'examiner ceux qui se présentent pour faire l'exercice de cet Art. Nul ni peut travailler qu'il ne soit pourvû de ses Lettres.

La feconde c'eft de lire avec attention la copie qu'on lui a donnée de la reconnoiſſance du Terrier que le demandeur place ou prétend placer fur ce même héritage , d'éxaminer par qui elle eſt faite , s'il reconnoît pour ſon Auteur celui qui a fait cette reconnoiſſance , ce qu'il peut quelquefois vérifier par ſes Titres , ſi la ſurface de cet héritage eſt la même que celle de la reconnoiſſance , ou ſi elle ne l'eſt pas , auquel cas il faut obſerver ſi le terrain eſt ſuſceptible du changement qui eſt arrivé , comme s'il paroiſſoit que ce fut un pré à l'ancienne reconnoiſſance , & que ce fut actuellement une vigne , (quoique cela puiſſe quelquefois arriver ,) enfin s'il y a des haïes vives , quelques élevations , Turaux , Sentiers , rappellés dans cette reconnoiſſance qui ſoient effacés entierement ou en partie , & s'il en reſte quelques veſtiges , toutes ces choſes examinées avec les lumieres de la raiſon , en combinant les rapels des héritages & de leurs poſſeſſeurs pour chaque aſpect , avec le terrain actuel; il ſera facile de ſe convaincre que l'on poſſede ou que l'on ne poſſede pas , on pourroit en faire de même de pluſieurs articles ſéparés comme d'un ſeul en ſuivant les mêmes obſervations.

Mais ſi dans un grand continent de Pré & terre appartenant en total à un Cenſitaire , il étoit demandé differens articles de Terrier , par pluſieurs reconnoiſſances ſéparées & diſtinctes , & que ces articles ne paruſſent pas ſe toucher l'un l'autre , c'eſt-à-dire , ſe rappeller mutuellement ,

il feroit difficile fans carter tous ces articles , &
fans rechercher les Terriers voifins pour en couvrir & remplir les vuides, qu'un Bourgeois puiffe
parvenir à s'éclaircir feul s'il poffede la totalité
ou non de tous ces differens articles; il faudroit
pour lors s'adreffer à un Commiffaire à Terrier
ou gens à ce connoiffans pour faire cette opération , & enfuite aller avec lui fur les lieux pour y
faire les opérations que nous venons d'enfeigner.
Il y a cependant des articles quoique feuls & dé-
gagés de confufion qui ne laiffent pas d'avoir
beaucoup d'obfcurité pour en retrouver les limit-
tes , parce que ce font de grands tennemens ,
compofés de differens héritages , tels que terres
cultes & incultes , Bois, Prés , Etangs, Vignes
& autres poffeffions qui contiennent jufqu'à
400. Arpens ; or quelquefois ces fortes de tennemens font poffedés par un feul ; mais fouvent ils font poffedés par plufieurs Proprietaires
dont les uns payent, partie des devoirs de Cens,
& quelqu'autres s'en difpenfent , ce qui occa-
fionne la demande de la totalité , en forte que
pour vérifier & fe rendre certain de l'enceinte &
des limites d'un pareil tennement , l'on eft fouvent très-embarraffé fur tout dans les Pays qui ne
fe fervent pas de l'arpent pour mefurer les terres ;
mais de l'emplacement de la femence d'une mefure , telle qu'une Seyterée, Quartelée, Bichetée
ou autre , ce qui eft fort arbitraire , & encore
quand toutes ces limites ne font point immuables , il faut à cette occafion beaucoup d'atten-

tion & de recherches , & si l'on ne peut avoir
les articles de Terrier qui environnent ce tennement , l'on est souvent obligé à en venir à un arpentage exact de tout le terrain que l'on fait avec
l'instrument nécessaire , & après l'on calcule chaque nature d'héritage sur le pied de ce que peut
s'étendre la semence de la mesure énoncée dans
le Terrier , ce que l'on sçait à peu près dans le

Pays , surquoi il faut toutes fois faire attention
qu'en terre commune , la mesure est plus grande
qu'en bonne & forte terre d'un cinquiéme, & que
la mauvaise terre est plus grande d'un sixiéme que
la terre commune , la raison sensible de cette di-
versité , est qu'une bonne terre rapporte beaucoup
en peu d'espace , pourquoi l'on seme plus épais
& l'on seme un cinquiéme moins épais en terre
commune à cause de la legereté de la terre & un
sixiéme de moins à la mauvaise & arride , parce
qu'elle ne produiroit rien si on l'accabloit de semence qui ne pourroit fructifier.

Suivant differentes expériences faites par ordre de la Cour , une toise cube de bled froment
contient 50 septiers mesure de Paris valant 12

boisseaux chaque septier, & le pied cube en bon
bled pese 51 livres poids de marc , on peut suivant le poids des mesures du Pays , se regler pour
retrouver la contenue d'un héritage aussi vaste que
celui dont nous parlons, ce qui sera aisé parce qu'en
ses limites , il y aura toujours la plus grande partie
de ses confins qui seront immuables ou regardées

comme immuables , tels que des ravines , des élévations tureaux, fonds & cavitées , chemins, fentiers & ruiffeaux, & que ce qui ne fera pas certain & bien déterminé , fe trouvera du confin d'un lieu bien déterminé à un autre confin également bien déterminé, & il ne s'agira que de cet intervalle obfcure qui pourra être fuivie pour renfermer ce tenement en tirant une ligne droite de l'une à l'autre de ces limites déterminées, à moins que la fituation des lieux n'y forment quelque oppofition ; & dans cet arpentage , ne pas oublier que dans la fixation de la contenue énoncée au terrier, il y a toujours le terme d'environ , lequel emporte le plus ou le moins quelquefois d'un dixiéme & même plus.

Et comme l'on fe trouve fouvent dans la néceffité de faire des arpentages des terrains pour la renovation des Terriers & Droits Seigneuriaux; il eft à propos d'inftruire ici des differentes mefures qui ont cours dans le Royaume , tant pour les Commiffaires dont le miniftere & leur habileté les fait rechercher & paffer en des Provinces éloignées de celle de leur naiffance & domicile , que pour ceux qui s'y établiffent & n'en fçavent pas les ufages , comme il arrive à nombre de Seigneurs qui ont des terres & Seigneuries dans differentes Coûtumes, par fucceffions & acquifitions, ce qui les mettra au fait des grandeurs & contenues de leurs poffeffions, qu'ils ne connoiffent pas eû égard à la mefure qu'ils connoiffent.

Il y avoit anciennement une charge de grand Arpenteur de France, le dernier qui la poſſedée a été M. Adrien le Hardi, Marquis de la Trouſſe, Chevalier des Ordres du Roi, Lieutenant Général de ſes Armées, c'étoit lui qui donnoit des proviſions aux Arpenteurs qui exerçoient cet office dans les Provinces, elle fut ſupprimée par Arrêts du Conſeil d'Etat des 21. Septembre 1688. & 2. Juillet 1689. & il fut ordonné que les Arpenteurs qui avoient exercé ſur ſa nomination, prendroient des proviſions du Roi; ce dernier Arrêt eſt rapporté dans la Conference de l'Ordonnance des Eaux & Forêts de 1669. au titre 11. les Commiſſaires à Terrier qui en font les offices, dans leurs ouvrages, doivent être bons Arpenteurs & doivent ſçavoir comme ceux qui ſont revêtus de ces charges, les contenues des arpens & meſures qui ſervent à meſurer les terres dans les differentes Provinces : voici celles qui ſont connuës,

En quel tems fut ſupprimée la charge de Grand Arpenteur de France.

ETAT

ETAT

DES DIFFERENTES MESURES

DU ROYAUME·

Qui servent à mesurer les Terres & Bois.

L'Arpent de Paris contient 100. perches car- Paris.
rées, la perche de 18. pieds ou trois toises, la toise de 6. pieds, le pied de 12. pouces,
le pouce de 12. lignes, il y a des lieux où la perche a 20. pieds & d'autres 22.

L'arpent de Montargis a 100. cordes & la cor- Montargis.
de a 20. pieds

L'arpent de Bourgogne contient 440. per- Bourgogne.
ches, la perche de 9. pieds & demi, le pied de
12. pouces; l'on ne se sert de cette mesure que
pour les bois.

Les Terres, Vignes & Prés, se mesurent au
Journal qui contient 360. perches, la perche 9.
pieds ÷, ce qui compose 577. toises carrées, &
, de toises, la toise est de 7. pieds ; le pied de
12. pouces.

L'arpent de Bourbonnois pour les Bois con- Bourbonnois.
ancienne Coûtu-
me, titre 19.
tient 10, cordes, chaque corde contient 4. toi-
ses, la toise 6. pieds, le pieds douze pouce, par
conséquent l'arpent contient 40. toises sur chaque
côté du carré.

Bbbb

Les Terres, Vignes & Prés fe mefurent en cette Province à la feiterée, quartelée, quartonnée, bichetée, coupée & boiffelée, c'eft-à-dire, l'étendue de terrain qui reçoit la femaille en gros grains, de ces differentes mefures, & comme elle eft arbitraire, tant parce qu'il peut entrer dans une piéce de terre plus ou moins de grains fuivant le Laboureur qui la feme, que parce qu'il faut avoir égard aux terrains, que l'on diftingue en 3. claffes,

Trois fortes de terrains à examiner pour les mefures. comme nous venons de le dire, fçavoir la bonne & forte terre qui fe trouve ordinairement le long des grandes rivieres, que l'on appelle le Chambonnage, (pour dire de bons champs) la terre commune ou médiocre qui fe feme d'un cinquiéme de moins, & la mauvaife qui fe feme d'un fixiéme de moins que la commune, ce qui fait une difference & donne toujours lieu à mettre dans les Ventes & Terriers, un environ qui fait le plus ou le moins.

Touraine. L'arpent de Touraine eft de 100. chaînes ou perches, la perche de 25. pieds, le pied de 12. pouces.

Orléans. L'arpent d'Orléans eft de 100. perches carrées, la perche de 20. pieds, le pieds de 12. pouces.

Nivernois, tit. 37. art. 23. L'arpent de Nivernois eft de 4. quartiers, le quartier de dix toifes, la toife de 6. pieds & le pied de 12. pouces, ainfi le quartier eft de dix toifes fur chaque face.

Poitou, art. 39. & 197. L'arpent de Poitou eft de 80. pas en carré, chacun pas valant 5. pieds qui eft le pas géométrique.

L'arpent de la Province de la Marche eſt égal La Marche art. 426.
à la ſeyterée qui doit être priſe à la meſure de la
Chaſtellenie où elle eſt aſſiſe.

L'arpent de Dunois a 100. perches, la perche Dunois, art. 51.
20. pieds, le pied 12. pouces, & eſt égal à la
ſeyterée de terre, excepté à Marcheſnois & Fre-
teval en la même Coûtume qui ont 100. cordes
pour arpent & chacune corde 22. pieds.

L'arpent du pays de Perche contient 100. per- Grand Perche, art. 39.
ches, la perche 24. pieds & le pied 13. pouces,
ce qui eſt égal à la ſeyterée qui vaut 4. boiſſelées.

L'arpent de Clermont en Beauvoiſis eſt de Clermont en Beauvoiſis, art. 241.
100. verges, & la verge de 120. pieds & dans
quelqu'endroits de la même Province l'on ne meſure qu'à 72. verges pour arpent.

L'on meſure encore les terres & autres héritages
en cette Province à la mine qui a 60. verges, la
verge de 22. pieds & le pied de 11. pouces.

La meſure du Lionnois eſt la Bicherée qui con- Lionnois.
tient 196. toiſes, la toiſe de 7. pieds $\frac{1}{2}$ le pied de
12. pouces & le pouce de 12. lignes, mais qui
n'eſt cependant point égal au pied du Roi, il ſe
trouve plus long de 7. lignes $\frac{1}{4}$

La bicherée Lionnoiſe ſe diviſe & meſure encore en pas & en contient 1764. en carré, le
pas a 2. pieds $\frac{1}{4}$ de longueur.

En Beaujollois & aux environs de Lyon, la Bi- Beaujollois.
cherée qui eſt la meſure ordinaire eſt de 1600. pas
& le pas de deux pieds $\frac{1}{4}$.

Villefranche en Beaujollois a un pied plus Villefranche.
court de 4. lignes que celui de Lion, par conſé-

quent encore plus long de 3. lignes ÷ que celui du Roi, & sa toise est toujours de sept pieds ⸫ de longueur.

Dauphiné.

En Dauphiné, l'on mesure à la Seyterée, au Journal, & à la quartelée, & contient la Seyterée de 900. toises carrées, le Journal de 600. toises carrées, les deux seyterées font trois Journaux, la seyterée fait 4. quartelées, la quartelée 4. civadiers, le civadier 4. picotins, le pied delphinal est égal au pied de la Ville de Lyon, & la toise de 6. pieds.

Languedoc.

En Languedoc l'on mesure les héritages à la saumée, qui est composée de 1600. cannes carrées, la canne de 8. pans & le pan de 8. pouces 9. lignes.

Provence.

En Provence la saumée est de 150. cannes carrées, la saumée de 2. quartelées ÷, la quartelée de 4. civadiers, le civadier de 4. picotins.

Normandie.

En Normandie les terres & prés se mesurent par acre, les bois & boccages par arpent.

Les vignes & vergers par quartiers.

L'acre a 160. perches, l'arpent a 100. perches, le quartier a 25. perches, l'acre est composée de 4. vergées, la vergée de 40. perches, la perche de 22. pieds.

Bretagne.

En Bretagne on mesure les héritages au journal, lequel contient 22. seillons un tiers, les seillons, à 6. rayes, la raye deux gaules ÷, la gaule 12. pieds.

L'arpent & le journal de cette Province font la même chose, on leur donne 20. cordes en longueur

& 4. en largeur, chaque corde eſt de 20. pieds.

Dans la Coûtume du Maine l'arpent eſt de 100. Le Maine. perches, la perche de 22. pieds le pied de 12. pouces.

En Xaintonge, les bois ſe meſurent à la braſſe Xaintonge, tit. 20. art. 135. & la braſſe eſt de 6. pieds communs.

En Lorraine le journal a 250. toiſes carrées, Lorraine. la toiſe eſt de dix pieds, le pied de dix pouces.

Le pas géométrique vaut 5. pieds, le pas commun vaut trois pieds de Roi.

Il faut obſerver que toutes ces meſures ne ſont bonnes que pour meſurer & arpenter, les ter- res, prés, pâturaux, vignes & autres héritages en culture, même les bois, pourvû que Sa Majeſté n'y ait aucun intérêt, mais ſi elle y a intérêt, les Arpenteurs & tous ceux qui ſe mêlent d'arpenter & meſurer les terres & les bois, les doivent meſu- rer à l'arpent, à raiſon de 100. perches pour ar- pent, de 22. pieds pour perches, de 12. pouces Il n'y a qu'une pour pieds & de 12. lignes pour pouce, ſuivant ſeule meſure pour meſurer les bois l'Ordonnance de 1557. l'Edit de Mars 1566. dans tout le Royau- celui de Création des Arpenteurs de Juin 1575. me. & de l'Ordonnance de 1669. titre 27. art. 14. & ce à peine de nullité des arpentages & de 1000. l. d'amende, enſorte qu'il n'eſt pas permis à aucuns particuliers, même aux Communautés Eccléſiaſ- tiques & Laïques de faire faire aucuns arpentages de leurs bois qu'à cette ſeule meſure.

Auſſi un Commiſſaire à Terrier, même un particulier pourra avec quelqu'un intelligent, vérifier par lui-même les demandes en censives qui lui feront formées, & fuivre en cela l'ufage des lieux quand il s'agira de mefurer ou de vérifier les arpentages dont il aura eu copie ; un homme d'affaire d'un Seigneur fera de même en état de voir en perfonne l'étendue au jufte des domaines & bois du Seigneur & des differences qui fe trouveront d'une Province à une autre, en obfervant régulierement ces mefures.

F I N.

TABLE

DES CHAPITRES, SECTIONS,
Paragraphes & Queſtions contenus
en ce Volume.

CHAPITRE IV.

la

Dddd

dans l'un de ces Terriers, il y avoit une contenuë de cinquante arpens, & l'autre de quatre-vingt, & que dans la totalité il n'y eut que cent arpens, ce dernier pourroit-il prétendre la moitié ? 258.

OBSERVATION.

CHAPITRE V.

QUEST.

Ffff

CHAPITRE VI.

Fin de la Table des Questions.

TABLE

DES MATIERES

De ce qui est contenu en ce Volume, par ordre Alphabetique.

a

b

Fin de la Table.

& paisiblement, sans souffrir qu'il leur soit fait aucun trouble, ou empêchement. Voulons que la copie desdites Présentes, qui sera imprimée tout au long au commencement ou à la fin dudit Ouvrage, soit tenuë pour dûment signifiée, & qu'aux copies collationnées par l'un de nos amés & féaux Conseillers & Secrétaires, foi soit ajoutée comme à l'Original. Commandons au premier notre Huissier ou Sergent sur ce requis, de faire, pour l'exécution d'icelles, tous Actes requis & nécessaires, sans demander autre permission, & nonobstant clameur de Haro, Charte Normande, & Lettres à ce contraires: CAR tel est notre plaisir. Donné à Paris, le premier jour du mois d'Août, l'an de grace mil sept cent quarante-quatre, & de notre Régne le vingt-neuviéme.

Par le Roi en son Conseil,   Signé SAINSON.

Registré sur le Registre XI. de la Chambre Royale & Syndicale des Libraires & Imprimeurs de Paris, N°. 363. fol. 305. conformément au Réglement de 1723. qui fait défense, Article 4, à toutes personnes de quelque qualité qu'elles soient, autres que les Libraires & Imprimeurs, de vendre, débiter & faire afficher aucuns Livres en leurs noms, soit qu'ils s'en disent les Auteurs, ou autrement, & à la charge de fournir à ladite Chambre Royale & Syndicale des Libraires & Imprimeurs de Paris, huit Exemplaires prescrits par l'Article 108. du même Réglement. A Paris, le 22. Septembre 1744.

Signé, VINCENT, Syndic.

✢✢✢✢✢✢✢✢✢✢✢✢✢✢✢✢✢✢✢✢✢✢✢✢✢✢✢✢✢✢✢

ERRATA.

PAge 14. ligne 4. *lisez* Prélation.
P. 24. l. 14. *lisez hunc morem.*
Idem. l. 25. *lisez fervavit.*
P. 28. l. 9. *lisez* forte d'ordre. Ligne 20. *lisez* dans celle des Dixmes.
P. 71. l. 3. & d'après, *lisez* & après.
P. 76. l. 9. *lisez* sans déport.
P. 78. l. 2. *lisez* pourront les reclamer.
P. 84. l. 27. j'ai affiché, *ajoûtez* à la porte de ladite Eglise.
P. 154. l. 30. *lisez* les auteurs.
P. 174. l. 5. *lisez* ces Titres de propriété.
P. 189. l. 6. mariages, *lisez* marciages.
P. 203. l. 4. équitable, *lisez* véritable. Ligne 23. chacuns sur lesquels, *lisez* sur chacun desquels.
P. 221. l. 21. *lisez* & la tiendrois.
P. 275. l. 20. à lui payer, *lisez* à le lui reconnoître.
P. 292. l. 12. *lisez* voici le fait.
P. 323. l. 30. & les lieux, *ajoûtez* lui annoncent.
P. 358. lig. dern. *lisez* des 29. ou 10. dernieres.

P. 394. l. 7. 9. 15. & 16. *lisez* Bayard.
P. 412. l. 6. *lisez* le Seigneur est il obligé.
P. 439. l. 16. *lisez* M. Daugny.
P. 444. l. 23. *lisez* Seigneur ce qu'il. La page 461. devroit être la 449.
P. 466. l. 2. *lisez* ces Experts comment feront-ils.
P. 468. l. 5. traitables, *lisez* taillables.
Suit la page 457. qui devroit être 469.
P. 462. l. 8. Donataires, *lisez* Donateurs.
P. 477. l. 17. un pareil a, *lisez* un pareil Cens a.
P. 499. l. 4. qu'il meurt, *lisez* qui meure.
P. 509. l. 21. Seigneur de son Fermier, *lisez* ou de son Fermier.
P. 519. l. 25. *lisez* tous les tems.
P. 525. l. 12. Cupet, *lisez* Cuffet.
P. 528. l. 15. *lisez* qui le confirment. Ligne 26. M. de Viennes, *lisez* M. de Viennay.

De l'Imprimerie de GISSEY.